暨南大学本科教材资助项目（普通教材资助项目）

新编21世纪新闻传播学系列教材

—— 广告学与媒介经营管理系列 ——

计算广告学

林升梁　主编

The Study of
Computational Advertising

中国人民大学出版社
·北京·

内容简介

《计算广告学》主要探讨广告学领域前沿地带的知识，即借助大数据与算法使广告与用户实现精准的匹配。本书分为两大部分。第一部分为前三章，简要介绍何为计算广告，其技术实现基础，有关法律法规与伦理道德问题。第二部分为第四章至第八章，逐一分析以下内容：计算广告时代的广告主、广告公司和广告人才；计算广告时代创意范式的飞跃，即从“千人一面”到“千人千面”；程序化购买的媒介市场、技术、投放和交易；计算广告时代的受众及客户关系管理；计算广告效果的测量。

本书在创新中传承广告理论，主体部分在传播学5W模式下展开，逐章进行计算广告的控制分析、内容分析、媒介分析、受众分析、效果分析，使读者在传播学理论的熟悉环境中学习接受新知识。

作为一门新兴学科的新鲜成果，本教材适合广告专业、营销专业本科高年级学生使用，也适合作为研究生课程的教学用书。

作者简介

林升梁 教授、硕士生导师，就职于暨南大学新闻与传播学院、媒体国家级实验教学示范中心（暨南大学），暨南大学第四层次青年拔尖人才。厦门大学新闻传播学院首届博士，在国外SSCI、SCI、EI检索期刊及国内《新闻与传播研究》《新闻大学》《现代广告》《广告研究》《编辑之友》《销售与市场》等20多种专业期刊发表160多篇论文，独著著作16部、合著4部，参与编写教材6部。主持国家社会科学基金项目1个、福建省社会科学规划项目4个，参与多项国家自然科学基金项目、教育部人文社会科学研究项目。

担任《现代广告（学刊）》、《南开管理评论》（CSSCI）和多家大学学报外审专家，中国广告协会学术委员会委员，虎啸数字商学社DMT数字营销人才认证委员会委员，大中华区艾菲奖数字营销奖评委，入选工业和信息化部第一批品牌专业人才培训师资名单。

总序

中国人民大学出版社策划出版的“新编21世纪新闻传播学系列教材”，是一套在新闻传播学领域内，皋牢百代，卢牟六合，贯穴古今，笼罩中外，密切联系新闻传播工作的实际，广泛吸收新闻传播学的最新研究成果，高掲遐揽，取精用宏，供新世纪的高等院校新闻传播院系教学使用的系列教材。

20世纪初以来的100年，是世界新闻传播事业飞速发展的100年。这100年来，随着科学技术的不断发展，继报纸、期刊、通讯社之后，广播、电视、网络和多种新媒体相继问世，新闻传播的媒介日趋多元化，新闻传播的手段日趋现代化，“地球村”变得越来越小，新闻传播事业对世界政治、经济和文化的影响则变得越来越大。

这100年，也是中国新闻事业飞速发展的100年。尤其是中国改革开放以来，发展得尤为迅猛。

进入21世纪以后，中国新闻事业发展的势头更为迅猛。报纸、期刊、通讯社、广播电台、电视台的数量在宏观调控下，虽无大变化，但软硬件的实力都有了很大的提高。据2011年12月出版的《中国新闻年鉴》的最新统计数字，2010年全国共出版报纸1 939种，平均期印数2.14亿份。共出版期刊9 884种，平均期印数1.63亿册。全国共有广播电台227座，电视台247家，广播电视台2 120家，教育电视台44家。广播综合人口覆盖率为96.78%，电视综合人口覆盖率为97.62%。

另据2012年1月中国互联网络信息中心（CNNIC）发布的《第29次中国互联网络发展状况统计报告》，截至2011年12月底，中国网民规模已达到5.13亿，互联网普及率达到38.3%。其中，手机网民数量为3.56亿，博客和个人空间用户数量为 3.19 亿，微博用户数量为 2.5 亿，社交网站用户数量为 2.44 亿，网络视频用户数量为 3.25 亿。中国居民中具备上网条件和技能的人已经基本转化为网民，大专及以上学历人群中互联网使用率已达 96.1%。中国网站总数为 230 万个，网页数量为 866 亿个。

这样大的发展规模，这样快的发展速度，在世界和中国新闻事业史上都是空前的。回顾既往，盱衡未来，新闻传播事业在 21 世纪还将保持旺盛的发展势头。新闻传播，作为上层建筑和意识形态的一个重要组成部分，在全面准确地宣传党的基本理论、基本路线和基本方针以及各项决策，反映人民群众的伟大业绩和精神风貌，以及推动改革开放和社会主义现代化建设等方面，必将继续发挥重要的作用。

与新闻传播事业的发展相配合，这 100 年来，为中国的新闻战线培养和输送人才的中国新闻教育，也有了相应的发展。中国的新闻教育起始于 20 世纪初，迄今有近 90 年的历史。新中国成立前的 30 年，虽然先后在个别院校中设立了新闻系或新闻专科，但规模都不大，设备也不够完善，在校学生人数最多的时候不超过 400 人，30 年间累计培养出来的毕业生还不到 3 000 人。新中国成立后，为了给新中国的新闻事业培养人才，新闻教育有了新的发展，但到 20 世纪 60 年代中期为止，全国的新闻教育机构也还只有 14 家。当时全国只有 343 家报社、78 座广播电台和 13 家电视台，革命老区来的新闻工作骨干正当盛年，足以支撑大局，新闻系和新闻专业的学生统招统分，基本上能够满足中央和省市以上新闻单位梯队建设方面的需要。“文化大革命”爆发后，新闻事业进入低谷，新闻人才的培养也被迫中辍。拨乱反正之后，新闻事业有了飞速的发展，但新闻工作的人才却出现了断层，明显供不应求，因而极大地推动了新闻教育的发展。中国的新闻教育得以重整旗鼓并得到空前迅猛的发展，主要是改革开放以来的这 30 多年的事情。30 多年来，中国新闻教育和中国新闻事业同步发展。截至 2011 年，全国设有新闻传播学类院、系、专业的高校已由改革开放之初的两三所增加到 800 所以上，各种类型和层次的专业教学点已不下 1 000 个。新闻专业的教学已从单一的大学本科教育，发展到博士生、硕士生、本科生、大专生、成人教育、函授教育等多层次的格局，不少院系还设置了新闻传播学方向的博士后流动站。改革开放之初，全国在校新闻系科学生总共只有 500 来人，现在仅在校本科生就有 16 万人左右，硕士和博士研究生 3 万人左右，办学层次、办学规模、办学水平都有了很大的提高。进入新世纪以后，随着新闻传播事业的加速发展和新闻战线人才需求的不断增加，中国的新闻教育还将有更大幅度的发展。

一般说来，新闻教育质量的高低，起决定作用的主要是两个因素：一个是师资，一个是教材。两者之间，教材的作用更大。这是因为，师资的多少和良窳，往往受办学主客观条件的限制，而教材一旦完成，就可以直接嘉惠于学子，风行四海，无远弗届。进一步说，一部好的教材，不仅可以满足教学的需要，培养出一大批人才，而且可以同时拥有一定的学术含量，推动新闻传播学研究的发展。1919 年出版的徐宝璜的《新闻学》，1927 年出版的戈公振的《中国报学史》，就是这方面的很好的例子。这两本书都是作者在高等学校从事新闻学理论和新闻史教学时作为教材编写出来的，出版之后，立即引起世人的关注和推崇，一再重版，历久不衰，至今仍然是公认的新闻学理论和新闻史方面的传世之作和经典之作。正因为这样，新闻教育的前辈们，历来十分重视教材的建设。新中国成立初期的十来年，坊间出版的新闻学方面的书籍，绝大部分是教材。改革开放以后，新闻传播学研究空前繁荣，新闻学方面的书籍大量问世，但教材仍然在其中占了很大的比重。这些教材，覆盖了新闻传播学的方方面面，经过出版家和众多作者们的长期努力，门类和品种基本配套齐全，曾经为同时期的新闻教学做出过重要的贡献。但是，随着时间的推移和新闻工作实际的飞速发展，这些教材的体例日显陈旧，观点和内容也亟待调整和更新。一些属于学科前沿和科技含量较高的新开课程的教材尚付阙如，使现有的教材出现了不少缺口。在新世纪已经到来之际，集聚力量，重新编写出一套体系完整、门类齐全、能够为新世纪的新闻教育和新闻人才培养服务的新闻传播学的系列教材，已经成为人们的共识和新闻业界与新闻教育界的迫切需求。

呈现在读者面前的，就是应这样的需求产生的一套系列教材，它将涵盖新闻学、传播学两个二级学科的方方面面内容，满足新闻、广播、电视、广告、媒体经济、新媒体等多个专业的教学需要。负责这些教材编写工作的，是中国人民大学、复旦大学、北京大学、清华大学、中国传媒大学、中国青年政治学院等多所著名院校长期从事新闻传播学方面教学与研究工作的专家学者，其中有相当大的一部分编写者是相关学科的国家级的学术带头人，堪称一时之选。收入本系列的教材中，既有国家级重点教材，也有部级重点教材，其他的也是经过严格筛选的精品，所以，本套系列教材的质量是有保证的，其权威性也将得到社会的认同。

21 世纪是一个高度信息化的时代，是信息经济和知识经济占主导地位的时代。信息经济和知识经济有两大支柱，一是以高科技为代表的传播技术产业，二是从事新闻和信息产品生产的媒体产业。新闻传播学作为将这两大领域有机联结的桥梁，在今后的国家建设和社会发展中必将发挥越来越重要的作用。中国人民大学出版社经过精心策划，隆重推出这套系列教材，是具有高度的前瞻性和战略眼光的。在这里，我谨代表编委会和全体作者向中国人民大学出版社表示由衷的感谢。

这部系列教材开始策划于 20 世纪的最后一年，21 世纪初起陆续问世，迄今已编写出版了 50 余种。在体例和内容的创新和开拓等方面，远远超过同时期出版的同类教材。其中的有些教材，还根据整个新闻传播理论与实践的发展和新闻传播学教学与研究的发展，陆续作了必要的补充和修订，重新出版，实现了内容的与时俱进。

这批教材的问世，将会为新闻传播事业和新闻教育事业的发展和繁荣、为新世纪新闻传播人才的培养做出它应有的贡献。这是出版者和全体作者共同的一点希望。是为序。

方汉奇

2012 年 3 月 15 日

于中国人民大学宜园

前言

中国网络广告的发展大致经历了四个阶段：诞生波折期（1997—2002）、快速发展期（2003—2010）、社交媒体期（2011—2015）、智能传播期（2016年至今）。

1997年3月，IBM和Intel开始在ChinaByte上发布网络广告，IBM为AS/400的宣传付了3 000美元。这是中国第一个网络广告，开创了中国网络广告的先河。诞生波折期的网络广告没有得到快速发展，随即在2000—2002年，中国因全球金融危机而遭遇互联网寒冬期，互联网经济泡沫破灭。

2003年中国发生了“非典”疫情，“非典”使得许多中国人主动或被动隔离，网络成为人们了解外界、消遣时光的好选择。当年中国网民激增3 000万，挺进8 000万。同年，中国第一家网络广告公司——华扬联众成立，网络广告的内容服务开始出现。正是2003年，企业对网络广告的认可度得到培育，被称为中国网络广告“元年”，一直到2010年这一时期称为快速发展期。

2011年微博启用weibo. com独立域名，成为中国社交媒体第一站。2013年以微信为代表的即时通信社交媒体高歌猛进，即时通信用户规模为6. 24亿，手机即时通信用户为5. 57亿（截至2015年12月，中国互联网络信息中心），中国网络广告进入社交媒体期。

2016年是人工智能“元年”，AlphaGo战胜李世石，人工智能在2016年正式确立起中国国家战略地位。以人工智能技术为基础的计算广告风行，网络广告进入智能传播期。

“我知道我的广告费有一半浪费了，但遗憾的是，我不知道是哪一半被浪费了。”这个广告界的“哥德巴赫猜想”困扰广告人100多年。计算广告很可能是解开这个难题的一把钥匙。尽管目前计算广告的发展水平还不足以达到完全精准，一个前提困境就是由于行业的种种壁垒，目前的数据还不是完全意义上的大数据，但我坚信，随着数字货币全民化的不断推进，用户的消费习惯、消费时空将得到完全捕捉，未来的数据一定会越来越靠近用户的消费真相，从而为计算广告带来无限可能。

本书认为，计算广告指以大数据、云计算、新算法和区块链等人工智能技术为依托，广告主在全面掌握目标消费者数据肖像基础之上，通过专业机构的程序化购买进行“千人千面”或“一人千面”实时精准计算、精准匹配和精准推送广告信息，从而实现精准数据闭环传播，以达到精准产品营销和品牌传播的高性价比智能活动。这个定义清楚地表明人工智能技术是计算广告的核心和驱动力，程序化运作是人工智能技术带来的结果，精准计算是过程，智能活动是计算广告的本质属性，精准营销是目的。因此，计算广告不等于程序化广告，程序化广告是一个不太准确的说法，更贴切的应该是程序化购买，它是计算广告流程中的一部分。实际使用中我们应该要加以注意和区别。

本教材的写作特色主要有以下四点：

第一，紧跟业界前沿，具备强烈的时代问题意识。作为通信工程专业理工科出身的主编，曾经在电信局工作过，对技术具有一定的敏感性。教材在探索计算广告技术的基础上，围绕前沿技术展开比较充分的讨论。

第二，充满人文关怀和社会责任意识。教材对计算广告产生的法律规范问题和社会伦理道德问题给予足够的关注，专门开辟一章进行阐述。

第三，内容资源丰富。诸多案例来自业界前沿，并与业界相关人士合作，为本书脱离单纯教条式教学提供了可能性和可行性。

第四，在创新中传承广告理论。业界的相关著作，理论相对薄弱，很容易沦为操作手册；又因为计算广告技术的发展过于迅猛，业界的著作很容易过时。本书在传播学传统的5W模式下展开，既继承了传统，又在每个W之下展示全新的时代内容。让读者在传播学理论的熟悉环境中接受知识的传授。

作为一门新兴学科的配套用书，作为前沿领域的一项新鲜成果，本教材适合广告专业或营销专业本科高年级学生使用，也适合充当研究生课程的教学用书。

由于笔者的局限，本书肯定存在不足之处，有待再版时进一步完善。

林升梁

2021年3月11日

目录

第一章 计算广告的历史、现状与未来

第二章 计算广告的技术实现基础

第三章 计算广告的法律法规与伦理道德问题

第一章
计算广告的历史、现状与未来

本章学习要点与要求

了解计算广告的历史与现状；掌握计算广告的定义与流程；了解计算广告的研究概况；熟悉计算广告学的研究对象与研究方法；掌握计算广告时代广告理论的演进；了解计算广告的整体发展。

在移动互联、大数据、新算法、云计算、人工智能和区块链等技术的不断推动下，诸多信息以一种“数据化”的形态存在于网络空间，通过对数据的挖掘与利用，能够使广告主的广告以个性化的方式作用于消费者。在这种数据化浪潮的不断冲击下，广告业态也在不断地发生变化，广告进入计算广告时代。[①] 计算广告是目前大数据思维运用与发展最成熟、市场规模最大的领域之一。[②] 本章将从计算广告的历史、文献与概念，计算广告学的研究对象与研究方法，以及计算广告时代广告理论的演进三方面展开介绍。

第一节　计算广告的历史、文献与概念

本节旨在从计算广告历史溯源讲起，全面而简洁地介绍计算广告的历史沿革以及计算广告对广告产业的影响。

一、计算广告的溯源与影响

（一）计算广告的溯源

互联网时代开启以来，除了过往电视、广播、报刊、户外等媒介接触广

① 蔡润珩．场景融合营销中计算广告作用研究［D］．开封：河南大学，2019：1.
② 刘鹏，王超．计算广告：互联网商业变现的市场与技术［M］．北京：人民邮电出版社，2015：3.

告外，还增加了从互联网设备终端（比如手机、电脑等）接触广告信息的方式。这使得互联网广告成为一个与传统广告完全不同的新兴市场领域。在传统媒介市场，强势媒体能够一览众山小，广告主往往可以通过强势媒体迅速提升知名度。然而在互联网时代，受众发生了根本性的变化，碎片化、分众化、细分化、个性化成为关键词，因而能够实现广告精准定向投放的计算广告占据了不可替代的核心位置。在这个时代，广告商不喜欢大海捞针，而是偏向于针对特定群体推送广告，比如在桌球游戏网站里推送桌球用品的广告，在菜谱网站里推送厨具用品的广告。随着大数据时代的到来，互联网广告更进一步进行了个体细分，针对每一个互联网设备终端的使用者，通过大数据程序统计分析用户的消费习惯，投放更精准化的广告。受众的根本性变革和数据的高速发展共同推动了计算广告的诞生和发展。计算广告可以更有效地提高广告定向投放的精准度，从而以最小的成本达到最大的广告效果，大幅度提升广告的性价比。

追溯互联网广告的整个发展历程，可以将互联网广告分为四种基本类型：合约广告、竞价广告、程序化交易广告、原生广告。[①] 互联网广告始于 1994 年美国的 Hotwired（www. hotwired. com）网站上发布的横幅广告。最早出现的互联网广告是合约广告，合约广告是由线下广告演变而来的，即将互联网看作报纸或杂志，照搬线下广告的商业逻辑。合约广告可以分为两种：按照时间段出售的包段广告（cost per try，CPT）和按照约定展示量出售的担保交付广告，后者一般按照千人展现成本（cost per mille，CPM）。合约广告以条幅的形式直接在互联网媒体页面上展示，因此也被称为展示广告。从此，互联网广告开始蓬勃发展，合约广告业务支撑了整个互联网的发展，没有最初的合约广告业务，也就没有今天的互联网。

竞价广告由合约广告发展而来，是采用竞价方式拍卖广告的一种形式。假若将合约广告比作计划经济，那竞价广告便是市场经济。随着受众定向技术的发展，搜索广告纳入了竞价的交易模式，搜索广告在竞价广告中占有重要地位。搜索广告主要是竞价出售用户的搜索关键词，还对网页关键词或用户标签进行竞价销售。就搜索广告而言，广告主对特定的关键词的广告展示机会展开拍卖式竞争，并根据竞争结果依次占据该广告展示的若干位置。搜索广告不保证量，广告主需要自行调整效果与量的平衡；同时，价格的约定也被去掉，每个广告主可以随时调整关键词的出价。[②] 从搜索广告开始，互联网广告已发展为流水线操作的标准化广告产品。搜索广告为了实现完美匹

---

① 蔡润珩．场景融合营销中计算广告作用研究［D］．开封：河南大学，2019：14－19.

② 戎文晋，张茜．互联网广告的市场设计［M］．北京：电子工业出版社，2015：112－118.

配，利用拍卖的形式来兑现，需要设计广告拍卖机制。智能的拍卖机制可以为整个广告市场创造更高的利润和更优的市场稳定性。总体而言，搜索广告的市场规模庞大，孕育了一系列计算广告的基本产品策略与技术方案。[①]

其中具有划时代影响意义的核心事件是广告网络（ad network）平台的出现。1996 年，世界上最早、规模最大的广告网络平台 DoubleClick Network 成立，DoubleClick 公司提出了动态广告报告和目标定位技术，长期追踪和收集用户的上网行为，并将其作为依据来投放用户感兴趣的广告。广告网络的计算按点击付费（cost per click，CPC）。就中小网站而言，它们可以将自身广告位交给广告网络来变现。广告网络有两个主要来源：一个是基于搜索引擎发展出来的上下文广告；另一个是基于合约广告发展而来的以用户标签为基础的精准定向广告。搜索广告可以借助关键词来匹配用户意图，而广告网络则需要依靠受众定向。受众定向是为广告主、媒体内容和受众设置标签的过程。由于用户的目的不明确，因此广告网络在广告决策过程（例如搜索、排名和定价）中需要使用更多的关键词和兴趣标签。广告网络汇集了中小型媒体广告位库存，广告主可以通过广告网络直接购买长尾媒体的广告位，从而降低交易成本，促进市场长期发展，并提升计算广告市场的效率。1998 年，Goto. com 公司（2001 年更名为 Overture，之后被雅虎收购）推出了搜索引擎竞价排名业务，采用 PPC 模型进行广告结算。[②] 随后，该公司又推出了基于关键词竞拍的广告投放方式，创造了一种新的互联网广告盈利模式。随着互联网的逐渐成熟，2005 年，互联网广告行业中出现了广告联盟网络、广告交换、需求方平台、销售方平台、媒体买卖平台等。[③]

互联网广告开始变得更加精准的原因有两个。首先，互联网用户在网上留下了各种行为数据，广告发布商可以使用统计数据和机器学习方法对用户进行有效分类，从而实现广告受众需求的细分；其次，广告主或广告发布商可以使用这类用户行为数据精准衡量广告的投放效果，从而及时调整广告投放，以达到某种目标（比如提升广告匹配受众的准确率或者广告发布商的收益等）。[④] 计算广告技术得到了迅速发展，互联网广告的投放效果也在不断优化。

程序化交易广告是进一步提高计算广告市场效率的一种广告形式。随着广告网络不断发展，广告需求方对优化效果的要求进一步加强，平台允许广

① 刘鹏，王超．计算广告：互联网商业变现的市场与技术［M］．北京：人民邮电出版社，2015：53.

② 梁丽丽．程序化广告：个性化精准投放实用手册［M］．北京：人民邮电出版社，2017：3.

③ 周傲英，周敏奇，宫学庆．计算广告：以数据为核心的 Web 综合应用［J］．计算机学报，2011（10）：1805－1819.

④ 戎文晋，陈宁昱．计算广告的历史、现状及未来［J］．程序员，2014（4）：126－128.

告主自主选择流量，并对每次广告展示独立出价，这样的功能要求询价、出价、竞价和展示同步进行，如此就产生了以实时竞价（real time bidding，RTB）为核心的程序化交易平台。[①] 其中最为重要的程序化交易广告是围绕广告交易市场展开的。广告市场不仅存在多个搜索引擎公司，还存在多个广告网络平台，因此搜索广告和广告网络只能实现局部最佳的广告匹配。广告交易市场提供了一种新的解决方案，即建立交易广告投放的场所。用定制化标签指导广告投放是程序化交易的关键。

原生广告是让计算广告回归媒体内容的一种计算广告形式。从合约广告到竞价广告再到程序化交易广告，广告从依附于媒体的简单变现逐渐发展为独立的业务体系，这在一定程度上削弱了广告与媒体内容间的关系。[②] 在移动互联网时代，手机广告受到手机屏幕狭窄的制约，不利于运营媒体对内容和广告的独立展示。信息流广告来源于社交网络广告，它是一种主要的原生广告产品。信息流广告一般会自然地出现在受众的信息流中，受众看到的广告和信息不管是在展示方面，还是在内容方面都十分接近，广告和内容的有机结合提升了广告的效果。在由第三方媒体运营的原生广告平台，媒体可以为广告竞价提供指导性的广告需求，并且在媒体内容中自然地植入广告信息，这就是植入式原生广告的基本逻辑。总而言之，原生广告市场仍处于萌芽阶段。[③]

（二）计算广告对广告产业的影响

广告产业作为国民经济的重要收入来源，经历了从线下广告到线上互联网广告的变革。广告收入是一切媒体的命脉。计算广告使利润最大化，媒体才得以生机勃勃。[④] 计算广告真正做到了广告与用户情境匹配，帮助广告实现了价值最大化。计算广告的出现使广告不再是广告，它不仅是一门艺术、一种工具，更是艺术思维的纯粹性与创造性和逻辑算法的理性数字思维的结合。计算广告是一种基于数据、算法和以用户为中心的智能营销方式，它可以实时高效地绘制用户场景中的数据，并快速发布、准确匹配和优化一系列用户需求。[⑤] 计算广告改变了广告从过去的“大量买媒体”到“精准买数据”的转变，而后者是实现广告精准投放的主要技术手段，广告只有针对合适的

---

① 刘鹏，王超．计算广告：互联网商业变现的市场与技术［M］．北京：人民邮电出版社，2015：79.

② 同①107.

③ 同①108.

④ 扎拉奇，斯图克．算法的陷阱：超级平台、算法垄断与场景欺骗［M］．余潇，译．北京：中信出版社，2018：208.

⑤ 段淳林．计算广告的发展对广告学的冲击与挑战［J］．中国广告，2020（11）：26－28.

客户，并且在特定场合投放才是有用的信息，否则就会变成骚扰信息。计算广告不仅提高了广告定向投放的精准度，还有助于增加发布页面的有效信息量，从而吸引更多的用户访问，提高广告位竞价，增加网页发布者的收入。计算广告还能提升网络广告联盟的信誉，以吸引更多的网页发布者和广告主参与广告竞标，通过增加广告的点击率，提高产品知名度和销售量，最终达到为广告主增加产品销量的目的。计算广告技术的发展有助于完善互联网广告产业链，营造良性、和谐、共赢的产业环境，促进广告行业的健康发展，实现广告收益最大化。[①]

随着计算广告技术的不断发展，广告产业结构也随之发生翻天覆地的变化。

1. 计算广告改变广告运作体系

根据约瑟夫·熊彼特（Joseph Schumpeter）的创新理论，如果说互联网广告发展的第一阶段尚处于媒体这一广告生产要素的创新阶段，那么发展到“计算广告”，广告产业则进入了颠覆式创新阶段。数据、网络和计算的引入催生了新的“广告生产函数”和广告运作体系。[②] 主要体现在：一是通过广告定位，可以根据不同的受众群体，将相同的广告位置出售给不同的广告主，从而增加广告市场的流动性；二是效果营销、精准营销成为主流的营销模式，实现了从受众的人口属性、兴趣、意图和社交关系四个维度来判别用户需求、匹配广告信息，从而增强了对广告效果的评估和把控；三是互联网广告的运作开始以数据为核心来组织，数据的来源、质量和算法决定了广告匹配的效率，也决定了广告的交易价格和价值，可以说，广告正式进入了数据驱动的时代；四是市场分工更加明确合理，围绕广告形成一条清晰的价值链，广告主接入媒体、广告网络和广告交易平台的流量和广告资源，评估其基本流量和用户价值，以面向市场和程序的方式进行出价、竞拍和购买，并将数据和效果作为通用货币，实现广告和受众价值的合理创造与分配。

计算广告对于互联网广告产业的推动作用是巨大的。IAB（Interactive Advertising Bureau）统计显示，过去十年，美国互联网广告的复合年均增长率已达到17%，其中有67%是按效果支付，而20%则是通过程序化交易来实现的。[③] 从广告历史和发展的视角来看，自广告学诞生以来，心理学和统

---

① 周傲英，周敏奇，宫学庆．计算广告：以数据为核心的Web综合应用［J］．计算机学报，2011（10）：1805-1819.

② 马澈．关于计算广告的反思：互联网广告产业、学理和公众层面的问题［J］．新闻与写作，2017（5）：20-26.

③ IAB. IAB Programmatic Revenue Report 2014 Results［EB/OL］.（2015-02-20）［2021-07-07］. https://www.iab.com/wp-content/uploads/2015/07/PwC_IAB_Programmatic_Study.pdf.

计学的加入使广告在科学与艺术的角斗中逐渐向科学倾斜，对广告效果的量化研究增加了广告的科学性，从而使“用科学的方法还原真实的消费者需求并构建科学的营销体系”成为广告行业的核心价值。同时，在21世纪复杂的广告环境里，传统的媒体和受众生态已经变得支离破碎，传统广告运作规律不断被质疑，广告原有的科学性也逐渐被解构。正是计算广告应用相关的一系列技术和理论工具，广告过程、广告效果、广告交易才有了新的算法和准则，这再次促进了广告的专业化和科学化。①

2. 广告链的运作模式转向受众

传统广告使用购买版位与时间的运作机制，企业互相竞争以占据最佳广告时间或最优版面位置，从而增加自身广告内容的可见度，使广告更接近消费者，并使广告价值实现最大化。在大数据时代，目标受众的注意力尤为稀缺和重要，数据可以为企业提供明确的受众标签，而广告媒体仅需保证受众流量，就能保证广告效果。迄今为止，受众导向已成为广告产业的中心点。赵士路认为，数字广告已经发生了巨大的变化，已经从传统的购买资源思维转向千人千面等全新的观念，传统的“广告主—代理—媒体”三角关系转变成“交易市场、需求方平台、数据管理平台、供应方平台、品牌安全机构、程序化创意服务商”等多元的角色关系。② 计算广告正在推动广告产业的全面转型，数据计算可以帮助企业找到精准的用户，引导企业积极满足客户需求和输出服务。对于生活在多屏互动时代的用户而言，电视、报刊、广播、电脑、手机、户外等媒体构成多元化的媒介环境，信息认知过程变得更加复杂，准确及时的广告具有服务价值，可以丰富用户对获取信息的认知，提高信息的实用性，增加受众与媒介的亲密度。

3. 广告传播进入个性化时代

随着计算科学的发展，广告的传播不断实现细分，从大众时代到分众时代，现在正进入个性化传播时代。传统广告更多地在传播上依赖于创意、策略和传播规模，大数据侧重于使用技术的重要性，而计算广告则受数据与计算的驱动。③ 随着企业逐渐具备一定的数据挖掘能力和内容分析技能，其可以灵活地跟踪和记录目标用户及其行为，并通过大数据、云计算、新算法、区块链、搜索引擎以及科学预测等方式来精准地定位目标消费者，以便在正确的

---

① 马澈．关于计算广告的反思：互联网广告产业、学理和公众层面的问题［J］．新闻与写作，2017（5）：20-26.

② 刘庆振，赵磊．计算广告学：智能媒体时代的广告研究新思维［M］．北京：人民日报出版社，2016：序三.

③ 刘庆振．计算广告学：大数据时代的广告传播变革：以“互联网+”技术经济范式的视角［J］．现代经济探讨，2016（2）：87-91.

时间向正确的人群提供正确的广告信息。精准匹配是计算广告的关键，大数据是其技术基础，而大数据能够帮助企业向购买者提供有效的建议，帮助消费者在获取充分信息的情况下做出更明智的购买决策，提高消费者的满意程度。

4. 广告业的运作效率提高

在计算广告技术的推动下，广告取代了传统制式下的人工购买流程，广告客户、媒体和代理商之间的交流时间成本在下降，广告运作的效率在提升。计算广告技术能够帮助企业快速识别用户行为的变化，及时进行适当的调整，并快速制定最佳决策方案。与传统媒体购买方式相比，精准地锁定目标用户并控制广告的曝光可以避免浪费广告资源。通过数据与技术的结合，广告公司可以实时优化营销活动，将特定的内容精准地提供给用户，使受众愿意去了解品牌，以提升品牌的传播影响力。

二、计算广告文献综述

（一）国外研究

1. 计算广告概念的提出和各方参与

学界最早提出计算广告概念的是美国芝加哥大学的经济学家菲利普·尼尔森（Phillip Nelson），他于 1974 年提出广告也是一种信息，计算广告的目的是提高用户和相关广告的匹配度，从而实现广告信息的精准投放。[①] 当时互联网尚未成形，此概念是从信息学角度提出的，影响不大。业界比较认可的起源是 2008 年雅虎广告首席科学家安德雷·布罗德（Andrei Broder）在美国加利福尼亚州旧金山市召开的第十九届 ACM-SIAM 离散算法研讨会上提出的计算广告（computational advertising，CA）概念。布罗德认为，计算广告的核心挑战是为特定用户找到最合适的广告，以实现广告的最佳匹配。[②] 此表述迅速扩展到北美、欧洲以及亚洲，之后有关计算广告方面的研究开始重点围绕如何实现最佳匹配这一核心话题开展。

随后，学界和业界开始研究计算广告这一门新兴学科，2009 年布罗德在香港参加 CIKM'09 年会时推介了这一概念，自此，计算广告开始进入中国，吸引了中国学者的目光。[③] 计算广告引起越来越多高校的关注，2011 年布罗

① NELSON P. Advertising as information [J]. The journal of political economy，1974 (4)：729 - 754.

② BRODER A Z. Computational advertising and recommender systems [C] //PU P，et al. RecSys '08：proceedings of the 2008 ACM conference on recommender systems. New York：Association for Computing Machinery，2008.

③ 刘鹏，王超．计算广告：互联网商业变现的市场与技术 [M]. 北京：人民邮电出版社，2015：序一.

德及其同事瓦尼娅·约西福夫斯基（Vanja Josifovski）在美国斯坦福大学开设了计算广告的研究生课程，引发全球互联网领域的广泛探讨，进一步扩大了计算广告的影响力。

2014年，美国广告学会（AAA）提出了计算广告对广告教育的影响①，意味着计算广告学正式成为美国广告学界的主流课题。随着计算广告学的概念迅速受到学界的广泛关注，国外高校开始设置一些更为系统化和常规化的计算广告课程。2018年美国伊利诺伊大学厄巴纳-香槟分校创办了面向本科的计算科学与广告专业，并开设计算广告系列课程，这在美国乃至世界上都属于首次。② 许智修（Jisu Huh）和爱德华·马尔特豪斯（Edward C. Malthouse）介绍了计算广告的进展，他们定义计算广告为广泛的、数据驱动的广告，依靠或由增强计算的方法能力、数学模型、推荐算法和技术基础架构促进，以创建和传递消息，并监督个人的行为。他们探讨了计算广告出现的历史背景和概念。③ 西奥·阿罗约（Theo Araujo）等人主张规划决策从简单的购买曝光转向专注于通过与消费者进行有意义且持续的互动来促进参与，他们提供了数字生态系统模型，通过该模型计算广告能更新消费者参与的概念，他们还讨论了计算广告如何成为衡量媒体规划决策的核心问题。④ 约瑟夫·云（Joseph T. Yun）等人为计算广告提供了一个测量系统框架，他们认为计算广告是一种使用计算语言的个性化通信权利，以将正确的广告和广告商在正确的时间与正确的消费者进行匹配，并以正确的频率放置来引出正确的回应。⑤

2. 计算技术在广告中的应用研究

国外学者多数专注于对技术及算法的应用。A. 瓦利图蒂（A. Valitutti）等人研究了一种基于情感的广告标题生成的技术，该算法可以创造出类似电影标题或谚语的广告标题表达。⑥ 布罗德等人探讨了利用查询扩展和文本分

① NELSON M R，et al. Computational advertising and big data：implications for education [C] //Proceedings of the 2014 Conference of American Academy of Advertising. Pittsboro：AAA，2014：2-3.

② Illinois College of Media. Computer science+advertising [EB/OL]. [2020-02-20]. https://media.illinois.edu/degrees-programs/computer-science-advertising.

③ HUH J，MALTHOUSE E C. Advancing computational advertising：conceptualization of the field and future directions [J]. Journal of advertising，2020 (4)：367-376.

④ ARAUJO T，COPULSKY J R，HAYES J L，et al. From purchasing exposure to fostering engagement：brand-consumer experiences in the emerging computational advertising landscape [J]. Journal of advertising，2020 (4)：428-445.

⑤ YUN J T，SEGIJN C M，PEARSON S，et al. Challenges and future directions of computational advertising measurement systems [J]. Journal of advertising，2020 (4)：446-458.

⑥ VALITUTTI A，STRAPPARAVA C，Stock O. Textual affect sensing for computational advertising [C] //VENTURA D，MAHER M L，COLTON S. Creative intelligent systems：papers from the AAAI Spring Symposium. Menlo Park：AAAI Press，2008：117-122.

类技术来针对性解决广告检索问题的方法，还讨论了计算广告的信息检索挑战。[①] 布罗德还提到了计算广告中存在的技术问题，这个具有复杂约束条件的问题决定了各种大规模优化和搜索问题以及预测广告对用户行为的影响。他把广告、用户和语境三者之间的相互作用称为计算广告的高维度问题。[②] 雅各布·索里亚诺（Jacopo Soriano）等人回顾了计算广告中文本挖掘的各方面，还探讨了不同的战略背景下的具体商业模式。[③] 库萨尔·谢里什·戴夫（Kushal Shailesh Dave）等人讨论了显示广告、检索广告和在线广告所带来的一系列挑战，并重点探讨与计算广告的信息检索、机器学习和统计领域有关的问题和解决方案。[④] 阿比纳夫·舒克拉（Abhinav Shukla）等人探讨了计算广告的预测功能，并通过计算广告应用程序证明了更好的广告预测影响效用，展示了如何有效地通过计算广告进行建模，使情感传播可以积极影响受众的现实生活。[⑤] 沙赫里亚尔·沙里亚特（Shahriar Shariat）等人提出了一个投标预测模型的实验框架，重点探讨模型评估的实际操作方面。同时，他们引入投资回报作为统一的绩效模型指标（即成功），并解释其相对于传统指标（如点击率或转换率）的优点。他们详细讨论了常用的评估和度量总结方法，提出一种用于在线评估的新的实验模型标准。[⑥] 古达·凡·诺尔特（Guda van Noort）和伊泰·希梅尔博（Itai Himelboim）等人引入自动品牌生成内容（ABC）模型，了解和探索消费者与品牌数据之间的平衡，并将品牌数据作为输入，探讨消费者与品牌影响之间的张力，且将其作为短期和长期的绩效目标。[⑦] 娜塔莉·赫尔伯格（Natali Helberger）等人阐述了新的计算广告生态系统，重新定义了广告行业、消费者、政府和技术环境因素的系统概

---

① BRODER A，GABRILOVICH E，JOSIFOVSKI V. Information retrieval challenges in computational advertising [C] //CRESTANI F，MARCHAND-MAILLET S. SIGIR '10：proceedings of the 33rd international ACM SIGIR conference on research and development in information retrieval. New York：Association for Computing Machinery，2010.

② BRODER A. Highly dimensional problems in computational advertising [C] //Joint European conference on machine learning and knowledge discovery in databases. Heidelberg：Springer，2011：5.

③ SORIANO J，AU T，BANKS D. Text mining in computational advertising [J]. Statistical analysis and data mining，2013 (4)：273 - 285.

④ DAVE K，VARMA V. Computational advertising：techniques for targeting relevant ads [J]. Foundation and tends in information retrieval，2014，8 (4 - 5)：263 - 418.

⑤ SHUKLA A，GULLAPURAM S S，KATTI H，et al. Affect recognition in ads with application to computational advertising [C] //LIU Q，LIENHART R，WANG H. MM '17：Proceedings of the 25th ACM international conference on Multimedia. New York：Association for Computing Machinery，2017.

⑥ SHARIAT S，ORTEN B，DASDAN A. Online evaluation of bid prediction models in a large-scale computational advertising platform：decision making and insights [J]. Knowledge and information systems，2017 (51)：37 - 60.

⑦ NOORT G V，HIMELBOIM I，MARTIN J，et al. Introducing a model of automated brand-generated content in an era of computational advertising [J]. Journal of advertising，2020 (4)：411 - 427.

念，并对未来的研究方向提出建议。[①]

3. 智能技术对广告产业的影响研究

秦雪冰和姜智彬（2019）调查了人工智能在广告中的使用和影响，包括消费者洞察、广告创作、媒体策划和购买以及广告效果评估等。他们认为人工智能主导的计算广告流程与传统广告过程相比有着显著的差异性，人工智能主导的广告更具工具性、同步性和高效性，并且它已经从线性流程转变为以算法为核心的数据平台，产生了积极的溢出效应。[②] 同年，陈刚等将他们的分析重点放在人工智能如何增强程序创造性上。他们研究了人工智能的数据、算法和计算能力三个关键要素以及它们在增加程序化创意中的潜力，认为人工智能技术已经能将程序化创意从系统库存照片的预设组装，进化到根据用户浏览的上下文内容进行实时创作。[③]

总的来看，国外对计算广告的研究大多以计算技术和数据等方面的应用性问题为主。技术算法的研究主要来自计算机领域，新闻传播界虽然在一些重要的学术会议上对计算广告也有所关注，但没有引起实质性的深度研究，这可能是学科背景的差异和对技术的陌生导致的。计算广告是一个新兴的跨学科研究领域，它广泛的技术应用推动了计算广告学的进一步发展，同时，经过学界和业界的共同努力，计算广告的全貌正在逐渐被揭开，其方法和理念迅速地影响了整个广告行业。

（二）国内研究

1. 计算广告的概念研究

威廉·阿伦斯（William F. Arens）在《当代广告学》中给出的传统广告的定义是：广告是由已经确定的出资人通过各种媒介进行的有关产品（商品、服务和观点）的通常是有偿的、有组织的、综合的、劝服性的非人员信息传播活动。[④] 在国内，最早是理工科领域的学者发表学术论文探讨计算广告的概念，例如周傲英、周敏奇和宫庆学（2011）提出计算广告是一种精准投放的广告投放机制，在计算的基础上找到最优匹配的广告内容并定向推给目标人群，以实现广告效益最大化。他们系统地介绍了计算广告的投放模式、计

---

① HELBERGER N，HUH J，MILNE G，et al. Macro and exogenous factors in computational advertising：key issues and new research directions [J]. Journal of advertising，2020，49 (4)：377 - 393.

② QIN X B，JIANG Z B. The impact of AI on the advertising process：the Chinese experience [J]. Journal of advertising，2019 (4)：338 - 346.

③ CHEN G，WANG T F，XIE P H. Understanding programmatic creative：the role of AI [J]. Journal of advertising，2019 (4)：347 - 355.

④ 阿伦斯. 当代广告学 [M]. 丁俊杰，程坪，钟群，译. 北京：人民邮电出版社，2005：1 - 6.

价模式、投放目标等在广告领域的演变过程，描述了广告主、网络媒体、联盟网络、广告交换、需求方平台、销售方平台等计算广告的相关产业链，重点分析了广告检索、排序投放算法以及广告离线分析、实时投放平台等关键技术和平台问题，还探讨了移动计算环境下的移动终端的广告投放、基于位置信息的广告投放、基于社会网络的广告投放等新型应用模式对计算广告未来发展可能产生的重要影响。① 郭庆涛、郑滔（2011）对计算广告研究中的计价模型和匹配算法及模型进行综述，分别从检索词匹配精度、语义情景和用户点击反馈等方面对 Cosine 算法、Okapi BM25 算法、特征学习算法、分层学习模型和 Multinomial 统计语言模型等进行比较分析和优缺点总结，并提出可行的改进方向。② 柴林麟（2015）提出计算广告就是在提升广告收益的基础上形成的一种新型的广告形式，在实际应用过程中，主要从用户的需求出发，实现用户和广告的匹配。③ 胡晓峰（2015）提出计算广告应当是“技术＋数据＋内容”的综合运用，他认为现有的针对计算广告的研究多停留在“技术＋数据”层面，包括数据管理、信息检索、数据挖掘、机器学习和分布式系统等，但创意才是广告的核心，而内容则是创意的关键。“技术＋数据”能精准细分消费人群，“内容”能加大沟通力度。④

还有一些人文社科学者探讨了广告的形式及审美特征。景东、邓媛媛（2011）从美学艺术的视角分析计算广告的特征，如全民参与朴素美、算法主导数学美、多元主导和谐美；并进一步将计算广告形式归纳为文本分析、用户分析和用户参与三类。⑤ 而刘鹏和王超（2015）从行业内审视了计算广告，他们合著的《计算广告》一书，是国内首本计算广告专著，里面涵盖了在线广告市场及核心技术和算法的各个层面。他们结合市场发展及实际业务的体会，认为计算广告的核心问题，是为一系列用户与环境的组合找到最合适的广告投放策略以提升整体广告活动的利润。他们比较系统地阐述了合约广告技术、受众定向技术、竞价广告技术、程序化交易技术等计算广告的核心技术与创意优化、流量保护、效果监测、数据安全等计算广告的相关技术。⑥ 刘庆振（2016）提出，计算广告是根据特定用户和特定情境，通过高效算法

① 周傲英，周敏奇，宫学庆．计算广告：以数据为核心的 Web 综合应用 [J]. 计算机学报，2011（10）：1805－1819.

② 郭庆涛，郑滔．计算广告的匹配算法综述 [J]. 计算广告工程，2011（4）：222－224，233.

③ 柴林麟．大数据时代下互联网广告及计算广告学的应用研究 [J]. 信息与电脑（理论版），2015（16）：29－31，56.

④ 胡晓峰．计算广告：“技术＋数据＋内容”的综合运用 [J]. 电脑知识与技术，2015，11（19）：94－95.

⑤ 景东，邓媛媛．论计算广告的形式及其审美特征 [J]. 哈尔滨工业大学学报（社会科学版），2011，13（1）：50－54.

⑥ 刘鹏，王超．计算广告：互联网商业变现的市场与技术 [M]. 北京：人民邮电出版社，2015：23.

确定与之最匹配的广告并进行精准化创意、制作、投放、传播和互动的广告业态。技术和数据是这一业态产生和演进的两大关键驱动因素，而通过算法集合自动寻找广告、情境与用户三者之间的最佳匹配则是其主要目的。① 戎文晋（2017）则认为，计算广告“主要依赖大数据技术和算法模型，找到广告与消费者之间最佳的接触方式，包括消费者场景、广告形式以及互动方式等，以达到广告主的某种目标”②。马澈（2017）认为，计算广告是互联网广告发展中出现的数据、技术和算法以及广告的运作模式。③ 段淳林、杨恒（2018）认为，计算广告是以数据为基础、以算法为手段、以用户为中心的智能营销方式，它在数据的实时高效计算下，进行用户场景画像，并满足快速投放、精准匹配及优化用户等一系列需求。④

2. 算法技术的应用研究

从国内研究来看，关于计算广告的机器学习、逻辑回归模型等技术方向的论文快速增长。计算广告研究的逻辑起点主要是大数据、新算法等相关应用技术。吕新雨等人（2018）从技术应用层面认为，计算广告有三个研究维度，即规模化的大数据资源、智能化的算法模型和精准化的智能决策。其中，大数据是计算广告的基础，新算法模型是计算广告的工具，智能决策是计算广告的目的。⑤ 李建会（2003）提出，要用计算的视角来看我们的世界。⑥ 周傲英等人（2011）阐述了计算广告在技术上的新型应用模型，对计算广告的应用全貌进行了较为全面的梳理，讨论了广告检索、排序投放算法以及广告离线分析、实时投放平台等关键技术和平台等问题。⑦ 2013 年纪文迪等人⑧和宫学庆等人⑨分别在《华东师范大学学报（自然科学版）》计算广告技术专栏中探讨了广告点击率估算技术和基于用户分组的广告定位等问题。刘庆振

---

① 刘庆振．“互联网＋”时代的计算广告学：产生过程、概念界定与关键问题［J］．新闻知识，2016（6）：9－15.

② 新记者．对话｜戎文晋：关于计算广告的那些事儿［EB/OL］．（2017－10－10）［2021－07－17］．http://www.sohu.com/a/197357375_652687.

③ 马澈．计算广告对数字媒体的影响：基于技术、数据和市场的重构［J］．中国出版，2017（24）：54－57.

④ 段淳林，杨恒．数据、模型与决策：计算广告的发展与流变［J］．新闻大学，2018（1）：128－136.

⑤ 吕新雨，赵月枝，等．生存，还是毁灭：“人工智能时代数字化生存与人类传播的未来”圆桌对话［J］．新闻记者，2018（6）：28－42.

⑥ 李建会．走向计算主义［J］．自然辩证法通讯，2003（3）：31－36.

⑦ 周傲英，周敏奇，宫学庆．计算广告：以数据为核心的 Web 综合应用［J］．计算机学报，2011（10）：1805－1819.

⑧ 纪文迪，王晓玲，周傲英．广告点击率估算技术综述［J］．华东师范大学学报（自然科学版），2013（3）：2－14.

⑨ 宫学庆，王立，何晓丰．基于用户分组的广告定位（英文）［J］．华东师范大学学报（自然科学版），2013（3）：70－78.

（2016）提出人群定向、程序化交易、个性化推荐是计算广告的主要技术应用。[①] 吴忠斌（2017）通过对计算广告中相关算法的解释与分析，明确了DSP优化传统交互流程及其要点，并对计算广告的相关算法进行了综合阐述。[②]

3. 计算广告的发展阶段研究

关于计算广告的发展阶段，刘庆振（2016）梳理了从合约广告到计算广告的简史，认为大致经历了合约广告、竞价广告、广告网络、广告交易平台、程序化交易等的演化后，技术和数据驱动的计算广告的出现是必然趋势。[③] 马澈（2017）认为计算广告的发展经历了从搜索广告、定向广告、广告网络、广告交易平台、实时竞价、程序化广告到原生广告的移动时代社交网络广告技术和应用过程。[④] 而钟夏泉（2017）根据时代背景、广告技术的进步、产业链的角色和投放效果把计算广告分成三个阶段，即以竞价发展的1.0阶段，以程序化购买发展的2.0阶段，以智能化发展的3.0阶段。[⑤] 段淳林、杨恒（2018）基于数字媒体平台的属性变化，认为互联网信息传播机制在不断变化，计算广告的流变经历了基于人口统计学定向的计算广告、基于用户标签定向的计算广告、基于数据导航定向的计算广告三个阶段。[⑥] 吕尚彬和郑新刚（2019）参照了数字广告的市场化历程，将计算广告的发展归纳为四个阶段：搜索广告大行其道的阶段、广告网络应运而生的阶段、程序化广告受到热捧的阶段、信息流广告强势崛起的阶段。[⑦] 蔡润珩（2019）通过技术特征对计算广告的发展阶段进行归纳，将其分为如下阶段：基于基础受众定向的合约展示广告、基于竞价技术的搜索与竞价广告、基于实时竞价的程序化购买广告、基于人工智能技术的智能广告。[⑧]

总体上看，国内来自计算机领域的研究比例逐渐减少，而新闻传播学界的研究则给予计算广告以较多比例的关注。算法技术的广告应用领域研究显然是计算广告的重点，然而，学界对于计算广告这一新的广告范式，目前还缺乏详细而全面的阐释。计算广告处于“广告学”的学科层面，能够为传统广告学注入新鲜血液，因此，迫切需要对其进行全面的审视，以了解其必然

---

① 刘庆振．“互联网＋”背景下计算广告技术体系的创新与应用［J］．新闻界，2016（2）：63－67．

② 吴忠斌．关于计算广告相关算法的解析［J］．电子世界，2017（21）：34－35．

③ 刘庆振．“互联网＋”时代的计算广告学：产生过程、概念界定与关键问题［J］．新闻知识，2016（6）：9－15．

④ 马澈．关于计算广告的反思：互联网广告产业、学理和公众层面的问题［J］．新闻与写作，2017（5）：20－26．

⑤ 钟夏泉．大数据与用户画像在计算广告发展中的应用研究［D］．广州：华南理工大学，2017：12－16．

⑥ 段淳林，杨恒．数据、模型与决策：计算广告的发展与流变［J］．新闻大学，2018（1）：128－136．

⑦ 吕尚彬，郑新刚．计算广告的兴起背景、运作机理和演进轨迹［J］．山东社会科学，2019（11）：164－169．

⑧ 蔡润珩．场景融合营销中计算广告作用研究［D］．开封：河南大学，2019：14－19．

性和未来发展趋势。

三、计算广告的定义与流程

（一）计算广告的定义

2009年，戴维·拉泽（David Lazer）和艾力克斯·潘特兰（Alex Pentland）等人发表了《计算社会科学》一文，标志着“计算社会科学”这一新学科的诞生。文中认为“计算社会科学”旨在通过收集、处理和存储海量数据并使用计算技术来识别人类的行为模式。①

计算传播学作为一个概念的提出主要源于计算社会科学的发展。直到计算社会科学成为研究热点之后，计算传播学才作为一个概念被正式提出。在“计算社会科学”研究范式中，我们定义了计算传播学的定义，它是计算社会科学的一个领域：计算传播学致力于寻找传播学可计算化的基因，以传播网络分析、传播文本挖掘、数据科学等为主要分析工具，大规模地收集并分析人类传播行为数据，挖掘人类传播行为背后的模式和法则，分析模式背后的生成机制与基本原理。②“新数据”“新方法”和“重要问题”，是计算传播学必不可少的三个要素。③

尽管计算广告作为一个概念很早就被提出，但作为一个学科，从计算社会学概念的出现到计算广告学概念的提出，仅仅相隔两年时间（2006—2008）。计算广告学的提出是否直接受到计算社会学的影响还不得而知，但两者的思维取向是相同的，都是研究人员在各自领域有效地寻求使用大数据和计算技术的结果。大数据信息技术已成为当今世界通用技术体系的核心技术，“社会计算化”与“计算社会化”已逐渐成为一种普遍的社会现象。④

什么是计算广告？顾名思义，可将其简单理解为通过计算创造的广告。布罗德（2008）提出，“计算广告”最初的定义就是运用大数据计算技术，为特定场景下的特定用户寻找到一个合格的广告，以实现语境、广告和用户三者的最优匹配。⑤ 李海容（Hairong Li，2019）把智能广告定义为以消费者为

① LAZER D，PENTLAND A，ADAMIC L，et al. Computation social science [J]. Science，2009 (5915)：721-723.

② 王成军．计算传播学：作为计算社会科学的传播学 [J]. 中国网络传播研究，2014 (8)：193-206.

③ 张伦，王成军，许小可．计算传播学导论 [M]. 北京：北京师范大学出版社，2018：6.

④ 冯仕政，陆美贺．社会计算如何可能？[J]. 贵州师范大学学报（社会科学版），2016 (6)：27-30.

⑤ BRODER A Z. Computational advertising and recommender systems [C] //PU P，et al. RecSys '08：Proceedings of the 2008 ACM conference on Recommender systems. New York：Association for Computing Machinery，2008.

中心、以数据为驱动、以算法为中介的品牌传播活动。[①] 约瑟夫·云等人（2020）提出，计算广告为衡量广告的短期和长期效果提供了前所未有的机会。简单地说，计算广告是一种个性化的交流，它使用计算能力在适当的时间、地点，以适当的频率，准确地将广告和广告商与消费者进行匹配，以获得正确的响应。[②] 许智修、马尔特豪斯（2020）将计算广告定义为一种广泛的、由数据驱动的广告方法，它依靠更强的计算能力、数学模型或算法和技术基础结构来创建或传递消息并检测个人行为。[③] 周傲英（2011）提出计算广告是一种精准投放的广告投放机制，在计算基础上找到最优匹配的广告内容并定向给目标人群。姜智彬、马欣（2019）认为计算广告是以数据驱动为基础，利用人工智能技术实现广告内容的耦合生产、精准投放和互动反馈，从而个性化满足消费者生活信息需求的品牌传播活动。[④] 程序化购买是计算广告最典型的表现形式，包括实时竞价模式和非实时竞价模式两种交易方式，程序化广告能够通过系统程序设定的参数自动化地完成数字广告的投放，最快、最精准地与用户进行匹配，提升了广告投放的效率，节省了费用。[⑤]

结合国内外学者对计算广告概念理解的精髓，本书得出较为全面的计算广告定义：以大数据、云计算、新算法和区块链等人工智能技术为依托，广告主在全面掌握目标消费者数据肖像基础之上，通过专业机构的程序化购买进行“千人千面”或“一人千面”实时精准计算、精准匹配和精准推送广告信息，从而实现精准数据闭环传播，以达到精准产品营销和品牌传播的高性价比智能活动。

（二）计算广告的市场主体

相对于传统广告，计算广告更着重于广告主对程序化购买平台的应用。计算广告的市场主体包含六大主要平台——需求方平台（demand side platform，DSP）、供应方平台（sell side platform，SSP）、数据管理平台（data management platform，DMP）、广告交易平台（ad exchange，ADX）、动态创意优化平台（dynamic creative optimization platform，DCOP）和广告验证

① LI H R. Special section introduction：artificial intelligence and advertising [J]. Journal of advertising，2019（4）：333-337.

② YUN J T，SEGIJN C M，PEARSON S，et al. Challenges and future directions of computational advertising measurement systems [J]. Journal of advertising，2020（4）：446-458.

③ HUH J，MALTHOUSE E C. Advancing computational advertising：conceptualization of the field and future directions [J]. Journal of advertising，2020（4）：367-376.

④ 姜智彬，马欣．领域、困境与对策：人工智能重构下的广告运作 [J]. 新闻与传播评论，2019（3）：56-63.

⑤ QIN X B，JIANG Z B. The impact of AI on the advertising process：the Chinese experience [J]. Journal of advertising，2019（4）：338-346.

平台（ad verification platform，AVP）。其中，DMP 作为计算广告的中枢神经系统，对人群数据进行分类和标志整理，搜索相似人群，以精准定位用户的数据处理，从而使广告投放更具针对性。它围绕用户基本属性、地理位置、行为属性、渠道属性、价值属性、兴趣属性和终端属性等多维度属性的聚焦，对目标用户的形象进行清晰界定和抽象整合，还原用户在真实生活场景中的生活轨迹，为用户贴标签，实现用户信息与用户需求的可视化。在数字时代，程序化广告借助“技术＋数据”的力量，能够比“千人一面”的传统广告触及更多精准的目标受众。“千人千面”“一人千面”的品牌或商品信息传递、与受众进行更高效的信息沟通和互动成为现实。

由图 1－1 可知，在计算广告流程中，以实时竞价（RTB）为核心的程序化购买，由需求方平台（DSP）、供应方平台（SSP）、数据管理平台（DMP）、广告交易平台（ADX）、动态创意优化平台（DCOP）和广告验证平台（AVP）六大平台搭建而成。DSP 根据广告主的广告需求定制个性化的标签，当一个用户访问媒体时，这个媒体就可以通过 SSP 判断是否需要通过 ADX 出售广告位；如果决定通过广告交易市场出售广告位，就需要向 ADX 发送用户打开的页面信息和最低价等信息；ADX 在收到媒体的信息后，会将这些信息通过 DSP 发送给广告主；广告主或 DSP 通过云计算向 DMP 询问用户的基本信息，DMP 将用户信息告知 DSP；DSP 就会告知 ADX 是否需要这次广告展示机会，最高报价是多少。一般而言，ADX 会收到多个广告主的报价信息，通过竞价拍卖的方式确定赢家并把赢家的广告物料通过 DCOP 传递给媒体；媒体在收到 ADX 发回的信息后，进行广告投放，AVP 全程监控交易与公证效果。

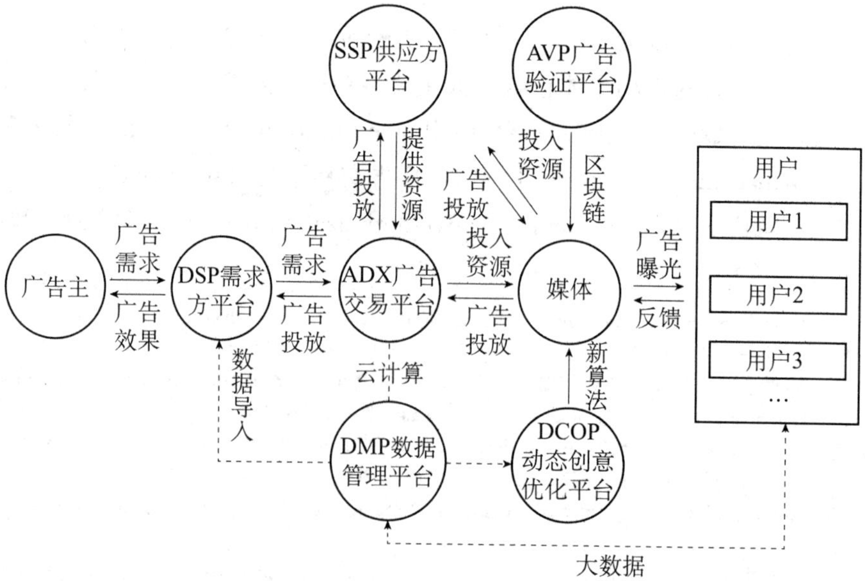

图 1－1　计算广告的流程

这一过程中，移动互联网的加入使受众的数据来源变得即时且全面。将受众的碎片化行为收集起来，通过实时竞价的程序化购买能够将这种碎片化的受众标签和媒介接触中的广告资源有效利用起来。计算广告聚合用户线上与线下数据，将用户的线上行为与线下轨迹相结合，形成闭环，从而对用户进行多维度的分析，并与广告主的个性化需求相结合，深入了解用户来源与用户需求，完成广告的精准化匹配。①

第二节　计算广告学的研究对象与研究方法

大数据、云计算、新算法、区块链等各种全新的技术集群构成了智能媒体生态系统所赖以生存的技术基础，在此基础上，泛媒介化趋势的快速发展重构了媒介产业的产品模式和产业生态，并催生了一门全新的学科——计算广告学。

一、计算广告学的研究对象

不管广告概念如何演变，广告的核心都是观念或商业信息传播。② 那么，广告学就是研究观念或商业信息传播一般规律的学科。计算广告学是一门由多学科交叉融合的新型分支学科，在继承传统广告学核心理论的同时，为了应对互联网技术发展带来的新问题和新观念，将计算主义理论和方法应用到广告学之中。计算广告学作为一门新型的交叉学科，它涉及计算机科学、数据科学、信息科学、新闻传播学、社会学、人工智能、心理学、营销学、统计学、高等数学、管理学和经济学等众多学科。它是研究计算广告业态的历史、理论、形式、流程、策略、管理、技术与趋势等一般规律的学科，涵盖了语言处理、机器学习、推荐系统、分布式算法等众多应用技术研究方向，同时又涉及市场营销、信息传播、消费心理、社交网络等多种人文社科研究方向。可以说，计算广告学“在继承传统广告学核心理论的同时，为了应对科学技术发展带来的新问题和新观念，将计算主义理论和方法应用到广告学研究之中”③，这大大丰富了广告学的内涵和外延，也使广告学能够在艺术与

---

① 蔡润珩．场景融合营销中计算广告作用研究［D］．开封：河南大学，2019：14-19.

② 黄合水，方菲．广告的演变及其本质：基于1622条教科书广告定义的语义网络分析［J］．新闻与传播研究，2019，26（12）：84-96.

③ 景东，邓媛媛．论计算广告的形式及其审美特征［J］．哈尔滨工业大学学报（社会科学版），2011，13（1）：50-54.

科学之间的平衡或结合趋于完美。

在5G时代，5G作为新兴的信息技术，频繁出现在人们的工作和生活当中，大数据、云计算、新算法、区块链等未来图景随着5G的落地而愈加清晰。大数据需要新的处理模式才能具有更强的决策力、洞察发现力和流程化能力，从而适应海量、高增长率和多样化的信息资产。云计算按使用量付费，提供可用的、便捷的、按需的网络访问，进入可配置的计算资源共享池（资源包括网络、服务器、存储、应用软件、服务），这些资源能够被快速提供，只需投入很少的管理工作，或与服务供应商进行很少的交互。云计算可以被理解为系统硬件，是一个具有巨大的计算能力、网络通信能力和储存能力的数据处理中心。新算法是指用于计算的方法，通过该方法可以实现预期的计算结果。算法是模型分析的一组可行的、确定的、有穷的规则。区块链是比特币（Bitcoin）的底层技术架构，本质上是一种去中心化的分布式账本。区块链技术作为一种持续增长的、按序整理成区块的链式数据结构，通过网络中多个节点共同参与数据的计算和记录，并且互相验证其信息的有效性。

计算广告就是建立在大数据、云计算、新算法和区块链应用技术基础上的智能广告传播活动，而计算广告学也正是研究这些技术共同驱动的智能广告传播活动一般规律的学科。

二、计算广告学的研究方法

计算广告以大数据、云计算、新算法和区块链为基础，致力于运用计算的方法尽可能实现广告与用户的完美匹配。计算广告学研究在特定语境下特定广告与特定用户之间是如何寻找最佳匹配的，这种匹配建立在科学运算的基础上，需要综合运用大数据、云计算、新算法、区块链等技术工具以及传播学、统计学、营销学、社会学、经济学等学理知识对市场现状和消费者心理进行研究和分析。

与传统广告学研究方法不同，计算广告学以全样本数据代替了抽样数据。通过大数据工具更加准确、更加详细地了解消费者的个性化需求，然后选择适合的媒体平台投放特定的广告，再不断测试和评价投放效果以调整营销战略，使广告在推出之后便能够精准地获取目标消费者的关注，让广告的投资回报率能够趋于最大化。计算广告的概念被引入中国后，国内的互联网企业和计算机科学领域开始陆续关注计算广告的理论及应用，最早的研究方法主要涉及定量研究的学术传统和技术处理的模式分析，包括机器学习、大数据分析、社会网络分析、数据挖掘、分类优化、统计模型等。

在计算社会科学视域下，对计算广告学进行理论与实践的双重审视，其丰富内涵的确远非现有的计算广告研究所能涵盖，因此，有必要学习计算社会学的研究方法。尤其是在技术至上的计算广告领域，反思计算广告学的伦理道德问题，需要一些社会学的批判理论来加持。计算广告学的批判研究并不是要动摇传统广告学的根基，恰恰相反，通过批判性思考，克服传统广告学研究存在的各种障碍，可以提升计算广告学研究的科学性与有效性。①

计算广告学的研究也采用案例分析的方法。案例研究是第一次世界大战后在美国兴起的一种社会科学的研究方法，相当于我们通常所说的典型调查。在当代社会科学著作中，常常附以大量的案例研究材料。而计算广告学在实践中解决问题的方法和策略及其推广，我们也可通过典型案例的分析研究，总结出一般的规律，从而给互联网广告从业者以启发和借鉴，推动计算广告学的成长与发展。

在建立一个完整的计算广告学科体系的过程中，可以采用比较分析方法。任何学科理论的建立，都有比较、借鉴和扬弃的过程，需要认真比较、学习和借鉴一切有用的经验，包括国外在计算广告方面的技术和有益经验。通过比较分析研究，博采众长，融会贯通，从而丰富和发展计算广告学。

第三节 计算广告时代广告理论的演进

中国网络广告的发展大致经历了四个阶段：诞生波折期（1997—2002）、快速发展期（2003—2010）、社交媒体期（2011—2015）、智能传播期（2016年至今）。1997年3月，IBM和Intel在ChinaByte上发布网络广告，这是中国第一则网络广告，开创了中国网络广告的先河。诞生波折期的网络广告没有得到快速发展，2000—2002年中国因全球金融危机而遭遇互联网寒冬，互联网经济泡沫破灭。2003年中国发生“非典”疫情，使得许多中国人被动隔离，网络成为人们了解外界、消遣时光的好选择。同年，中国第一家网络广告公司——华扬联众成立，网络广告的内容服务开始出现，企业对网络广告的认可度得到培育。因此，2003年被称为中国网络广告“元年”，2003年一直到2010年这一时期被称为快速发展期。2011年微博启用weibo.com独立域名，成为中国社交媒体第一站。2013年以微信为代表的即时通信社交媒体

① 曾琼．突破与重构：大数据时代的计算广告学研究［J］．湖南师范大学社会科学学报，2019（5）：150-156.

高歌猛进，月活跃用户达到5.49亿（截至2015年12月，中国互联网络信息中心），中国网络广告进入社交媒体期。2016年是人工智能“元年”，AlphaGo战胜李世乭，人工智能在2016年正式确立起中国国家战略地位。智能广告、大数据广告、计算广告风行，网络广告进入智能传播期。在智能传播期，随着技术与数据在广告领域的蓬勃发展，广告业整体步入了计算广告时代。

一、从4P到4C再到4R

在市场营销发展过程中，营销框架从4P到4C再到4R，这反映了营销理论是随着时代的变迁而不断进化发展的。广告活动和市场营销都是商品经济发展到一定阶段的产物，广告学的建立也是市场经济孕育的结果。作为信息传播活动，广告的起点和终点都在经济领域。传递什么样的信息内容以及如何传播，都需要研究市场；了解营销环境，研究消费者，适应不同的市场环境，这些都离不开市场营销理论。

（一）4P理论

美国营销学学者杰罗姆·麦卡锡（McCarthy）于1960年在其《基础营销》（*Basic Marketing*）一书中将营销要素概括为4类——产品（product）、价格（price）、渠道（place）、促销（promotion），即著名的4P。1967年，“现代营销学之父”菲利普·科特勒（Philip Kotler）在其畅销书《营销管理：分析、计划、执行和控制》第一版中进一步确认了以4P为核心的营销组合方法。

（1）产品（product），即产品的组合，主要包括产品的实体、服务、品牌、包装。这一要素是指企业为目标市场提供的货物、服务的集合，不仅包括产品的效用、质量、外观、式样、品牌、包装和规格，还包括服务和保证等因素。4P理论注重功能，要求产品有独特的卖点，把产品的功能诉求放在第一位。

（2）价格（price），即定价的组合，主要包括基本价格、折扣价格、付款时间、借贷条件等。4P理论提倡针对不同的市场定位使用不同的价格策略。

（3）渠道（place），即分销的组合，主要包括分销渠道、储存设施、运输设施、存货控制等，指的是企业为使产品进入和到达目标市场而组织和实施的各种活动，包括途径、环节、场所、仓储和运输等。企业不直接面对消费者，但注重培育经销商，建立相关销售网点，通过分销商与消费者进行联系。

（4）促销（promotion），即促销的组合，指企业利用各种信息载体与目标市场沟通，包括广告、人员推销、营业推广与公共关系等。企业通过改变短期内销售行为来刺激消费者，吸引其他品牌的消费者或者引发提前消费。

虽然广告只是促销策略的一部分，但无论是建立长期的品牌效应，还是实现短期的产品销售，广告都需要服务于整个企业营销的战略布局。

4P 理论为营销管理奠定了理论框架，该理论以单个企业为分析对象，将影响企业营销活动效果的因素分为不可控因素与可控因素，前者包括政治、法律、经济、人文、地理等环境因素，后者包括生产、定价、分销、促销等营销因素。营销活动的本质是内部控制因素适应外部环境的动态过程，营销的目的是完成交易、实现组织目标，因此，市场营销活动的核心在于制定和实施有效的市场营销组合。

4P 理论把复杂的营销活动简要概括为四大因素，以利于把握和控制。构成市场营销组合的各种手段，是企业可以调节、控制和运用的因素，企业可以根据目标市场情况，自主决定生产的产品、价格、销售渠道、促销方式。

4P 理论具有动态性。市场营销组合不是固定不变的静态组合，而是变化无穷的动态组合。内部条件、外部环境变化时，企业必须主动采取相应措施积极响应。4P 理论还具有整体性。市场营销组合的各种手段及组成因素，不是简单相加或拼凑集合，而是一个有机整体，在统一目标的指导下，彼此配合、相互补充，以求得大于局部功能之和的整体效应。

（二）4C 理论

4P 理论的思维方式是“由内而外”，从生产者的角度来看，4P 理论是卖方用来影响买方的一种营销工具。从买方的角度来看，营销工具应当为消费者提供利益，而不是仅仅考虑卖方自身的便利。20 世纪 80 年代，美国学者劳特朋（Robert F. Lauterborn）针对 4P 提出了 4C 营销理论。

（1）消费者（consumer），指消费者的需求和欲望。4C 理论认为，企业应当以消费者为中心，建立客户比开发产品更为重要、满足消费者的需求和欲望比开发产品功能更为重要的观念，为消费者提供他们所需要的产品，并把消费者当成上帝，而不仅仅兜售产品。

（2）成本（cost），指使消费者获得满足的成本，或是消费者为满足自己的需要和欲望愿意付出的成本。4C 理论的营销价格因素已延伸为消费者购得产品之前产生的全部成本，不仅考虑了企业的生产支出，也考虑了消费者的付出。成本包括：企业的生产成本——生产适合消费者需要的产品的成本；消费者购物成本——不仅指购物的货币支出，还有时间耗费、体力和精力耗费以及风险承担。4C 理论的定价模式认为：消费者支持的价格－适当的利润＝成本上限。企业要想在消费者愿意承受的价格限度内增加利润，就必须尽量压缩成本。

（3）便利（convenience），指购买的方便性。对比传统营销，4C 理论更重视服务环节，强调为消费者提供便利，让消费者既购买到商品，也购买到便利的服务。企业要想深入了解消费者的购买方式和偏好，就要在营销活动过程中贯穿便利原则：售前应及时向消费者提供关于产品性能、质量、价格、使用方法和效果的准确信息；售后应重视信息反馈和追踪调查，及时处理和答复消费者的意见；主动更换问题商品，提供维修，大件商品应终身保修；改进产品缺陷。

（4）沟通（communication），指加强与消费者的沟通。企业可以尝试使用多种营销策划与营销组合，如果不能收到理想的效果，说明消费者未完全接受企业与产品。这时，不能单纯依靠单向劝服消费者来推销产品，应加强双向沟通，增进相互理解，真正实现适销对路，培养忠诚的顾客。

4P 理论以生产者为中心，4C 理论以消费者为中心。在竞争激烈、产品供过于求、消费者个性化趋势明显、媒介细化和信息膨胀的营销环境下，必须将消费者直接作为市场决策的变量，由经营企业转化为经营客户。

（三）4R 理论

4R 营销理论以关系营销为核心，注重企业与客户关系的长期互动，重在建立顾客忠诚。它既从厂商的利益出发又兼顾消费者的需求，是一个更为实际、有效的营销制胜术。4R 理论是美国学者唐·舒尔茨（Don E. Schultz）在 4C 营销理论的基础上提出的。

（1）关系（relationship）。在企业与客户的关系发生了本质性变化的市场环境中，抢占市场的关键已转变为与客户建立长期稳定的关系。与此相适应，产生了五个转向：从一次性交易转向强调建立长期友好合作关系；从着眼于短期利益转向重视长期利益；从顾客被动适应企业单一销售转向顾客主动参与到生产过程中来；从相互的利益冲突转向共同的和谐发展；从管理营销组合转向管理企业与顾客的互动关系。

（2）反应（reaction）。在相互影响的市场中，对经营者来说最难实现的问题不在于如何控制、制订和实施计划，而在于如何站在顾客的角度及时地倾听和从推测性商业模式转变为高度回应需求的商业模式。

（3）关联（relevancy）。企业与顾客是一个命运共同体，建立并发展与顾客之间的长期关系是企业经营的核心理念和最重要的内容。

（4）报酬（reward）。任何交易与合作关系的巩固和发展，都是经济利益问题。因此，一定的合理回报既是正确处理营销活动中各种矛盾的出发点，也是营销的落脚点。

4R营销理论包括关系、反应、关联、报酬四种营销要素，通过这四种要素可以很好地建立起客户关系。该理论着重要求将企业精力集中在最有价值的客户身上，注重客户忠诚度的建立，通过企业与最有价值客户的长期互动达到企业利润最优与顾客欲望得到满足的双赢局面。

二、从集体到群体再到个体

互联网时代的消费者已经从大众化、分众化的目标受众变为被细分的微分化、个人化的用户，从而进入受众个性化时代。在传统的大众传播媒介时代，广告商还是偏向于针对特定群体投放广告，但随着大数据时代的到来，从集体到个体的个性化特征更加明显，互联网广告的消费者也更进一步细分到了个体。大数据给出的定义，不再是一个群体抽象的标准化的面孔，而是一个个丰满的、立体化的形象。[①] 因此，对于企业而言，无论是产品生产环节还是营销传播环节，立足点都不再是继续满足市场需求，而是转向了满足个人追求，集合化的市场概念转变为碎片化的个体概念。随着计算广告技术的深入发展，广告信息将会根据更丰富全面的用户个人数据，通过大数据程序统计分析用户的消费习惯，再根据用户的时间、地点以及需求选择合适的媒体平台进行有针对性的广告投放，更加精准地匹配每个个体的实际需求，准确聚焦目标受众的注意力，用最小的成本达到最大的广告效果。

三、整合品牌传播时代计算广告的使命

菲利普·科特勒指出："在过去的三十年里，营销一直是商业界兴奋不已的话题。"[②] 整合营销传播理论自20世纪90年代诞生以来，便震撼全球，被创始人舒尔茨教授称为"21世纪企业决胜的关键"。在营销学的发展史中，每十年就会产生一些新概念，并且毫无疑问，营销理论的每次更新都会直接

---

① 赵国栋，等．大数据时代的历史机遇：产业变革与数据科学［M］．北京：清华大学出版社，2013：67-70．

② 科特勒，卡塔加雅，塞蒂亚万．营销革命3.0：从产品到顾客，再到人文精神［M］．毕崇毅，译．北京：机械工业出版社，2011：27．

推动广告理论的发展。从 4P 到 4C 再到 4R，广告理念经历了从以产品为中心到以消费者为中心，再到以品牌与消费者之间的关系为中心的方向演变。整合营销传播以消费者为中心，重在与传播对象的沟通。整合营销传播的目的是影响特定受众行为，并在品牌和消费之间建立稳定的双向联系。在整合营销传播的基础上，还发展出了整合品牌传播，实现了从 IMC（integrated marketing communication）到 IBC（integrated branding communication）的全新营销理论转变。

（一）IMC 理论

20 世纪 80 年代，品牌传播遍及全球，企业运用各种交互式工具向公众传播品牌和企业形象，从而产生了整合营销传播理论。美国广告公司协会（American Association of Advertising Agencies，4As）对整合营销传播的定义为：IMC 是一个营销传播计划概念，是在充分认识各种传播手段的基础上，提供清晰、完整和一致的信息，以最大限度地提高传播的影响力。[①] 唐·舒尔茨与劳特朋提出，整合营销传播是一种看待事物整体的新方式，过去我们只看到其中的各个部分，比如广告、销售促进、人员沟通、售点广告、人员沟通等，但它是重新编排的信息传播，这使它看起来更符合消费者看待信息传播的方式——像一股从无法辨别的源泉流出的信息流。[②] 汤姆·邓肯（Tom Duncan）引入“关系利益人”的概念，他认为整合营销传播指企业或品牌通过发展与协调战略传播活动，使自己借助各种媒介或其他接触方式与员工、顾客、投资者、普通公众等关系利益人建立建设性的关系，从而建立和加强他们之间的互利关系的过程。[③] 唐·舒尔茨认为，整合营销是一个业务战略过程，指的是制订、优化、执行并协调可测度的、有说服力的品牌传播计划，这些活动的受众包括消费者、潜在消费者、内部和外部受众及其他目标。[④] 浙江大学的卫军英提出，IMC 理论是在 4C 观念基础上对 4P 理论的一种发展。[⑤]

（二）IBC 理论

从整合营销传播过渡到整合品牌传播，最关键的一点是对品牌核心价值进行聚焦传播。林升梁（2008）出版了国内第一部《整合品牌传播学》著作，

---

① 贝尔齐 G E，贝尔齐 M A. 广告与促销：整合营销传播展望［M］. 张红霞，李志宏，译. 大连：东北财经大学出版社，2000：13.

②③④ 董雅丽，陶李. 整合营销战略［J］. 企业管理，2004（6）：30－32.

⑤ 卫军英. 整合营销传播：观念与方法［M］. 杭州：浙江大学出版社，2005：31.

提出了火箭/卫星理论模型。① 段淳林（2014）在《整合品牌传播：从 IMC 到 IBC 理论建构》一书中，阐述了整合品牌传播（IBC）的核心内涵，主要有以下几点。第一，IBC 的主体：社会性消费群体；第二，IBC 的核心：文化精神价值；第三，IBC 的形态：移动化跨媒体整合；第四，IBC 的运作：战略组织传播。她认为，品牌传播已经不仅仅是针对目标消费群体传播产品或品牌信息的活动，而是变成了面向社会公众输出品牌核心价值观以期实现价值认同的过程。它以数字化跨媒体整合的方式与消费者进行全方位沟通，围绕着品牌核心价值展开内外部传播整合。②

与舒尔茨教授的整合营销传播理论相比，整合品牌传播的产生具备三大新的时代环境：首先，随着数字媒体的兴起，特别是移动互联网背景中的社会化媒体的蓬勃发展，计算广告应运而生，使整合品牌传播成为可能。随着微信、微博的发展和抖音等短视频应用的发展，消费者拥有了成熟的自我表达、个性追求和情感释放的平台，这促使个体的价值认同成为品牌传播的重点。其次，在移动互联网时代，品牌与消费者的关系本质上是以品牌核心价值为纽带的价值认同关系，而价值认同关系通过价值共享来建立，计算广告为价值共享提供了可能。这种价值共享遵循 AIVSA 消费者行为模式，即引起注意（attention）—兴趣与互动（interest & interaction）—价值认同（value）—信息分享（share）—消费者行动（action）。最后，整合品牌传播的实质，是以价值认同关系为核心的整合传播，最终目的是通过计算广告聚焦品牌核心价值，实现品牌核心价值的最大化。③

现代传播发展迅速，广告与品牌的关系已经密不可分。在传播的核心层面，品牌核心价值开始从以往的以消费者为中心转变为以人本主义为中心。计算广告时代将高举整合品牌传播理论的旗帜，以人文主义为中心，将人文精神进行整合传播。

1. 消费者对品牌的价值认同

在计算广告时代，一个品牌的经营需要广告来推动，消费者是品牌的真正拥有者，当消费者认同了品牌的核心价值，品牌使命就是消费者的使命。为了获得消费者的价值认同，企业所有的营销行为必须与品牌核心价值保持一致。同时，必须具有能改变消费者生活方式的广告价值观，即通过创造不同寻常的业务，传播打动消费者的故事，以实现消费者增权。④

---

① 林升梁．整合品牌传播学［M］．厦门：厦门大学出版社，2008.

②③ 段淳林．整合品牌传播：从 IMC 到 IBC 的理论建构［M］．广州：世界图书出版广东有限公司，2014：7.

④ 科特勒，卡塔加雅，塞蒂亚万．营销革命 3.0：从产品到顾客，再到人文精神［M］．毕崇毅，译．北京：机械工业出版社，2011：56－57.

2. 企业价值观的重要性

企业的价值观是通过员工的行为来反映的，因此，企业必须培养员工形成正确的价值观。在整合品牌传播时代，正确的企业价值观能够反映品牌的核心价值。企业应该选择价值观与自身品牌核心价值一致的员工、群体或组织作为合作伙伴。当所有要素都聚焦于品牌的核心价值时，传播在消费者心中的价值印记就会清晰有力。

3. 持续一致地传递品牌核心价值

商业环境日益变化，市场两极分化的现实，特别是计算广告时代的注意力资源稀缺使企业意识到品牌可持续发展的重要性。营销只有将品牌的可持续发展理念作为传播的核心，才能实现品牌核心价值的利益最大化。任何分散品牌核心价值的传播行为，都将稀释对品牌资产的积累。

四、计算广告的未来

计算广告这个新兴的应用领域，无论是在入门不久的中国还是在体系日渐成熟的欧美发达国家，都有广阔的发展空间。5G 时代，大数据、云计算、新算法和区块链渐渐成熟的情况下，我们可以大胆设想一下计算广告的未来。

（一）人工智能全面掌控计算广告

有“世界互联网教父”之称的凯文·凯利（Kevin Kelly）曾表示，人工智能（AI）会是下一个二十年中颠覆人类科技的技术。人工智能将是未来商业的基础。可以想象，随着 5G、大数据、云计算、新算法和区块链的成熟，人工智能将不再依赖于本地硬件环境，而是通过云计算，随时随地共享全球大数据中心的计算能力。当人工智能利用大数据收集到全球消费者的深度信息后，通过人工智能的自我学习和演进算法，便可找到深刻的创意洞见，分配给 AI 文案和 AI 设计等去执行创意，最后经由 AI 媒介精准推送给受众。而这一切的工作，可能仅仅需要几秒的时间就可以完成。

（二）计算广告趋向个性化和个人化

衣食住行工作娱乐，我们每个人每天穿梭于不同的生活场景之间，在诸如汽车、电梯、住宅之类的私密封闭场景中，外界干扰度低，广告可以精准对接消费人群。通过精准的场景广告表现方式，对用户需求进行精准把控，根据用户的个人兴趣和喜好来为其精准推荐个性化和个人化广告，这是广告主所追求的广告理想境界。这种境界的实现，一定是以在合适的时间、合适的地点、以合适的方式满足消费者合适的个性化和个人化需求为前提的。

（三）短视频广告形成独立产业链

当前，短视频呈现快速增长的趋势，用户流量、互动性和营销预算等逐年增加。现今，短视频广告已经形成了内容编辑、视频拍摄、后期制作、广告投放以及数据监控的完整产业链。5G时代来临，短视频广告的精准营销有了更大的可能性，在广告主、代理商、网红明星、传播渠道、短视频平台与消费用户之间将产生一个新的计算广告开放型流量共享平台，这个平台可以精确计算流量，精准引导流量，实现广告效果的最大化。

（四）场景广告实现突破性进展

在5G环境中，短视频直播成为最基础的广告场景，而虚拟现实（VR）、增强现实（AR）和全息投影技术的应用使场景传播获得突破性进展。在大数据、云计算、新算法和区块链技术加持下，计算广告的传播将根据不同的消费者实时调整虚拟场景，从而给用户带来充满沉浸感的互动体验。如爱奇艺爆款综艺《潮流合伙人》基于AI创新应用产品奇观的“边看边试边买”互动新玩法推动了同款商品热卖。可见，计算广告不仅仅是单方面的信息触达，更会是一场好玩的互动游戏。未来也许还将创造出一种线上线下统一的网络环境，与视频相结合的强互动、可沉浸的虚拟场景将为广告带来突破性进展，广告行业也将迎来新一轮的爆炸式增长。

（五）数字货币、“刷脸”信息或指纹信息提供更全面的消费者数据

目前，我国在数字货币研发领域走在世界前列，有望成为最快实现数字货币广泛商业应用的国家。区块链技术的发展，使数字货币全民化成为一种趋势。数字货币时代用户的每笔交易都会留下数据痕迹，这些数据信息包含十分丰富的内容，可以为广告主提供更加精确的用户画像。人工智能正在让生活变得更加便捷，“刷脸”支付或指纹支付也走进更为广阔的应用空间，极大地改变了人们的生活方式。脸或指纹将成为人们关键的身份认证符号，所有的个人数据将汇集在身份认证包下。在5G、AI、大数据、云计算、新算法和区块链技术逐渐成熟的条件下，消费者的“刷脸”信息或指纹信息认证包下的消费者数据将以匿名的形式共享给商家，在不侵犯消费者隐私的前提下，商家通过合理使用这些匿名数据，随时随地获得消费者的数据信息，从而更精准地为消费者提供量身定制的广告信息。这样一来，消费者与品牌之

间的黏性也将大大增加。

随着科技的发展，尤其是5G通信技术的成熟，未来广告的许多创新也将建立在5G的基础之上。这将会使广告业呈现出一番崭新的气象，我们会发现越来越多的事情不需要广告主或广告代理机构自己来完成了，且那些所谓“碎片化”的时间将会被重新整合成“有规律”“有价值”的时间，广告的作用将更加明确。

本章小结

本章结合国内外学者对计算广告概念理解的精髓，给计算广告下定义：计算广告是以大数据、云计算、新算法和区块链等人工智能技术为依托，广告主在全面掌握目标消费者数据肖像基础之上，通过专业机构的程序化购买进行“千人千面”或“一人千面”实时精准计算、精准匹配和精准推送广告信息，从而实现精准数据闭环传播，以达到精准产品营销和品牌传播的高性价比智能活动。计算广告发展迅猛，出现了诸多新概念、新问题、新方法、新应用，应当建立计算广告学，使之成为广告学的二级分支，以适应计算广告产业的飞速发展。计算广告学使以4R为基础的整合品牌传播的应用成为可能。

复习思考题

1. 如何理解计算广告的概念？
2. 计算广告的起源是什么？计算广告发展现状如何？
3. 计算广告学的研究对象是什么？计算广告学的研究方法有哪些？
4. 计算广告的发展趋势如何？谈谈你对计算广告未来的看法。

推荐阅读书目

1. 段淳林，张庆园．计算广告［M］. 北京：人民出版社，2019.

2. 段淳林．整合品牌传播：从IMC到IBC的理论建构［M］. 广州：世界图书出版广东有限公司，2014.

3. 鞠宏磊．大数据时代的精准广告［M］. 北京：人民日报出版社，2015.

4. 林升梁．整合品牌传播学［M］. 厦门：厦门大学出版社，2008.

5. 刘鹏，王超．计算广告：互联网商业变现的市场与技术［M］. 北京：人民邮电出版社，2015.

6. 刘庆振，赵磊．计算广告学：智能媒体时代的广告研究新思维［M］. 北京：

人民日报出版社，2016.

7. 科特勒，卡塔加雅，塞蒂亚万．营销革命 3.0：从产品到顾客，再到人文精神［M］. 毕崇毅，译．北京：机械工业出版社，2011.

8. 钟书平，刘庆振．计算广告概论［M］. 北京：中国传媒大学出版社，2021.

案例

计算广告时代，广告人要了解的四个新趋势①

一、广告决策方式的智能化

营销 2.0 时代，广告人都在追求一个“big idea”，通过范围较窄的用户调查＋理性分析＋一小部分主观臆断，来找到“目标人群”以及确定他们的喜好、价值观，创作出传播主题和内容，从而“判断”他们的触媒方式，或者是在平台“大 V”、KOL（关键意见领袖）的主页以及人流量大的地铁等地方投放，以期触达更广的人群，让真正的目标人群“愿者上钩”。

而在营销 3.0 智能时代，广告决策方式得到优化：创意前期，真正用数据把目标人群找到，获取他们真实的情况、真实的偏好，以及真实的触媒方式。这样才能更准确地去策划对他们说什么。在创意产出后，则用数据标签找到他们。这样，即便是在广告投放中期，也可以实时获得投放数据，及时做出调整。

总而言之，广告决策流程已被优化成先有媒介策略（人群定向＋传播渠道），再用数据指导策略推导、创意构思，然后进行广告投放，并实时获取广告数据，最后以数据直接呈现广告投放情况。

二、数据研究的精细化

目前的计算广告，已经有很多的数据维度了，包括年龄、性别、阅读偏好、APP 偏好等等。但传统的用户标签不等同于客户想要的人群特征，也就是说对于广告主来说，在决策过程中，这些数据标签是远远不够的。因此也有必要细化对数据的研究。目前的数据标签大致分为两个维度：一是人口属性维度，也就是刚刚提到的年龄、性别等。针对这一维度进行的投放，会是不同人群不同、同一人群相同的投放。二是行为属性维度，如阅读偏好、APP 偏好等。针对这一维度进行的投放会优于上一维度，因为更加接近人的心理。

而未来的数据研究方向，是把目前零散不连贯的数据打通，聚合线上线下，形成同源数据（捕捉到接触广告和购买商品或服务的是同一个人），从而打造标签组合，这种组合能真正成为一个人的“立体标签”。目前腾讯社交广告已在行动，金融

① 不安奇亚籽．计算广告时代，广告人要了解的四个新趋势［EB/OL］.（2018-06-12）［2021-07-17］. https://www.jianshu.com/p/375e0b841a9d.

行业上，用自己的独家识别能力，构建了金融标签，把标签细化成两类：人的判断（收入，学历，信用，用的金融卡的类别——信用卡、储蓄卡）和需求的判断（资金使用目的）。这其实也是广告决策智能化的一部分。

不过这里也有一个瓶颈，就是数据孤岛问题。因为目前的大多数平台都严防死守自己的数据，所以很多数据没办法打通。借用谷歌（Google）的话来说便是："算法不重要，数据才重要。"算法可以打磨，但没有数据不行，巧妇难为无米之炊。

三、情感计算的深耕化

情感是一种内部的主观体验，但总是伴随着某种表情。表情包括面部表情（面部肌肉变化所组成的模式）、姿态表情（身体其他部分的表情动作）和语调表情（言语的声调、节奏和速度等方面的变化）。这三种表情也被称为体语，构成了人类的非言语交往方式。

面部表情不仅是人们常用的较自然的表现情感的方式，也是人们鉴别情感的主要标志。通过使用特定的仪器，我们可以对面部的微小表情变化进行研究，甚至可以区分真笑和假笑：人在真笑时面颊上升，眼周围的肌肉堆起，大脑左半球的电活动增加；而人在假笑时仅有嘴唇的肌肉活动，下颌下垂，大脑左半球的电活动不明显。脸部运动编码系统 FACS 通过不同编码和运动单元的组合，可以在脸部形成复杂的表情变化，其成果已经被应用于人脸表情的自动识别与合成。

目前，情感计算就是通过人脸识别技术识别人的表情，了解人们看到某物的反应和情绪。通过情感计算，可以更直接地反映出消费者的反应，这比传统的"看到、点击、购买"更加靠近上游，在曝光阶段即得到反馈，让广告主第一步就能抓住更多用户，少"漏掉"消费者。

四、虚拟互动的场景化

营销 1.0，品牌广告和消费者几无互动，仅靠线下活动来产生交流。营销 2.0，转评赞、摇一摇、红包、小游戏、抽奖广告，都实现了和消费者的实时互动，只是会流于表面。而到了营销 3.0，VR、AR 让互动有了场景，如虚拟试衣、VR Pay、VR 成人、虚拟现实跑步机等等。

未来虚拟世界会与扩大现实（XR）、替代现实（SR）、VR 等诸多方面的技术结合起来，甚至将成为大众生活中一种主要应用，与真实世界大量融合互动。人们可以随时随地通过计算机或手机访问虚拟世界，在其中娱乐、工作、学习等。3D 虚拟世界将会成为互动教育、商业、政治、关系、国际沟通、医药等领域的主要媒介，为企业提供巨大的商业价值，更将促进虚拟互动世界大步向前迈进，很快超越游戏和社会网络。

虽然智能化已经越来越完善，会有越来越多的数据，让决策、投放、总结越来越简化，但对于一些人类专属的思维领域，机器暂时还是没办法参与，离不开人的活动。第一点是把人口、行为标签凝炼成价值观标签，从标签背后挖掘出人的价值观，寻找与品牌价值观相符合的人，用故事把品牌价值观传达出去。真正能够用价值观来触动人的，才是真的上乘广告吧。第二点是研究人们喜好、行为背后的深层逻辑，例如：为什么这么多人喜欢某个广告，或者为什么这么多人炮轰它？数据可以反映现象，但本质同样需要人性的挖掘。

第二章

计算广告的技术实现基础

本章学习要点与要求

了解计算广告的四大技术实现基础；熟悉大数据的定义和特点；掌握大数据的应用场景和商业模式；了解大数据的风险与防护；熟悉大数据在计算广告中的应用；熟悉云计算的定义、类型和特点；了解云计算的风险与防护；熟悉云计算在计算广告中的应用；熟悉新算法的定义和特点；了解新算法的内容；熟悉人工智能、机器学习和深度学习之间的关系；了解新算法的风险与防护；熟悉新算法在计算广告中的应用；了解区块链的定义与类型；熟悉区块链的核心技术与面临的挑战；熟悉区块链在计算广告中的应用。

在计算广告时代，无论是打造品牌形象、传递品牌核心价值，还是直接销售产品、提高服务质量，都离不开对技术的高度依赖。① 品牌效果和产品效果均需要建立在高流量基础上，流量就是促销，产品占据通路，品牌占据人心，构成了企业的护城河。计算广告能对大数据进行结构化处理，在云计算环境中利用新算法自动分析出文本的情感倾向②，为打动消费者提供强有力的创意支撑，而区块链增强了广告交易的透明性、安全性和可靠性。因此，大数据、云计算、新算法和区块链构成了计算广告的四大技术实现基础，也使开放、共享、人本的广告本质精神得以兴盛。③

第一节　大数据技术的丰富“矿场”

数据产生价值。万物以数据而互联，未来因数据而智能。大数据（big

① 刘庆振，于进，牛新权．计算传播学：智能媒体时代的传播学研究新范式［M］. 北京：人民日报出版社，2019：149.

② 张伦，王成军，许小可．计算传播学导论［M］. 北京：北京师范大学出版社，2018：42.

③ 陈积银，杨玉华．智能推荐型视频广告研究［C］//李本乾，吴舫．智能传播：机遇与挑战：第 2 辑．上海：上海交通大学出版社，2019：42.

data）是“矿场”，是“血肉骨架”。计算广告与大数据关系密切，计算广告本质上就是获取大数据、提炼大数据、推送大数据的精确制导、精准营销的信息传播过程。

一、什么是大数据

（一）定义

1. 形象化定义

人的数字化生存也就是近几十年的事情。爷爷奶奶那辈，是在人生末年的时候才有照片，算是初步有了一点数字化。而现在我们的身份是数字的，银行存款是数字的，照片是全数字，体检单也是数字化的，更不用说购物数字化、沟通数字化等。大数据技术已经初步构建了一个数字化生存的状态，而我们的下一辈或下下一辈将进入完全的数字化透明生存：从人一出生就有基因图谱，到后续的每一次体检、每一次化验，到每一年、每一个月、每一个日子的活动，从每一个人到每一代人，到整个族群、整个国家、整个地球，海量数据的产生将从量变到质变，这些数据的挖掘与使用将对人类自身产生革命性的影响，也将为商业模式带来颠覆式变革。

近年来，大数据技术的不断成熟和落地应用，给大众生活的方方面面都带来了深刻的影响。如今我们生活的环境每天都会产生海量的数据信息，这些信息如果得到高效利用，将成为经济增长的新引擎。有的人会觉得大数据离自己很远，但其实不然。就以日常安防来说，一个省的公共视频监控摄像头数量可达100多万个，据权威报告统计，每年依然保持20%的增长率[①]，保守估计每人每天几乎都在被悄悄“关注”着。而淘宝上产生的巨量数据，可以跟踪用户的消费轨迹，比如根据用户每天什么时候登录、登录几次、登录多久、搜索什么、购买什么等相关数据，为每个用户推送不同的个性化淘宝界面。所谓大数据，就是从各种类型的数据中，快速获得有价值信息的全面数据，它是一座盛产矿石的有用矿场。大数据只有通过数据挖掘才能成为有价值的资源，如表2-1所示。

表2-1 大数据和数据挖掘

对比项	大数据分析	数据挖掘
数据量	需要大量数据	与数据量大小无关

① 云计算世界．大数据“跑腿”，建设高效中国［EB/OL］．（2020-10-14）［2021-07-17］．https://dy.163.com/article/FOU2K41T0511D338.html.

续表

对比项	大数据分析	数据挖掘
算法复杂度	随着数据的增加，对算法要求降低	要求高，复杂度高
数据状态	多为动态、增量数据，存量数据也很重要	无要求，大多使用存量数据
概念范畴	较窄，数据需要满足特定条件/标准	广，包含大数据技术
实验环境	要求较高，多为云计算、云存储环境	并无特定要求，单机也可以
数据类型	要求较低	需要进行结构化处理
技术成熟度	比较高	不断探索，主要是算法方面

大数据技术是指从各种类型的大体量数据中快速获得有价值信息的技术。这是大数据的核心问题。目前所说的大数据不仅指数据本身的规模，也包括采集数据的工具、平台和数据分析系统。大数据研发的目的是发展大数据技术并将其应用到相关领域，通过解决大体量数据处理问题，促进其取得突破性发展。因此，大数据时代带来的挑战不仅体现在如何处理大体量数据并从中获取有价值的信息上，也体现在如何加强大数据技术研发上。大数据所涉及的关键技术大致包括 6 个方面：数据采集与数据管理、分布式存储和并行计算、大数据应用开发、数据分析与挖掘、大数据前端应用、数据服务和展现。

大数据通过数据信息采集形成的用户画像功能在各行各业发挥着作用。像日常商家的精准推送等，都是基于海量数据形成的最终落地结果，它们可以减少人工在整合分析过程中的缺漏问题，最终为商家带来更高效的盈利。借助于大数据技术，可以分析客户行为，在互联网上进行商品推荐和针对性广告投放。利用大数据实现餐饮 O2O 模式，可以彻底改变传统餐饮经营方式。大数据还可以应用于个人生活，利用与每个人相关联的“个人大数据”，分析个人生活行为习惯，为每个人提供更加周到的个性化服务。

如今很多数据并没有得到很好的商业利用，这些数据信息往往需要通过一种新型的处理方式进行转化，才能生成独具价值的商业信息资源。大数据可以有效发掘数据信息的潜在商业价值，并成为在现实生活中发挥实际作用的利器。它的存在为社会发展带来了新的商机，但同时也存在很多挑战，正如有人曾说，移动互联网还没搞清楚，大数据又来了。尽管如此，但社会商业化进程往往是由技术推动的。

2. 科学化定义①

大数据指需要新处理模式才能具有更强的决策力、洞察发现力和流程优

① 大数据百度百科［EB/OL］.［2020－10－15］. https://baike.baidu.com/item/%E5%A4%A7%E6%95%B0%E6%8D%AE/1356941?fr=aladdin.

化能力的海量、高增长率和多样化的数据集合和信息资产。大数据技术的战略意义不在于掌握庞大的数据信息，而在于对这些含有意义的数据进行专业化处理。换言之，如果把大数据比作一种产业，那么这种产业实现盈利的关键在于提高对数据的“加工能力”，通过“加工”实现数据的“增值”。从技术上看，大数据与云计算的关系就像一枚硬币的正反面一样密不可分。大数据必然无法用单台的计算机进行处理，必须采用分布式架构，它的特色在于对海量数据进行分布式数据挖掘。但它必须依托云计算的分布式处理、分布式数据库、云存储和虚拟化技术。

大数据主要包括前端展现、数据仓库和数据集市三方面。用于展现分析的前端开源工具有 JasperSoft、Pentaho、SpagoBI、OpenI、BIRT 等。用于展现的商用分析工具国外的有 Style Intelligence、RapidMiner Radoop、Cognos、BO、Microsoft Power BI、Oracle、MicroStrategy、QlikView、Tableau 等；国内的有 BDP、国云数据（大数据魔镜）、思迈特、FineBI 等。数据仓库有 Teradata Aster Data、EMC Greenplum、HP Vertica 等。数据集市有 QlikView、Tableau 和 Style Intelligence 等。

现代社会是一个高速发展的社会，科技发达，信息流通，人们之间的联系越来越密切，生活也越来越方便，大数据就是这个高科技时代的产物。未来的时代将不是 IT 时代，而是 DT（Data Technology，数据科技）的时代。有人把数据比喻为蕴藏能量的煤矿，煤炭按照性质不同有焦煤、无烟煤、肥煤、贫煤等分类，而露天煤矿、深山煤矿的挖掘成本又不一样。与此类似，大数据并不在“大”，而在于“有用”，价值含量、挖掘成本比数量更为重要。对于很多行业而言，有效利用这些大规模数据是赢得商业竞争的关键。比如，大数据可以通过“智能爬虫”语义分析，辨别文字的核心内容，进而为用户匹配相应的广告信息。①

大数据的价值体现在以下几个方面：为大量消费者提供产品或服务的企业可以利用大数据进行精准营销；营销模式“小而美”的中小微企业可以利用大数据做服务转型；在互联网压力之下必须转型的传统企业需要与时俱进，充分利用大数据的价值。在这个快速发展的智能硬件时代，如何在功率、覆盖范围、传输速率和成本之间找到那个微妙的平衡点？企业组织可以利用相关数据和分析降低成本、提高效率、开发新产品、做出更明智的业务决策等等。例如，大数据和高性能分析的结合，可以帮助企业及时分析故障、问题和缺陷的根源，每年可能为企业节省数十亿美元；为成千上万的快递车辆规划实时交通路线，助其躲避拥堵；分析所有 SKU（库存量单位），以利润最

① 苏高．大数据时代的营销与商业分析［M］．北京：中国铁道出版社，2014：289.

大化为目标来定价和清理库存；根据客户的购买习惯，为其推送他可能感兴趣的优惠信息；从大量客户中快速识别出金牌客户；使用点击流分析和数据挖掘来规避欺诈行为；等等。

不过，大数据在经济发展中的巨大意义并不意味着它能取代一切对于社会问题的理性思考，科学发展的逻辑不能被湮没在海量数据中。著名经济学家路德维希·冯·米塞斯（Ludwig von Mises）曾提醒过："就今日言，有很多人忙碌于资料之无益累积，以致对问题之说明与解决，丧失了其对特殊的经济意义的了解。"[①] 这的确是值得警惕的。

（二）特点

英国学者维克托·迈尔-舍恩伯格（Viktor Mayer-Schonberger）和肯尼思·库克耶（Kenneth Cukier）在《大数据时代》[②] 一书中认为，区别于过去的海量数据，从形式上看，大数据的基本特点可以概况为五个 V——volume，variety，veracity，value，velocity，即大量、多样、真实、价值密度低、高速。[③]

第一，数据体量大。大数据一般指在 10TB（1TB＝1 024GB）规模以上的数据量，目前正在跃升到 PB（1PB＝1 024TB）级别。不仅存储量大，计算量也大。

第二，数据类型多。除了数值数据，还有文字、声音、视频等，包括网络日志、视频、图片、地理位置信息等多种类型的格式。由于数据来自多种数据源，数据种类和格式日渐丰富，已冲破了以前所限定的结构化数据范畴，包含了半结构化和非结构化数据。

第三，数据真实。数据的质量要高，要去粗取精、去伪存真，提炼和保留有用的、高质的数据。

第四，价值密度低。以视频为例，不间断的监控视频中，有价值的视频可能仅有一两秒，从中找到有价值的信息犹如沙里淘金，而这种价值却又弥足珍贵。

第五，处理速度快。在数据量非常大的情况下，也能做到数据的实时处理。这一点和传统的数据挖掘有着本质的不同。

从内容上看，大数据的基本特点可以概况为以下十点。[④]

---

① 杨秀艳．大数据背景下统计学相关概念解读［J］．统计科学与实践，2018（3）：38－40.

② 迈尔-舍恩伯格，库克耶．大数据时代［M］．盛杨燕，周涛，译．杭州：浙江人民出版社，2013.

③ 同①.

④ 亚联大数据．【解析】大数据思维的十大核心原理［EB/OL］．（2016－12－29）［2021－07－17］．https://www.sohu.com/a/122884667_470097.

第一，从“流程”核心转变为“数据”核心。

大数据时代，计算模式也发生了转变，从“流程”核心转变为“数据”核心。分布式计算框架是以“数据”为核心的范式。非结构化数据及分析需求，将改变 IT 系统的升级方式：从简单增量到架构变化。例如，IBM 将使用以数据为核心的设计，目的是减少在超级计算机之间进行大量数据交换的必要性。大数据下，云计算找到了破茧重生的机会，在存储和计算上都体现出了数据为核心的理念。大数据和云计算存在相互依存关系：云计算为大数据提供了有力的工具和有效的途径，大数据为云计算提供了用武之地。

科学进步越来越多地由数据来推动，海量数据既给数据分析带来了机遇，也构成了新的挑战。大数据往往是利用众多技术和方法，综合源自多个渠道、不同时间的信息而获得的。为了应对大数据带来的挑战，我们需要新的统计思路和计算方法，用数据为核心的思维方式思考问题，解决问题。以数据为核心，反映了当下 IT 产业的变革，数据成为人工智能的基础，也成为智能化的基础，数据比流程更重要，数据库、记录数据库，都可开发出深层次信息。云计算机可以从数据库、记录数据库中搜索出你是谁、你需要什么，从而给你推荐你需要的信息。

第二，从“功能是价值”转变为“数据即价值”。

存储下来的行为记录，如果没有与之连接的数据，便是没有使用价值的，而改变这一切的是数据的互联网化。非互联网时期的产品，功能一定是它的价值，而互联网时期的产品，数据一定是它的价值。例如，大数据的真正价值在于创造，在于填补无数个还未实现过的空白。与上文煤炭的比喻类似，大数据并不在大和多，而在于有用和精准，价值含量、挖掘成本比数量更为重要。不管大数据的核心价值是不是预测，基于大数据形成决策的模式都已为不少企业带来了盈利和声誉。

数据能根据我们已有的客户行为数据判断客户的未来，告诉我们每一个客户的消费倾向，他们想要什么，喜欢什么，每个人的需求有哪些区别，哪些需求又可以被集合到一起来进行分类（见图 2－1）。大数据是数据数量上的大量增加，以至于我们能够实现从量变到质变的过程。例如，美国有一家创新企业 Decide. com，它可以帮助消费者做购买决策，告诉消费者什么时候应该买什么产品，什么时候买最便宜，预测产品的价格趋势，这家公司背后的驱动力就是大数据。他们在全球各大网站上收集数以十亿计的数据，然后帮助数以十万计的用户找到最好的采购时间，降低交易成本，为这些终端消费者带去更多价值。在这类模式下，尽管一些零售商的利润会进一步受挤压，但可以把钱更多地放回消费者的口袋里，让购物变得更理性。这家为数以十万计的客户省钱的公司，最终被易趣（eBay）以高价收购。

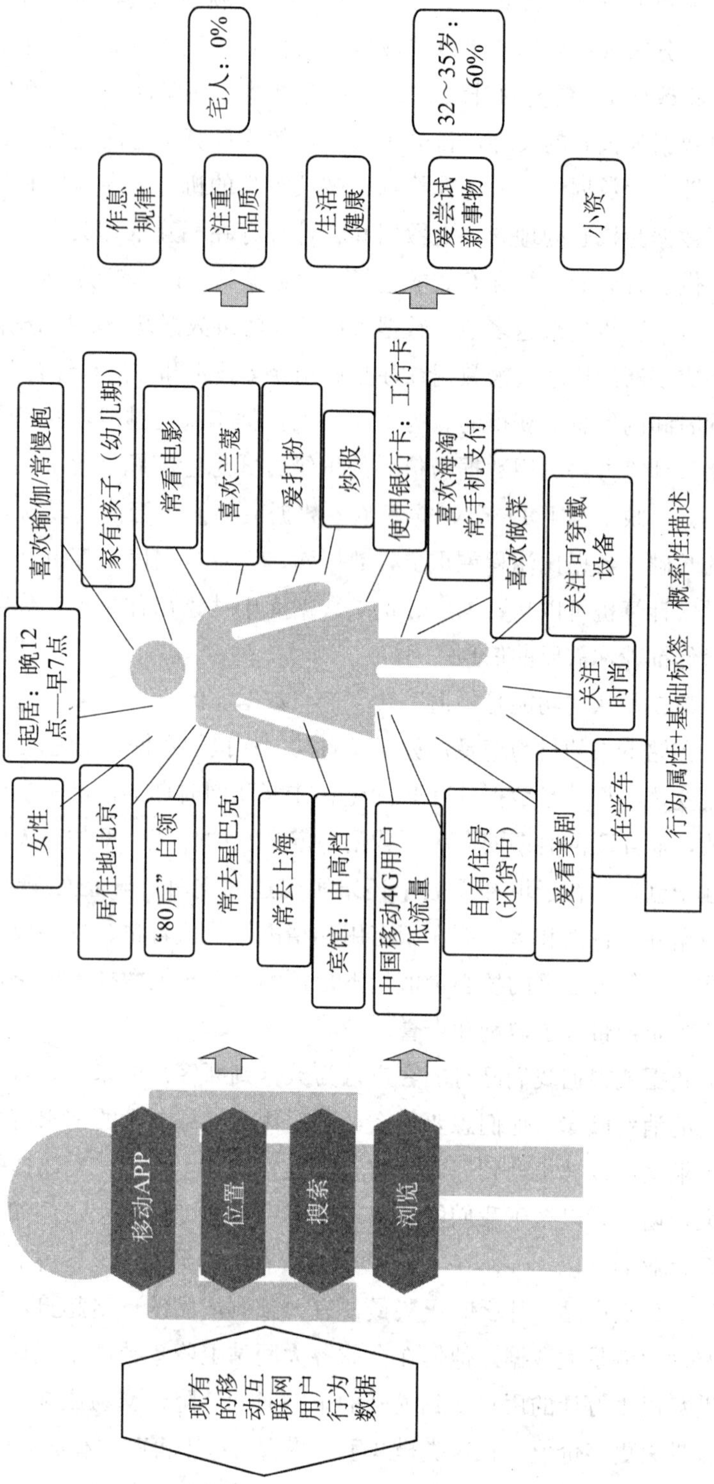
现有的移动互联网用户行为数据
移动APP
位置
搜索
浏览
女性
居住地北京
“80后”白领
常去星巴克
常去上海
宾馆：中高档
中国移动4G用户低流量
自有住房（还贷中）
爱看美剧
在学车
起居：晚12点一早7点
喜欢瑜伽/常慢跑
家有孩子（幼儿期）
常看电影
喜欢兰蔻
爱打扮
炒股
使用银行卡：工行卡
喜欢海淘常手机支付
喜欢做菜
关注可穿戴设备
关注时尚
作息规律
注重品质
生活健康
爱尝试新事物
小资
宅人：0%
32～35岁：60%
行为属性+基础标签 概率性描述

图2-1 数据即价值

第三，从“抽样”转变为“全样本数据”。

大数据需要全部数据样本而不是抽样数据。你不知道的事情比你知道的事情更重要，但如果数据足够多，它会让人能够看得见、摸得着事情背后的规律。数据这么多，这让人们觉得有足够的能力把握未来，对不确定的状态进行判断，从而做出自己的决定。这种东西我们听起来是非常原始的，但是实际上它背后的思维方式和我们今天所讲的大数据是非常像的。比如在大数据时代，无论是商家还是信息的收集者，都会比我们自己更了解自己可能想干什么。现在的数据还没有被真正挖掘，如果真正挖掘的话，通过信用卡消费的记录，便可以成功预测未来 5 年的情况。统计学里最基本的一个概念就是，通过全部样本才能找出规律。从抽样中得到的结论总是有误差的，而从全样本数据中得到的结论误差就很小。大数据越大，得到的结论真实性也就越高，因为大数据包含了全部的信息。

第四，从“关注精确度”转变为“关注效率”。

关注效率而不是精确度，大数据标志着人类在寻求量化和认识世界的道路上前进了一大步，过去不可计量、存储、分析和共享的很多东西都被数据化了，拥有大量的数据为我们理解世界打开了一扇新的大门。大数据能提高生产效率和销售效率，原因是大数据能够让我们知道市场的需要和人的消费需要。大数据让企业的决策更科学，由关注精确度转变为关注效率的提高，大数据分析能提高企业的效率。例如在互联网大数据时代，企业产品迭代的速度在加快。三星、小米等手机制造商半年就推出新一代智能手机。利用互联网、大数据提高企业效率的趋势下，快速就是效率，预测就是效率，预见就是效率，变革就是效率，创新就是效率，应用就是效率。

第五，从“关注因果关系”转变为“关注相关性”。

大数据时代关注相关性而不是因果关系。大数据需要弱化对因果关系的渴求，而仅关注相关关系，也就是说只需要知道是什么，而不一定需要知道为什么。如此我们做决定和理解现实的基本方式也将受到挑战。例如，大数据思维一个最突出的特点，就是从传统的因果思维转向相关性思维。传统的因果思维一定要找到一个原因，推出一个结果来。而大数据思维没有必要找到原因，不需要用科学的手段来证明这个事件和那个事件之间有一个必然先后关联发生的因果规律；只需要知道，出现某种迹象的时候，数据统计高概率显示出它会有相应的结果，那么只要发现这种迹象，就可以去做决策。这和以前思维方式很不一样，甚至有点反科学的思维，因为科学讲求实证，要求找到准确的因果关系。

在这个不确定的时代里，若我们先找到准确的因果关系，再去办事，那么这个事情早已经不值得办了。大数据时代的思维颠覆了工业社会的机械思维——只要按一个按钮，就一定会出现相应的结果。大数据放弃了寻找因果关系的传统偏好，开始挖掘相关关系的好处。相关性不需要找到中间非常紧密的、明确的因果关系，只需要找到相关关系，找到迹象就可以了。例如，美国人开发了一款“个性化分析报告自动可视化程序”软件，用它从网上挖掘数据信息，这款数据挖掘软件将自动从各种数据中提取重要信息，然后进行分析，并把此信息与以前的数据关联起来，分析出有用的信息。

全世界的商界人士都在高呼大数据时代来临的优势：将啤酒与尿不湿放在一起进行相关销售，神奇地提高了双方的销售额。大数据透露出来的相关信息有时确实会起到颠覆作用。比如，腾讯一项针对社交网络的统计显示，爱看家庭剧的男性是女性的两倍还多；最关心金价的是中国大妈，但紧随其后的却是“90后”；在过去一年，支付宝中无线支付比例排名前十的城市竟然全部在青海、西藏和内蒙古。我们要学会用关注相关性的思维方式来思考问题、解决问题。寻找原因是一种现代社会的惯性思维，但大数据推翻了这个论断，过去寻找原因的信念正在被“更好”的相关性取代。当世界由探求因果关系变成挖掘相关关系，我们怎样才能既不损坏建立在因果推理基础之上的社会繁荣和人类进步的基石，又取得实际的进步呢？这是值得思考的问题。当然，转向相关性，不是不要因果关系，因果关系还是基础，科学的基石还是要的。只是在高速信息化的时代，为了得到即时信息，进行实时预测，需要在快速的大数据分析下，寻找到相关性信息。如此一来，就可以预测用户的行为，为企业快速决策提供提前量。

第六，从“难以预测”转变为“可以预测”。

大数据的核心是预测，大数据的预测能力体现在很多方面。大数据不是要教机器像人一样思考，它是把数学算法运用到海量的数据上，以此来预测事情发生的可能性。正因为在大数据规律面前，每个人的行为没有本质变化，所以商家会比消费者更了解消费者的行为。例如，微软大数据团队在2014年巴西世界杯足球赛前设计了世界杯模型，该预测模型正确预测了赛事最后几轮每场比赛的结果，包括预测德国队将最终获胜。预测成功归功于微软在世界杯进行过程中获取的大量数据，到淘汰赛阶段，数据如滚雪球般增多，掌握了有关球员和球队的足够信息，便可适当校准模型并调整对接下来比赛的预测。

世界杯预测模型的设计方法与设计其他事件的模型相同，诀窍就是在预测中去除主观性，让数据说话。预测性数学模型几乎不算新事物，但它在大数据时代正变得越来越准确。在这个时代，数据分析能力终于开始赶上数据收集能力，分析师不仅有比以往更多的数据可用于构建模型，也拥有在很短时间内通过计算机将其转化为其他相关数据的技术。以前，得等每场比赛结束以后才能获取所有数据，现在，数据是自动实时发送的，这让预测模型能得到更好的调整且更准确。微软世界杯模型的成绩说明了其模型的实力，它的成功为大数据的力量提供了强有力的证明。利用同样的方法还可以预测选举或关注股票。类似的大数据分析正被应用于商业、行政、教育等各个行业。

此外，随着系统接收到的数据越来越多，通过记录所找到的最好的预测与模式，可以对系统进行改进。这一过程通常被视为人工智能的一部分，或者更确切地说，被视为一种机器学习。真正的革命并不在于分析数据的机器，而在于数据本身和我们如何运用数据。倘若把统计学和现在大规模的数据融合在一起，将会颠覆我们原来的很多思维。现在能够变成数据的东西越来越多，计算和处理数据的能力越来越强。互联网、移动互联网和云计算机保证了大数据实时预测的可能性，也为企业和用户提供了实时预测的信息、相关性预测的信息，可让企业和用户抢占先机。

第七，从“人找信息”转变为“信息找人”。

互联网和大数据的发展，是一个从“人找信息”到“信息找人”的过程。先前是人找信息，人找人，信息找信息，现在则是“信息找人”。在“信息找人”的时代，我们回到了一种最初的形态——广播电视模式是信息找人，我们听收音机，我们看电视，它们将信息推给我们，但是这种模式有一个缺陷，即它们不知道我们是谁。后来互联网反其道而行，通过提供搜索引擎技术，让我们知道如何找到所需要的信息，所以搜索引擎是一个很好用的技术。但是今天，后搜索引擎时代已经正式来到。什么叫作后搜索引擎时代呢？在这个时代，使用搜索引擎的频率大大降低，使用的时长也大大缩短。那么，为什么使用搜索引擎的频率在下降，时长在缩短？原因是推荐引擎的诞生，也就是说从人找信息到信息找人越来越成为一个趋势。推荐引擎很懂我们，知道我们所知道的。

大数据还改变了信息优势。按照循证医学的做法，治病的第一件事不是去研究病理学，而是拿过去的数据去研究相同情况下是如何治疗的。这导致在当今，某种意义上说专家相较于普通人没有了信息优势。原来医生知道得多，有信息优势，但现在我们到谷歌上查一下，也可以大至了解自己得了什么病。谷歌有一个在线机器翻译，最开始的时候，翻译出来的文字根本看不懂，但是现在60%的内容都能读得懂。谷歌机器翻译团队里流传着一个笑话：团队每离开一个语言学家，翻译质量就会提高一些。这是因为越是专家越搞不明白机器翻译规律，但打破常规让数据说话，正确翻译的速度反而更快。这启示我们要用“信息找人”的思维方式思考问题，解决问题。从“人找信息”到“信息找人”，是交互时代的一个转变，也是智能时代的要求。智能机器已不是冷冰冰的机器，而是具有一定智能的机器。“信息找人”这四个字，预示着大数据时代可以让信息找到人，意味着企业懂用户，机器懂用户，你需要什么信息，企业和机器会提前知道，并主动提供你需要的信息。

第八，由“人懂机器”转变为“机器更懂人”。

不是让人懂机器，而是让机器更懂人，或者说是让使用者在能力不足的情况下，仍然能够使用机器。甚至不是让人懂环境，而是让我们的环境来懂我们，让环境来适应人。某种程度上自然环境不能这样，但是在数字化环境中已经有了这样的一个趋势，也就是我们所在的生活世界，越来越趋向于适应我们，懂我们。哪个企业能够真正做到让机器更懂人，让环境更懂人，让我们随身携带的整个的生活世界更懂人，哪个企业便更具有竞争力，而“大数据”技术能够助它一臂之力。例如，只要在亚马逊网站买书，网站就会提供一个今天司空见惯的推荐——买了这本书的人还买了什么书。后来用户渐渐发现相关推荐的书比想买的书还要好，时间久了，就会对推荐机制产生一种信任。这种信任可用现实生活中的一个例子来类比。在北京的那么多书店里面，买书的时候我常去的只有几家，原因在于我买书比较多，书店店员已经认识我了，我不用说要买什么书，店员就会推荐最近推出的几本书，这些书可能都是我感兴趣的。这样我就不会到别的书店，即便它们更近，因为这家书店更懂我。

让机器懂人，是让机器具有学习的功能。人工智能已逐渐转变为研究机器学习。大数据分析要求机器更智能，具有分析能力，因此机器即时学习变得更重要。机器学习是指计算机利用经验改善自身性能的行为。机器学习主要研究如何使用计算机模拟和实现人类获取知识（学习）的过程，创新、重构已有的知识，从而提升自身处理问题的能力，其最终目的是从数据中获取知识。大数据技术的一个核心目标是要从体量巨大的数据中挖掘出隐藏在背后的规律，从而使数据的价值最大化。由计算机代替人去挖掘信息，获取知识，从各种各样的数据（包括结构化、半结构化和非结构化数据）中快速获取有价值信息。大数据机器分析中，半监督学习、集成学习、概率模型等技术尤为重要。

用让机器更懂人的思维方式思考问题，解决问题。机器从没有常识到逐步拥有常识，这是很大的变化。2013 年，美国人把一台云计算机送到大学里去进修，增加知识和常识；2014 年俄罗斯人开发的一款计算机软件通过了图灵测试，表明计算机已初步具有智能。让机器懂人，是人工智能的成功，同时也是人的大数据思维的转变。是否更懂人，将是衡量一个机器、一款软件、一项服务好坏的标准。人机关系已发生很大变化，由人机分离，转化为人机沟通、人机互补、机器懂人，现在年轻人已离不开智能手机就是一个很好的例证。

第九，大数据改变了电子商务模式，让电子商务更“智能”。

商务智能在大数据时代已被重新定义。例如，传统企业进入互联网，在掌握了“大数据”技术应用途径之后，会有一种豁然开朗的感觉，就像整天在黑屋子里面找东西找不着，突然碰到了灯的开关，会发现原本需要费力才能找到的东西，原来很容易就可找到。大数据思维事实上只是对我们所处时代的某一个维度的描述。大数据时代不是说我们这个时代除了大数据什么都没有，哪怕是在互联网和 IT 领域，大数据也不是一切，而是说在我们的时代特征里加上这么一道很明显的光，可以使我们对以前的生存状态以及我们个人的生活状态做出一种差异化的表达。

大数据能让软件更智能。例如，交友网站会根据用户的性格与之前成功配对的情侣之间的关联来进行新的配对。又如，具有“自动改正”功能的智能手机会通过分析我们以前的输入，将个性化的新词添加到手机词典里。在不久的将来，许多单纯依靠人类判断力的领域会被计算机系统改变甚至取代。计算机系统可以发挥作用的领域远远不止交友和信息输入，它还有更多更复杂的任务。亚马逊可以帮我们推荐想要的书，谷歌可以为关联网站排序，Facebook 知道我们的喜好，而 LinkedIn 可以猜出我们认识谁。当然，同样的技术也可以运用到疾病诊断、推荐治疗措施，甚至是识别潜在犯罪分子上。在你还未意识到的情况下，体检公司、医院提醒你赶紧去做检查，因为可能会患上某些病；商家比你更了解你自己，以及你这样的人在某种情况下可能会遇到的问题。就像互联网通过给计算机添加通信功能而改变了世界，大数据也将改变我们生活中重要的方面，因为它为我们的生活创造出了前所未有的可量化的维度。

用电子商务更智能的思维方式思考问题，解决问题。机器思维与人脑思维有很大差别，机器思维在速度上是取胜的，而且智能软件在很多领域已能代替人脑工作。例如美国一家媒体公司已用电脑智能软件写稿，可用率达70%。云计算机已能处理超字节的大数据，人们需要的几乎所有信息都可得到显现，而且每个人的互联网行为都可被记录，这些被记录的大数据经过云计算处理能产生深层次信息，再经过大数据软件的挖掘，便能为企业实时提供所需要的商务信息，为企业决策和营销、定制产品等提供大数据支持。

第十，从“企业生产产品”转变为“由客户定制产品”。

下一波的改革方向是大规模定制，即为大量客户定制成本低且个性化的产品和服务。比如消费者希望他买的车身上涂有红色、绿色，厂家希望有能力满足要求，但成本又不至于像手工制作那般让人无法承担。在厂家负担得起大规模定制带来的高成本的前提下，要真正做到提供个性化产品和服务，就必须对客户需求有很好的了解，这就需要依靠大数据技术。

定制产品是一个很好的发展方向，但是凭借它能不能形成企业的竞争力呢？在产业经济学里，生产力和竞争力的区别是一个很重要的区别，就是说每个企业都具有生产力，若这种生产力是一种通用生产力，就不能形成竞争力，若是一种独特的生产力，就会形成竞争力。大数据也一样，你用大数据定制产品，别人没有用，就会形成竞争力。

在互联网大数据时代，商家很可能可以针对每一个顾客进行精准的价格定位。现在很多商业行为是比较粗放的，例如，航空公司会根据飞行公里数来为顾客在里程卡上累计里程。但现在可以更精细化，例如因为不同顾客的飞行里程不同，对航空公司的利润贡献也是不一样的，所以有一天某位顾客可能会收到一封信："恭喜先生，您已经被我们选为幸运顾客，我们将提前把您的里程卡升级到白金卡。"这说明这个顾客对航空公司的贡献已经达到升级标准。又如，有一天收到银行发来的"恭喜您，您的额度又提高了"的信息，就说明最近花了很多钱。正因为在大数据规律面前，个人的行为会跟许多人属于同一个模型，没有本质变化，所以商家会比消费者更了解消费者的行为。也许你正在想，工作了一年很辛苦，要不要去哪里度假，打开 E-mail，就发现收到了航空公司、旅行社发来的邮件。

用定制产品思维方式思考问题，解决问题。大数据时代，企业找到了定制产品、订单生产、用户销售的新路子。用户在家购买产品已成为趋势，快递的快速性，让用户体验到实时购物的快感，进而成为"网购迷"，此时，个人消费不是减少了，而是增加了。为什么企业要互联网化、大数据化，也许有这个原因。企业将产品直接销售给用户，省去了中间流通环节，使产品可以以出厂价销售，让消费者获得好处，使"网上产品便宜"成为用户的信念，网购市场形成。要让用户成为产品的"粉丝"，就必须了解用户需要，当定制产品成为用户的需要，它也就成为企业发展的新方向。

（三）应用场景①

从本质上讲，大数据对于商业营销的价值是能够组织更好的产品或服务的流通，以快速、高效的方式解决大多数人的需求，并实现稳定的收益。目前，大数据已经在为商业的发展提供实际的应用，大数据的商业化主要有以下五个价值点和应用场景。

1. 用户标签化管理

大数据可以对用户实现比较精细的划分，利用大数据软件系统自动为不

---

① 群脉科技．大数据应用有哪些商业营销价值？[EB/OL].（2018-01-11）[2021-07-17]. https://www.sohu.com/a/215938565_443710.

同人群打标签，并持续运营校准用户标签，丰富和完善用户画像，最终实现品牌方为不同用户提供精准推送和个性化服务，如图 2-2 所示。

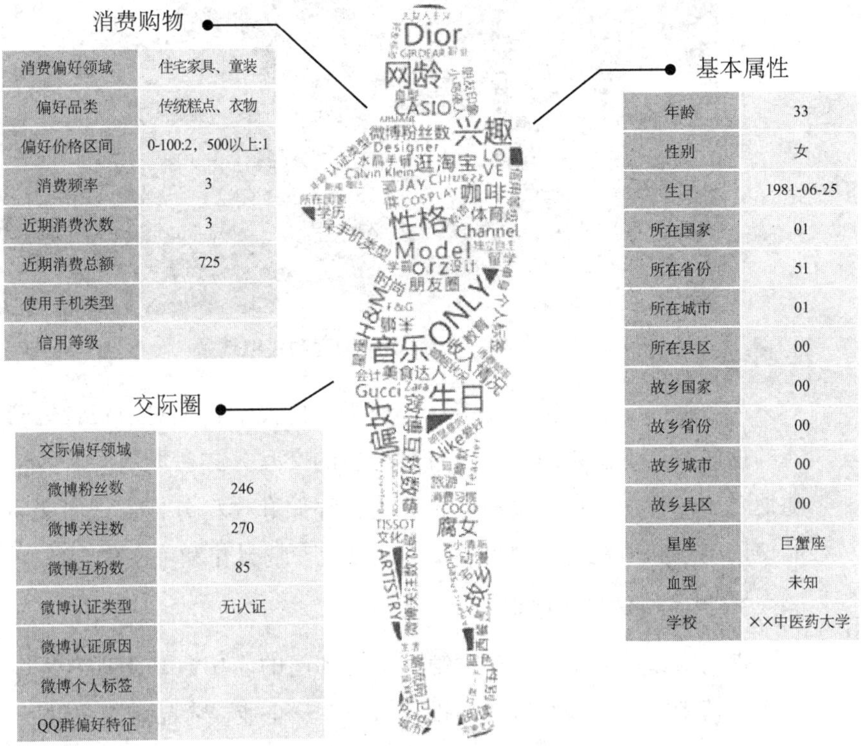

图 2-2 用户标签化管理

用户标签化管理主要涉及基础信息、消费信息、社交信息三方面。通过三种标签分析，可以相对准确地对用户进行价值判断，并且为商业营销决策提供战略性支持。举个例子，某国际运动品牌通过标签化分析发现，上海、北京、广州等大型城市的年轻人喜欢运动和交友，并且在课程培训和装备选购上舍得投入。于是该品牌全年在北上广等城市举办运动和交友关联的主题活动 20 场次，总互动量高达 350 万人次，获取了超过 50 万的数据标签，并且对现有用户人群实现了更精细的划分和产品策略调整，爆款数量比上一年提升 3 倍，营业额激增 83%。这就是看似不起眼的标签，为营销所带来的巨大价值。

2. AR/VR 大数据商业广告实景增强和模拟

大数据不仅可以带来用户层面的价值，甚至也可以为未来新的商业模式提供更新的启发。在《攻壳机动队》中有这样一个场景，大数据结合新的商业模式，衍生出具有强大震撼效果的实景广告（见图 2-3）：比参天大树还高的巨大水壶，倾泻而下的巨大模拟水幕，能够按照你的喜好随意换装的服装店……

图 2-3 实景增强和模拟场景

大数据与商业营销深度结合，利用分析技术实现对消费者运营和商业模式的彻底改造，使得品牌可以通过更多的交互方式获取更多有效信息，随时随地对用户行为信息、交易信息等进行存储和模型分析。任何交易流程、产品使用场景和消费行为都可以实现数据化、场景化和可视化管理。

3. 提高销售投入回报率

提高大数据分析成果在营销和市场部门的应用，基于现有运营模式，提高整个营销管理和获客转化的投入回报率。企业或者品牌客户借助“大数据”能力，将云计算、互联网和本地数据库信息综合起来进行分析，形成整个企业良好的运营氛围，最终输出客户转化和商业获利。

比如PRADA纽约的旗舰店中每件衣服上都有RFID码。当顾客拿起一件PRADA进试衣间，数据会传至PRADA总部，总部便会得知每件衣服在哪个城市哪个旗舰店的什么时候被拿进试衣间，停留了多长时间。如果一件衣服销量很低，以往的做法是直接淘汰，但如果RFID传回的数据显示这件衣服虽然销量低，但进试衣间的次数多，那就能说明另外一些问题，为产品改良和销售细节精进提供依据，从而精确捕获商机。

4. 交互式客户关系管理

交互式客户关系管理，可以理解为社交CRM（customer relationship management，客户关系管理）或者互动CRM，即根据客户所处的场景采集客户基础信息、捕捉用户行为，从不同维度分析客户，全面了解每个客户的喜好、习惯、消费倾向和消费能力等，以数字运营方式挖掘新客，提升品牌客户关注度，提高客户的忠诚度，刺激客户的持续性消费等。

对中小客户来说，现在有很多SaaS（Software-as-a-Service，软件即服务）级的社交CRM产品可供选择，例如群脉SCRM、数云CRM等。传统的用户管理模式已经和消费者的实际需求脱节，基于原有体系的调整只能治标不治本。基于微信、QQ、微博等平台的交互式客户关系管理正在成为客户运营的大方向，由此衍生的客户服务管理、服务预约和评价、个性化定制服务等，也将成为企业和品牌方重要的经营拓展领域。

5. 个性化精准信息推送

精准推送现在主要在信息流广告和视频中应用，其实对于品牌方和企业而言，尤其是在做内容运营的大趋势下，并不缺少内容，但是缺少能够快速满足用户需求和符合用户阅读习惯的内容。大数据对于用户商业化的运营，可以按照关联算法、语义分析、标签化等特性实现个体样本分析，实现按照地域、兴趣、人群喜好等多重维度进行定向推送，解决用户的内容选择问题。

例如，在上海某个商场中，消费者可以借助微信扫码，实现对商铺的全局概览，很方便地找到想要去的商铺。不论购物还是娱乐，都可以借助支付宝、微信支付等实现快捷付款。这样一来，商场可以在法律允许的范围内，通过分析不同用户的消费行为和商铺热度，有根据地进行运营优化。例如可以根据用户的消费能力和频率，精准推送优惠信息给用户，刺激用户的冲动型消费。此外，大数据分析功能还可以给予商家建议性的服务指导，提升整体商业地产的运营效率，最终服务好消费者和客户，实现有序的运营和提升。

（四）商业模式[①]

1. 企业数据自营模式

企业自身拥有海量数据和大数据技术，同时具备一定的分析能力，能够根据数据分析结果改进现有产品或预测未来，从而使企业获得利润的商业模式是企业数据自营模式。不是所有的企业都适用这一商业模式，这种商业模式的成功运行建立在以下四个条件之上。首先，数据来自企业内部，可以是生产经营信息或管理信息；其次，企业拥有先进的大数据技术，能够对信息进行充分的挖掘和提炼；再次，企业具备高效的分析能力，能够对数据分析结果进行准确评价；最后，企业具备数据决策能力。

企业数据自营模式的最大价值在于能根据分析结果进行商业决策，通过不断改进原有产品、推出新产品以及预测企业的发展方向，使企业持续获得利润。但是这种商业模式只适用于一部分企业，并不适用于所有的企业。这一模式基本上囊括了大数据产业链的各个环节，集数据生成、存储、处理和

---

① 西普德科技．汇总｜大数据应用常见的 6 种商业模式！［EB/OL］.（2018－09－13）［2021－07－17］. https://www.sohu.com/a/253751022_769894.

应用于一体，形成了良好的产业链循环体系。

2. 数据租售模式

数据就是资产。通过一定的媒介，将广泛收集、精心过滤的数据销售或者租赁给客户，以此来获取报酬的方式，就是数据租售模式。这需要企业具有强大的收集数据和整合萃取信息的能力，能够形成数据采集、信息萃取、价值传递的完整链条。

数据租售模式实现了数据的增值，使数据成为可供交易的商品。拥有海量数据的企业具有天然的优势，只需要简单加工处理，就能获得较大的数据变现收益。

3. 数据平台模式

通过建立平台，实现数据的分析、分享和交易等功能，为用户提供方便快捷的个性化平台服务来获取利润的商业模式就是数据平台模式。数据平台模式主要包括数据分析平台模式、数据分享平台模式和数据交易平台模式。

数据分析平台模式是指通过灵活租赁的方式为用户提供数据存储、数据运算和数据分析的平台服务模式。数据分享平台模式是指平台服务商凭借其拥有的数据资产，为用户提供云数据库、数据推送、数据集成等服务，同时开放数据接口、提供开发环境，供开发者进行基于数据的应用开发从而获取利润分成的平台服务模式。数据交易平台模式是指第三方平台提供商为数据所有者和需求者提供数据交换、交易的服务平台的模式。

数据分析平台模式要求用户掌握一定的数据分析技能，用户只需将数据上传到平台上，便可使用平台上的分析工具进行数据分析。数据分享平台模式需要平台服务商具有强大的数据采集能力和分析能力，只有这样方可轻松运行。数据交易平台模式适用于技术创新型企业，因其拥有先进的平台技术，能够自如地利用平台进行数据处理和交易。由于这种模式是由技术驱动的，只要技术不断创新，未来便不可估量。

4. 数据仓库模式

通过整合所有类型的数据来为企业提供决策支持，从而获得利润，这种商业模式被称为数据仓库模式。这种商业模式通常需要具备决策支持工具和高素质的分析人才，以为企业提供分析性报告和决策支持为手段，帮助企业智能化改进业务流程，监控时间、成本和质量。这种商业模式适用于决策型企业，能够帮助企业快速做出正确的决策，实现投资回报率的最大化。

5. 数据众包模式

数据众包模式是从大数据的角度出发，帮助企业从创新设计领域切入，将产品设计环节交给用户，然后通过收集用户设计的海量数据，进行数据测评，找到最佳的产品设计，并借助社会资源提升企业自身的创新与研发实力。这要求企业拥有一定的创新能力和研发技术。这种商业模式适用于创新驱动型企业。其核心是用户创造数据，优势在于强调社会的差异性、多元性带来的创新潜力。因其倚重“草根阶层”，故大大降低了企业运营成本，还能使产品更具创造力和适应性。

6. 数据外包模式

数据外包模式是指企业将数据收集、数据处理等业务环节剥离出来，外包给专业机构，即通过优化资源配置降低成本，增强核心竞争力的商业模式。数据外包主要包括决策外包和技术外包。数据外包模式要求企业拥有一定的知识背景、先进的大数据技术和卓越的分析应变能力，能够游刃有余地解决各种类型企业的决策问题和技术问题。这种商业模式适用于经验型企业，它的优势不仅在于能够帮助企业缩短决策周期、缩减业务流程，更重要的是能够降低运营成本，使企业集中精力做核心业务，不断增强核心竞争力。

二、大数据的风险与防护[①]

（一）风险

1. 数据信息过度采集

随着数据作为基础性战略资源的地位日益凸显，个人数据信息被严重过度采集。人工智能、物联网、云计算、大数据等领域高度依赖对个人数据的读取、采集和应用，存在着严重的数据安全隐患；企业对个人数据信息隐私进行无底线、无节制的采集和使用，一旦服务器遭到黑客攻击发生数据泄露，便会危及用户的隐私、财产甚至是人身安全。

2. 数据信息安全问题

很多互联网企业对网络安全和数据信息的保护不够重视，存在很大的安全隐患。很多企业都想着如何收集到更多的用户信息，然后通过大数据分析从这些用户身上榨取到最大的利益，但很少对大数据信息安全投入成本和技术支持，数据的采集、储存、分析、计算、调用过程中缺乏安全加密系统的保护。

3. 数据信息交易泛滥

数据信息的交易泛滥，也是导致网络犯罪频发的重要原因之一。在一些

---

① 数安时代 GDCA. 大数据安全面临哪些风险及如何防护［EB/OL］.（2019－04－16）［2021－07－17］. https://www.sohu.com/a/3083 06675 _ 604699.

非法网站或暗网中，用户数据交易已成常态，这种交易在整个网络黑色产业链中占相当大的份额。不法分子通过攻击企业服务器盗取数据信息，然后通过暗网贩卖数据牟利，也有可能利用这些隐私数据从事对用户进行敲诈勒索等犯罪活动。

（二）防护

1. 用户要提高防范意识

就用户而言，不要随意在网上注册会员，不要泄露自己的手机号码，不要下载不明来源的 APP，使用软件时不要盲目开启各种权限。在互联网上要保护自己的隐私是比较困难的，因而要有一种防范意识，不要随便把自己的信息暴露在网上，从而降低隐私信息被泄露的风险。同时，用户还应有数据素养，在大数据时代，除了加强对具名数据隐私的自我保护外，匿名数据的共享也应得到满足。商家合理利用匿名数据，为用户提供优质的个性化服务，我们才能在数据时代成为真正的受益者。[①]

2. 企业要采取安全措施

（1）企业要及时通过数安时代 GDCA 安装 SSL 证书。SSL 证书除了保护用户信息安全、防止用户误进钓鱼假冒网站以外，还能让用户有信心访问网站。相对于 HTTP 协议的明文传输，HTTPS 能最大限度防止黑客的入侵，建议企业网站使用更高级的 OV SSL 证书或者 EV SSL 证书。同时还可以在网址栏显示企业信息，让用户更信任的同时提升企业品牌形象，增加企业的营业额。

（2）企业要选择知名品牌的 SSL 证书。市面上 SSL 证书繁多，但是很多证书存在通用性不佳、不受浏览器兼容等问题，国际知名品牌 Symantec、GlobalSign、GeoTrust 就通用于 99.99%的浏览器，还可以进行恶意代码扫描，大大地减少了黑客劫持的风险，为网站健康多加了一把锁。

（3）企业要选择具有公信力的 CA 机构。当商户申请 SSL 证书时，通常会要求商户提交身份资质文件（如企业营业执照等），经过 CA 机构人工审核后才能颁发。而选择 CA 机构时至关重要的一点是确认 CA 机构的实力与服务品质，市场信誉度和口碑是选择 CA 机构的必备条件。

三、大数据在计算广告中的应用[②]

一个好的卖家不是自己有什么就去卖什么，而是市场需要什么才去卖什

① 彭小东，赵明辉．一本书读懂大数据营销［M］．重庆：重庆出版社，2015：193－194.

② 崔婧．阿里“玩”大数据：从“淘数据”起步［EB/OL］．（2013－04－27）［2021－07－17］．http://www.ebrun.com/20130427/72297.shtml.

么。如果产品不符合市场需求，不符合消费者喜好和需要，那么再好的产品也很难变成爆款。所以，爆款的产品必须符合市场大部分消费者的需求，这一切不是凭空想象的，而是需要有真实的数据支持。淘宝上有很多可以被采集下来的大数据，通过对它们进行精细化分析，可以帮助我们快速分析市场规律。

（一）大数据开启一个新时代

500 多年前哥伦布环球航行时，最想得到的可能是航海地图，要是有航海地图他就不会把美洲大陆错当成印度了。当大数据开启一个时代时，阿里巴巴集团（下称阿里）从海量交易数据中挖掘有价值的数据，犹如在大海中航行并绘制航海地图，只不过其目标是大数据。

阿里宣称平台、金融和数据是阿里未来的三大战略方向。其实，“阿里未来本质上是一个数据公司”，电商越来越离不开数据，金融的核心也是数据。阿里设立首席数据官并把首席数据官升任为 CEO 显示出其大数据战略萌芽。在几乎全球所有公司都还徘徊在大数据门前时，阿里纵然有大数据的宏韬伟略，在具体操作层面也只能摸着石头过河。

2013 年 1 月完成 25 个事业部战略调整后，阿里巴巴成立了数据委员会，由淘宝网商业智能部负责人车品觉出任首任会长。车品觉曾经在微软、eBay 出任产品经理，在支付宝、淘宝主管数据业务，大半生都痴迷于数据迷宫。“我之所以来淘宝就是喜欢它的数据，就希望好好梳理下数据”，车品觉谈到数据时异常兴奋。

玩数据其实并没有这么简单，特别是车品觉出任阿里数据委员会的安全责任人之后，他每时每刻都处在忐忑不安中。他认为，今后一段时间，数据质量、数据安全以及数据化运营将是阿里必须翻越的三座“大山”。

（二）从“淘数据”起步

2003 年的淘宝还是个“小朋友”，是一个不起眼的购物平台，远不如当时的 eBay 名气大，甚至有人预言淘宝会在 18 个月内夭折。18 个月后，淘宝让预言夭折了，淘宝交易量几乎呈指数式增长，2006 年上半年，注册用户数超过了易趣。从某种程度上看，易趣的存在是淘宝数据业务起步的外部动力。为了与易趣的销售额对比，淘宝开始收集每天的成交额、用户访问数等数据，从起步就增强了对数据的黏性。

淘宝严格意义上的第一个数据产品是“淘数据”，说白了就是一个经营数据报表。淘宝商业智能部一名元老级数据分析师说：“每个公司都需要了解经营业务状况，淘宝业务大了也需要看经营状况做未来决策。‘淘数据’就是为内部报表服务的一个工具，大约是淘宝成立两年后的2005年开发的。”

2005年，淘宝迎来第一个数据分析师。半年后，淘宝建立第一批数据分析师队伍，并成立第一个数据部门——商业智能部（BI）。数据部门每天的工作就是把日成交额、访问用户数等数据统计之后放入报表，让淘宝决策层能够清楚了解业务状况。

此时的淘宝不再是一个卖家挂货、买家购物的购物平台，而是开始关注数据所产生的意想不到的价值。当然，当时数据还未被提升到公司战略高度，但公司高层敏锐地发现，“数据非常重要，未来的世界是数据的世界”。

外界广泛流传着这样一个故事：2008年，中国众多企业受国际金融危机重创，而阿里根据买家询盘数的急剧下滑，及时向中小制造商提供预警信息，使它们为应对国际金融危机做好准备。虽然车品觉把这次经济预警归结为偶然事件，但阿里确实在数据分析中尝到了甜头。

随着数据越来越多，原来的处理方式已不能进一步扩展，淘宝在用传统数据库方法处理数据问题时遇到了麻烦。一位淘宝分析师认为：“我们早上9点上班要看数据，但传统数据处理技术很难在9点之前让所有人看到结果，数据处理的时间成本非常高。再这样发展下去，就扛不住了。”这一问题触发了淘宝第一次技术层面的架构变迁，把以Oracle为主的传统数据库迁到了大数据技术Hadoop数据库上，正式开启阿里的大数据实践应用。

（三）两条腿走路

淘宝的数据视野并没有停留在公司内部决策上。2009年，淘宝的数据应用与开发开始走向外部，即向淘宝商户分享数据。

在这一背景下，淘宝商业智能部的一部分人“被赶了出来”，开发能分享给淘宝商户的数据产品。这是淘宝的一次大胆尝试，技术架构调整为挖掘更多有价值的数据腾挪出了空间，要让数据变成产品为公司挣钱。当然，此时淘宝并不是从挣钱的角度开发数据产品，而是想整合数据为商户提供优质服务。

2010年3月，淘宝“数据魔方”产品正式对外发布。麦包包箱包在线商城是首先接触并尝到“数据魔方”甜头的商家。麦包包运营总监称：“在‘数据魔方’提供的数据支撑下，麦包包能及时准确把握市场动态，销售业绩迅速提升。”随着淘宝数据正式对外开放，越来越多商家、企业能分享淘宝的海量数据，并获得有价值的数据支撑。

同时，淘宝内部对数据的渴求也日益强烈。商业智能部留下的团队继续为公司内部提供数据支撑。此时“淘数据”开始从单纯的报表系统扩展为内部数据产品的统称。2009 年 4 月和 12 月，商业智能部团队又开发出可以预警的“KPI 系统”（KPI，即 key performance indicator，关键绩效指标）和提供给业务部门使用的“数据门户”。一年后，为了配合淘宝的大促销活动，便于及时查看实时数据，这个团队又开发了“活动直播间”。为了让卖家更好地运营，2011 年 2 月，“卖家云图”出世。2 个月后，“页面点击”诞生，它可以监控每个页面的每个位置，用不同的数字和颜色标注出页面点击情况。

“黄金策”是淘宝较为得意的一个能称得上运营的数据产品。淘宝团队处理了 1 亿多个活跃消费者的数据后，拿出 500 个变量，只要 2 秒钟就能计算出结果。“黄金策”最早在支付宝成形，现在已能够与淘宝数据对接。

第二节 云计算技术的共享“大脑”

云计算（cloud computing）是一种生产力，是一种资源重组的能力。它为人们提供了共享的“大脑”。“云计算”的出现，是互联网领域的一场变革，也给商业领域带来了更新换代的新局面。

一、什么是云计算

（一）定义

1. 形象化定义

以前没有网络，每台电脑（PC），就是一台单机。这台单机，包括 CPU、内存、硬盘、显卡等硬件。用户在单机上安装操作系统和应用软件后，即可用它来完成自己的工作。后来，有了网络（network），单机与单机之间，可以交换信息、协同工作。再后来，单机性能越来越强，就有了服务器（server）。人们发现，可以把一些服务器集中起来，放在机房里，然后让用户通过网络，去访问和使用机房里的计算机资源。再后来，小型网络变成了大型网络，就有了互联网（internet）。小型机房变成了大型机房，就有了 IDC（internet data center，互联网数据中心）。当越来越多的计算机资源和应用服务（application，例如看网页、下电影）被集中起来，就形成了云计算。无数的大型机房，就成了“云端”。

如今，越来越多的应用正在迁移到“云”上，如我们生活中接触到的各种“云盘”存储。其实很多人都在使用或者享受云计算带来的方便，即使没有意识到。当你使用在线服务来发送邮件、编辑文档、看电影或电视、听音乐、玩游戏或存储文件时，很可能正是云计算在幕后使得这一切成为可能。

为什么会需要“云”？传统的应用正在变得越来越复杂：需要支持更多的用户，需要更强的计算能力，需要更加稳定安全等等。而为了支撑这些不断增长的需求，企业不得不去购买各类硬件设备（服务器、存储、带宽等）和软件（数据库、中间件等），另外还需要组建一个完整的运维团队来支持这些设备或软件的正常运作，而运维工作包括安装、配置、测试、运行、升级以及保证系统的安全等。此时，我们会发现支持这些应用的开销变得非常巨大，而且费用会随着应用的数量的增加或规模的扩大而不断提高。这也是为什么即使对于那些拥有出色 IT 部门的大企业，用户仍在不断抱怨他们所使用的系统难以满足需求。而对于那些中小规模的企业甚至个人创业者来说，硬件、软件产品的运维成本就更加难以承受。

针对上述问题的解决方案便是云计算（见图 2-4）。将应用部署到云端后，可以不必再关注那些令人头疼的硬件和软件问题，它们会由云服务提供商的专业团队去解决。使用共享的硬件，意味着可以像使用一个工具一样去利用云服务（就像打开开关就能使用电一样简单）。只需要按照你的需要来支付相应的费用，软件的更新、资源的按需扩展都能自动完成。

例如，当需要水的时候，扭开水龙头水就来了，只要交水费就可以。当你需要用一个软件时，不用跑去电脑城，打开应用商店，把它下载下来就行，你只需要交钱。当你想看报纸的时候，不用跑去报刊亭，只要打开新闻APP，新闻唾手可得。当你想看书的时候，不用跑去书城，只需要打开阅读软件，找到一本书，便可在手机上阅读。当你想听音乐的时候，不用再跑去音像店苦苦找寻 CD，打开音乐软件，就能聆听音乐。

又如，小明是做挖掘机业务的，买了 3 台挖掘机，王村有工地就去给王村挖，李村要盖房就去给李村挖。于是，王村的老王和李村的老李都高兴了，终于不用花钱买个就用那么几次的挖掘机了；小明也高兴了，有了好机器，只要揽活儿就能稳挣钱了。这就是云计算，老王老李是客户端，小明是云端，挖掘就是计算。

云计算，像在每个不同地区开设不同的自来水公司，没有地域限制。优秀的云软件服务商，向世界每个角落提供软件服务——就像天空上的云一样，不论你身处何方，只要你抬头，就能看见。云计算的计费方式是需要使用多少计算服务就支付多少费用，这样可以帮助企业降低运营成本，使基础设施更有效地运行，并能根据业务需求的变化调整对服务的使用。

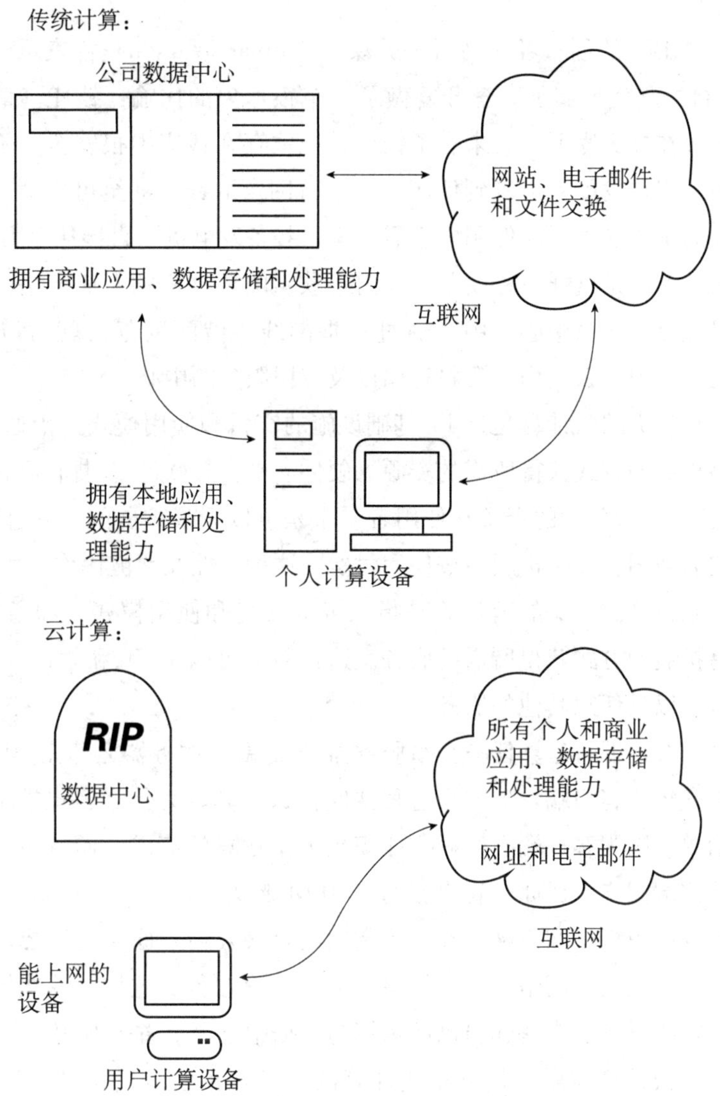

图 2-4　"云计算"与传统计算软件、硬件对比

资料来源：巴纳特．你一定爱读的极简未来史［M］．侯永山，译．北京：北京联合出版公司，2019：110-114.

2. 科学化定义

云计算是基于互联网的相关服务的增加、使用和交付模式，通常涉及通过互联网来提供动态易扩展且经常是虚拟化的资源。云是网络、互联网的一种比喻说法。过去在图中往往用云来表示电信网，后来也用来表示互联网和底层基础设施的抽象形态。在远程的数据中心里，成千上万台电脑和服务器连接成一片电脑云。因此，云计算甚至可以让你体验每秒 10 万亿次的运算能力，这样强大的计算能力可以模拟核爆炸、预测气候变化和市场发展趋势。用户通过电脑、笔记本、手机等设备接入数据中心，便可按自己的需求进行运算。

IBM的创立者托马斯·沃森（Thomas Watson）曾表示，全世界只需要5台电脑就足够了。李开复做了一个很形象的比喻：钱庄。最早人们只是把钱放在枕头底下，后来有了钱庄，把钱存在钱庄中很安全，不过兑现比较麻烦。现在发展到可以到任何一个银行网点取钱，甚至可以通过ATM或者国外的渠道取钱。就像用电不需要家家装备发电机，直接从电力公司购买一样。云计算就是这样一种变革——由谷歌、IBM这样的专业网络公司来搭建计算机存储、运算中心，用户通过一根网线，借助浏览器就可以很方便地访问"云"，把"云"作为资料存储以及应用服务的中心。

狭义的云计算是指IT基础设施的交付和使用模式，指通过网络以按需、易扩展的方式获得所需的资源（硬件、平台、软件）。提供资源的网络被称为"云"。"云"中的资源在使用者看来是可以无限扩展的，并且可以随时获取、按需使用、随时扩展、按使用付费。这种特性经常被比作像水电一样使用IT基础设施。广义的云计算是指服务的交付和使用模式，即通过网络以按需、易扩展的方式获得所需的服务。这种服务可以是IT和软件、互联网相关的，也可以是任意其他的服务。

客户端将运算任务交给服务器（云端），服务器运算完毕以后再将运算结果交还给客户端，这整个过程便叫作云计算。为什么客户端不进行运算？很简单，因为客户端有时候不能满足大型运算的需求，而且不能将数据进行多客户端同步。比如，花旗银行向IBM购买了沃森（Watson）的云服务，那么花旗银行（客户端）在华尔街向沃森（云端）提交运算要求，沃森运算完毕后可以通过网络将运算结果交回给花旗银行。这样，花旗银行便不需要另行购买服务器来搭建自己的运算与数据中心，节省了费用。

云计算本质上是分布式计算的一种，指通过网络"云"将庞大的数据计算处理程序分解成无数个小程序，然后通过多部服务器组成的系统处理和分析这些小程序，最终得到结果并将其返回给用户。云计算早期，简单地说，就是进行简单的分布式计算，解决任务分发，并进行计算结果的合并。因而，云计算又被称为网格计算。通过这项技术，可以在很短的时间内（几秒）完成海量数据的处理，从而提供强大的网络服务。现阶段所说的云服务已经不单单是一种分布式计算，而是分布式计算、效用计算、负载均衡、并行计算、网络存储、热备份冗杂和虚拟化等计算机技术混合演进并跃升的结果。[①] 云计算不是一种全新的网络技术，而是一个全新的网络应用概念，云计算的核心概念就是以互联网为中心，在网站上提供快速且安

---

① 许子明，田杨锋．云计算的发展历史及其应用［J］．信息记录材料，2018（8）：66－67.

全的云计算服务与数据存储，让每一个使用互联网的人都可以使用网络上的庞大计算资源与数据中心。[①] 云计算是继互联网、计算机之后信息时代的又一种革新，是信息时代的一个大飞跃，未来的时代可能是云计算的时代。虽然目前云计算的定义有很多，但总体上来说，基本的内涵是一致的，即云计算具有很强的扩展性和需要性，可以为用户提供一种全新的体验，云计算的核心是可以将很多的计算机资源协调在一起，用户通过网络就可以获取无限的资源，同时获取的资源不受时间和空间的限制。[②] 云计算的优势如图 2－5 所示。

（二）类型

1. 按服务类型分

云计算按服务类型可以分为三类（见图 2－6）：IaaS（Infrastructure-as-a-Service，基础设施即服务）、PaaS（Platform-as-a-Service，平台即服务）和 SaaS（Software-as-a-Service，软件即服务）。第一层次是底层的基础设施层，主要包括 CPU（计算资源）、硬盘（存储资源）、网卡（网络资源）等。第二层次要高级些，是平台软件层，不打算直接使用 CPU、硬盘、网卡，而是希望把操作系统（例如 Windows、Linux）装好，把数据库软件装好，再来使用。第三层次更高级些，是应用软件层，不但要装好操作系统这些基本的软件，还要把具体的应用软件装好，例如 FTP 服务端软件、在线视频服务端软件等，用户可以直接使用服务。这三个层次，分别对应 IaaS、Paas 和 SaaS。

IaaS 包含云 IT 的基本构建块。它通常提供对网络功能、计算机（虚拟或专用硬件）和数据存储空间的访问。IaaS 为用户提供高级别的灵活性，并使用户可以对 IT 资源进行管理控制。它与许多 IT 部门和开发人员熟悉的现有 IT 资源最为相似。PaaS 让用户无须管理底层基础设施（一般是硬件和操作系统），而把更多精力放在应用程序的部署和管理上面。这有助于提高效率，因为用户不用操心资源购置、容量规划、软件维护、补丁安装或与应用程序运行有关的任何无差别的繁重工作。SaaS 提供了一种完善的产品，其运行和管理皆由云服务提供商负责。在大多数情况下，人们所说的 SaaS 指的是最终用户应用软件（如基于 Web 的电子邮件）。使用 SaaS 产品，用户无须考虑如何维护服务或管理基础设施，只需考虑如何使用该特定软件。

---

① 罗晓慧．浅谈云计算的发展［J］．电子世界，2019（8）：104．

② 赵斌．云计算安全风险与安全技术研究［J］．电脑知识与技术，2019（2）：27－28．

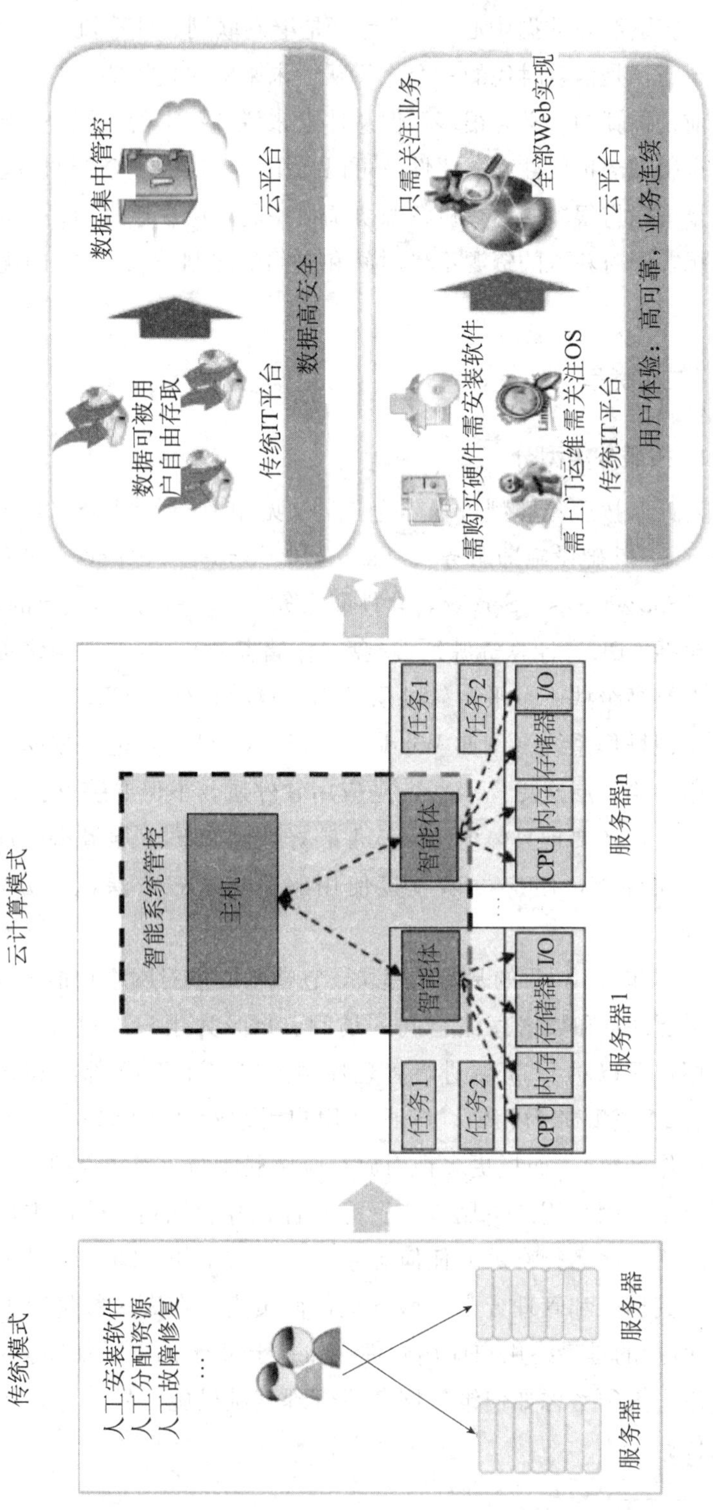
传统模式
人工安装软件
人工分配资源
人工故障修复
…
服务器
服务器
云计算模式
智能系统管控
主机
智能体
智能体
任务1
任务2
任务1
任务2
CPU
内存
存储器
I/O
CPU
内存
存储器
I/O
服务器1
服务器n
数据可被用
户自由存取
传统IT平台
数据集中管控
云平台
数据高安全
需购买硬件 需安装软件
需上门运维 需关注OS
传统IT平台
只需关注业务
全部Web实现
云平台
用户体验：高可靠，业务连续

图2-5 云计算的优势

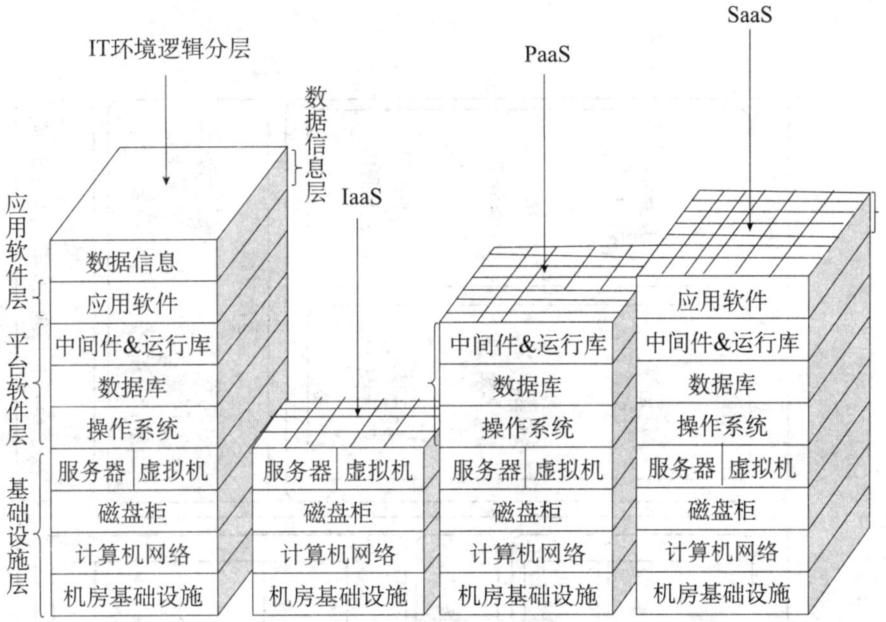

图 2-6 云计算按服务类型分三层

PaaS 在云计算架构中位于中间层，其上层是 SaaS，其下层是 IaaS。比较出名的 PaaS 有谷歌 GAE、阿里 ACE、百度 BAE、新浪 SAE 等。PaaS 跟 IaaS 有部分重合，其实是为 IaaS 更深入地提供软硬件结合的一整套解决方案。但是由于限制太严格了，所以 PaaS 的市场接受度一直不高，表现不温不火。最后，人们更常听到 SaaS 模式这个概念，并且很多公司开发的应用都基于 SaaS 模式。

首先是基础设施即服务 IaaS。公司要建信息系统，基础设施从哪里来呢？需要自己建机房、服务器、网络以及配套设施，就好比自己建房子，需要自己买土地、买材料、设计房子结构、建房子等。但现在基础设施即服务告诉你，你不用自己建房子了，这里有现成的，直接租就好了。

其次是平台即服务 PaaS。之前公司在自己建好信息系统之后，还要自己搭建操作系统、配置环境等，就好比盖好房子之后还要自己装修房子。现在平台即服务告诉你，不用自己装修房子了，这里能提供装修服务，直接买就好了。

最后是软件即服务 SaaS。公司在把操作系统、环境配置好之后还要自己开发各种应用软件，就好比房子完成硬装后还要进行软装，配备休闲娱乐设施、运动健身设施等。现在软件即服务告诉你，这些应用设施这里都有现成的，你也可以直接租用。

云计算服务的具体应用案例如图 2-7 所示。

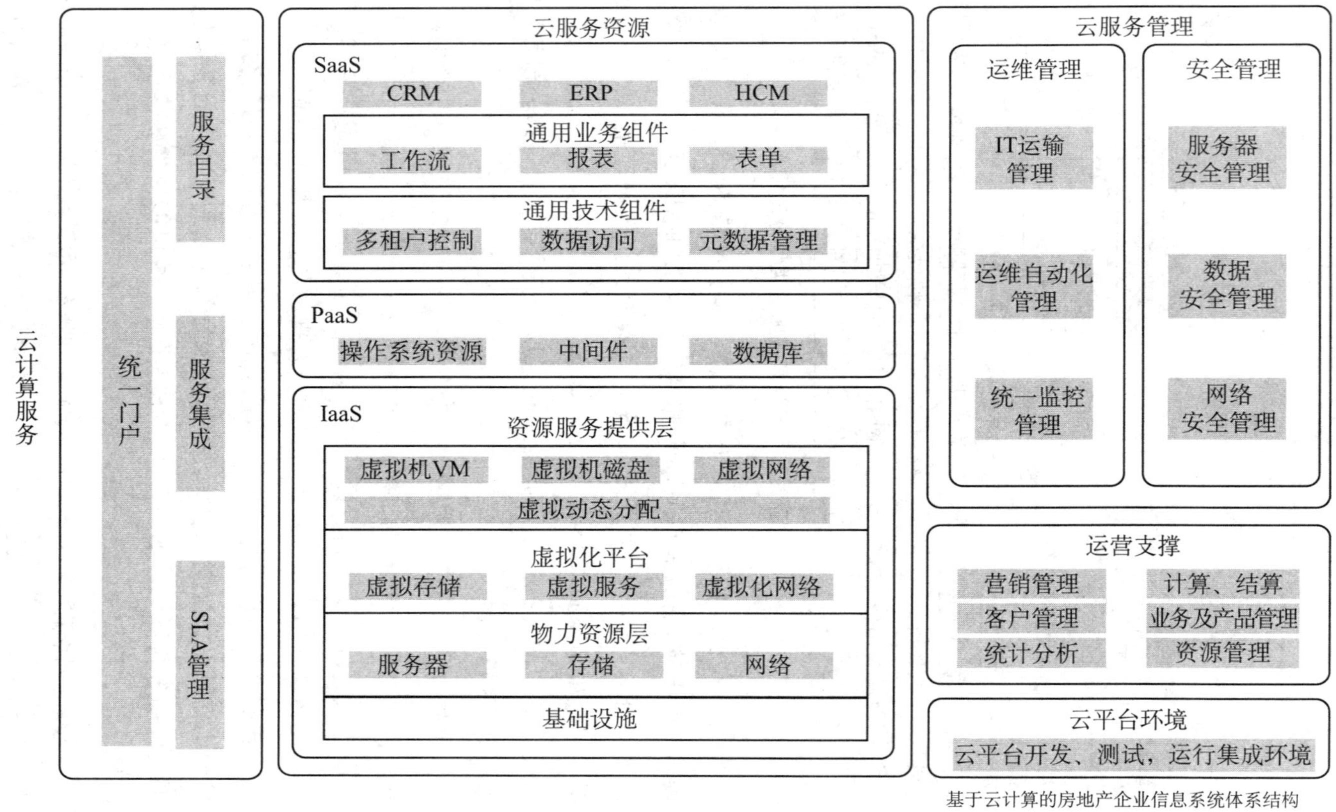

图2-7　云计算服务应用案例（以某房地产企业为例）

2. 按部署形式分

云计算按部署形式可以分为三类：公共云、私有云和混合云。公共云即多个客户共享一个云服务提供商提供的计算资源，客户按照自己的实际需要，通过租赁的方式来获取这些资源。私有云即计算资源由一家企业专用并由该企业掌握，一般部署在企业的数据中心，由企业的内部人员管理，实力雄厚的大公司趋向于构建自己的私有云。混合云即公共云与私有云的混合，其策略是在私有云部分保持相对隐私的操作，在公共云部分部署相对开放的运算，因此混合云兼具前两种云的优点。

饿了要吃饭，在家里自己做饭属于自建私有云，需要建造厨房，购买锅碗瓢盆柴米油盐等，吃完饭还需要进行刷锅洗碗等运维工作，费时费力；外面餐馆提供的服务就相当于公共云服务，按需点餐，吃完结账抹嘴走人即可，餐馆后厨如何安排做菜顺序并加快出菜速度，就是负载均衡和虚拟化概念；请厨师到家里上门做饭则属于典型的混合云，在资产安全的情况下有限使用公共云。①

云计算技术优势明显。云计算的技术优势包括：快速部署和拓展、稳定性强、安全可靠、易于整合、低成本等。对企业来说拥有云计算服务，就相当于获得了顶尖的 IT 基础设施。在传统模式中，企业需要购买自己的硬件和软件系统，这就需要内部 IT 人员进行维护。随着将业务转移到云中，企业便不需要雇用之前那么多的 IT 维护人员，减少了人力成本。

（三）特点②

1. 大规模和分布式

“云”一般具有相当的规模，一些知名的云供应商如谷歌云计算、亚马逊、IBM、微软、阿里巴巴等也都拥有上百万级的服务器规模。而依靠这些分布式的服务器所构建起来的“云”能够为使用者提供前所未有的计算能力。

2. 虚拟化和便利性

云计算都会采用虚拟化技术，用户并不需要关注具体的硬件实体，只需要选择一家云服务提供商，注册一个账号，登录到它的云控制台，去购买和配置需要的服务（比如云服务器、云存储、CDN 等等），再为自己的应用做一些简单的配置，就可以让应用对外服务了，这比传统的在企业的数据中心部署一套应用要简单方便得多。而且用户可以随时随地通过自己的 PC 或移

①② 什么是云计算？[EB/OL]. (2018-05-09)[2021-07-17]. https://www.cosmoplat.com/pc/community/topicDetail?id=2305397.

动设备来控制资源，这就好像是云服务提供商为每一个用户都提供了一个IDC（internet data center）。

3. 高可靠性和扩展性

那些知名的云服务提供商一般都会采用数据多副本容错、计算节点同构可互换等措施来保障服务的高可靠性。基于云服务的应用可以持续对外提供服务（7×24小时），另外“云”的规模可以动态扩展，来满足应用和用户规模增长的需要。

4. 按需服务和更加经济

用户可以根据自己的需要来购买服务，甚至可以按使用量来进行精确计费。这能大大节省IT成本，而资源的整体利用率也将得到明显的提升。

5. 专业和安全

网络安全已经成为所有企业或个人创业者必须面对的问题，企业的IT团队或个人很难应对那些来自网络的恶意攻击，而使用云服务则可以借助更专业的安全团队来有效降低安全风险。

云计算已经深深植入我们的生活，平时常用的那些APP或网站，基本都已经离不开云计算这一背后的强大服务支持，如“剁手党”爱恨交加的淘宝、京东，“社交痴迷党”的微信、微博等等。越来越多的企业开始使用基于云的企业服务，生活因云计算正在发生着革命性变革。

二、云计算的风险与防护

云计算在计算广告领域大放异彩，成为引领计算广告技术潮流的新技术。云计算的高速发展为聚焦关键广告业务目标的企业带来了许多利好，例如提高产品上市速度、降低广告传播成本、实现精准营销、增加企业竞争优势以及降低资本和/或运行开支等等。为了管理好云计算风险，了解风险到底是什么非常重要。

（一）风险[①]

云计算是一种新的计算方式，它依托于互联网，以网络技术、分布式计算为基础，是具有实现按需自服务、快速弹性构建、服务可测量等特点的新一代计算方式。然而，任何以互联网为基础的应用都存在着一定的危险性，

① 唔哩头条．云计算安全的三个层面：技术风险、管理风险和法律风险［EB/OL］.（2018－08－31）［2021－07－17］. http://cloud.idcquan.com/yaq/150076.shtml.

云计算也不例外。安全问题从云计算诞生那天开始就一直受人关注，其产生的危害和影响比传统安全事件要大得多。

1. 技术风险

（1）IaaS 层风险分析。

IaaS 为用户提供计算、存储、网络和其他基础计算资源，用户可以在上面部署和运行任意软件，包括操作系统和应用程序，用户不用管理和控制底层基础设施，但要控制操作系统、存储、部署应用程序，要具有对网络组件（如主机防火墙）进行有限权限控制的能力。许多严重的 IaaS 风险很大程度上是由云管理员对操作系统、应用程序和云管理界面进行了错误配置或缺乏安全控制所致。

其中一个主要风险是缺乏安全的 API。API 一般由云服务提供商提供，以便用户与他们的服务以及服务管理无缝集成。尽管云服务提供商负责提供安全的 API 和补丁，但用户自己也应该对这些 API 进行评估，包括支持的传输方式以及什么样的数据在与供应商的交互过程中被来回发送。API 或应用程序的更新很容易导致兼容性问题，甚至可能造成数据泄露，因此用户应该定期测试自己的程序和 API 交互的部分。

建议云用户在选定 IaaS 前彻底调研云服务提供商的安全控制和服务水平协议。用户应尽可能利用多因素身份验证，对数据进行加密以减少内部威胁，维护密钥的控制权，并开始比以往任何时候都更关注在云环境中的可用日志。定期扫描基于云的系统漏洞也是一个极佳的做法。

（2）PaaS 层风险分析。

PaaS 平台资源的容器[①]基于操作系统的虚拟化，与 IaaS 基础环境实现解耦，PaaS 平台多数是基于应用较广的开发框架和标准 API，能够有效提升资源管理水平，有效避免厂商绑定；同时，合理调整单个操作系统之上容器密度的有效部署，可以更好地提升资源使用率，降低硬件采购成本。

PaaS 主要以容器云形式实现，容器云依赖容器基础技术，目前常见的有 Docker 和 Garden 两种类型。在 PaaS 上进行网络应用开发是存在着一定风险、漏洞的。具体的威胁风险包括黑客攻击、软件设计缺陷或者不良的测试方法。这些风险有可能影响应用或大幅度降低应用的性能。

（3）SaaS 层风险分析。

SaaS 通过网络在线交付服务，使企业可以节省更多的成本，把更多的精

---

① 容器是一种沙盒技术，主要是为了将应用运行在其中，与外界隔离，方便将这个沙盒转移到其他宿主机器。

力用在促进业务发展上，而不必被ERP这些软件的升级维护琐事困扰，极大地提升运营效率。

但是很多企业，尤其是大型企业，因为安全问题而不愿使用SaaS。SaaS解决方案缺乏标准化，企业为了保护核心数据，便不希望这些核心数据由第三方来负责。多数SaaS部署项目之所以以失败告终，原因是数据集成方面存在严重问题。因此，企业在采用某一种部署模式之前，需要认真分析各种部署模式在系统生命周期所有阶段的优缺点。

现在的数据中心建设规模都很大，因为只有规模上去，云计算的优势才能更加明显。所以拥有数十万台服务器的数据中心屡见不鲜，它们将很多数据集中在一起，再交由云计算处理。拥有海量数据的数据中心规模太大，很容易成为被攻击的目标。云计算用户多样而且规模庞大，还会使遭受攻击的频率急剧增大。以阿里云为例，它平均每天遭受数百起DDoS攻击，其中50%攻击流量超过5GB/s。针对Web的攻击以及密码破解攻击更是以亿计算。这种频度的攻击，给技术安全运维带来巨大的挑战。

2. 管理风险

（1）云服务无法满足SLA。

企业依靠SLA（服务等级协议）来要求云计算供应商为所提供的服务提供保障，并在发生服务故障时提出维权主张。比如，SLA明确规定了供应商的责任，在什么样的时限内供应商应当能够解决问题，以及发生停机和用户失去业务的情况时供应商应当承担的责任。但是，当谈及云计算SLA时，问题的症结往往在于细节。比如，涉及服务器出故障后的理赔事宜。

（2）云服务不可持续风险。

企业用户必须确认保存在云中的共享数据是长期可用的。当出现问题时，云计算供应商可以在多长时间内把用户关心的数据交还给用户。当大量的用户将数据存储到云中时，一旦出现病毒，就会导致以云计算为载体的计算机无法正常工作，而且这些病毒还能进行复制，并通过一些途径进行传播，造成感染病毒的计算机死机。互联网的传播速度很快，病毒因此会很快地得到传播，产生很大的攻击力，甚至造成部分数据丢失且很难复原。

（3）身份管理混乱。

一些不法分子会利用盗用的身份信息欺骗用户的亲人、朋友，甚至会利用盗用的信息进行违法交易，从而造成云计算中用户的经济损失，严重威胁云计算的安全。因此，要充分了解云计算用户和云计算供应商会面临的相关风险。无论担任什么样的角色，要管理什么样的应避免发生的潜在事件，都必须实施风险管理。在云计算关系的特定情况下，企业用户和云计算供应商的风险管理工作都是必要的，都必须拥有成熟的风险管理计划。

（4）恶意攻击。

在多用户的云计算环境里，由于云平台的深度开放以及平台上用户种类繁杂，可能会包含一些心怀不轨的恶意用户，也可能由于用户间的利益竞争关系，导致云计算资源的滥用、用户之间的攻击成为可能，多用户的隔离技术势必经受更为巨大的安全挑战。在云计算环境中，有多种不同的虚拟化管理组件，比如虚拟机监视器、网络策略控制器、存储控制器等等，这些都是实现多用户共享硬件并隔离业务和数据的核心组件，一旦这些虚拟化管理软件类的漏洞被恶意人员利用，用户就没有安全可言了。

（5）数据泄露。

由于云服务器上保存了大量用户的隐私数据，在多用户环境中，一个用户应用存在漏洞可能就会导致其他用户数据的泄露。数据泄露不仅会导致商业机密、个人隐私的泄露，而且可能会对企业产生毁灭性打击。云计算的基础就是海量数据，这些数据只有在超大型的数据中心才能充分发挥作用，而海量数据若发生泄露，造成的损失很大，尤其是各种数据混杂在一起，做不好数据防护，很容易被人窃取。恶意黑客会使用病毒、木马或者直接攻击等方法永久删除云端数据，危害云系统安全。

3. 法律法规风险

（1）数据跨境。

随着大数据时代来临，传统的存储架构已无法承载高速增长的数据，越来越多的企业使用大数据平台存储数据。大数据平台大多是基于一些开源软件开发而成，其复杂的架构、模块的不稳定、数据的跨地域传输等特点，都会给大数据平台的安全带来极大的威胁。当使用云计算后，你将无法知道数据确切的存放位置，甚至不知道数据被存放在哪个国家。

（2）隐私保护。

不法分子可以通过云计算窃取网络用户的信息，同时还可以在用户与商家进行网络交易时窃取用户和商家的信息。当有不良企图的分子在云计算的平台中窃取到信息后，就会采用一些技术手段对信息进行破解，同时对信息进行分析，以此发现用户更多的隐私信息。在使用云计算提供的服务时，虽然可以通过 SSL 对数据进行加密，但是由于云计算同时为多个用户提供服务，一个用户的数据很有可能与其他云用户的数据存放在一起，所以隐私保护的难度很大。

（3）犯罪取证。

云计算同时为多个用户提供服务，同时记录了多个用户使用云计算的情况，当某一个用户需要被调查时，这种多个用户使用云计算的日志被记录在一起的情况增加了司法调查的难度。

上述这些问题对云计算提出了更高的要求和更大的挑战。在网络安全等级保护制度中，云服务商和云用户应该共同承担安全责任，建设安全防护措施。而现有云环境下，除提供边界的安全防护和基本虚拟网络保护外，缺少更丰富的安全服务，更无法直接为用户提供安全服务，云用户难以便利地实现其网络安全防护。

（二）防护

无论作为云计算基础设施供应商，还是云计算服务商，都应重点通过以下措施增强云计算环境（见图 2-8）的安全防护能力。

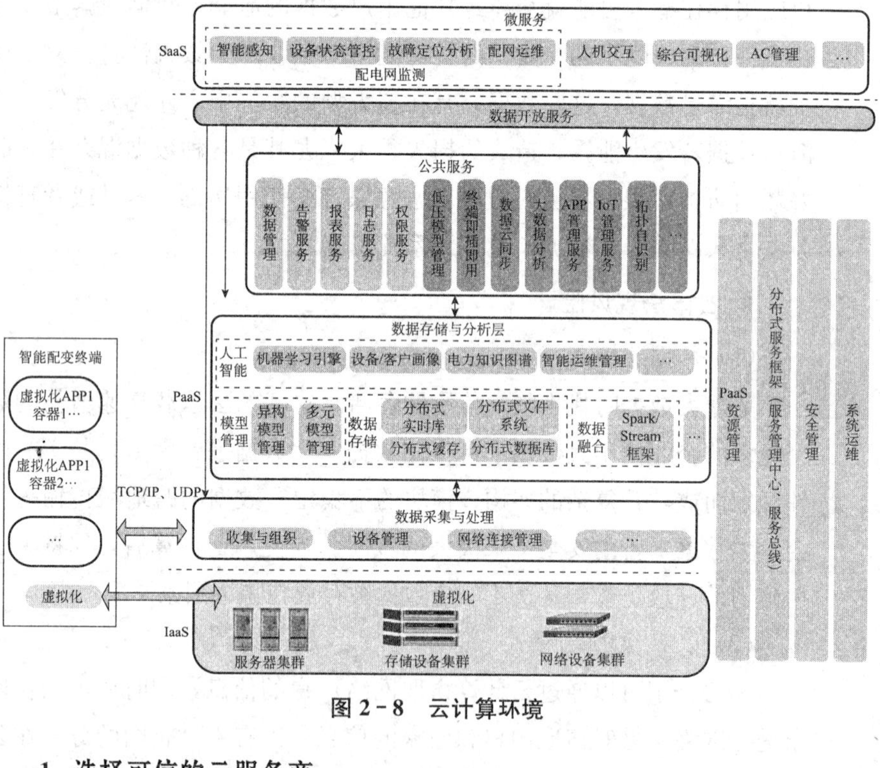

图 2-8 云计算环境

1. 选择可信的云服务商

云服务用户在拟向云计算平台迁移或部属其业务和数据时，应选择通过第三方安全审查机构审查的云服务商，确保其具备云计算安全服务能力。

2. 做好风险的评估

企业应对各种需要 IT 支持的业务流程进行风险性和重要性的评估。虽然很容易计算出采用云环境所节约的成本，但是风险收益比同样不可忽视，首先必须了解这个比例关系中的风险因素。作为风险评估的一部分，还应考虑到潜在的监管影响，因为监管机构禁止某些数据和服务出现在企业或国家之外的地区。

3. 区分不同的云类型

企业应了解不同的云模式（公共云、私有云和混合云）以及不同的云类型（SaaS、PaaS与IaaS），因为它们之间的区别将对安全控制和安全责任产生直接影响。根据自身组织环境以及业务风险状况，所有企业都应具备针对云的相应观点或策略。在风险分析的过程中，法律机构也应发挥重要作用，因为涉及担保和债务的事务也是分析的重要内容。

云计算这个大趋势已不可阻挡，而随之而来的安全威胁也将产生更多变化。就云计算平台的服务提供商而言，应持续关注新兴攻击技术和防护措施的演进趋势，明确来自多方面的安全需求，利用现有的、成熟的安全控制措施，结合云计算的特点和新技术进行综合考虑和设计，以满足风险管理要求、合规性要求，保障和促进云计算业务的发展和运行。

三、云计算在计算广告中的运用①

亚马逊AWS（Amazon Web Services）是亚马逊提供的专业云计算服务（见图2-9），于2006年推出，以Web服务的形式向企业提供IT基础设施服务，通常称为云计算。其主要优势之一是能够以根据业务发展来扩展的较低可变成本来替代前期资本基础设施费用。亚马逊网络服务所提供的服务包括：亚马逊弹性计算网云（Amazon EC2）、亚马逊简单储存服务（Amazon S3）、亚马逊简单数据库（Amazon SimpleDB）、亚马逊动态模拟数据库（Amazon DynamoDB）、亚马逊简单队列服务（Amazon Simple Queue Service）以及亚马逊云锋（Amazon CloudFront）等。

互联网广告服务需要在有限时间内完成定向广告，这是其需要面对的技术挑战。AWS系统提供了在云端构建可靠的、容错的、高可用系统的基础设施和服务。接下来我们将描述系统中的两个主要部分：广告服务的基础结构和用于点击数据采集的数据分析集群。

当用户加载一个Web页面时，广告服务器会返回一个广告资源被展示的标识。广告服务器运行在EC2实例上，根据用户的个人资料，从存储在

① 半吊子全栈工匠．基于AWS的广告服务应用架构［EB/OL］.（2015-02-05）［2021-07-17］. https://blog.csdn.net/wireless_com/article/details/43523337.

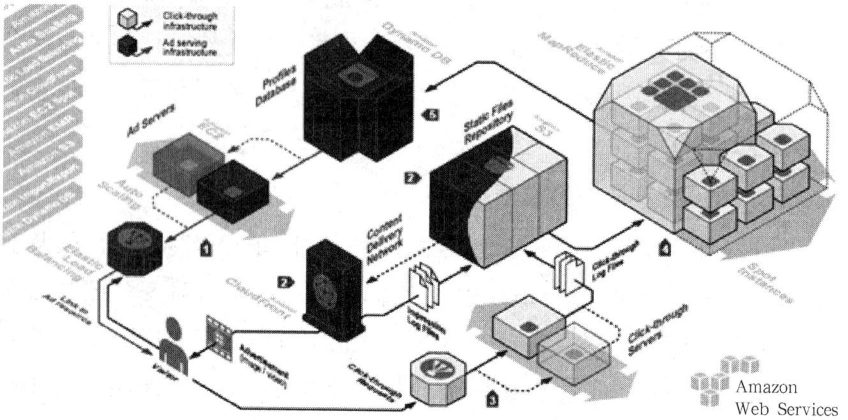

图 2－9　亚马逊 AWS（Amazon Web Services）

Amazon DynamoDB 表中查询相关的广告信息。

从 Amazon CloudFront 下载广告文件，这种内容发布服务是无提交内容的，拥有低时延和高数据传输速率。所显示广告的日志信息存在 S3 上。

点击数据采集服务器是一组 Amazon EC2 实例，专门用于采集用户点击数据。该信息保存在点击数据采集服务器的日志文件中，并周期性地上传到 Amazon S3。

Amazon Elastic MapReduce 是使用了 Hadoop 框架来处理数据的并行作业流。广告效果和点击数据由 Amazon Elastic MapReduce 集群收集并处理。通过使用热点实例，集群的容量可以在动态扩展的同时缩减处理时间和运行作业流的成本。

数据处理的结果被推回到 Amazon DynamoDB，这是一个全面可管理的 NoSQL 数据库服务，具有快速响应、可预测的性能以及无缝的可扩展性。Amazon DynamoDB 能够存储和获取大量的数据，服务于不同水平的流量请求，并能够快速存储和获取用户的个人资料。无论是巨量的用户资料数据集还是高流量请求，Amazon DynamoDB 的高可用性和良好性都能保证广告服务器前端以较短时间来响应。

第三节　新算法技术的精巧“设计”

新算法（new algorithm）是“灵魂”，是“设计师”，是“神经系统”。只有不断跟踪、丰富和完善大数据，进化新算法，才能驾驭程序开发，不断解决新问题。软件工作者需要选择不断优化的算法去解决问题。简而言之，在大数据的催动下，算法需要不断推陈出新。

一、什么是新算法

（一）形象化定义

其实在没有电脑之前，就已经有了算法（algorithm），它是指解决某个问题的计算方法、步骤。比如，小学乘法算法表的九九八十一。又如，妈妈做饭时脑子里出现的菜谱，先炒，再炖，最后小火收汁等。计算机算法就是用计算机解决问题的方法、步骤。解决不同的问题，需要不同的算法。我们用的大部分 APP 都有新算法（主要是推荐算法）支撑，从听音乐到看视频，再到看资讯新闻、看小说、看直播、打游戏等。那算法是怎么进行推荐的呢？以“今日头条”公开的新算法为例，简单而言，就是将环境、人和内容相匹配，就像月老牵红线一样。新算法一般会根据三个维度来预估用户期待看到什么。

第一个维度：文本内容。当计算机获得一个文本内容时，它可以通过一套算法，迅速分析这个内容的主要特征，包括质量、主题词、兴趣标签、时效性、作者来源、相似文章等。

第二个维度：人。我们在手机、电脑上的点击、阅读时间、点赞、评论、转发等，都可以在后台被量化，形成标签。计算机会不断给 ID 账号贴上标签，从而总结出用户的兴趣特征、性别特征、年龄特征等。比如经常浏览某明星的新闻，就会被贴上该明星的兴趣标签。推荐算法的第二个维度包括兴趣、职业、年龄、性别、教育水平等。

第三个维度：环境特征。当一个人在不同的环境下，会想看不同的内容。比如在北京，就会更关注北京天气变化，如天气阴晴、雾霾、沙尘暴；在长沙就可能会关注长沙美食。环境特征包括地理位置、时间、天气、网络等。

新算法会通过以上三个维度进行数据分析，来预估 ID 账户期待看到什么内容，从而进行推荐。就像我们预估奶奶冬天想吃炖萝卜，于是看着菜谱，开始做炖萝卜给奶奶；夏天弟弟想喝冰西瓜汁，于是买食材，开始做西瓜汁。

互联网发展的几十年间，其实真正沉淀下来的变现方式非常有限，计算广告无疑是所有流量变现的首选。整个计算广告的模式比较复杂，成熟的计算广告系统里会大量应用新算法。新算法做得好不好直接影响个性化推荐产品的活跃度（engagement）和存留（retention）。

一个完整的广告系统，从广告商投放广告到用户看到广告，需要以下几个重要组件。

第一，面向广告商的工具。广告商可以根据自己的需要定制投放人群，选择投放人群时可以使用年龄、性别、地理位置、职业、兴趣等标签。

第二，新算法个性化推荐。在众多符合条件的广告中选择最合适的一个。

第三，新算法决定在哪里放广告。以前只有几个能放广告的固定位置（如 banner、页面右侧），然而随着 Facebook 发明了信息流广告（News Feed Ads），在新鲜事里放原生广告成了社交类产品的标配。以微信为例，在朋友圈里的第几个位置放广告其实挺有学问。放高了影响用户正常体验，放低了没人看到。于是，微信采用了“实时社交混排算法”。

第四，新算法定价。放这个广告该跟广告商要多少钱，会受到很多因素影响，如位置高低、有多少个其他广告一起竞价等等。①

基础的搜索算法有深搜（DFS）和广搜（BFS）。它们的搜索效率差不多，都是复杂度为 O（E）的算法。只是不同的搜索模式，有各自适用的场合。假如把搜索算法比作一棵树，在写搜索算法之前可以先如此分析：如果目标节点在叶子上的可能性非常大，那么通常用深搜；如果希望目标节点的位置尽可能地离根节点近，那么通常用广搜；如果目标节点与位置无关，而是每条路径都有一个权值，权值越大，则对应节点是目标节点的可能性越大，那应该怎么搜呢？

任何事物都有两个极端，但这两个极端之间不是瞬间转化的，而是会经过许多个中间步骤。转化过程中的许多步骤就是无限的可能。这些步骤中，既有这一端的影子，也有那一端的特点。并不一定哪一端或者哪一个中间步骤是最好的，最合适的才是最好的。因此，深搜和广搜虽然看上去不同，但是它们的本质是相似的。

假设有一个用于存储树的节点的容器，每当发现有一个新的节点时，就把它放进容器。当前节点处理完，就从容器中取出一个新的节点。所谓深搜，就是用栈来实现这个容器，每次取最后放进去的节点。而广搜，就是用队列来实现这个容器，每次取最先放进去的节点。最后和最先是两个极端，但是我们没必要一定要选择极端，我们可以选择最合适的。怎样的节点是最合适的？就是容器中权值最大的点。

这样的例子还有很多，例如数组和链表，是线性有序数据结构的两种物理结构。数组存储的特点为便于读取，不便于插入删除；链表存储的特点为不便于读取，但便于插入删除。在图中，点没有几何位置的限定，边没有形状、方向、位置的限制，通常图中点的个数比较稳定而边的条数经常增减，于是用数组存储点而用链表存储边，于是就有了邻接表这样的数据结构。还

① 宋一松．计算广告与推荐系统有哪些区别？［EB/OL］．（2015－08－24）［2021－07－17］．https://www.zhihu.com/question/19662693/answer/60506017.

有插入排序和 Hash 排序。Hash 排序速度快，数据范围有限；插入排序速度慢，数据范围无限。如果把这两种排序方法结合，先使用 Hash 进行初排序，再使用插入排序进行精确排序，就是桶排序算法。其实这些算法并不是凭空创造出来的，它们或多或少都有我们已知的某些旧算法的影子。只因新算师深刻地理解这些旧算法，才能把它们组合起来，灵活应运、随意施展，用得恰到好处，就成了新算法。

计算广告是一项业务，新算法可以用在计算广告中，也可以用在其他地方。新算法只是计算广告的一个环节，一个完整的广告系统还需要很多其他重要的技术组件，如大数据、云计算等。对于计算广告来说，本质上要处理的是三方利益的协调问题，这三方分别是广告主、用户和媒体。对于新算法来说，本质上要处理的是用户体验的问题。正是要处理问题的不同，导致了思考方式不同。比如同样是构建一个点击通过率（click-through-rate，CTR）模型，对于计算广告系统来说，其目标更多的是用这个 CTR 模型产生更多的收益，那么在使用的时候就更偏向于将 CTR 高的广告全都排在前面。而对于新算法来说，在使用 CTR 模型的时候，就不适宜全部按照 CTR 进行内容排序，而是要兼顾内容的多样性、新颖性和流行度。因为新算法的核心是用户体验，如果全部根据用户行为历史生成推荐内容，很容易让用户疲倦，透支用户的兴趣。为了照顾用户的整体体验并挖掘用户的长期兴趣，就要考虑用户在不同体验阶段的感受和行为特点。

再回到计算广告，由于广告系统处理的是一个三方利益的协调问题，因此就诞生了很多与协调相关且必要的技术。协调的本质其实是一种博弈，如广告主和媒体之间的价格博弈，广告主之间的价格博弈。正是这种博弈的存在，使得计算广告一定要去关注基于博弈论的竞价（bidding）策略。而且为了协调广告主、媒体的相关操作，诞生了支持性的相应模块，如处理广告排期、定向、预算控制等模块，这里面当然涉及大量新算法，比如处理广告排期需要最优化理论的支持，定向需要各类预测模型，预算控制需要控制论的一些知识等等。①

（二）科学化定义

算法，从字面意义上来看，就是用于计算的方法，通过该方法可以实现预期的计算结果。目前，被广泛认可的算法专业定义是：算法是模型分析的一组可行的、确定的、有穷的规则。通俗地说，算法可以被理解为计算机的

---

① 王喆. 计算广告与推荐系统有哪些区别？［EB/OL］.（2019－07－22）［2021－07－17］. https://www.zhihu.com/question/19662693/answer/757347092.

解题过程，在这个过程中，无论是形成解题思路还是编写程序，都是在实施某种算法。前者是推理实现的算法，后者是操作实现的算法。算法代表了用系统的方法来描述解决问题的一种策略机制。因为问题总是越来越多、越来越难，算法必须不断推陈出新，不断进化以不断提高解决问题的能力。新算法本质上是算法的一种动态描述。

算法是机器学习的核心，机器依靠算法的持续迭代优化更新，才变得越来越聪明。数据丰富，算法就可以不断突破，并被运用于不同的商业场景当中。新算法包含着我们对商业本质的理解、对人性的洞察和对创造未来商业新样貌的理想。因此，新算法是人工智能的核心，是商业的引擎。[①]

广告主、广告平台、广告消费者三方的利益关系看似很清晰，其实存在很多矛盾。这里举一个例子，假设我是麦当劳的营销总监，我想花 1 亿元推广新出的汉堡，我需要分别联系百度、腾讯、阿里、今日头条等广告平台，才能在这些平台上铺开广告。这个成本其实很高，于是就诞生了计算广告领域程序化购买的一系列市场主体——DSP、SSP、DMP、ADX、DCOP、AVP 等，它们解决的其实是广告和消费者中间的链路问题。[②]

（1）DSP（demand side platform，需求方平台）。DSP 解决的是广告主与多个广告平台之间的矛盾。比如一个广告主想投放广告，那他只要把自己的广告交给 DSP，并且给 DSP 一笔钱和需要投放次数的要求，DSP 便会去帮助广告主购买各种广告平台的位置并投放广告。

（2）SSP（sell side platform，供应方平台）。SSP 是广告平台的服务后台，作用是为 DSP 提供情报，比如 SSP 会根据用户在平台的注册信息告诉 DSP 们今天这里来了个爱花钱的年轻女性，那么 DSP 们就会找自己有哪些合适的广告，来竞争针对这个女性的广告展示机会。

（3）DMP（data management platform，数据管理平台）。DMP 解决的是广告和广告受众不匹配的矛盾。比如今天要投放一个美妆产品的广告，把这个广告投放给一个 60 岁的老奶奶不合适，但如果投放给一个 20 岁的小姑娘效果就会好很多。DMP 的作用就是通过用户和广告画像确定广告的投放对象。

（4）ADX（ad exchange，广告交易平台）。ADX 其实是解决广告平台和 DSP 之间连接的矛盾。广告位和 DSP 是一对多的关系。比如网民“小范”打开了优酷视频，那么优酷就有一个视频开始广告可以展示，这时候这个广告位会有很多 DSP 来抢，抢的方式也很简单，通常是谁出钱多，广告位就归

① 曾鸣．智能商业［M］．北京：中信出版社，2018：63－65．

② 鞠宏磊．大数据时代的精准广告［M］．北京：人民日报出版社，2015：63－69．

谁。这种竞价机制发生在 ADX 系统里时，就叫作实时竞价（RTB）。

（5）DCOP（dynamic creative optimization platform，动态创意优化平台）的目的在于通过优化广告展示的结果，尤其是通过实时的结果动态调整广告投放素材或者其他元素（标题、文案、CTA 按钮等），来优化最终该广告的相关指标（点击率、首次点击时间、页面停留时间、跳出率等），关注的是结果，着眼点是效果。而程序化创意（programmatic creative）的目的是用程序化的方式把创意展示出来，重点是从创意到广告展示的过程要程序化，关注的是过程，着眼点是快速。DCOP 利用算法技术，能够根据大数据实时改变创意。

（6）AVP（ad verification platform，广告验证平台）通常为品牌广告主服务，为其广告投放过程中的品牌安全（brand safety）、反作弊（anti-fraud）、可视度（viewability）、无效流量验证（invalid traffic verification）等提供监测保障。它能追踪每条广告，评价广告的投放环境，确保广告能够合理投放。

所以一个用户从登录到看到广告，大致只需要 100ms，但在这 100ms 之间其实会经历非常多的流程，这些流程把 DSP、SSP、DMP、ADX、DCOP、AVP 的作用都串联起来。整个流程中间有很多细节需要机器学习新算法。[①]

下面举例说明。

第一步，假设迪奥花 100 万元投广告，要求是被点击 100 万次。那么迪奥会先找到 DSP，把广告、钱、要求发给 DSP。

第二步，DSP 会向 DMP 提出，了解什么样的人容易点击迪奥的广告。假设 DMP 的反馈是“年轻、爱美、白领”容易点击迪奥广告，DCOP 就会提供创意服务。

第三步，DSP 会去竞价 ADX 找符合“年轻、爱美、白领”特性的广告位。

第四步，这时候有一个广告位——“小范优酷视频”，通过 SSP 提供的信息很符合 DSP 中的迪奥广告投放人群，并且这个广告位被放到了 ADX 中竞价。

第五步：DSP 中的迪奥广告通过不断抬高定价，从多个 DSP 竞争者中争取到了“小范优酷视频”的广告位。

第六步，用户打开“小范优酷视频”，看到了迪奥的广告。广告主通过 AVP 监测广告投放环境。

---

① LI G. 计算广告与推荐系统有哪些区别？［EB/OL］.（2019－03－22）［2021－07－17］. https://www.zhihu.com/question/19662693/answer/629652939.

（三）特征与类型

一个典型的算法一般都可以抽象出五个特征：（1）有穷性。算法的指令或者步骤的执行次数和时间都是有限的。（2）确切性。算法的指令或步骤都有明确的定义。（3）输入。有相应的输入条件来刻画运算对象的初始情况。（4）输出。一个算法应有明确的结果输出。（5）可行性。算法的执行步骤必须是可行的。

按照算法的应用领域可以将其分为以下几种：基本算法、数据结构相关算法、几何算法、图论算法、规划算法、数值分析算法、加密解密算法、排序算法、查找算法、并行算法、数值算法等。

按照算法的确定性可以将其分为以下几种：确定性算法，即在有限时间内完成，得到的结果唯一；非确定性算法，即在有限时间内完成，得到结果的不唯一，存在多值性。

按照算法的思路可以将其分为以下几种：递推法、递归法、穷举法、贪心算法、分治法、动态规划法、迭代法、分支界限法、回溯法等。

为什么要用新算法？比如百度之所以要频繁更新算法，是因为百度上的大数据每时每刻都在更新，需要新算法来同步更新推荐，不断提高用户的个性化体验，引导网站管理员注意网站上高质量内容的构建，打击那些钻取百度旧算法和团队组织的人。任何东西都有它的缺点，更不用说算法了。一个新算法的优劣往往通过算法复杂度来衡量，算法复杂度包括时间复杂度和空间复杂度两个方面。时间复杂度是指执行算法所需要的计算工作量，而空间复杂度是指执行这个算法所需要的内存空间。算法的复杂度体现在运行该算法时计算机所需资源的多少，计算机资源中最重要的是时间和空间（即寄存器）资源，因此复杂度被分为时间复杂度和空间复杂度。

（四）作为新算法的深度学习

深度学习（deep learning，DL）是基于人工神经网络的机器学习算法，它使用神经网络来模拟人类大脑的工作方式。深度学习和我们人类的学习方式有非常大的相似性，我们人类做决策的过程一般是这样的：根据以往的经验来判断当前的事情，经验越多，判断就越准确；若在这之前没有处理这类事的经验，就会向周围的其他人寻求帮助，获取处理这类事的经验；若周围的人也没有处理这类事的经验，我们就会不断地尝试新的解决方法，直到找到最优的解决方法为止。我们人类总是给定一个输入，然后给对应的输出做一个标记，例如我们输入一张猫的图片，然后为其打上“这是一只猫”的标签，猫的图片与标签之间存在着很多关系，通过不断训练，我们的模型能找到猫的图片与标签之间的各种关系，并且训练次数越多，寻找精度越高，但随着信息的饱和，精度增速会逐渐减慢甚至停止。

1956年，几个计算机科学家相聚在达特茅斯会议（Dartmouth Conference），提出了“人工智能”的概念。其后，人工智能就一直萦绕于人们的脑海之中，并在科研实验室中被慢慢孵化。人工智能的迅速发展正在深刻改变人类社会生活、改变世界，其技术和应用正经历快速发展的阶段。机器学习直接来源于早期的人工智能领域。传统算法包括决策树学习、推导逻辑规划、聚类、强化学习和贝叶斯网络等等。众所周知，我们还没有实现强人工智能，早期机器学习方法甚至都无法实现弱人工智能。机器学习最基本的做法，是使用算法来解析数据、从中学习，然后对真实世界中的事件做出决策和预测。与传统的为解决特定任务、硬编码的软件程序不同，机器学习是用大量的数据来“训练”，通过各种算法从数据中学习如何完成任务。机器学习最成功的应用领域是计算机视觉，但也还是需要大量的手工编码来协助完成工作。人们需要手工编写分类器、边缘检测滤波器，以便让程序能识别物体从哪里开始，到哪里结束；写形状检测程序来判断检测对象是不是有八条边；写分类器来识别单词“S-T-O-P”。使用以上手工编写的分类器，人们总算可以开发算法来感知图像，判断图像是不是一个停止标志牌。

学习算法的发展改变了一切。随着时间的推进，图形处理器（graphics processing unit，GPU）出现了。人工神经网络（artificial neural networks）是早期机器学习中一个重要的算法，神经网络是被调制、训练出来的，时不时还很容易出错。它最需要的，就是训练，需要成千上万甚至几百万张图像来训练，直到神经元输入的权值都被调制得十分精确。不断发展的深度学习使机器学习能够拥有众多的应用场景，并拓展了人工智能的领域范围。深度学习势如破竹地完成了各种任务，使得所有的机器辅助功能似乎都变为可能。无人驾驶汽车、预防性医疗保健、更好的电影推荐等，都近在眼前、即将实现。

简而言之，人工智能是最早出现的，也是最大、最外侧的同心圆；其次是机器学习，出现得稍晚一点；最内侧，是深度学习——当今人工智能大爆炸的核心驱动（见图2-10）。[①] 机器学习作为一种新算法，是人工智能的核心技术之一，是使计算机具有智能的重要途径，而深度学习作为人工智能最主流的新算法而获得了广泛关注。其实质是通过构建具有很多隐层的机器学习模型和海量的训练数据，使机器去学习更有用的特征，从而最终提升分类

---

① COPELAND M. 一篇文章讲清楚人工智能、机器学习和深度学习的区别［EB/OL］. 曲晓峰，译 .(2020-05-04)［2021-07-17］. https://zhuanlan.zhihu.com/p/22350820.

或预测的准确性。也就是说，深度学习是对不同模式进行建模的一种方式，其结构具有较多层数的隐层节点，以保证模型的深度；同时深度学习明确突出了特征学习的重要性，其通过逐层特征变换，将样本在原空间的特征表示变换到一个新特征空间，从而使识别或预测更加准确。因此深度学习集中体现了机器学习算法的三大趋势：首先是用较为复杂的模型降低模型偏差；其次是用大数据提升统计估计的准确性；最后是用可扩展的梯度下降算法求解大规模优化问题。

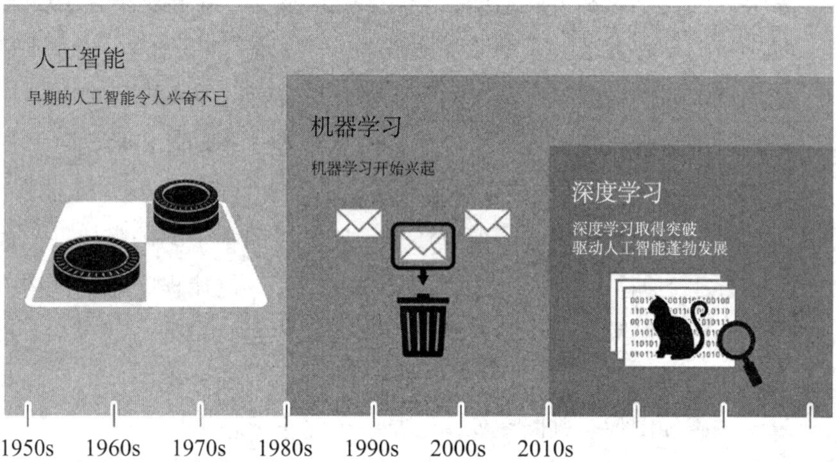

图 2-10　人工智能、机器学习和深度学习

二、新算法的风险与防护

算法本身并不完美，有好坏优劣和适合不适合之分，世界上没有最好的算法，只有更好和更合适的新算法。任何一种算法都有缺陷，都存在风险。一个算法小错误，可能导致火箭陨落、电网崩溃、市场坍塌等。2010 年 5 月 6 日，美国股市就曾因为算法错误停止竞价，导致股市崩盘。当然，作弊和反作弊、投放病毒和杀毒、侦查与反侦查等永远是一对孪生兄弟，有风险就会有相应的防护措施。

（一）风险

1. 技术偏见

新算法运行系统包括输入数据（input data）、算法设计（algorithm design）、输出结果（output decisions）三个环节。任何一个环节存在问题都将导致算法风险的产生。比如，输入数据存在数据偏见风险，算法设计存在设计者偏见风险，输出结果存在解读偏见风险。这些技术偏见最终体现为算法偏见，算法偏见容易引发失实风险和决策风险。

2. 信息茧房

技术与资本的密切联系预先为算法挖下了信任陷阱。基于信息“闭环”算法所产生的“智能定制”在高效且迎合受众口味的同时也促成着相应的局限性和危害性，使受众在享受智能传播之时容易忽略传播的质量，成为性情暴躁或放弃思考的阅读机器。这就是互联网传播时代的“信息茧房”危机。扎根于用户兴趣的同质化信息生产在环形而封闭的信息传播过程中不断投放相似甚至相同的信息内容，促使用户作茧自缚，甚至因为新算法技术的成熟促使用户更加沉迷其中、难以自拔。尼葛洛庞帝（Negroponte）认为，继信息时代后出现的后信息时代从集体化走向了个人化，大众传播的受众通常是单独的一个人，商品可以定制，信息变得极端个人化。[①]“广告”向“窄告”的转变带来的是潜移默化的意识诱导与传播问题的隐蔽发展。

3. 权力失衡

算法时代的信任危机背后是技术所导致的权力关系的失衡，这种失衡容易引发隐私问题。作为算法技术的基础，大数据是伴随互联网传播时代发展的热门词，而在数据热的同时，也产生了对数据应用的猜疑：数据归谁控制？数据拥有者将如何使用数据？用户数据是否有隐私泄露的风险？算法的应用早于社会大众对它的充分认知，其中存在的权力关系也极易被忽视。但随着算法技术的不断成熟，算法应用的日渐广泛和频繁，算法权力的失衡现象日益清晰。因而，揭示算法时代所隐藏的权力关系及其形成原因，是反思算法风险的基点。

（二）防护

算法是把“双刃剑”，它因人而生，应对风险也要以人为本。

1. 建立行业自律机制

法律法规的制定一般落后于算法实践的发展，在应对和处理算法风险上，算法伦理的探讨与共识应走在前列。技术员在设计程序、攻克问题时往往强调技术的工具理性和特定技术目标的达成，较少涉及价值理性。一些企业追逐开发一切技术上可能被开发的事物，忽视了技术造成的负面影响，出现“计算机和信息技术的非道德神话”[②]。目前国外科学技术界提出了很多涉及算法伦理的倡议，如阿西洛马人工智能原则（Asilomar AI Principles）、美

---

① 尼葛洛庞帝．数字化生存［M］．3版．胡泳，范海燕，译．海口：海南出版社，1997：192.

② 韩鸿，彭璟．论智媒时代社交媒体的社会责任：对2016年美国大选中Facebook假新闻事件的反思［J］．新闻界，2017（5）：86-93.

国计算机协会提出的算法透明和可问责性七项原则等。计算广告的新算法责任伦理体系应当包括真实、公平、准确、透明、可解释、可审计、责任等原则。

2. 制定合理的法律法规

越来越多国家和地区意识到为包括算法在内的人工智能立法的重要性。纽约为了解决政务系统算法歧视问题，于 2017 年 12 月通过了算法问责法案。2018 年 5 月生效的欧盟《一般数据保护法案》（General Data Protection Regulation，GDPR）给予用户申请某项基于算法得出的结论的解释权。中国在《新一代人工智能发展规划》中提出要加强人工智能相关法律问题研究。[①] 算法性质多种多样，特别是基于商业应用的算法，以此为工具产生的计算广告可能会对消费者造成骚扰，因此有必要对其进行监管。当然，我们也认识到过分保护消费者数据隐私，可能带来计算广告成本的剧增，这些成本最终还是会体现在商品上。合理开放隐私，以匿名数据代替具名数据，适当放开数据共享，最终受惠的其实还是消费者。相关部门在立法时应充分考虑计算广告领域算法的特殊性，制定有效的监管措施，既保障计算广告的技术创新，又尽可能避免算法带来的“副作用”。

三、新算法在计算广告中的应用[②]

假设你已经是亚马逊卖家，懂得亚马逊 SEO（搜索引擎优化）的基本原理，就会知道亚马逊 A9 算法（A9 algorithm）最重要的影响因素是 Sales（销售量）。但是，如何才能真正提高产品排名，特别是身处拥有大批优秀同行的卖家行列之中时？亚马逊 A9 算法提供了打造有效战术体系以提升产品排名的办法。A9 算法需要执行的工作是：检测流量模式、分析数据、收录亚马逊产品页面中每种产品的文本描述、学习以前的搜索模式并进行调整。

（一）相关性+转化率=高排名

A9 算法是面向卖家的一种算法，作用是帮助亚马逊计算和推荐产品排名。而亚马逊排名取决于两个关键因素：相关性（relevancy）和转化率（conversions）。第一个因素相关性要求排名要能被亚马逊认为是相关的。比如你正在亚马逊上销售慢炖锅（slow cookers），亚马逊首先需要确认你的产

---

① 张超．新闻生产中的算法风险：成因、类型与对策［J］．中国出版，2018（13）：38－42．

② JS 数据大视野．实战：2019 亚马逊 A9 算法高级 SEO 策略详解［EB/OL］．（2019－01－17）［2021－07－17］．http://www.100ec.cn/detail--6492027.html．

品是一件和关键词"slow cookers"相关的产品，如果两者没有相关性，那么亚马逊就不会为产品排名。

第二个因素转化率对产品排名而言显然更重要。一旦我们的产品被认为是相关的，让产品排名更好的关键在于创建一个高转化率的产品页面（listing）。在其他因素都相同的情况下，高转化率的产品页面常常比那些低转化率的产品页面排名更高。

通过理解相关性和转化率之间的区别，我们可以在 A9 算法中变得游刃有余，关键在于：

- 如何让我们的产品页面被亚马逊视为和某个关键词相关？
- 我们如何提高产品页面的转化率？

（二）为产品页面建立相关性

亚马逊通过产品推广 API（Product Advertising API，这是一个包含许多有用信息的宝库）来定义相关性。

产品依靠以下标准进行排名：关键词在产品描述中的出现频率；关键词在产品描述中的出现位置（当产品标题中包含关键词时排名更高）；如果拥有多个关键词，那么看它们在产品描述中的紧密程度，以及买家通过此关键词找到此产品并产生购买的频率。

亚马逊非常明白地告诉我们，虽然产品标题中的关键词对相关性认定最重要，但是产品描述中的关键词密度（不仅仅是一种存在）也是同等重要的。同时，还需要注意关键词的紧密程度，让我们用关键词"high intensity flashlight"来说明这条规则，如图 2-11 所示。"Best"（最好）里关键词"high intensity flashlight"（高强度手电筒）最为紧密，"Bad"（最坏）里关键词"high intensity flashlight"最为分散。

Bad	Good	Best
This high output flashlight is incredible. It is lightweight and has great intensity.	This incredible flashlight has high intensity and high output. It is also lightweight.	This high intensity flashlight is incredible. It is high output and also lightweight.

图 2-11　关键词的紧密程度示例

如何让产品页面与某个关键词快速建立相关性？我们最需要做的事情就是让大量潜在买家在搜索这个关键词后就会购买我们的产品。从亚马逊的一份搜索报告中，我们可以看到当买家搜索"tactical flashlight"时，15.03%的时间在点击 PeakPlus 手电筒卖家的产品页面，5%的时间继续购买这件产品（请注意购物车添加率几乎相等，意味着该产品的购物车放弃率非常低）。

但如果产品页面是全新的，便意味着产品没有转化率，那么，亚马逊该如何为其排名？亚马逊将会在一段有限时间内为新上架的产品提供一种排名特权（这段窗口期也被称为产品页面的蜜月期）。每上架一款新品，亚马逊就会分析产品页面的关键词以及其他数据，以实测和猜测人们是否会购买这款新产品。一旦过了这个窗口期，亚马逊就主要依靠转化率数据来为产品排名。这个有限的窗口期一般为一个月。

当新品获得了这种特权，在关键词上提高排名非常容易。我们可以在产品标题、五行卖点、产品详情和后台关键词中布局那些我们希望获得更高排名的关键词。关键词出现位置权重排序如下：产品标题＞五行卖点＞产品详情＞后台关键词。最大程度上利用这一窗口期让产品在关键词上产生大量有效转化非常重要。要尽量使买家在搜索这些关键词后就会购买产品，否则将错过打造关键词排名的大好时机。

这个卖家获得的免费窗口期对于新品运营如此重要的一个原因就是它会带来一个非常明显的排名上升效果。因此切记，千万不要为了上新而上新，一条看起来像 MVP（minimal viable product，最低上架品质的产品）的产品页面对于我们的运营工作并无益处，例如随意准备的产品主图、没有重点的五行描述等等。我们要谨遵这条原则，在我们还没有打造出一个完美的产品页面之前，不要上架产品。同时，让我们保持对亚马逊 SSD（start selling date）参数的敏感，因为我们的窗口期将从这一天正式开始。

（三）选择正确的产品类目

过去，许多卖家可能会故意选择竞争较少的错误类目来提升自己的类目销售排名。但是今天，这一策略已经失效，并且还可能会降低自身的亚马逊搜索引擎优化（SEO）努力。

很多卖家都知道，以前亚马逊产品可以拥有许多类目/节点。然而，现在产品类目/节点完全基于产品类型关键词“item _ type _ keyword”，并且每种产品只能拥有唯一一种产品类型关键词。这条规则所带来的明显影响是我们将无法为与产品类目/节点不相关的关键词提高排名。例如，当你在“garlic peelers”类目中销售一款带有袋子（carrying bag）的挤蒜器（garlic press）时，虽然可以提高关键词“garlic presses and peelers”的排名，但是却很难影响关键词“carrying bag”的排名。

比如，一款产品是户外使用的帐篷（tent），传统的做法是将该产品放在一个竞争较少的错误类目中，结果产品销量大大提升。但在今天，这种策略已经行不通了。所以，当我们发现无论如何都很难提高某个关键词的排名时

(尤其是一个竞争度非常低的关键词)，首先需要确认的是产品类目/节点是否正确。

(四)进行有效的关键词研究

市场上亚马逊关键词的研究渠道繁多，亚马逊广告 API 为我们提供了一条途径，让我们可以看到关键词的月搜索量，如表 2-2 所示。

表 2-2　关键词的每月搜索量

关键词	匹配类型	月搜索量
garllc press	EXACT	35 189
garlic press stainless steel	EXACT	1 147
oxo garlic press	EXACT	865
pampered chef garlic press	EXACT	695
staintess steel garlic press	EXACT	317
garlic press oxo	EXACT	265
kuhn rikon garlic press	EXACT	325

除了窗口期外，在产品上架后才进行关键词优化效果微乎其微。亚马逊不会理会我们如何优化“stainless steel garlic press”的产品页面排名，如果没有人通过关键词“stainless steel garlic press”购买我们的产品，亚马逊根本就不打算让我们的排名更加靠前。

关于关键词研究之外，一定要提前开发产品，这样我们将获得开发长尾关键词产品（即市场细分产品，也是最有可能给我们带来利润回报的产品）的机会。例如从表 2-2 数据中我们可以了解到“stainless steel garlic press”可能是一款利基产品，而且月搜索量具有一定潜力。

(五)价格+评价=高转化率

单单知道如何创建一个高相关性的产品页面还不够，更具挑战性的问题是：我们该如何创建一个高转化率的产品页面？值得庆幸的是，创建高转化率产品页面的公式非常简单：价格+评价=高转化率。

从下图的一份亚马逊市场研究报告中，我们可以知道亚马逊排名前三的产品通常比市场平均单价便宜近 20%（见表 2-3)。显而易见的是，当其他条件都一样时，更多买家倾向于选择一个不贵的预算。但是大部分精明的卖家也知道，更低的产品成本是一种可持续的竞争优势，可是更低的价格并不同样是。然而，对于一款处于蜜月期的新品，则可通过使用将价格设置为比市场平均单价低 20%左右的营销方式来获得宝贵的转化数据，尽管这样做可能仅能收回成本或者收益减少。

表 2-3　亚马逊市场研究报告

排名	平均价格差异
#1-3	−20%
#4-20	−6%
#21-40	4%
#41-70	1%

价格难以掌控，但评价比较容易掌控。当然我们也要意识到，需要避免人为操控评价（有可能会导致亚马逊永久性地终止卖家销售权限）。不管怎样，我们一定要明白好评对于提高产品页面转化率非常重要。从亚马逊2018年消费者调研报告中可以知道，影响消费者购买决策的最重要因素包括价格、物流、评价（见图2-12）。在今天的亚马逊市场，没有评价的话，让买家点击我们的购买按钮已经变得非常困难。

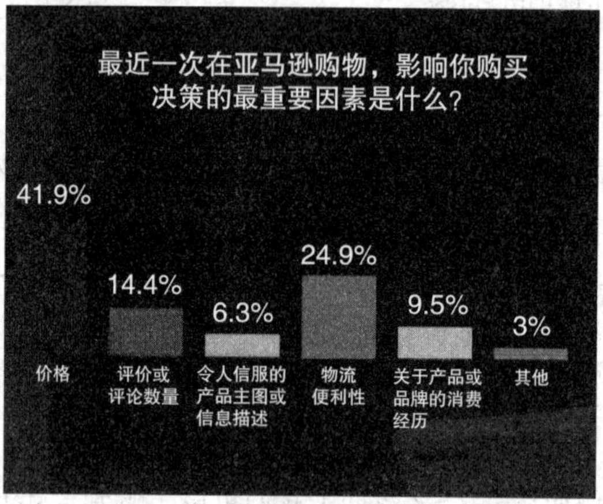

图 2-12　亚马逊 2018 年消费者调研报告

（六）展示信息感十足的主图和视频

当我们谈到亚马逊转化率，如果说价格和评价是“king”，那么经验主图和视频就是“queen”。主图和视频既是打造高转化率产品页面的最佳工具之一，又是大部分卖家极易搞砸的环节之一。在我们的产品页面中至少需要以下四种类型的产品主图。

- 白底产品图；
- 产品信息图；
- 生活场景图；
- 产品规格图。

大部分卖家通常会犯的一个业余的错误是在五行卖点和产品详情部分通过文本信息来描述产品关键功能，但是在最重要的产品主图部分反而没有文本信息。图 2-13 所示是一个在产品主图中使用文本信息说明产品核心功能的有效案例。

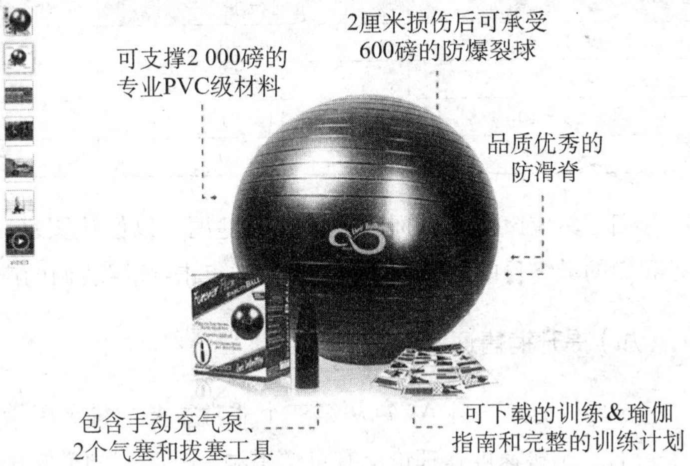

图 2-13 产品主图中使用文本信息

视频也是一个相当强大的转化率工具，现在亚马逊已经将插入视频的功能开放给所有已经品牌备案的卖家，最有效的方式是通过视频讲述一个与产品有关的成功故事。

（七）利用 A+页面

所谓 A+页面就是图文版商品详情页面，通过它，商家可以使用额外的图片和文本进一步完善商品描述部分。

亚马逊声称，使用 A+页面，在产品页面中添加一些创意设计元素能极大地提升产品页面的转化率。

使用 A+页面，有以下一些益处：

第一，产品页面上以往没有人注意的产品描述部分变成了展示品牌和产品优势的黄金位置。

第二，充分展现商品的品牌、产品细节、公司理念。

第三，A+页面设置完成后非常美观，有数据表明，带有 A+页面的产品转化率比普通产品高出 40%以上。

（八）创作高可读性和点击率的产品标题

当我们进入任意一个充满竞争的亚马逊产品类目，总会发现一些关键词堆砌的产品标题。尽管亚马逊关键词优化存在争议，但我们要坚信产品标题不应该仅用于亚马逊搜索引擎优化用途，而应该着眼于更适合阅读和更吸引点击的创作宗旨。从一份亚马逊市场研究报告中，我们可以看到那些排名更高的商品一般拥有更精练的标题（见表2-4）。

表2-4 标题长度与产品排名示例

排名	平均标题长度（字符）	标题方差
#1-3	106.49	−4%
#4-20	108.50	−2%
#21-40	114.01	5%
#41-70	106.70	−2%

我们当然应该使产品标题中包含关键词，以便让买家找到我们的产品，但是我们的最终目的是促使他们尽可能地点击/购买我们的产品。

（九）提升销售速度

一定要注意亚马逊A9算法第三个非常重要的排名因素：销售速度（见图2-14）。销售速度在理论上有点像黑洞——我们知道它确实存在并且知道它绝对会影响产品页面排名，但是却不清楚运作机制。但是看起来有一种共识：如果我们的销售速度一直持续增快，那么我们的排名就会更高，上升速度更快。这也能解释为什么在我们的库存售罄补货再售时，我们需要很长一段时间来重新恢复销量，因为我们的销售速度基本上会从0开始。

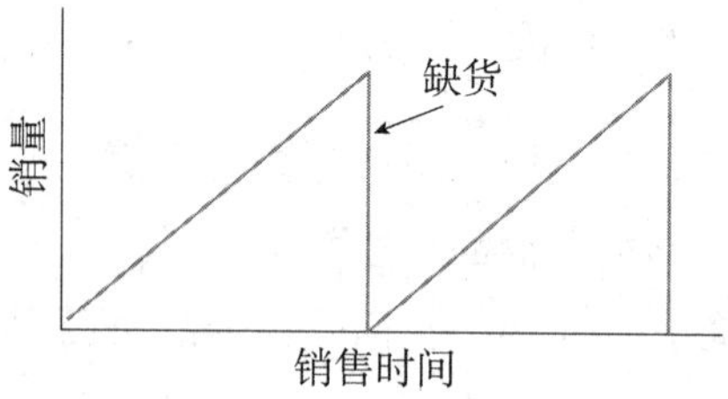

图2-14 销售速度

同时，我们需要注意的是，30天的持续销售比1～2天的快速销售更为有效。这种策略在站外引流时用得较多。比如，你打算通过EDM推广新品，那么最好将一个月分成四个阶段而不是一次性发送这些推广邮件。

（十）进行站外引流

我们知道亚马逊会跟踪产品页面流量来源，无论这种流量来源于站内，还是站外。亚马逊这样做的原因很多，但据信，带来站外销量的产品页面将会获得权重奖励和流量推荐。从销售速度的角度来看，这是非常必要的——如果说亚马逊仅允许你跑0～60码[①]，但是从站外引流时，你可以跑远大于

① 1码约合0.91米。

60 码。

事实上，在今天的亚马逊平台上，如果不进行站外引流，我们将很难获得一个高排名。一个最明显的事实就是亚马逊正在积极建议卖家投入更多的广告预算以建立自己的用户群体。

被证明有效的亚马逊引流渠道包括：

- 站内顾客邮件；
- 个体独立页面。

（十一）利用折扣和免费产品

站外引流最有效的途径之一就是折扣和赠送，而亚马逊允许我们在卖家后台创建这些折扣和促销选项。美国有句谚语说：最快赚到 100 万美元的办法就是将 20 美元卖成 1 美元。这条法则也适用于今天的亚马逊：如何快速销售大量库存？那就是进行折扣/免费促销（见图 2－15）。

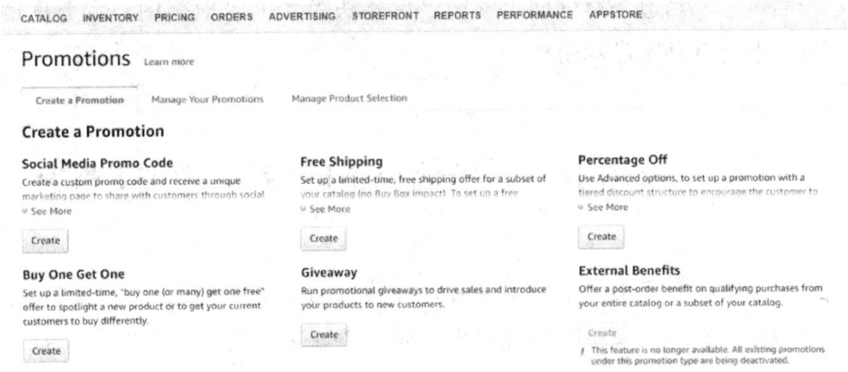

图 2－15 亚马逊折扣/免费促销页面

通过免费产品来交换评价在过去是一条必不可少的新品运营思路，但是亚马逊在 2016 年已经正式关闭了这条通道。然而，只要我们不公开以评价作为交换条件，提供免费/折扣产品只要不涉及虚假宣传和刷单就仍然是可以接受的且仍然没有过时的运营策略。它将产生以下积极效果：帮助提高销量（意味着更快的销售速度）和增加受评机会。

但是免费/折扣产品也有两个问题。第一个问题是 25%～50%折扣的商品将不能获得 VP（verified purchase）评价。没有获得 VP 标志的评价不能够稳定地存在，将有很大可能在亚马逊下一次的评价审查中被清理。第二个问题是我们通过站外提供免费/折扣产品产生的销售不会获得关键词转化加权，因为在亚马逊上没有这些销售的任何数据。当然，也有一些质疑的声音，如折扣/免费销售只是不能获得全价销售相同的加权。

（十二）争取上首页的机会

我们都知道上首页是一种非常积极的产品页面排名结果。然而，多少件商品可以出现在亚马逊首页取决于多个因素，包括类目、关键词、设备。一般来说，能够出现在亚马逊首页的商品数量范围为24～54个，这意味着一个关键词排名在第25位的商品有时候可能在首页，但有时候就比较尴尬，可能没法出现在首页，所以我们要尽力将商品排名保持前24位甚至更前，这样，我们才可以吸引更多买家的关注。

排名是我们立足于任何电商平台的第一要务，更高的排名意味着更多的流量，更多的流量则潜藏着更多的销量。为了打造更好的产品页面排名，我们要充分借助亚马逊A9算法规则，这意味着我们不仅要提高产品页面的相关性，还要增加产品页面的转化率，同时要提高产品页面的销售速度。A9算法是亚马逊的立足之本，更是我们每一位卖家要拿来强大自我的立身法宝。当然，亚马逊还有面向买家的定价算法等，可以根据用户大数据信息实时调整上百万种产品的价格。[①]

第四节　区块链技术的强大“免疫系统”

区块链是由一个个记录着各种信息的小区块相连接组成的一个链条，类似于我们将一块块砖头叠起来，而且叠起来后是没法拆掉的，每块砖头上面还写着各种信息，包括谁叠的、什么时候叠的、砖头用了什么材质等等，这些信息个人没办法修改。区块链技术构建了计算广告强大的“免疫系统”，为广告保驾护航。

一、什么是区块链

（一）定义

1. 形象化定义

区块链起源于比特币。2008年11月1日，一位自称中本聪（Satoshi Nakamoto）的人发表了《比特币：一种点对点的电子现金系统》一文，阐述

---

① 扎拉奇，斯图克．算法的陷阱：超级平台、算法垄断与场景欺骗［M］．余潇，译．北京：中信出版社，2018：20.

了基于加密技术、时间戳技术等的电子现金系统的构架理念，这标志着比特币的诞生。两个月后理论步入实践，2009 年 1 月 3 日第一个序号为 0 的创世区块诞生。几天后的 2009 年 1 月 9 日，出现序号为 1 的区块，并与序号为 0 的创世区块相连接形成了链，标志着区块链的诞生。①

假如你现在在上大学，寝室是标准的四人间，除了你之外还有小王、小黄和小白三个室友。平时寝室内部的活动很多，于是经常会有人垫付饭钱、车费、水电费等。大家发现，如果每次消费后都要一一计算交结款项，将非常麻烦，于是大家决定采用记账的方法。大家买了一个公共的账本，每次产生消费后，就由付钱的人在账本上记清楚谁应付给自己相应的金额。如此一来，只要每月月末统一结算即可，大大节省了时间精力。

但时间一长，大家还是会发现在纸上记账的麻烦之处。于是大家决定“升级”这个纸制账本，改成在电脑中建立一个 Excel 表格。但问题是，如果寝室里有人不厚道，偷偷修改账本，该怎么办呢？例如小王把自己要付的钱记在了小白头上。如果这个问题不能得到解决，那这个账本的信用就将大打折扣。区块链采用的解决方案就是，给四个人每人都配备一个账本。需要记录时，就由对应的操作人高喊交易内容，广播给寝室里的所有人。例如，小王高喊：“小王需要支付给小白 30 元。”然后寝室里其他人听到了，就在各自的小本本上记下“小王需要支付给小白 30 元”。如此一来，就算小王故意使坏，把自己要付的钱记在别人身上，那也只能是篡改自己的账本。这样到月底时，小王的账本和其余三个人对应不上，便能知道小王的账本有问题。

但这个系统仍然存在一个问题，那就是小王可能会恶作剧，不负责任地乱喊“小白需要支付给小王 100 元”。如此一来，很可能会有不明真相的舍友记录下来。因此，分布式的账本还有一个亟待解决的问题：如何确认收到的交易记录是否有效？这个问题在纸质账本里可以得到很好解决，那就是在每一条记录后，由付款方、收款方加上自己的手写签名，以示自己认可这笔记录。将这个思路转换到计算机里就是使用数字签名，所以我们要求每一笔记录后面，都要由付款方、收款方加上自己的数字签名。

如果将账本扩大到更大的范围，比如整个学校都使用，这个时候交易量和用户数剧增，记录就会变得非常麻烦。我们提到这个账本是分布式存储的，每个人都有一个自己独立管理的账本，但当这个账本系统变得很大时，就必须要考虑一致性问题。比如，如果有室友在交易记录发布时不在寝室，那么他就错过了这次消息，使得这次消息不会出现在他的账本里。对于比特币系统，就是如果部分电脑处于关机或者未联网状态，就会错过部分交易。此外，还可能

① 范希文．金融科技的赢家、输家和看家［J］．金融博览，2017（21）：42－43.

会有黑客入侵部分电脑，篡改交易记录。正是为了解决这个问题，中本聪提出了区块链的概念。如果愿意每个用户，都可以整理自己从网络中接收到的交易信息，然后检查其是否合理：每笔交易是否有足够余额？数字签名是否正确？然后，再将交易记录打包成一个区块。因此，每个交易记录都是以区块的形式存储，然后再广播给系统中的其他用户。而区块之间相互连接，形成一条由系统内全体用户共同维护的区块链。其他用户收到广播的区块时，就会把这个区块加到自己维护的账本，也就是区块链的尾部（见图 2-16）。①

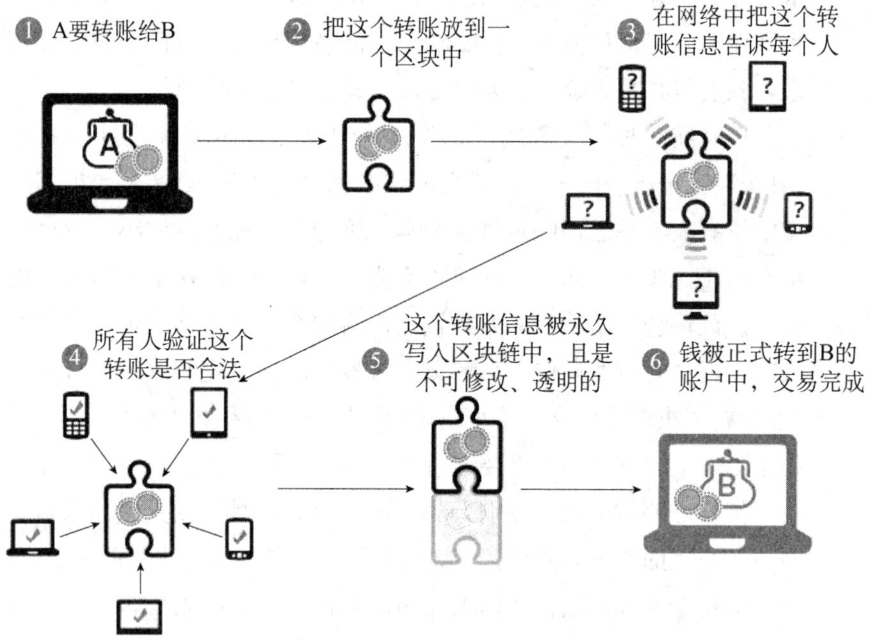

图 2-16 区块链记账流程

近年来，世界对比特币的态度起起伏伏，但作为比特币底层技术之一的区块链技术日益受到重视。在比特币的形成过程中，区块是一个一个的存储单元，记录了一定时间内各个区块节点全部的交流信息。各个区块之间通过随机散列（也称哈希算法）实现链接，后一个区块包含前一个区块的哈希值，随着信息交流的扩大，一个区块与一个区块相继接续，形成的结果就叫区块链。

区块链作为一个通用型技术，能够被有效运用到各行各业，事实上，区块链不仅仅跟数字货币有关系，它的普适性甚至超过人工智能、大数据等技术。区块链变革主要体现在两个层面：一个是技术层面，版权保护是区块链落地的一个非常重要的方向。现在互联网版权比较混乱，出了侵权事件之后，

---

① HAN D. 区块链是什么，如何简单易懂地介绍区块链？[EB/OL].（2016-09-29）[2021-07-17]. https://www.zhihu.com/question/37290469/answer/295007121?from=singlemessage.

版权溯源、损失金额认定都较为困难，取证成本可能超过赔偿金额，而利用区块链技术可以打击一些侵权行为。另外一个层面是区块链思维，开放的思维能够重塑整个产业的分工协作体系，用区块链的方式记录各方工作的亮点，有效地实现价值分配。区块链的本质是并发，是生产、消费、交易、分配的并发。第四次工业革命时，生产和分配的不协调问题，终于可以得到解决了，即同时考虑生产和分配。财富分配不再滞后于财富生产，过去很多社会问题就是由前三次工业革命没有解决这个问题引发的（即一次分配靠工资，二次分配靠税收，三次分配靠公益慈善，财富的分配永远落后于财富生产）。

2. 科学化定义

区块链是一个信息技术领域的术语。从本质上讲，它是一个分布式的共享账本和数据库，使用密码学方法相关联产生的数据块及存储于其中的数据或信息，具有“去中心化”“开放性”“自治性”“信息不可篡改”“匿名性”等特征。基于这些特征，区块链技术奠定了坚实的“信任”基础，创造了安全可靠的“合作”机制，在数据可信记录与认证、数据安全共享和追溯、资产确权与数字化流通、数据协同操作、数据协同管理、数据协同存证和数据协同溯源等方面，具有广阔的应用前景。

一般说来，区块链系统由数据层、网络层、共识层、激励层、合约层和应用层组成（见图 2－17）。[①] 数据层封装了底层数据区块以及相关的数据加密和时间戳等基础数据和基本算法；网络层则包括分布式组网机制、数据传播机制和数据验证机制等；共识层主要封装网络节点的各类共识算法；激励层将经济因素集成到区块链技术体系中来，主要包括经济激励的发行机制和分配机制等；合约层主要封装各类脚本代码、算法机制和智能合约，是区块链可编程特性的基础；应用层则封装了区块链的各种应用场景和案例。该模型中，基于时间戳的链式区块结构、分布式节点的共识机制、基于共识算力的经济激励和灵活可编程的智能合约是区块链技术最具代表性的创新点。[②]

（二）类型

区块链有以下三种类型（见图 2－18）。[③]

（1）公共区块链。

公共区块链（public block chains）：世界上任何个体或者团体都可以发

① 李文森，王少杰，伍旭川，等．数字货币可以履行货币职能吗？[J]. 新理财，2017（6）：25－28.
② 袁勇，王飞跃．区块链技术发展现状与展望 [J]. 自动化学报，2016（4）：481－494.
③ 张健．区块链：定义未来金融与经济新格局 [M]. 北京：机械工业出版社，2016：38－40.

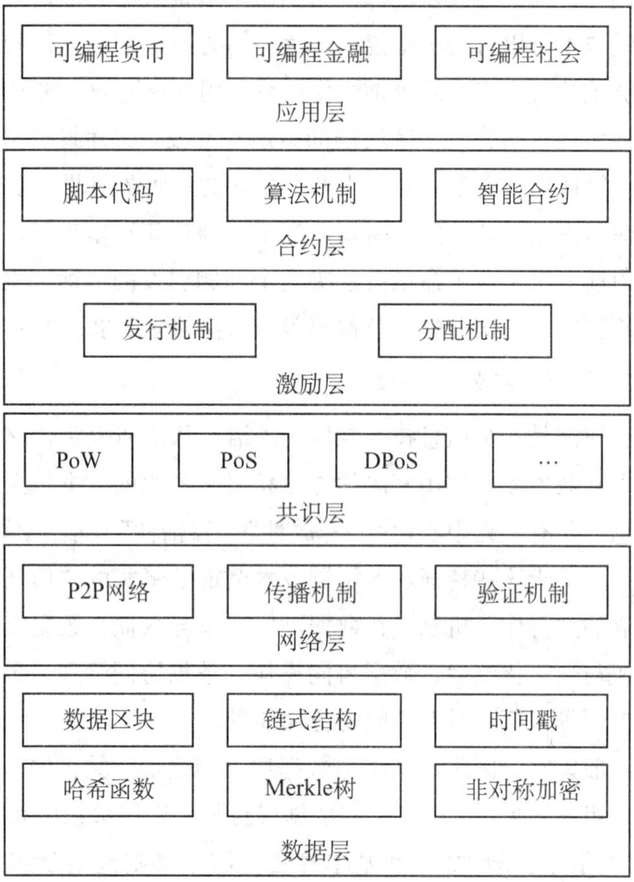

图 2-17　区块链系统架构

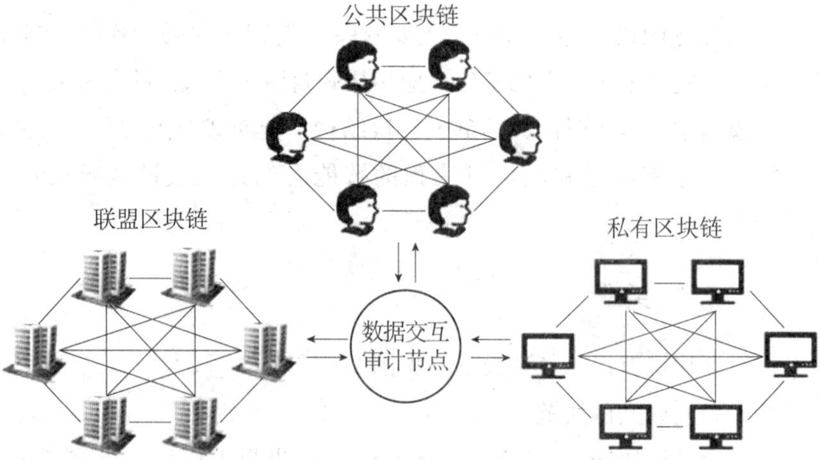

图 2-18　区块链类型

送交易，且交易能够获得该区块链的有效确认，任何人都可以参与其达成共识的过程。公共区块链是最早的区块链，也是应用最广泛的区块链，各大

bitcoins 系列的虚拟数字货币均基于公共区块链，世界上有且仅有一条该币种对应的区块链。

（2）联盟（行业）区块链。

联盟（行业）区块链（consortium block chains）：由某个群体内部指定多个预选的节点为记账人，每个块的生成由所有的预选节点共同决定（预选节点参与共识过程），其他接入节点可以参与交易，但不过问记账过程（本质上还是托管记账，只是变成分布式记账，预选节点的多少、如何决定每个块的记账者成为该区块链的主要风险点），其他任何人可以通过该区块链开放的 API 进行限定查询。

（3）私有区块链。

私有区块链（private block chains）：仅仅使用区块链的总账技术记账，记账者可以是一个公司，也可以是个人，其独享该区块链的写入权限。本链与其他的分布式存储方案没有太大区别。传统金融都是想尝试私有区块链，公共区块链的应用例如比特币已经工业化，而私有区块链的应用产品还在摸索当中。

二、核心技术与面临的挑战①

（一）核心技术②

1. 分布式账本

分布式账本指的是交易记账工作由分布在不同地方的多个节点共同完成的账本，每一个节点记录的是完整的账目，因此它们都可以参与监督交易合法性，同时也可以共同为其作证。区块链的分布式存储与传统的分布式存储的不同之处主要体现在两个方面。一是区块链每个节点都按照块链式结构存储完整的数据，而传统分布式存储一般是将数据按照一定的规则分成多份进行存储。二是区块链每个节点的存储都是独立的、地位等同的，依靠共识机制保证存储的一致性，而传统分布式存储一般是通过中心节点往其他备份节点同步数据，没有任何一个节点可以单独记录账本数据，从而避免单一记账人因被控制或者被贿赂而记假账的可能性。区块链分布式账本由于记账节点

① 百度百科．区块链［EB/OL］.（2020－10－21）［2021－07－17］. https://baike.baidu.com/item/%E5%8C%BA%E5%9D%97%E9%93%BE/13465666?fr=aladdin.

② 朱岩，甘国华，邓迪，等．区块链关键技术中的安全性研究［J］. 信息安全研究，2016（12）：1090－1097.

足够多，理论上讲，除非所有的节点被破坏，否则账本不会丢失，因而保证了账本数据的安全性。①

2. 非对称加密

存储在区块链上的交易信息是公开的，但是账户身份信息是高度加密的，只有在数据拥有者授权的情况下才能访问到，从而保证了数据的安全和个人的隐私。

3. 共识机制

共识机制就是所有记账节点之间达成共识，去认定一个记录的有效性。这既是认定的手段，也是防止篡改的手段。区块链提出了四种不同的共识机制，适用于不同的应用场景，在效率和安全性之间取得平衡。区块链的共识机制具备“少数服从多数”以及“人人平等”的特点。其中“少数服从多数”并不完全指节点个数，也可以是计算能力、股权数或者其他的计算机可以比较的特征量。“人人平等”是当节点满足条件时，所有节点都有权优先提出共识结果、直接被其他节点认同，并且最后有可能成为最终共识结果。以比特币为例，其采用的是工作量证明，只有在控制了全网超过51%的记账节点的情况下，才有可能伪造出一条不存在的记录。当加入区块链的节点足够多的时候，这种伪造基本上不可能发生，从而杜绝了造假的可能。

4. 智能合约

智能合约是指基于这些可信的不可篡改的数据，可以自动化地执行一些预先定义好的规则和条款。以保险为例，如果说每个人的信息（包括医疗信息和风险发生的信息）都是真实可信的，那就很容易在一些标准化的保险产品中去进行自动化的理赔。在保险公司的日常业务中，交易虽然不像银行和证券行业那样频繁，但是对可信数据的依赖有增无减。因此，笔者认为利用区块链技术，从数据管理的角度切入，能够有效地帮助保险公司提高风险管理能力。具体来讲，主要分为投保人风险管理和保险公司的风险监督。

（二）面临的挑战②

从实践进展来看，区块链技术在商业银行的应用大部分仍在构想和测试之中，距离在生活、生产中运用还有很长的路要走，而要获得监管部门和市场的认可也面临不少挑战，主要的挑战包括以下几点。

（1）受到现行观念、制度、法律制约。区块链去中心化、自我管理、

---

① 德什潘德，斯图尔特，列皮特，等．理解分布式账本技术/区块链：挑战、机遇和未来标准［J］．信息安全与通信保密，2017（12）：20-29.

② 蒋润祥，魏长江．区块链的应用进展与价值探讨［J］．甘肃金融，2016（2）：19-21.

集体维护的特性颠覆了人们的生产生活方式，淡化了国家、监管概念，冲击了现行法律安排。对于这些，整个世界尚缺少理论准备和制度探讨。即使是区块链应用最成熟的比特币，不同国家持有态度也不相同，这不可避免地阻碍了区块链技术的应用与发展。解决这类问题，显然还有很长的路要走。

（2）区块链产品尚需突破性进展。区块链应用尚在实验室初创开发阶段，没有直观可用的成熟产品。在互联网技术中，人们可以用浏览器、APP 等具体应用程序，实现信息的浏览、传递、交换和应用，但区块链明显缺乏这类突破性的应用程序，即面临高技术门槛。区块容量也是一个问题。由于区块链需要承载复制之前产生的全部信息，因而下一个区块信息量要大于之前的区块信息量，这样传递下去，区块写入信息会无限增大，带来的信息存储、验证、容量问题有待解决。

（3）竞争性技术挑战。虽然有很多人看好区块链技术，但也要看到推动人类发展的技术有很多种，哪种技术更方便更高效，人们就会应用哪种技术。比如，如果在通信领域应用区块链技术，发信息的方式将会是每次发给全网的所有人，但是只有那个有私钥的人才能解密信件，这样信息传递的安全性会大大增强。同样，量子技术也可以做到，量子通信——利用量子纠缠效应进行信息传递——同样具有高效安全的特点，近年来更是取得了不小的进展，它与区块链技术相比，就具有很强的竞争优势。

三、区块链在计算广告中的应用

移动互联时代，社交化媒体出现，使得人人都可以制造信息，也可以传播信息，人类社会进入自媒体时代。社交化媒体在给社会化传播和人类生活带来诸多便利的同时，也带来了监管上的难题，如造假侵权现象屡屡发生。在数字广告领域，透明度的缺乏正在危害该行业，而区块链的公开性和可追溯性让“水军”无所遁形，造假变得困难，从而让计算广告得到更加良性的发展。

事实上，互联网的出现，已经使广告传播领域发生了一次颠覆。在互联网出现之前，即大众传媒时代，信息传播是中心化的，信息源往往掌握在少量媒体手中，大众无法制造信息，也无法传播信息，只能被动地接收信息。因此，广告必须依靠垄断的媒介才能生存。互联网的出现彻底颠覆了这一格局，社交化媒体的出现，使广告也进入自媒体时代。那么，如果在广告传播领域加上区块链，将会给广告传播领域带来怎样的改变？

(一)促进数字广告的去中心化

在数字营销领域，谷歌、Facebook 等中心机构将投放广告的客户与点击广告的受众联系起来。不仅如此，一些小网站和小型传播平台甚至从这些中心化的大平台接单，其操作方法是：广告投放者将需要投放的广告交给这些大平台，大平台交给小平台去发布；广告商跟大平台结算费用，大平台再将费用返还一部分给小平台。为什么要通过中间的那个大平台呢？主要是因为客户对这些小网站不信任，所以需要一个中间商来提供信用背书。

而一旦引入区块链技术，由区块链来构建智能信用，就可以省掉广告投放的中间环节，减少中间商的盘剥，使得利益提升，也使得传播者能更好地为客户服务。著名市场研究机构福莱斯特（Forrester）的分析师估计，如果广告发布者去掉了中间代理商，那么他们可以更好地优化千人展现成本(CPM)。更进一步讲，企业甚至可以跳过传统的广告购买流程，争夺真实用户的真正“关注”。这意味着企业将走向更加智能的广告支付，并真正与潜在客户建立起联系。

(二)提高广告业的透明度

在数字广告方面，透明度的缺乏正在危害该行业。例如有些平台为了获取更多的收益，会采用一些技术手段进行流量作弊和数据造假，甚至雇用机器人或者“水军”来点击广告，这就是虚假点击。有研究表明，仅计算 2016 年，就有超过 70 亿美元的花费被用在了机器人造假点击上。而运用区块链技术，由于区块链的数据是公开并且加密的，企业可以非常方便地判断出观看广告的人是不是他们的目标用户，并根据真实点击量付费，这就让造假变得没有意义。通过这样一系列操作，便可以构建一个可信任的广告空间。

区块链技术还可以实现供给侧改革，利用数字账本标记每一个产品的生产、运输过程，防止篡改商品，以次充好。这意味着，用户可以明确了解产品产地、运输方式、质检情况以及是否为正品。这也将强大的权力交给了用户自己，极大地提升了用户体验。一些公司甚至用区块链来讲述产品的“故事”，包括可以追溯到谁为这个产品制作了模型。从这个意义上看，区块链技术不仅仅建立了信任，它还建立了品牌。

(三)精准定位目标客户

广告依靠用户的浏览 Cookie，来模拟用户的真实信息数据，比如年龄、性别、薪资水平，甚至他们开什么样的车、晚上习惯于去哪里用餐，这些正是所谓的用户画像。但是在很多情况下，模拟出来的用户画像不见得准确。数据孤岛的危害是巨大的，对广告主来说，他们无法掌握有效的消费者数据，数据经常形成断层，以致他们无法开展很多本该更有效的广告活动；对于消费者来说，数据孤岛给他们带来了无效的广告推荐，因为没人能够全面了解他们在不同地方的行为，以判断出他们是否喜欢这个广告。

运用区块链的信息公开性和可追溯性，可以把整个社会的数据打通，构成数据网或者数据云。企业可以建立精准的蓝海数据库，收集消费者的各种真实数据，从而让广告的投放更加精准，将广告只投放在那些最有可能购买产品的用户身上。区块链时代的互联网用户，有一个统一的身份标识，建立个人数字档案，不断在同一个身份标识上去丰富数据。若一个人的各种数据被整理、加密并匿名存储起来，则可以授权企业、组织使用自己的数据（部分或全部）。拥有这些数据后，企业或组织便会具备更强的能力来满足用户的需求，方便我们的生活。

（四）主动吸引消费者观看广告

人们在互联网上有了选择权后，便不会眼巴巴地在电视剧播放前看着广告等待，而是会转去做其他的事情。与过去信息相对匮乏的时代完全不同，现在的消费者十分排斥广告，因为广告在阻碍他们的自由意志。已经提出了很多年的“注意力经济”或许能给我们一些启示。注意力是信息丰富时代的稀缺资源，稀缺资源具有经济属性。因此结合个人数字档案，或许我们可以搭建一个优秀的推荐网络，作为用户注意力的守门人，把握占用用户注意力的每一条信息，其中就包括广告信息和服务推荐信息。

现在已经有很多公司在尝试做这样的事情了，比如 Decent、Steemit、Akasha 等。他们允许用户将信息通过区块链进行内容存储，并发行代币以衡量用户在网络中产生的影响力，然后做基于个人的注意力优化，让每个人看到自己真正感兴趣的内容，并因自己的注意力而获得代币收入。想想看，人们会因为看了广告主的广告而获取收益，或者因为传播了某个广告而获益。最稀缺的注意力资源，在区块链上可以被购买或衡量。传统模式中，广告发布者一般都要依靠中介平台来连接用户，可区块链的出现可以宣布告别传统的中介模式。广告主可以跳过传统的广告购买流程，直接向那些观看广告的目标消费群体支付费用。

2018 年 9 月 17 日，小米营销联合拥有 132 年历史的品牌安佳（Anchor）一同开启区块链广告“桥计划”，首次运用区块链技术完成了链上数据交换，并进行了区块链数据驱动的品牌广告投放与广告数据的链上追踪。这也是全球第一次真正全链路应用区块链技术的数字广告投放。2018 年 11 月 21 日下午，古井贡酒将“古井贡酒，大国浓香；年份原浆，世界共赏”的广告语发布到以太坊公链上，被记录于6653585区块高度，永久保存。这一突破也引发了新一轮关于“区块链+广告”应用前景的热议。

本章小结

本章认为大数据、云计算、新算法和区块链是计算广告实现的技术基础，计算广告使开放、共享、人本的广告本质精神得以回归和复兴。数据产生价值。万物以数据而互联，未来因数据而智能。大数据是“矿场”，是“血肉骨架”。云计算是一种生产力，是一种资源重组的能力，它为人们提供了共享的“大脑”。新算法是“灵魂”，是“设计师”，是“神经系统”。区块链技术构建了计算广告强大的“免疫系统”，为广告保驾护航。

复习思考题

1. 与传统广告比较，计算广告的实现技术呈现出哪些新特点？
2. 大数据是什么？什么是云计算？什么是新算法？什么是区块链？
3. 大数据场景应用有哪些？商业模式是什么？风险和防护措施有哪些？
4. 云计算类型有哪些？风险和防护措施有哪些？
5. 新算法的特点和类型有哪些？人工智能、机器学习和深度学习之间的关系是怎样的？新算法的风险和防护措施有哪些？
6. 区块链的特点和类型有哪些？核心技术和面临的挑战是什么？
7. 大数据、云计算、新算法和区块链在计算广告中分别有哪些应用？

推荐阅读书目

1. 刘庆振，于进，牛新权．计算传播学：智能媒体时代的传播学研究新范式[M]．北京：人民日报出版社，2019.

2. 尼葛洛庞帝．数字化生存[M]．3版．胡泳，范海燕，译．海口：海南出版社，1997.

3. 苏高．大数据时代的营销与商业分析[M]．北京：中国铁道出版社，2014.

4. 王鹏．走近云计算[M]．北京：人民邮电出版社，2009.

5. 巴纳特．你一定爱读的极简未来史[M]．侯永山，译．北京：北京联合出版公司，2019.

6. 曾鸣．智能商业[M]．北京：中信出版社，2018.

7. 张健．区块链：定义未来金融与经济新格局[M]．北京：机械工业出版社，2016.

8. 张亚东．在线广告：互联网广告系统的架构及算法［M］. 北京：清华大学出版社，2019.

9. 彭小东，赵明辉．一本书读懂大数据营销［M］. 重庆：重庆出版社，2015.

案例

大数据精准广告如何有效①

一、大数据精准广告内涵

大数据目前已经成为整个IT界（包含 internet technology 以及 information technology）最热的词之一，似乎任何一个话题，只要提到大数据，瞬间就会变得高大上。一夜之间，大数据已经代替主观的理性思考，成为智慧洞察的代名词。

但是当我们走过对大数据的顶礼膜拜阶段，揭开大数据实际应用的面纱，反而逐渐会对充斥话语世界的大数据进行反思。因为大数据在经济发展中的巨大意义并不代表其能取代一切对于社会问题的理性思考，科学发展的逻辑不能被湮没在海量数据中。著名经济学家路德维希・冯・米塞斯曾提醒过："就今日言，有很多人忙碌于资料之无益累积，以致对问题之说明与解决，丧失了其对特殊的经济意义的了解。"

以大数据的广告应用为例，精准广告投放应该是大数据最早的也是最容易产生直接收益的应用，如今少有广告公司没有宣称自己是大数据科技公司。大数据精准广告的核心内涵是什么？一言以蔽之，那就是程序化定向投放。其中定向是核心，程序化是手段。

以微信朋友圈为例，不定向区域，年初的公开价格 CPM（朋友圈广告价格远超一般媒体）为 40 元，定向核心城市 140 元，定向重点城市 90 元。如果叠加定向性别，附加 10%；叠加 H5 外链（流量引导效果更好），再附加 20%。就像进口化妆品一样，先按一定比例征收关税，后按含税价格再征收增值税，然后按含税价格征收消费税。

对于微信来说，客户地域、性别虽然也需要数据分析解读，但确认起来相对比较容易。对于其他数据公司来说，地域依然可以通过 IP 或手机终端 GPS 获取，但性别更可能就是一个数据分析出的可能属性。当然大数据并不仅仅分析如此简单的标签，对于媒体联盟而言，媒体选择项目众多，大数据还会分析客户媒体偏好标签，以及时间段、人群属性、设备类型、偏好类型等多种定向组合方式。

那么大数据精准广告能带来什么样的价值？通常如下的故事是大数据广告公司

---

① 刘自强．为何说大数据精准广告并不靠谱？［EB/OL］.（2015-11-26）［2021-07-17］. https://tech.sina.com.cn/zl/post/detail/i/2015-11-26/pid_8497189.htm.

经常提及的。假如一个网站的广告位，每小时有10 000人来浏览，则一小时曝光量为10 000，之前的CPM为5元，那么一个手机广告主投放一小时广告，成本50元。这是传统广告投放的结果。现在有个大数据公司来帮助该广告媒体进行更好的运营。该公司宣称它能够精准识别浏览客户的属性，告诉手机广告主，虽然10 000人浏览了该广告位，但真正适合投放手机广告的只有6 000人次，剩下4 000人次的曝光为无效曝光，因为剩下的人群只对服装感兴趣。

大数据公司建议广告主进行程序化投放，过滤掉不适合投放手机广告的4 000人，仅为适合投放手机广告的6 000人付费，假如单价不变，那么在保证相同效果的前提下，广告主的成本降低至30元。大数据公司将剩下的4 000人销售给服装广告主，成本为20元。由此，在相同效果的情况下，大数据广告大幅降低了广告主的成本。当然事实上，由于实时竞价（RTB）机制的存在，当价格（效果相同）低到一定程度时，不同手机广告主的相互竞价，会使得真实价格一般高于30元，但肯定介于30元和原有预期成本50元之间，由此形成多方共同获益的理想局面。

这样的案例看上去很完美，无懈可击。因为它解决了传统广告的低效问题，比如看起来有用，但又说不清楚到底有用在哪里，这正是各公司财务总监所深恶痛绝的。是的，大数据广告会让一切花在广告上的钱更有依据，可以在线评估一条广告到底造成了多少印象（impressions），甚至产生了多少点击，多少人因此而下载使用，有多少因此而产生的交易。

二、大数据精准广告没有看上去那么美好

根据证伪的原则，真理只有被证明为谬误的时候（理解其应用的局限及条件），才算真理。因此我们必须先回答一个问题：广告是用来做什么的？

按照以前的共识，广告被视为品牌用来向那些无法面对面沟通的消费者去传达品牌的特性的手段。因此广告虽然对销售有促进作用，但通常广告的内容并不会直接说服消费者去购买，就如中国移动曾经的获奖广告“沟通从心开始”一样。在2010年出版的《品牌如何增长》（*How Brands Grow*）一书中，作者南澳大利亚大学教授拜伦指出，广告要达到最好的效果，往往不需要去说服或灌输，只要让人在购买的时候回想起品牌的名字就可以了。市场研究机构Milward Brown创始人高登（Gordon Brown）指出，广告的功能就是让一个摆在货架上的品牌变得“有趣”。

大数据是如何分析出这6 000个浏览用户适合投放手机广告的？对于这个问题，广告公司早有准备，给出如下的种种答案。

第一，从历史记录中寻找曾经使用过同类产品的客户。通常使用的算法叫“协同过滤”，即由某些经验的相关性，找到潜在的适合用户。比如你玩过某款游戏，则可认为你对该类型的其他游戏也有相同的需求。笔者并不否认该算法对某些领域确实有用，比如游戏付费用户基本之前就是重度游戏使用用户。但是抛开这些特殊领域，该算法内涵思想“品牌依靠忠诚的消费者发展壮大”与拜伦的理论完全矛盾。

拜伦通过对销售数据进行统计学分析，指出在所有成功的品牌当中，大量的销售来自“轻顾客”(light buyer)，也就是购买产品相对不那么频繁的顾客。可口可乐的生意并非依靠每天都喝可乐的人，而是数百万每年喝一次或两次的人。这种消费者模式在各个品牌、商品品类、国家和时期都适用。无论是牙刷还是电脑，法国汽车或是澳大利亚银行，品牌依靠的都是大规模人口，换句话说就是大众，是那些偶尔购买它们的人。这个理论的意义十分深远。这意味着你永远无法通过向现有顾客精准营销来增加品牌的市场份额。而数字媒体所擅长的仅仅是针对现有顾客的精准营销。

广东移动对旗下用户的终端迁移分析表明，使用苹果产品的用户升级终端、继续使用苹果手机的占比为64%，忠诚度最高。但除苹果以外，忠诚度表现最好的是华为、小米，更换4G后持续使用同品牌的占比不到30%。这说明，你向iPhone 4或iPhone 5用户推广iPhone 6是可行的，“果粉”效应将推翻拜伦的理论，证实在部分领域依靠忠诚的消费者发展壮大是可行的。但除此以外，你向任何一个当前品牌的用户推广同品牌的手机终端都是不合时宜的。

因此，希望通过历史的电商数据分析推断用户下一步的可能需要是无效的。就如向曾经购买过服装的用户推广服装，或许不如推广一卷纸或一桶油更为有效。相反，成功的品牌需要找到一种方式来到达目标市场之外的群体。品牌的广告一定要用某种方式获得这部分人的兴趣——只有这样，当他们在准备购买的时候，该品牌才能自动出现在其脑海中。

第二，如果“协同过滤”存在局限，那么还有第二种算法，即并不需要基于客户的历史行为记录，而是借助客户本身特征相似性，来找到与种子客户最为相似的客户群体。这种算法简称“Lookalike”。它需要广告主先提供本则广告会起到作用的典型用户，以手机为例，受广告影响而点击浏览或预购某手机的用户为几百或几千个。大数据公司可通过Lookalike算法（专业的术语可能是稀疏矩阵），寻找与这几百或几千个用户高度相似的其他数十万或数百万客户群进行广告投放。

这类算法真正考验大数据平台的计算能力，因为并不是经验性的协同过滤，而是利用数十、数百甚至数千个变量进行回归计算，最后按照相似性的概率打分，由高到低选择合适的用户群。该模型的内涵其实很简单，就是要将广告传达给应该传达的用户。比如奶粉广告的目标用户是养育0～3岁孩子的父母。如果知道应到达用户的具体身份，一切问题将迎刃而解。但是对于网站或APP应用来说，它们并不清楚用户身份，唯一清楚的是用户的历史行为数据。而且由于数据本身的分割，有的专注于运营商，有的专注于APP联盟采集，有的专注于电商，有的专注于银行，要从被分割的数据中推断出客户的身份信息，Lookalike是一个不可或缺的手段。

唯一的问题是，如果由几百个种子用户推断出新的几百个目标用户，准确性可能高达九成。但如果如某广告公司宣称，对康师傅辣味面进行移动DSP投放时，根据历史投放数据分析挖掘，形成样本库，再通过 Lookalike 技术进行人群放大，找到与目标受众相似度最高的潜在客户，扩展人群 1 367 万，实际投放受众 ID 2 089 万。广告投放是最大化了，那么效果呢？很可能点击率仅由 0.2%上升至 0.3%，精准度提升 50%。有意义吗？或许有，但绝对没有想象的那么明显。

第三，如果广告主持续怀疑算法的有效性，那么可以就效果来谈合作，可以按照点击量（CPC）或者激活量（CPA）付费，如果达不到既定效果，大数据广告公司会补量。这是大数据广告的终极武器。终极武器一出，意味着广告的投放将彻底沦陷为做点击、做激活的渠道，广告“沟通消费者”的初衷早被抛弃得一干二净。

一般消费决策通常遵行 S（solution）、I（information）、V（value）、A（access）规则，意思是当用户产生一个需求，内心先就满足这个需求形成一个解决方案。比如说 3G 手机不好用，速度很慢，覆盖不好，换成 4G 终端就成为一个解决方案（S）。那么 4G 终端有哪些，重点考虑哪些终端，消费者还是需要收集信息。但并非从网上搜索，而是根据以往的经历、品牌效应、周边朋友口碑自动回想一些品牌和款式。传统广告的最重要功效应该就在这个阶段发挥，即当用户需要的时候，使产品自动进入用户视线。然后才是从多维度比较选择，确定首选品牌以及最后去哪儿买，搜索哪儿有促销活动，哪里优惠力度最大。

根据 SIVA 模型，真正的以效果为导向的广告本质解决的是“Access”问题，即最后的临门一脚。在这方面，搜索广告是真正的效果导向广告，比如淘宝的每一款商品后面都有超过一万家商户，吸引用户购买自己的商品，得付钱打广告，这就是效果广告。曾有报告对比过，搜索广告点击率高达 40%以上。想一想百度、阿里靠什么为生，临门一脚的广告价格自然高到没边。据说一些不正规的医院会购买“性病”“人流”之类的百度关键词搜索广告，单次流量价格高达数十或数百元。搜索广告是只有少数垄断接入公司才有的生意，大部分广告仍为展示类广告。如果展示类广告也朝效果类靠拢，从商业规律上来看则属于本末倒置。

最后的结果是，一方面，广告的内容充满人性的贪婪（优惠/便宜）与色欲，被改造得不伦不类，在沟通消费者方面反而起到负面作用；另一方面，广告公司沦落为做流量、做点击的公司。最后谁真正产生了有效流量？曾有大数据公司分析过某款高端理财软件的阶段性用户群，他们与刷机、贪图小便宜的极低端用户高度相似。

三、多用靠谱的身份识别更有利于提升大数据精准广告效果

大数据精准广告一无是处吗？不，怀疑真理是为了更好地应用真理。大数据广告的核心“程序化”与“定向投放”没有错，这代表移动互联网发展的趋势，也与满足特定市场、特定用户群的商品或服务广告传播需求完全匹配。问题在于目前的大数据实际能力与宣称的雄心还有巨大的差距，也就是说没有看上去那么好。

所以，我们更应该回归广告的本来目的——更好地沟通消费者——来看待精准投放，而不是迷信大数据精准投放这样的噱头。那么什么最重要？显然不是不靠谱

的协同过滤规则，也不是根本不知道原因的Lookalike，既然最重要的就是到达目标消费者，那么靠谱的身份识别应该就是精准广告的核心。

什么是靠谱的身份识别？对微信而言，判断重点活动城市是靠谱的，分析性别也相对靠谱，但如果微信告诉你能够通过社交判断该用户是中产白领还是乡村农民，那一定是不靠谱的。因为朋友圈里宣称正在法国酒庄旅游的优雅女人或许正在出门买油条和豆浆。

有时候用户使用的媒体本身就会透露客户的身份特征。比如经常使用理财软件的用户在支付能力上较为靠谱，而使用孕宝APP的80%以上应该是准妈妈，经常使用蜜芽APP的一定是宝宝出生不久的妈妈。有大数据公司给出过案例，对媒体本身进行定向和综合分析定向的效果相差无几，这就说明媒体定向是有效的，但是其他需求定向都等同于随机选择。

由于大数据本身不关注因果，只关注相关性，因而经过大数据洞察证实的协同规则，也可以算作靠谱的规则。比如游戏付费用户群基本上可以被确定为一两千万ID的重度使用用户。而要准确识别客户身份，多数据源的汇集与综合不可避免，围绕客户身份的各种洞察、相关性分析也是能力提升的必修功课，这或许更应该是大数据广告公司应持续修炼的核心技能。

第三章

计算广告的法律法规与伦理道德问题

本章学习要点与要求

了解并熟悉计算广告存在的主要问题——虚假广告、过度骚扰、侵犯隐私、流量造假、不良信息；熟悉与计算广告相关的法律法规；熟悉与计算广告相关的伦理道德问题；掌握计算广告的监管措施。

第一节　计算广告存在的主要问题

2016 年，习近平在网络安全和信息化工作座谈会上发表讲话，他指出，加强网络内容建设，做强网上正面宣传，培育积极健康、向上向善的网络文化，用社会主义核心价值观和人类优秀文明成果滋养人心、滋养社会，做到正能量充沛、主旋律高昂，为广大网民特别是青少年营造一个风清气正的网络空间。广告在互联网时代能迅速营造出先声夺人的“广告舆论场”，产生巨大的轰动效应。广告不仅是媒体生存重要的经济基础，更承载着十分重要的社会责任。计算广告更应遵循“广告宣传也要讲导向”的指示，把坚持正确的政治方向、舆论导向和价值取向放在首要位置，自觉遵守相关法律法规，强化广告审查，自觉抵制、杜绝违法违规广告等各类宣传行为。

变革是把双刃剑，有利亦有弊。当计算广告逐渐成为当前广告业的主要形态时，当计算广告给人们的日常生活带来巨大变化时，不能只为它欢呼，也应预见它所带来的问题和挑战。若片面地倡导技术变革的成果，却忽视或无视其弊端，可能会导致多种社会问题，付出诸多代价，诚如工业革命带来的环境污染问题、贫富差距问题、世界殖民主义问题等。计算广告的出现，不仅没有消除传统广告的一些弊端，如虚假广告、过度骚扰等，还产生了新的问题，如侵犯隐私、流量造假、不良信息等。在计算广告时代，这些问题还会被无限放大。

一、虚假广告

什么是虚假广告呢？根据《中华人民共和国广告法》（以下简称《广告法》）第二十八条，广告以虚假或者引人误解的内容欺骗、误导消费者的，构成虚假广告。虚假广告涉及以下情形：

（1）商品或者服务不存在的；

（2）商品的性能、功能、产地、用途、质量、规格、成分、价格、生产者、有效期限、销售状况、曾获荣誉等信息，或者服务的内容、提供者、形式、质量、价格、销售状况、曾获荣誉等信息，以及与商品或者服务有关的允诺等信息与实际情况不符，对购买行为有实质性影响的；

（3）使用虚构、伪造或者无法验证的科研成果、统计资料、调查结果、文摘、引用语等信息作证明材料的；

（4）虚构使用商品或者接受服务的效果的；

（5）以虚假或者引人误解的内容欺骗、误导消费者的其他情形。

虚假广告自广告诞生以来便是广告界的“毒瘤”，它一直影响消费者对整个广告行业的信任。监管难度更大的网络世界更是它泛滥的绝佳“温床”，如果不能及时止损，必然会危及网络广告行业甚至是整个广告业。据国家市场监督管理总局统计，仅 2018 年上半年，我国工商、市场监管部门查处的互联网广告案件便有 8 104 件，同比增长 64.2%。[①] 危及消费者财产安全及身心健康的案例也屡见不鲜。

竞价排名是一种按效果付费的网络推广方式，由百度在国内率先推出，之后包括谷歌、雅虎在内的著名搜索引擎也使用了竞价排名的营销模式。竞价排名的基本特点是按点击付费，推广信息一般出现在搜索结果中靠前的位置，付费最高者排名最靠前。在商业利润的驱动下，此项广告营销中可能会出现部分排名靠前的虚假广告，使消费者容易上当受骗，其中，影响最大、性质最恶劣的便是“魏则西事件”。

随着科学技术的不断发展，互联网、移动终端、微博、微信等新媒体广告所占比重越来越大。如今，网页上乱飞的各类弹窗，购物网站上时常可见“最好”“最畅销”等宣传语等，有时会让消费者误入“陷阱”。江苏苏州的程先生就吃了“广告”的亏。程先生花费 2.7 万余元在一知名美妆购物网站上陆续购买了某品牌系列面膜、芦荟片、酵素粉等，其中面膜在相关网页上宣

① 中国网．上半年全国查处互联网违法广告案件 8104 件 同比增长 64.2%［EB/OL］．(2018-07-20)［2021-07-17］．http://k.sina.com.cn/article_3164957712_bca56c1002000fodl.html.

称自己是“世界上最好的面膜、口碑全球第一”，芦荟片则称自己具有“润肠通便、美白养颜、排毒减肥、延缓衰老”等功效。随后，程先生发现这些产品的美容效果并不像宣传语上所说，网站存在虚假宣传，遂诉至苏州市吴中区法院要求网站退回货款，并支付3倍赔偿金共计8万余元。后在法院的调解下，程先生的权益得到维护。①

2018年，上海纽顿美容仪器设备有限公司在网店上发布的化妆品广告不符合《广告法》规定，使用了“医学级玻尿酸含量5%的爽肤水，全球知名皮肤医学专家共同研发”“BICELLE全球知名皮肤医学专家共同研发”等易使推销的商品与药品、医疗器械相混淆的用语。② 这是国家市场监督管理总局认定的2018年典型虚假违法互联网广告案件之一，相关执法部门责令该公司停止发布违法广告，并罚款10万元，在当时引起极大反响。

二、过度骚扰

很多“剁手族”甚至“缩手族”都成了各式弹窗广告的“肉靶子”。2019年11月，新华社对“霸屏”的网络弹窗广告乱象进行了起底：弹窗广告已形成完整的产业链条，投入2万元即可弹窗100万次；还有的按受众点击量收费，每次点击收费0.1元至0.3元。③ 在资本驱动下，广告的过度骚扰就显得不可避免。

随着移动互联网的兴起，现在的弹窗广告也不仅仅活跃在PC端了，当你打开手机、点开APP时都可能遇到。而且，这类弹窗已经进化为智能广告，你前一天浏览过某个商品或某条信息，第二天在很多页面上你都会收到与之相关的广告。这种量身定制不仅烦人，而且“扰人”——网络弹窗广告造成了很大的视觉污染。很多用户都面临这种尴尬：我被弹窗了，点不掉，甚至被带入下载页面。发生这种情况，我的权益是被侵犯了，然后该怎么办呢？不知道。绝大多数用户选择忍了，惹不起还躲不起吗？我们关闭网页，继续工作，假装这事没发生过。毕竟我们也不知道，究竟该如何投诉这些弹窗广告，究竟谁侵犯了我们的权利。

---

① 罗莎莎．遏制广告骚扰 江苏打算这样做［EB/OL］.（2019-02-18）［2021-07-17］. http://qdsf.qingdao.gov.cn/n3707475/n3707883/n32209676/190218162008651656.html.

② 市场监管总局．国家市场监督管理总局公布2018年典型虚假违法互联网广告案件［EB/OL］.（2018-07-20）［2021-07-17］. http://www.gov.cn/xinwen/2018-07/20/content_5307983.htm.

③ 新京报官微．2万元弹窗100万次，广告强推有考虑用户感受吗？［EB/OL］.（2019-11-09）［2021-07-17］. https://www.sohu.com/a/352634336_391294.

尽管多数广告促销短信中带有“回复TD即可退订”等类似提醒，但其中套路满满：有的声称回复TD即可退订，实则正确指令为“复TD即可”；有的以退订操作为幌子辨别活跃用户，反而加大短信发送频率；还有的指东为西，编造退订指令，无视用户操作。垃圾短信退订难，严重损害用户的知情权、自由选择权和安宁权。

应用软件一旦成为骚扰应用，难免成为黑心工具。“呼死你”软件就是一种利用网络电话作为呼叫平台，以较低廉的通信费用在一定时间内集中呼叫特定号码的软件。一些不法分子使用“呼死你”软件频繁骚扰用户，敲诈勒索钱财，甚至衍生出一条软件开发、使用、贩卖的非法牟利黑色产业链。除了“呼死你”等软件，一些电话销售机器人也开始成为“骚扰源”。打开某电话销售机器人企业网站，页面介绍显示该智能机器人可通过事先录制的真人录音实现语音交互，不仅支持电话资料一键导入，还可设定自动拨打参数。网站客服告诉记者，该电话销售机器人每天可拨打2 000～3 000通电话，如果担心对方拒绝，还可以预设挽回性话术。

互联网时代引发了社会巨变，仅仅是在10多年时间里，电话（家庭的固定电话、个人的移动手机）已不再是“奢侈品”，连拾荒者也持有手机，再加上个人电子邮箱的普及，联系方式的快捷化、生活内容的丰富化，充分显示出科技发展已惠及民生。以民法角度视之，无论是固定电话、移动手机，还是电子邮箱，都是个人的“自由领域”，具有一定的排他性和私密性，除非得到当事人的同意或请求，他人可以与之取得联系，否则任何贸然进入这一个人“自由领域”的行为都会侵害个人的权利，遑论那些贷款、理财、房产中介狂轰滥炸的广告骚扰。

在互联网尤其是移动互联网迅猛发展的今天，人们不知不觉被广告“包围”“缠绕”“蚕食”，无穷尽的广告信息过多地占用了公众的时间和空间。当人们就像被蛛网缠绕住的猎物，整天都被广告包围、骚扰时，广告起到的恰恰是反作用。随着人工智能技术的发展，在“万物互联”的空间中，什么都可能成为广告的“接触点”，如果不加以规范，广告将不断引起人们的反感，进而引发整个广告行业的信任危机。

三、侵犯隐私

除了频繁骚扰，精准的电话推销还会让人担心隐私泄露。月子尚未坐完就不断有电话来推荐月子照、奶粉、保险等；房子刚买完，装修公司电话一个接一个打来。先看一个著名案例——Facebook隐私门。2018年3月17日，美国《纽约时报》报道称，Facebook由于管理纰漏，造成超过5 000万名用户的信息数据被一家名为“剑桥分析”（Cambridge Analytica）的英国政客营销企业泄露。剑桥分析公司用不正当的手段访问了 5 000 多万名 Facebook 用户的数据，并且根据这些数据帮助一些政客进行营销。《泰晤士报》报道，该公司为特朗普赢得 2016 年的总统大选提供了部分协助。这一侵犯用户隐私的事件让全世界都为之震动。

先来了解下隐私，其定义繁杂且在学界业界尚无统一定论。“隐私”一词从“privacy”翻译而来，“privacy”除了“隐私”之外，在《牛津词典》中有“不受公众干扰的状态”之意，在《柯林斯词典》中还有“独处；清静”之意。沃伦和布兰代斯（Warren and Brandeis）在《论隐私权》中把隐私界定为“不受干扰”或“免于侵害”的“独处”权利。① 理查德·T. 德·乔治（Richard T. De George）道：“隐私是我们为了防止他人在未得到许可的情况下擅自侵入我们生活的某个领域或者获得我们不愿意透露的某些自身信息所设置的限制状态。”② 蔡立媛、李晓认为，隐私包含 4 个方面：个人信息、个人私事、个人财产与个人行踪。③ 而《中华人民共和国民法典》规定，隐私是自然人的私人生活安宁和不愿为他人知晓的私密空间、私密活动、私密信息……这些定义并不能很好地阐释如今互联网背景下的隐私，因此，有学者认为，“个人信息”是更合适的表述。

个人信息（personal information）是以电子或者其他方式记录的能够单独或者与其他信息结合识别特定自然人的各种信息，包括自然人的姓名、出生日期、身份证件号码、生物识别信息、住址、电话号码、电子邮箱、健康信息、行踪信息等。而个人信息中有一类为“个人敏感信息”，它是指一旦泄露、非法提供或滥用可能危害人身和财产安全，极易导致个人名誉、身心健康受到损害或歧视性待遇等的个人信息④，身份证件号码、个人生物识别信息、住址、电话号码都在此列。

再看一个著名案例。2006 年著名互联网公司美国在线泄露了超过 65 万名用户在网上的近 2 000 万条搜索记录，虽然整个数据都进行过匿名化处理——用户名称和地址等个人信息都使用了特殊的数字符号进行替代，但《纽约时报》称，通过研究这些记录，用户的身份也可以浮出水面。《纽约时报》把“麻木的手指”“60 岁单身汉”“随处撒尿的狗”“有益健康的茶叶”“利尔本的园丁”等搜索记录综合分析后，最终确定了数据库中代码 4417749 指向

---

① WARREN S D，BRANDEIS L D. The right to privacy [J]. Harvard law review，1890，4 (5)：193.

② 乔治. 信息技术与企业伦理 [M]. 李布，译. 北京：北京大学出版社，2005：3.

③ 蔡立媛，李晓. 人工智能广告侵犯隐私的风险与防御 [J]. 青年记者，2020 (18)：93-94.

④ 全国信息安全标准化技术委员会. 信息安全技术 个人信息安全规范 [S]. 北京：中国标准出版社，2017：1.

的是佐治亚州利尔本的一个寡妇阿诺德。

可以看出，即使是个人非敏感信息或是脱敏和匿名化后的敏感信息，当与外部信息进行关联和对比之后，也能轻易实现个人信息主体“再识别”。这对于网络用户是极其危险的，尤其是当我国实现了网络实名制之后，通过网络身份识别到现实生活中的人更为容易。更可怕的是，这使得“人肉搜索”的门槛进一步降低，而这对任何人来说都不是好事。

解决隐私困局，对于计算广告的未来至关重要。计算广告所需要的数据或是信息只是为了精准刻画消费者画像，从而达到满足消费者需求、营销产品的目的，因此，如何获取合适信息、如何脱敏信息、如何保护信息是行业需要思考和真正实践的问题。消费者个人数据如果应用得当，计算广告所提供的服务会为消费者的工作和生活带来便利，广告主也能获得广告效果和投资回报，从而形成广告主、媒介、代理机构、消费者四角的良好互动；倘若运用不当，计算广告便会遭到抵制，广告主、媒介、代理机构、消费者四角都会尝到恶果。

四、流量造假

美国著名广告大师约翰·沃纳梅克（John Wanamaker）曾提出：“我知道在广告上的投资有一半是无用的，但问题是我不知道是哪一半。”① 这一“难题”被誉为广告营销界的“哥德巴赫猜想”。即使是现在，对于在互联网世界里投放的广告信息，广告主也不一定真正知道它们是否被目标消费者看到与关注到，是否对目标消费者产生了效果。至于原因，就是让所有广告主都头疼的“流量造假”问题。

互联网时代，各网络平台和网络媒体为广告主的营销信息提供的曝光机会被数据化为“流量”。当点击量、流量等成为网络广告理所当然的衡量标准时，流量造假自然难以避免。“当入口、流量、转化率、留存率、获客成本、ARPU 值（用来衡量每一用户带来的平均收益）成为孜孜以求的目标，许多商业公司不惜跨越底线，引流、导流手段五花八门，甚至拿技术直接换取商业利益，连部分大型互联网公司都不能免俗。”②

2013 年末，网络安全公司 Incapsula 公布了一项基于 2 万个网页的研究，研究显示，多达 61.5%的全球网页流量由机器人产生；2014 年，美国国家广告主协会的一项研究估计，2015 年全球将会有 63 亿美元（40 亿欧元）浪费

① 周瑞华．斯科特·阿姆斯特朗 你的哪一半预算浪费了？[J]．成功营销，2014（4）：17-18.

② 奎因．互联网伦理：信息时代的道德重构［M］．王益民，译．北京：电子工业出版社，2016：2，7.

在机器人流量上；2014 年 5 月，英国的《金融时报》报道，在一次奔驰的投放活动中，机器人流量占了 36.5 万次曝光的 57%。即使是在移动互联网刚开始普及的 2012 年，Trademob 的一项研究提到，移动端 18%的点击量都是作弊的。这些案例数据对广告主来说无疑是个噩耗。任何花在机器人流量上的曝光或预算都是种浪费，因为它们没有带来任何投资回报率（retum on investment，ROI）的转化，但广告费却直接进了欺诈者的腰包。[①] 这并不是一个良好的媒介生态圈，长远来看，对任何一方都没有好处。Facebook 在 2016 年关闭了 DSP 产品，原因之一便是虚假的机器人流量，尽管做了筛选，但机器人流量的比例依然高达 75%。宝洁公司的首席品牌官马克·普里查德（Marc Pritchard）在 2017 年的 IAB 年度领导力会议上宣称："我们将只与遵守规定的实体合作，并购买媒体。""这是因为我们不想在糟糕的媒体供应链上浪费时间和金钱。""我们意识到，在复杂、不透明、低效和欺诈性的媒体供应链中，是没有可持续的优势的。"[②]

如今，流量造假的方式多种多样，按照虚假流量的生产方式，主要分为机器人刷量和人工刷量。按照流量造假技术手段划分，主要分为设备 ID 重置、静默安装和流量劫持。

（一）机器人刷量

机器人刷量指的是广告作弊方通过设计专门的刷量软件，模拟真实用户点击、访问某一网站的行为轨迹，造成虚假的广告访问量，进而牟利的方法。目前主要存在两种机器人刷量形式：模拟器刷量和脚本刷量。两种方式都是将特定的软件或者插件安装在电脑及手机端，通过模拟用户的行为进行刷量。[③] 机器人刷量具有造假规模大、价格低的特点，并有一定的技术要求，但由于不是真实用户，容易被经验丰富的营销人员或者第三方监测机构发现，进而屏蔽。

（二）人工刷量

由于机器人刷量的弊端，人工刷量便逐渐发展起来，以专业刷量为主。专业刷量是指由专门的网络广告造假人员组成团队，以 QQ 群、微信群为联

---

① Morketing. 2015 年全球 63 亿美元将浪费在广告作弊流量上［EB/OL］.（2015-08-11）［2021-07-17］. https://www.toutiao.com/i5337039750/.

② SLUIS S. P&G's pritchard: we don't want to waste time and money on a crappy media supply chain［EB/OL］.（2017-01-30）［2021-07-17］. https://adexchanger.com/ad-exchange-news/pgs-pritchard-dont-want-waste-time-money-crappy-media-supply-chain/.

③ 鞠宏磊，李欢．程序化购买广告造假问题的主要类型及影响［J］. 编辑之友，2019（1）：61-64.

络方式，网罗一群人专门从事广告刷量业务的造假模式。专业刷量团队可以帮助广告主、代理公司、技术公司刷注册量、激活量、点击量、评论量、点赞量等等，不一而足。[①] 人工刷量具有鲜明的“团队”作弊色彩，有组织者、执行者，人员众多，其行为轨迹较机器刷量更真实，隐蔽性更强，识别难度也更大。人工刷量价格较高，《大河报》曾报道关于微信公众号阅读量的一个案例，“5 000 阅读量收费 120 元，1 万阅读量收费 200 元，10 万＋阅读量一口价 1 800 元”[②]。

（三）设备 ID 重置

设备 ID 重置的操作方法大致为：造假者在手机上点击某一应用程序的广告，进入下载界面并安装，造假者会在该应用程序内短暂停留，或与该应用进行简单互动，此时广告主方会误认为是因为广告而下载其产品。但之后同一部设备会被技术手段重置 ID，以新 ID 继续以上流程，循环往复。重置设备 ID 能使得一台设备终端在理论上拥有无数个身份，产生大量欺诈性流量。第三方广告效果监控平台 AppsFlyer 在调查全球超过 11 亿的应用安装后，发现超过一半的移动应用的安装作弊，都为设备 ID 重置作弊，并估算 2017 年全球范围内广告主损失 11 亿～13 亿美元，这样巨大的经济损失令人震惊。[③]

（四）静默安装

静默安装是指广告造假者以人工或网络传播的方式将一些恶意程序装入用户的移动终端内，在用户毫不知情的情况下，无须用户进行任何操作，直接使用户以默认的方式完成应用程序的下载、激活、安装、运行和删除，进而为该应用完成了一次完整的推广。[④] 静默安装隐蔽性强，其操作过程全都避开了用户，一旦安装该类刷量程序，系统会自动加载恶意广告，而造假者则得到了流量和收益。

（五）流量劫持

流量劫持是很常见的作弊手段，它是指用户本想浏览 A 网页，但却强行

---

① 鞠宏磊，李欢．程序化购买广告造假问题的主要类型及影响［J］．编辑之友，2019（1）：61－64.

② 李岩，王梦然．记者卧底揭微信刷量“黑幕” 1 800 元能买 10 万＋［EB/OL］．（2016－10－14）［2021－07－17］．https://henan.qq.com/a/20161014/005680.htm.

③ AppsFlyer 官网．Device ID 重置作弊：移动应用营销人员面临的新威胁［EB/OL］．（2021－01－28）［2021－07－17］．https://www.appsflyer.com/cn/resources/deviceid-reset-fraud-data-study/.

④ 马乐．基于 Andriod 平台的侦控木马的研究与实现［D］．西安：西安科技大学，2017：15.

跳转至B网页，从而使用户难以访问目标网页的作弊方式。[①] 同理，流量造假者通常利用DNS劫持、CDN入侵、网关劫持等技术手段，将用户原本欲访问的网页改成某广告地址，这为广告网页带来了流量。[②] 广告造假者也自然地获得了收益，但它破坏了用户正常的上网需求，多次后用户可能会对营销信息产生反感抵触的心理，这对广告主而言可谓是“赔了夫人又折兵”。

五、不良信息

在互联网发展的早期，网上的不良信息还是以“知识型”信息为主，但是随着互联网的不断发展，以及上网成为人们生活、工作、娱乐中不可缺少的一部分，不良信息也发生了很大的变化。特别是近几年，不良信息开始从单纯的“知识型”信息向“谋利型”转变，而且手段多样、形式复杂，其中不乏违反法律法规、伦理道德的不良信息。

当前，网络广告的不良信息大有泛滥之势，不少网站为了追求点击量无所不用其极。一些包括游戏软件在内的视频播放软件及手机客户端、网络硬盘、网络资源下载工具等，成为淫秽色情、吸毒赌博、暴力诈骗等低俗信息的滋生地。一些网站首页和新闻首页，以及娱乐、健康、体育、游戏等栏目，推荐所谓“AV女星”“色诱”“偷拍”“走光”等低俗图文信息，有的网络媒体搞起所谓的“色情营销”，为淫秽色情网站发布广告和提供链接，一些搜索引擎也成为传播淫秽色情信息的通道。此类广告往往很难关闭：有的按钮十分隐蔽；有的没有关闭选项；有的设有多个“虚假”关闭按钮，引诱用户点击打开广告页面；还有一些广告，即使将其设置为“对此类广告无兴趣”或“一周内不推送”，仍会频频弹出。

不雅图片在一些商业网站上大行其道，究其原因，主要是因为这些网站要利用其进行“色情营销”。不雅图文通常附着在重要新闻事件页面的边栏，其周边位置链接着各类广告。网站利用半裸、透视的美女图片和视频，吸引网民眼球，从而进行产品的商业推广。对于什么类型的图文和视频旁边链接哪类广告，针对哪些目标群体，网站的编辑都是精心策划的。比如，在衣衫不整的美女图片旁边，以汽车、网络游戏领域的广告居多。很明显，这些图片是为了吸引更多成年男性或青少年的目光。

值得注意的是，除了那些直接传播淫秽色情及低俗信息的行为，还有一种披着高雅外衣传播低俗信息的举动。一些原本难登大雅之堂的图片和视频，

---

① 王斌．流量劫持是中国互联网公司“特色”竞争方式［J］．通信世界，2016（1）：9.

② 铁生．流量劫持能有多大危害？［J］．计算机与网络，2014（8）：48-51.

常与时政、军事等新闻“混”在一起，呈现在同一个页面空间上，总让人觉得有些“时空错乱”。比如，有的依傍新闻报道，尤其社会、法制、时政新闻报道，大量使用与性有关的文字，醒目制作“偷拍、走光、怀孕、幽会”等字眼的标题；有的借用所谓的“选美、时尚”等名义，却打起五花八门的色情擦边球。

此外，网络游戏受众大多是青少年，把不良广告与网络游戏放在一起，分明是为了吸引孩子们点击、浏览图片，进而推广游戏。这些不良广告存在色情、吸毒、赌博、暴力甚至诱导自杀等违法信息，严重败坏社会风气，污染社会环境，危害未成年人健康成长，成为增加安全风险、严重影响青少年身心健康的网络“毒”窗。

第二节　计算广告的法律法规问题

法律法规与伦理道德可以说是“鸟之双翼、车之两轮”，它们都是建立在一定经济基础上的上层建筑，是两种重要的社会调控手段，只是一为硬约束、一为软约束，两者相辅相成、紧密配合，共同维系社会的稳定和发展。同样，计算广告的有序、规范成长也离不开这二者。

法，国之权衡也，时之准绳也；权衡所以定轻重，准绳所以正曲直。[①] 法律是由国家制定或认可并以国家强制力保障实施的，反映由特定物质生活条件所决定的统治阶级意志的规范体系。[②] 法律是统治阶级意志的体现，是国家的统治工具。张文显学者在此定义上加上了“以权利和义务为内容，以确认、保护和发展对统治阶级有利的社会关系和社会秩序为目的”，使其定义更加完善。[③] 而法规指国家机关制定的规范性文件，是法令、条例、规则和章程等法定文件的总称。如我国国务院制定和颁布的行政法规，省、自治区、直辖市人大及其常委会制定和公布的地方性法规。设区的市、自治州，也可以制定地方性法规，报省、自治区的人大及其常委会批准后施行。法规也具有法律效力。

笔者认为，与计算广告相关的法律法规跟计算广告存在的主要问题紧密相连，因此可以从虚假广告、过度骚扰、侵犯隐私、流量造假、不良信息五个主要问题入手，分别阐述当前计算广告相关的法律法规问题。

---

① 出自唐代吴兢的《贞观政要·论公平第十六》。

② 《思想道德修养与法律基础》编写组．思想道德修养与法律基础［M］．8版．北京：高等教育出版社，2018：139.

③ 张文显．法理学［M］．4版．北京：高等教育出版社，2011：47.

一、与虚假广告相关的法律法规

《中华人民共和国刑法》第二百二十二条规定，虚假广告是犯罪行为："广告主、广告经营者、广告发布者违反国家规定，利用广告对商品或者服务作虚假宣传，情节严重的，处二年以下有期徒刑或者拘役，并处或者单处罚金。"

《中华人民共和国广告法》的制定是为了规范广告活动，保护消费者的合法权益，促进广告业的健康发展，维护社会经济秩序，虚假广告是其要约束的重要部分。《广告法》总则就直截了当地表明了对广告真实性的追求：

> 第三条　广告应当真实、合法，以健康的表现形式表达广告内容，符合社会主义精神文明建设和弘扬中华民族优秀传统文化的要求。
>
> 第四条　广告不得含有虚假或者引人误解的内容，不得欺骗、误导消费者。广告主应当对广告内容的真实性负责。
>
> 第五条　广告主、广告经营者、广告发布者从事广告活动，应当遵守法律、法规，诚实信用，公平竞争。

《中华人民共和国电子商务法》对电子商务经营者做了明确规定：

> 第十七条　电子商务经营者应当全面、真实、准确、及时地披露商品或者服务信息，保障消费者的知情权和选择权。电子商务经营者不得以虚构交易、编造用户评价等方式进行虚假或者引人误解的商业宣传，欺骗、误导消费者。
>
> 第四十条　电子商务平台经营者应当根据商品或者服务的价格、销量、信用等以多种方式向消费者显示商品或者服务的搜索结果；对于竞价排名的商品或者服务，应当显著标明"广告"。

《中华人民共和国反不正当竞争法》也有所涉及："经营者不得对其商品的性能、功能、质量、销售状况、用户评价、曾获荣誉等作虚假或者引人误解的商业宣传，欺骗、误导消费者。"

《中华人民共和国消费者权益保护法》规定，经营者与消费者进行交易时，应当遵循自愿、平等、公平、诚实信用的原则，不作虚假或者引人误解的宣传；消费者也有权知悉其购买、使用的商品或者接受的服务的真实情况。

《互联网广告管理暂行办法》要求互联网广告主对广告内容的真实性负责。互联网广告应显著标明"广告"，使消费者能够辨明其为广告，且付费搜索广告应与自然搜索结果明显区分。

从现实情况出发，由于网络广告本身数量庞大，很难通过登记方式来规范发布行为，以及约束网络广告发布者。广告监管部门按照《广告法》对网络广告进行逐一审查已不现实。中小互联网站内部一般没有专门的机构负责广告的承接、设计和发布，没有相应的广告管理制度，也不能严格审查广告信息发布者的真实身份以及广告宣传产品的真实性。这就为网络虚假广告的泛滥埋下了伏笔。此外，网络广告一旦发布，影响力就不再局限于某个区域，虚假广告的受害者可能是跨区域的，也可能是全国的，甚至是国际的，不同国家对虚假广告的规定也不尽相同，这就给执法带来了很大困难。

伴随着网络购物的出现，大量的网络广告充斥着人们的视野。它比传统广告覆盖范围更广，受众群体更多，而尚未完善的网络检测系统和法律规范使得许多虚假违法广告混杂其中，不利于消费者合法权益的保障，严重影响着网络广告市场的健康发展和有序竞争。因此，网络虚假广告的诸多弊端提示我们要加强相关的法律规制。目前，我国对网络虚假广告法律规制仅规定在诸如《广告法》《广告管理条例施行细则》等相关的行政法规、部门规章中。这些法律制度并不能有效地解决网络广告的复杂问题，存在着滞后性。[①]

二、与过度骚扰相关的法律法规

过度骚扰是随着互联网的快速发展而出现的。对这样的新问题，我国目前的相关法律法规很少，立法的滞后性与我国广告的快速发展不符，亟待更新完善。

《广告法》第四十四条明确规定：“利用互联网发布、发送广告，不得影响用户正常使用网络。在互联网页面以弹出等形式发布的广告，应当显著标明关闭标志，确保一键关闭。”

《互联网广告管理暂行办法》规定：“未经允许，不得在用户发送的电子邮件中附加广告或者广告链接。”还有一些地方机构出台相关法律法规，如2019年江苏省第十三届人民代表大会常务委员会第七次会议修订通过的《江苏省广告条例》明确规定，将广告骚扰电话视为违法行为。

这些年来，相关部门多次针对互联网广告开展整治行动，并取得一定效果。但是，网络广告过多过滥的问题，像牛皮癣一样难以根治。究其原因，过度骚扰的问题与隐私问题密切相关。计算广告概念里有一个词叫作“精准投放”，意思就是精准投放广告，投放的对象都是对这个广告有直接或者间接需求的人。如果你有消费行为，那么个人信息就值钱了。比如你买了房，那么接下来要装修，还要买家具，你的信息对于那些装修、家具公司来说就很

---

① 孙宁．网络虚假广告的法律规制研究［D］．大连：东北财经大学，2015：1.

值钱，因为你就是他们的潜在客户。你的电话号码，房地产商卖几十块钱完全不是问题，而且他们还可以将你的号码同时卖给多家关联公司。这样，一个愿意买，因为是精准客户，一个愿意卖，因为有足够的利益，我们的个人信息就被泄露出去了，伴随而来的就是我们每天将会收到垃圾短信、骚扰电话等令人烦不胜烦的骚扰信息。

法律以其特有的规范作用深刻影响着社会生活，它更是推动计算广告甚至整个广告行业全面进步所必不可少的因素，为此，我们必须充分认识和重视法律的作用。但是，我们必须看到，法律也存在一定的局限性：法律是调整社会关系的重要方法，但绝不是唯一的方法；法律的作用范围不是无穷无尽的，也并非都是适当的，不少社会问题就不太适宜采用或是最先采用法律手段；由于社会生活是不断变化着的，具有一定稳定性的法律对社会生活的涵盖性和适应性便不可避免地存在一定的局限。[①] 因此，要解决网络广告的过度骚扰问题，还需要结合隐私问题一起，多方参与、客观立法、立体监管才能有效。

三、与侵犯隐私相关的法律法规

我国《刑法》明确规定：未经公民本人同意，不得向他人出售或者非法提供其个人信息。

我国《民法典》第一千零三十二条明确规定："自然人享有隐私权。任何组织或者个人不得以刺探、侵扰、泄露、公开等方式侵害他人的隐私权。"第一千零三十四条直接表示，"自然人的个人信息受法律保护"，后续几条规定了处理个人信息的条件、自然人有请求信息处理者删除个人信息的权利以及信息处理者的义务。

2021 年 8 月 20 日，第十三届全国人民代表大会常务委员会第三十次会议表决通过《中华人民共和国个人信息保护法》（自 2021 年 11 月 1 日起施行）。它是我国第一部个人信息保护方面的专门法律，其中明确规定：通过自动化决策方式向个人进行信息推送、商业营销，应提供不针对其个人特征的选项或提供便捷的拒绝方式；处理生物识别、医疗健康、金融账户、行踪轨迹等敏感个人信息，应取得个人的单独同意；对违法处理个人信息的应用程序，责令暂停或者终止提供服务；等等。

《中华人民共和国网络安全法》是为保障网络安全而制定的法律，网络信息是网络安全极为重要的一部分，因此在第四章强调了网络运营者对用户信

---

① 张文显．法理学［M］．4 版．北京：高等教育出版社，2011：79－80.

息的收集、使用和保护，并直接表述为："网络运营者不得泄露、篡改、毁损其收集的个人信息。""未经被收集者同意，不得向他人提供个人信息。""网络运营者应当采取技术措施和其他必要措施，确保其收集的个人信息安全，防止信息泄露、毁损、丢失。""任何个人和组织不得窃取或者以其他非法方式获取个人信息，不得出售或者非法向他人提供个人信息。"

而与消费者联系最紧密的《中华人民共和国消费者权益保护法》中，也有与信息保护有关的内容。具体内容如下："经营者收集、使用消费者个人信息，应当遵循合法、正当、必要的原则，明示收集、使用信息的目的、方式和范围，并经消费者同意。经营者收集、使用消费者个人信息，应当公开其收集、使用规则，不得违反法律、法规的规定和双方的约定收集、使用信息。经营者及其工作人员对收集的消费者个人信息必须严格保密，不得泄露、出售或者非法向他人提供。经营者应当采取技术措施和其他必要措施，确保信息安全，防止消费者个人信息泄露、丢失。在发生或者可能发生信息泄露、丢失的情况时，应当立即采取补救措施。"

法律业界经常援引《全国人民代表大会常务委员会关于加强网络信息保护的决定》（以下简称《决定》）作为判决理由，因此在此将它归为法律类。它的制定是为了保护网络信息安全，保障公民、法人和其他组织的合法权益，维护国家安全和社会公共利益。《决定》直接表明："国家保护能够识别公民个人身份和涉及公民个人隐私的电子信息。任何组织和个人不得窃取或者以其他非法方式获取公民个人电子信息，不得出售或者非法向他人提供公民个人电子信息。"它还规定网络服务提供者应当遵循合法、正当、必要的原则来收集、使用公民个人电子信息，明示收集、使用信息的目的、方式和范围，并经被收集者同意，不得违反法律、法规的规定和双方的约定，且应严格保密，确保信息安全。

除了以上法律，还存在着相关法规。《电信和互联网用户个人信息保护规定》的主要目的之一为保护互联网用户的合法权益，维护网络信息安全，它规定互联网信息服务提供者收集、使用用户个人信息，应当遵循合法、正当、必要的原则，并对个人信息的安全负责。《中国银保监会监管数据安全管理办法（试行）》是根据《中华人民共和国网络安全法》等法律法规制定的部门规章，是为了维护国家安全、社会公共利益，保护公民、法人和其他组织在网络空间的合法权益，保障个人信息和重要数据安全，将《网络安全法》中有关信息安全的部分扩充细致，更好地服务于实践。第十三届全国人大常委会第二十次会议中，《中华人民共和国数据安全法》迎来初次审议，并在第十三届全国人民代表大会常务委员会第二十九次会议通过，2021 年 9 月 1 日正式执行。

此外，国家还出台了国家标准，国家标准具有行政方面的管理职能，《中华人民共和国标准化法》赋予其一定的法律效力。我国首个个人信息保护国家标准《信息安全技术 公共及商用服务信息系统个人信息保护指南》于2013年2月1日起实施，其最显著的特点是规定个人敏感信息在收集和利用之前，必须首先获得个人信息主体明确授权。[①]《信息安全技术 个人信息安全规范》由全国信息安全标准化技术委员会（SAC/TC260）提出并归口，针对个人信息面临的安全问题，规范个人信息控制者在收集、保存、使用、共享、转让、公开披露等信息处理环节中的相关行为，旨在遏制个人信息非法收集、滥用、泄露等乱象，最大限度地保障个人的合法权益和社会公共利益。[②]

总而言之，隐私问题与计算广告密切相关，计算广告实现的前提条件就是获取一定的公民隐私数据。完全的公民隐私保护显然不适合计算广告的发展，因此，广告主、媒介和代理机构均反对完全的隐私保护，而倾向于接受适当的具名隐私保护。一定程度匿名数据的适当使用，能为多方带来共同的利益。我国有关隐私问题的法律法规，目前还处于水平参差不齐、零散不成体系的状态。虽然在刑法、行政法、民法以及法规中均有提及，但是它们大多数是重复的内容，都是原则性的规定，过多地从公民权角度考虑问题，司法实践操作性并不强，在立法上还存在一些漏洞。这些都与快速发展的计算广告不相适应。[③]

四、与流量造假相关的法律法规

目前，我国没有一部与流量造假相关的系统的法律法规，只有一些规定零散地分布在某些法律法规中。

《广告法》笼统要求，广告发布者应向广告主、广告经营者提供真实的点击率等资料。

《中华人民共和国反不正当竞争法》第十二条规定："经营者不得利用技术手段，通过影响用户选择或者其他方式，实施下列妨碍、破坏其他经营者合法提供的网络产品或者服务正常运行的行为：未经其他经营者同意，在其合法提供的网络产品或者服务中，插入链接、强制进行目标跳转……"

《中华人民共和国网络安全法》的某些内容与流量造假有所相关，"网络

---

① 全国信息安全标准化技术委员会．信息安全技术 公共及商用服务信息系统个人信息保护指南［S］．北京：中国标准出版社，2013.

② 全国信息安全标准化技术委员会．信息安全技术 个人信息安全规范［S］．北京：中国标准出版社，2017.

③ 陈纯柱，王唐艳．大数据时代精准广告投放的隐私权保护研究［J］．学术探索，2020（4）：105－112.

产品、服务的提供者不得设置恶意程序”。《互联网广告管理暂行办法》直接表明，互联网广告活动中不得有利用虚假的统计数据、传播效果或者互联网媒介价值，诱导错误报价，牟取不正当利益或者损害他人利益的行为。《网络信息内容生态治理规定》第二十四条规定：“网络信息内容服务使用者和网络信息内容生产者、网络信息内容服务平台不得通过人工方式或者技术手段实施流量造假、流量劫持以及虚假注册账号、非法交易账号、操纵用户账号等行为，破坏网络生态秩序。”

流量经济的本质就是注意力，只有获得了消费者的注意力，才有可能将消费者的点击、浏览转化为真正的商业利润，占领市场。流量造假已成为影响互联网经济健康发展的“毒瘤”，必须加快相关立法，高度警惕它所带来的五类危害。①

其一，数据失真。互联网时代，数据正日益成为整合各类资源的核心驱动力，大数据产业应运而生。可一旦数据失真，大数据产业就失去了基石。

其二，评判失灵。数据是价值评判最直观的标准，数据一旦造假，就会使得参照数据评判价值的标准失灵，所谓“劣币驱逐良币”“低俗胜过高雅”等现象就会发生，影响行业健康发展。

其三，平台失信。数据造假本身源自平台，一旦平台将暗刷流量带来的“经济回报”视为追求，无视职业操守，就会透支未来的发展信誉。

其四，竞争失范。当明星、主播、平台纷纷热衷于刷流量，力争“排名不下滑”“不掉粉”，乃至“买粉丝”“恶意刷竞争对手的流量”时，就会引发恶性竞争。

其五，秩序失衡。当产业失去真实数据这一发展基础，从事“唯利是图”的无规范竞争，最终将导致整个产业环境失去平衡，甚而会波及经济社会整体发展生态。

五、与不良信息相关的法律法规

当前，互联网上违反法律法规的不良信息涉及很多种类，大致包括淫秽、色情、暴力等低俗信息，赌博、犯罪等技能教唆信息，毒品、违禁药品、刀具枪械、监听器、假证件、发票等管制品买卖信息，股票、信用卡、彩票等诈骗信息，网络销赃等。最为突出的就是淫秽色情类低俗信息。

---

① 北京市习近平新时代中国特色社会主义思想研究中心．经济时评：流量造假已成“毒瘤”，警惕五大危害［EB/OL］.（2019－10－28）［2021－07－17］. http://baijiahao.baidu.com/s?id=1648593815062560962&wfr=spider&for=pc.

淫秽色情类信息是目前互联网上危害最大的违反法律法规类信息，多以庸俗和挑逗性标题吸引点击，其内容包括以下一些：表现人体性部位、性行为，具有污辱性的图片、音视频、动漫、文章等；非法的性用品广告和性病治疗广告；色情交易、不正当交友等信息；走光、偷拍、露点等利用网络恶意传播他人隐私的信息等。

违反法律法规类不良信息主要指《中华人民共和国宪法》《全国人大常委会关于维护互联网安全的决定》《互联网信息服务管理办法》等所明文严禁的信息以及其他法律法规明文禁止传播的各类信息。

《刑法》第三百六十三条规定："以牟利为目的，制作、复制、出版、贩卖、传播淫秽物品的，处三年以下有期徒刑、拘役或者管制，并处罚金；情节严重的，处三年以上十年以下有期徒刑，并处罚金；情节特别严重的，处十年以上有期徒刑或者无期徒刑，并处罚金或者没收财产。"

2000年，《全国人民代表大会常务委员会关于维护互联网安全的决定》规定："有关主管部门要加强对互联网的运行安全和信息安全的宣传教育，依法实施有效的监督管理，防范和制止利用互联网进行的各种违法活动。"

2010年，最高人民法院、最高人民检察院联合发布《关于办理利用互联网、移动通讯终端、声讯台制作、复制、出版、贩卖、传播淫秽电子信息刑事案件具体应用法律若干问题的解释（二）》（以下简称《解释》），加大了对于涉未成年人淫秽信息的处罚力度，如规定利用互联网、移动通讯终端制作、复制、出版、贩卖、传播内容含有不满十四周岁未成年人的淫秽电子信息的行为，构成传播淫秽物品牟利罪或者传播淫秽物品罪的定罪量刑标准，在以往的基础上下调一半。根据解释，以牟利为目的，非法从事以下活动，均可定罪处罚：利用互联网、移动通讯终端制作、复制、出版、贩卖、传播内容含有不满十四周岁未成年人的淫秽电子信息，数量达到电影、表演、动画等视频文件十个，音频文件五十个以上的；传播淫秽电子刊物、图片、文章等一百件以上，信息实际被点击数达到五千次以上的；利用淫秽电子信息收取广告费、会员注册费或者其他费用，违法所得五千元以上的。此外，如果制作、复制、出版、贩卖、传播具体描绘已满十四周岁、不满十八周岁的未成年人性行为的淫秽电子信息，则仍应依据旧《解释》的规定从重处罚。

相关法律法规已经形成了对网络不良信息加以规制的大体构架，但是它们在网络不良信息规制方面的效果仍然没有达到预期。主要表现在：网络不良信息的有关立法之间存在冲突、网络管理部门职责不明，造成执法管理混乱、网络不良信息认定困难，司法规制效果不佳。[①]

---

① 韩威，王敏又．网络不良信息的法律规制［J］．法制与社会，2015（3）：62-63，67.

第三节　计算广告的伦理道德问题

由于法律法规的局限性，为了更好地规范计算广告并使其长远发展，我们有必要引入伦理道德，使两者合力共同作用。伦理，蕴含着理性、科学、公共意志等属性，指处理人与人、人与社会相互关系时应遵循的道理和准则。[①] 道德，蕴含着更多的情性、人文、个人修养等色彩，指以善恶评价为标准，依靠社会舆论、传统习俗以及人们的内心信念来调整人与人之间、个人与社会之间关系的行为规范的总和。[②] 马克思主义认为，道德是一种社会意识形态，它是人们共同生活及其行为的准则和规范。不同的时代、不同的阶级有不同的道德观念，没有任何一种道德是永恒不变的。伦理和道德在一定的词源含义上可以视为同义词。伦理道德是“伦理”与“道德”的结合，两者虽有不同，但是在现实生活中人们多不会加以区分。

什么形式的计算广告是符合伦理道德的？张良悦和杨先顺（2020）运用扎根理论方法对被访者文本材料进行编码分析，根据其前后的逻辑关系在价值导向的基础上，从“什么形式的计算广告是符合伦理道德的”角度进行初始概念的简化，得到伦理道德感知的初始概念，并将重叠的初始概念进行合并简化，经过理论饱和度检验没有出现新概念，最终得到五个核心概念，我们把其微调为安全、自愿、诚信、互益、多样。[③]

一、安全

消费者只有在主观意识上认为自身所处的网络环境是安全的，才能放心浏览和购物。在对被访者的研究中发现，“安全”为消费者伦理感知的主要维度。大部分被访者表达了对网络交易中自身隐私泄露的担忧，各个网络平台之间的隐私贩卖等商业牟利行为会对消费者造成巨大伤害。研究结果显示，隐私保护、平台独立、法律监督是消费者安全伦理感知的主要维度。消费者认为无论是网络购物平台还是APP中出现的广告链接，都要合法合理，这也是保证安全的前提。

比如，笔者有个朋友曾经炒股，听说一款炒股软件不错，就下载来用了

---

① 余仕麟．伦理学要义［M］．成都：巴蜀书社，2010：7

② 同①6.

③ 张良悦，杨先顺．大数据精准广告的伦理问题和路径分析：基于消费者感知的实证研究［J］．传媒观察，2020（5）：67-75.

一下，然后卸载了，因为感觉不好用。从那以后，他可能每天都要接到三个以上的电话，都是一开口就问："最近股票这一块还在做吗？""最近有没有关注黄金投资？""×××的楼盘要开盘了，有没有兴趣了解一下？"……他还经常收到美女头像的账号加其微信好友，看了一下来源，都是通过搜索手机号找到他的，然后他再看一下那人的朋友圈，全是原油、期货、贵金属投资之类的。原来那个炒股软件把笔者朋友的信息给卖了。

目前腾讯微众银行可以人脸开户，支付宝也可以刷脸支付。人脸识别和金融系统的技术联姻对商业生态影响深远，例如金融远程自助身份认证系统，通过智能终端办理相关业务时可进行预设的人脸数据身份鉴权验证，替代线下网点或后台人工身份验证，大幅节约了人力成本。但是，我们使用互联网社交产品的一切行为数据都被监控和记录下来，具体到我们在某张图片上停留多久，我们的孤独、抑郁时刻，我们爱看前任的信息，我们深夜做什么，这些系统统统知道。这些我们不经意间流露出的数据，都被喂养给系统，而这几乎不需要人看管，系统会不断做出越来越好的预判，判断出我们是什么样的人，我们要做什么，然后把这些信息卖给广告商。

二、自愿

所谓自愿是以价值导向为基础的带有道德性的感知。从被访资料中分析得知，消费者认为自身和广告主处于一个不平衡的地位，广告主在对消费者进行分析后掌握着主动投放广告的权利，消费者则处于一种被动接受的情景。拥有自主选择权可以让消费者从主观意识上得到主体地位的提升，会以轻松愉悦的态度去点击浏览广告，更利于促进消费。相反，不遵循消费者自主选择意愿的强制性广告，会让消费者从主观上产生被动情绪，进而产生抵触感。

比如，"双十一"对于各大电商来说，可能是一年中最大的活动了。本来就是网络交易，使用网络广告也在情理之中。不过只要你一开机，不用其他的操作，首先出来的就是弹窗广告，当你关闭这个广告，打开浏览器后，还是躲不开绚丽的促销降价广告。这些广告可以说上下左右哪儿都有、十分全面，即使你不去理它们，工作的时候也很有可能不小心点击到它们，然后就会打开购物页面。为了尽可能地让更多的人浏览，这些广告的关闭按钮通常做得很隐蔽，一时半会儿还找不到。而你浏览过、购买过一些商品后，类似的推送广告就会纷至沓来。有不少网友吐槽道：最了解你的也许不是你的家人，而是这些弹屏广告。

又如，2013 年朱烨在家中和单位上网浏览相关网站时，发现利用"百度搜索引擎"搜索相关关键词后，会在特定网站上出现与关键词相关的广告。

其后，朱烨通过南京市钟山公证处对这一过程进行了公证并出具了公证书，证明朱烨在通过百度网站搜索“减肥”“人工流产”“隆胸”关键词后，再进入“4816”网站和“500看影视”网站时，这些网站中就会分别出现有关减肥、人工流产和隆胸的广告。朱烨认为，百度公司上述做法影响了其正常的工作和生活。2013年5月6日，朱烨向南京市鼓楼区人民法院起诉百度公司，请求判令百度立即停止侵害，赔偿精神损害抚慰金10 000元，承担公证费1 000元。南京市鼓楼区人民法院一审判决百度侵权，二审又认定不侵权。[①] 尽管判决有利百度，我们仍然需要深思，是否应该给予消费者选择的权利，使消费者可以选择是否将个人信息交给商家使用。

三、诚信

诚信作为人类发展的基本性原则，要求我们遵守美德。诚信不同于其他消费者感知维度，它侧重的是商家广告主的角度。消费者在网络消费中对企业的诚信也是十分看重的。若消费者长期在不诚信的网页或平台中浏览，无论看见何种推送都会产生被欺骗的心理，而对商家的不信任会导致浏览交易下降，长此以往消费者就会对网络购物失去信心。

比如，从素人分享心得，到明星入驻“带货”，近几年，小红书的“种草笔记”斩获了不少女性用户，甚至有人感慨：“爱上一片草原，就怕兜里没钱。”然而，近期不断曝光的黑幕，可能会让你看清真相——你爱上的可能是一片“假草原”。因为，让你“种草”的购物分享笔记可能并非来自真实用户的亲身体验，而是由专业写手按照商家需求“编造”的。付费代发小红书已经逐渐形成了一条固定的灰色产业链，只要在某宝搜索“小红书代发”等关键词，你就能看到大量中介代理提供这样的服务，而这些灰色产业服务甚至已经形成了一套标准的报价体系。

2019年10月17日，一篇名为《一场新媒体巨头导演的“僵尸舞台剧”，真实还原现场，导火线：一条一夜爆红的视频，我们流量却为0!》的文章，将微博数据造假再次推向舆论风口。文章大致是说，一家淘宝店在微博上做推广，找了“网红”“大V”，后者在收取其不菲的价格，产生300多万的观看数、大量“已下单”“已种草”“买买买”的评论后，却带来了商品零成交，因此广告主认为该“大V”所在的MCN机构存在严重的刷量造假问题。此后，双方在是否有转化率上各执一词。抛开转化率不

---

① 张琛．Cookie隐私第一案：法院判定个性化推荐不侵权［EB/OL］．（2015-06-12）［2021-07-17］．https://news.caijingmobile.com/article/detail/195491?source_id=40.

说，从数百万的播放量、成百上千条疑似购买或准备购买的评论带来的零成交来看，数据确实可疑。这种行为破坏了广告主、代理机构、媒介、消费者之间的诚信纽带。

四、互益

有益是人的本能需要。在现实的商业交易中，互益是商家和消费者共同追求的目标。消费者有益伦理感知主要表现在“省时便利，帮助推荐，公众有益”这三个维度。消费者对计算广告大多有排斥心理，当察觉对自身无利时会直接忽视或关掉推送；同时计算广告也体现了商业有益主义，即为追求广告点击量的增加，对消费者进行大数据杀熟。商业的本质就是从利他到有益，最终实现互利双赢，但如今大数据精准广告中存在的问题是并没有让消费者感受到真正的“有益”，消费者被推荐算法包裹着，不管是愿意还是不愿意。一些虚假广告、低俗广告对消费者的迷惑不仅降低了购物体验，损害了另一方的利益，同时也难以形成商业有益，更不要说社会有益。

比如，一些网站（尤其是中小型网站）一方面希望扩大自己的影响，以产生丰厚的经济效益，另一方面又不愿或无力提供足够的资金，于是常常不经名人的同意，擅自对其肖像进行加工处理，制作成网页或 Flash 图片，以扩大自身的宣传。例如国内某网站曾登出著名演员巩俐向希望小学捐赠某口服液的广告，这一广告即为子虚乌有的虚假广告。这种行为破坏了商业交易的互益原则。

还有一些打法律擦边球的“软色情”广告，更让人防不胜防。网络“软色情”有五个传播特点。一是标题党。在微信公众号等信息传播平台，“性暗示”成为“软色情”标题党文章推送的常用手段。这些文章本身并无不良、低俗、色情等内容，内容和标题无关。二是精准化推送。在人工智能、大数据、云计算等新技术的加持下，网络平台能够从用户的浏览记录中分析其阅读偏好，从而实现“软色情”信息的定向推送。三是平台化传播。在 APP、网站等平台上发布照片和视频是“软色情”引流的重要方式。目前，一些平台板块化的推送方式为“软色情”内容的传播创造了便利，成为“软色情”的扩音器。四是资本化运作。一些“软色情”内容的生产背后有着专业的团队，从文案设计、口号制作到宣传推广，均有资本推手。五是圈层化传播。“软色情”传播的圈层化指的是“软色情”内容在由趣缘关系相近的人组成的群体中传播的现象，其传播有圈内成员“同质化”、表达场域“小众化”“隐蔽化”等特点。[①]

五、多样

在大数据精准广告的语境下，多样化涵盖了信息来源的广泛性、推送商品种类的多样性、消费者选择的丰富性等。在研究中，消费者多样伦理道德感知主要表现在对精准广告内容推送的多样化需求方面。消费者不断收到关于自己喜好的广告推送、购买过产品的相似推送，无论是日常浏览还是消费购物范围都越来越小。不仅如此，大数据也不能实时更新，存在推送滞后等一系列问题，无法揣测消费者内心，即使精准广告是基于大数据分析想要“讨好”消费者的一种形式，但也存在“信息茧房”等问题。

算法广告会给用户造成“茧房效应”，导致用户看到的消息面越来越窄。当你所使用的产品或工具是基于同一数据中台内的，你所看的或所听的是否是平台为你精心打造的呢？兼听则明，偏信则暗。当你的信息全部依托于信息推荐机制时，如何做到兼听呢？在生活中，看到“网红”推荐的口红不错，就想着去买；朋友圈里朋友或是微商身上穿的衣服好看，赶紧要来产品链接；看到直播平台的广告，按捺不住又下单……可以说，“种草”与“拔草”（实施购买行为）已经成为一种火热的消费现象，渗透进生活的各个场景。比如，2020年，“双十一”预售当晚，李佳琦、薇娅直播间的累计观看人数分别达到了1.62亿和1.43亿。在这场“魔幻现实主义”的抢购中，大家失去了一个成年人该有的理智。主播们通过研究消费者心理，通过狂热的宣传把商品推送到你面前，表面上看起来是给了你更多的选择，实际上你以为的选择，不过是被割的“韭菜”。

互联网垄断很容易带来财富的“马太效应”：强者恒强，富者更富。例如互联网巨头企业、资本相继投入大量资源，采用熟悉的套路入局生鲜社区团购：先补贴，后垄断。2020年“互联网巨头借助资本之力夺走卖菜小商贩的生计”曾引发社会热议。互联网平台经济本身具备赢者通吃的属性，具备一定的自然垄断属性，同时其拥有大量用户数据，也存在一定的数据滥用风险。如果任由资本驱动、无序扩张，短期内似乎能加剧竞争，给消费者带来一定实惠，但是一旦其不受监管地完成垄断，进行垄断性定价，同时侵入更多传统经济领域，就会造成数据孤岛，消费者的多样化选择被限制，反而会对消费者福利造成损失。

---

① 梅鹏超，王鹏远，王淑红．网络“软色情”的4大危害和5大治理之策［EB/OL］．（2020-06-12）［2021-07-17］．https://baijiahao.baidu.com/s?id=1669253047965972887&wfr=spider&for=pc.

第四节　计算广告的监管措施

科技的便利是有代价的。我们在享受工具的便利性的同时，需要清楚地认识到，在使用该工具之前，就已经默认了该工具会带来的影响。算法只给人们推荐感兴趣的东西，它并无道德感，它唯一的动力就是商业利益。用户的每一次下拉或上拉刷新，都是一次算法的重新推送，它们将深入人们的脑袋里，植入一种无意识的习惯，使人丧失批判思维。

但是我们也应看到，科技本身是无价值倾向的，关键在于科技背后的人。计算广告其实是互联网行业的一种正常商业模式，这种商业模式本身并不违法。不应该采取“一刀切”的整治办法，通过法律法规监管、行业自律、媒体自律、消费者参与和技术反制，计算广告是可以发挥其正面价值的。

一、法律法规监管

法律是维护社会公平正义的最坚固的一道防线，为使计算广告沿着合法、正确、健康、有序的路线发展，有必要重视法律法规的强大监管力量。相关法律法规及国家对广告行业的扶持政策和发展规划的颁布与实施，不仅可以推动广告行业的规范化进程和市场秩序的建立，也为从业者指引战略规划和业务发展的方向，有利于广告行业的持续、稳定、健康发展。为了规制互联网广告的违法现象，国家工商总局在 2016 年出台了《互联网广告监督管理暂行办法》(以下简称《暂行办法》)，其中第三条明确定义了互联网广告，这是我国第一次以法律规范正式条文形式对互联网广告进行定义。计算广告是互联网广告的新生事物，需要新的法律条文来规范。应注意的要点是：

其一，吸取国外法律法规监管经验，结合我国现状制定并更新符合国情的法律法规，加快做好顶层设计，全面完善个人信息、数据安全、广告交易等领域保护法律法规条文。比如，流量造假管制在我国的法律法规中内容较少，因此可以将细化管制流量造假的相关内容纳入《广告法》中，或制定一部新法规《计算广告法》，明确流量造假的内涵、范畴、参与对象、造假类型，明确举证责任，并根据造假行为及其造成的危害程度进行责任认定，制定处罚措施。

其二，通过制定科学的检测标准来实现对计算广告不同程度违法行为的认定与处罚。例如，转发虚假计算广告，所导致的过度骚扰危害较小时，可以通过以警为主的网络联合执法部门根据《中华人民共和国治安管理处罚法》

采取行政处罚措施。而对于通过计算广告传播病毒、不良信息，危害严重的，可以根据《刑法》采取管制、拘役、有期徒刑、无期徒刑等刑罚措施。

其三，处罚对象不仅包括违法的计算广告广告主，还要连带投放广告的媒介、数据公司和广告代理机构。不法经营者利用计算广告实施非法牟利的行为。一些人在网络上、微博上通过与网络推手、水军合作，形成一个利益链条，为了吸引流量甚至制造传播网络谣言。有必要扩大处罚范围，形成计算广告产业全链条的威慑力。

其四，要将计算广告的违法行为落实在执法行动中。工商管理部门的执法是最具有法律效力的，可以从两点着手：第一，承担起依法规范和维护计算广告各市场主体的责任，监督管理市场交易行为和网络商品交易及有关服务的行为，对违法违规行为的组织者、参与者进行问责，根据对相关利益方造成的损失程度予以处罚；第二，承担起监督管理流通领域商品质量的责任，组织开展有关服务领域消费维权工作，按分工查处虚假广告等违法行为，指导消费者咨询、申诉，做好举报受理、处理和网络体系建设等工作，保护经营者、消费者的合法权益。

其五，对于广告经营者、数据公司、媒体机构和互联网技术公司来说，要将法治理念落实在业务操作的关键步骤中。例如在数据收集、广告推送、广告制作步骤中做到真正的知情同意，而不是逼迫用户选择同意条款，不同意相关条款就只能退出。最关键的是在计算广告使用中要明确说明用户的哪些数据会被存储、收集，以及数据分析的用途。

其六，隐私侵犯是计算广告必须解决的又一重大问题，否则我们将深陷数据利用的两难选择之中。隐私侵犯议题的讨论，不仅需要法学专家、消费者、社会学家，更需要广告主、广告公司、媒介等相关利益主体的加入。讨论的焦点不应该是要不要隐私权的问题，而是要什么样的隐私权以及什么程度上的隐私权。在网络时代，完全保护隐私权是不现实的，具名隐私权和知情隐私权可以被理解。法律应与时俱进，更新对隐私权的定义和解释。适当地使用匿名数据，有利于各主体达到均受益的平衡状态。

二、行业自律

法律是成文的伦理道德，伦理道德是内心的法律。计算广告伦理道德讨论的是自律问题，即在广告活动中应该做什么不应该做什么的问题。相对于法律法规的强制性而言，伦理道德准则更多依靠的是内心的约束。但在对伦理道德主体自律意识不足，伦理道德失范后果较为严重时，就有必要在意识层面树立解决问题的坚定态度，在行为层面制定规范的伦理道德标准，将伦理道德自觉上升到法规、准则层面，强化行动主体的规范意识。① 一个好的行业，需要行业组织的协调与监督，这种不同于法律法规的行业“软调节”在推动行业发展方面有着不可替代的重要作用，不可忽视。这方面的要点是：

其一，互联网广告行业协会比政府部门更加了解它们自己的业务。因此，许多自律团体、组织、行会纷纷通过各种方式来直接或间接地协助政府职能部门对计算广告的违法行为进行监管，积极配合政府管理部门，共同促进计算广告产业健康有序的发展。②

其二，加强广告主的自律能力。根据《广告法》，广告主指为推销商品或者服务，自行或者委托他人设计、制作、发布广告的自然人、法人或者其他组织，是广告活动的关键参与者，可以说是广告的第一决定者。因为没有广告主，便不会有计算广告，广告主对计算广告的全流程应该最有话语权。从这个角度来看，广告主的自律对计算广告违法问题的解决有着不可替代的作用。

其三，发挥 4A 的组织作用，加强广告公司的自律能力。广州 4A 于 1996 年成立，是中国成立最早、组织最完善、行为最活跃的广告公司协会。秉承“让广告更专业・让专业更创新”的宗旨，广州 4A 一直为行业的健康、可持续发展而矢志不渝。发挥 4A 的作用，有利于建设一个服务、创新、实力、诚信的高水准广告同业组织，提高计算广告的专业水平。

其四，作为需要多重市场主体参与的高科技产业链，如果各主体能达成共识组成计算广告行业组织，可以有效促进各个节点的市场参与者加强合作，形成合力共同推动发展。该组织可以对计算广告自身的问题达成共识，以“公约”“宣言”或“标准”的正式形式形成行业规范和标准，并使用一定的奖惩措施来规范会员企业及其他行业企业，如不定期公布伤害消费者个人信息安全的企业案例、建立动态的诚信广告代理商和广告发布方“白名单”、定期发布虚假广告企业“黑名单”等，使计算广告行业成为有组织、有规范、联系紧密的利益共同体。③

三、媒体自律

从 2014 年 3 月 15 日起，新修订的《消费者权益保护法》正式施行。新《消费者权益保护法》在总则中明确规定：“大众传播媒介应当做好维护消费

---

① 闻珊．行动者网络理论下计算广告的伦理问题与对策研究［D］．广州：华南理工大学，2020：45.

② 钱飞龙．网络不良信息治理研究［D］．北京：中央民族大学，2009：30.

③ 鞠宏磊，李欢．程序化购买广告造假问题治理难点［J］．中国出版，2019（2）：31－34.

者合法权益的宣传，对损害消费者合法权益的行为进行舆论监督。”在传统媒体中，媒体对于广告而言扮演的是监督者的角色，肩负着保护消费者合法权益的社会责任。然而，在互联网世界里，媒体本身既是监督者，也是被监督的对象。因此，强调媒体自律是十分有必要的。

其一，媒体自律。相关数字媒体应该主动承担起净化网络环境的责任。比如，随着微信用户人数的日益增加，微信也就成了营销广告、诈骗信息的新阵地。2018年5月18日，腾讯发布了微信管理新规，指出为了避免过度营销对用户的骚扰，在微信之内不能传播任何未取得信息网络传播视听节目许可等法定证照的视听内容。这个规定发布之后，一些抖音视频、快手视频都无法在微信中直接分享了，只能复制口令并打开专门的APP才能播放。腾讯的这种主动清除过度骚扰信息的行为值得肯定。

其二，媒体的监督。媒体尤其是权威媒体应承担起对计算广告的媒体监督责任，根据线人和消费者提供的线索进行调查，深挖事实与真相。比如2013年的“3·15”晚会上，央视曝光了网易等公司基于Cookie的精准营销涉嫌侵犯用户隐私的事件，在全国范围内引起轩然大波，最后促使中国互联网协会行业自律工作委员会联合奇虎360、DCCI、互动通、西岸奥美、传漾网络、品友互动、亿玛在线、云联广告、博雅立方、易传媒等30家企业，共同签署《中国互联网协会网络营销与互联网用户数据保护自律宣言》。宣言指出：“精准广告企业应该遵循：‘规范使用、妥善保管、严格保密、确保安全’的原则，从文化建设与道德建设的角度，认识到推动网络营销诚信守法公平发展的重要意义。”①

其三，许多互联网公司本身既是媒体又是数据提供者，应为流量造假承担责任。为解决流量造假问题，需要互联网公司的介入以及第三方广告效果监测机构的监督，对广告主与广告投放方所提供的数据进行检查核实。若是无流量造假或流量不实数据；在广告主接受范围内，广告主可以将其作为下一次广告发布的合作方；若是广告投放方流量造假比例较大，广告主可以使用合适的手段维护自己的利益，并可向广告行业组织或相关部门举报并提供相应佐证。

四、消费者参与

分散化、隐秘性是计算广告的特点。想实现全天候、无死角的监督并不容易，也需要花费大量的人力物力。因此，精细化的治理，离不开消费者这

① 鞠宏磊，李欢．精准广告相关隐私问题的规制原则与策略［J］．编辑之友，2016（6）：96-99.

个重要角色的参与。用户数量千千万，他们既然可能是受害者，也就可以是反馈者。没有消费者的参与，计算广告的监管只能是纸上谈兵。这方面的要点是：

其一，对消费者，要用简单易懂的语言向他们普及、解释法律法规，提高消费者的计算广告素养。让他们明白什么样的计算广告可能会构成利益侵犯和侵犯行为后果的严重性，提醒消费者维护自己的正当利益，并提供有效便捷的投诉渠道。

其二，消费者作为计算广告的出发点与落脚点，是不容忽视的重要监督主体。当消费者发现自己的敏感信息泄露时，有权要求企业挽回局面，减少损失；当消费者发现企业对个人信息的处理超出合理范围时，有权要求企业停止该行为并追回损失；当消费者收到虚假计算广告时，可以先向网络平台举报，若是该虚假广告影响过大，则可向工商管理局举报；当消费者购买到假冒伪劣商品时，可联系消费者权益中心进行维权，损失过大，可采用法律手段等。

其三，为消费者提供方便的投诉渠道。以其人之道还治其人之身，反向思考一下：既然计算广告可以随意“到达人人”，那么可不可以也有一些便捷的投诉窗口，类似于一些网约车平台上的“一键报警”功能，来方便用户反馈违法的计算广告？

其四，培养消费者的知情同意权意识。要教育消费者，使他们明白：不符合法律法规规定，或未经个人信息主体知情同意，不得收集、处理和使用个人信息，对个人信息主体要尽到告知、说明和警示的义务。当消费者感知被计算广告过度精准骚扰时，就可以投诉广告主侵犯了其知情同意权，违法使用了其个人信息。

其五，培养消费者适当的隐私权意识。消费者有权要求广告主体在收集消费者个人信息的时候应把控好“度”：既能根据信息刻画出消费者的画像，又能不涉及或是保护好消费者的个人隐私，使信息不能与现实生活的某个人相对应。为解决计算广告的“隐私”问题，既保护好消费者信息安全，又不影响广告行业的发展，企业应遵照合法原则、知情同意原则、目的明确原则、最少够用原则收集、处理和使用个人信息，再把个人信息以泛化脱敏的方式进行保存，并采用安全级别高的信息保护系统。

五、技术反制

2016 年《哈佛商业评论》载文指出：在接下来十年里，区块链是最有可能对经济社会产生深远影响的技术。被称为“数字经济之父”的唐·塔普斯科特（Don Tapscott）预言，定义未来十年商业世界的科技不是大数据、云计算、机器人或者人工智能，而是区块链。[①] 从广义上而言，区块链是由数据链路、通信网络、共识算法、激励机制、智能合约和应用场景等要素共同组成的新技术框架以及由此衍生的新兴产业和生态系统，这种新技术框架能够利用加密链式区块结构来验证与存储数据，利用分布式节点共识算法来生成和更新数据，利用自动化脚本代码（智能合约）来编程和操作数据，是一种全新的去中心化基础架构与分布式计算范式。[②] 本质上而言，区块链是公共账本的分布式数据库，记录了所有区块链节点之间执行和共享的所有交易记录和事件[③]，具有去中心化、公开透明、不可篡改等特点，而这些特点正是计算广告相关问题的“克星”。区块链有助于恢复人们对计算广告购买的信心，为广告商提供更高的透明度，做到明确每个交易涉及哪些参与者，以及如何更加无缝地协调数据和财务信息。

以下分述区块链技术的三个特点。

其一，去中心化。在区块链技术中，广告交易或者价值交换直接发生在参与者中间，无须任何第三方机构干预，也就是我们常说的去中心化。运用区块链技术，可以给每一个合法的自媒体注册唯一的数字身份，通过区块链网络记录该数字身份的所有信息。这样的方式，既保障了安全，也保护了隐私，因为在区块链上，信息虽然是公开的，身份却是匿名的。在区块链世界里，去中心化，减少平台操控，每个人都是记录者。使用了区块链技术以后，广告主具备了直接从用户那里构建用户画像的能力，可以收集所有用户愿意分享的信息，这也使市场具备了更强的能力来满足用户的需求。

其二，公开透明。在区块链系统中，相关主体能自由地进行点对点的交互，数据库的更新与维护均通过分布式主体协同完成，并非由某一中枢机构完成。[④] 区块链的特点之一便是每个用户都有自己的 ID，里面记录着该用户的自愿开放的信息与所有操作，如历史记录。只有用户愿意开放所有内容或部分内容的权限，广告方才能收集、读取这些内容，这有利于解决困扰计算广告甚至是整个互联网的隐私问题。这是去中心化带来的益处，使不同主体间能平等地实现信息资源共享，避免了信息遭到单方面强制操控的问题。在区块链平台中，不同主体能在信誉不明的情况下，借助加密技术共同协作，从而建立一个以技术规制为基础的信任网络。[④] 公开透明使得只要权限开放，所有基于区块链的操作理论上都能被所有主体看到。若是某广告方、广告代

---

① 曾之明．颠覆未来的黑科技：区块链的世界你懂不懂［J］．金融经济（市场版），2017（7）：36－37.

② 刘俊冉．区块链风口下数字广告营销的发展［J］．青年记者，2019（12）：87－88.

③ 付溢．区块链交易数据隐私保护研究与实现［D］．北京：北京交通大学，2019：8.

④ 尹昱文．区块链技术在数字广告中的应用研究［J］．现代信息科技，2019（9）：197－198.

理商或广告发布方做了违法违规的事情，政府也能较轻易地查明事实，有效规制计算广告。

其三，不可篡改。区块链技术能实现信息的同步更新，并将记录好的交易数据建成“区块”入账，储存在共享的网络系统中。它可以借助加入智能合约的方式，把所有信息向外界公布，以让所有参与者都能了解合约的内容和作用，但不能进行修改。[⑤]这便是不可篡改这一特点背后的原因。该特点使得所有基于区块链的操作都能被完整记录下来，真实呈现信息与数据，有效解决虚假广告与流量造假问题。若是广告方创作虚假广告并向消费者投放，那么该营销以及营销内容都会被记录，且不能被篡改、删除。若是被发现、查处，便会极大地影响产品与品牌的声誉。从这个角度思考，不可篡改的特点能有效制约虚假广告。不可篡改的特点也能保证流量积累过程是真实的，确保广告代理方和广告发布方提供的广告采买和投放过程的完整数据和数据报表都是准确无误的。当广告主查看这些数据、报表时，就能知晓流量的构成是否造假、是否存在异常流量等，这可以很好地抑制流量造假。

2018 年 11 月 21 日，世界首个区块链广告在北京正式上链，古井贡酒拔得头筹，广告语“古井贡酒，大国浓香；年份原浆，世界共赏”登上以太坊公链，被永久记录在 6653585 高度，成为永恒的历史数据，永远不可更改。广告上链是区块链技术迈入 3.0 时代的又一重大突破，在世界广告史上具有划时代意义，它证实了区块链在广告领域的实用性。2019 年，华扬联众发布国内首个基于区块链技术的用户价值实现平台麦哲伦 CVP，该平台将区块链公开、透明、不可篡改的特点和数字营销行业进行了结合。计算广告生态环境的治理需要政府、技术、学界、业界和受众合力推进，共同构建专业化、科学化、规范化的治理体系。

本章小结

计算广告的出现，不仅没有消除传统广告的一些弊端，如虚假广告、过度骚扰等，还产生了新的问题，如侵犯隐私、流量造假、不良信息等。在计算广告时代，这些问题还会被无限放大。法律法规与伦理道德可以说是“鸟之双翼、车之两轮”，它们都是建立在一定经济基础上的上层建筑，是两种重要的计算广告调控手段。计算广告其实是互联网行业的一种正常商业模式，这种商业模式本身并不违法。不应该采取“一刀切”的办法整治计算广告，通过法律法规监管、行业自律、媒体自律、消费者参与和技术反制，计算广告是可以发挥其正面价值的。

复习思考题

1. 计算广告存在的主要问题有哪些?

2. 计算广告中的虚假广告、过度骚扰、侵犯隐私、流量造假、不良信息各指什么?

3. 与计算广告相关的法律法规有哪些?有哪些需要改进的地方?

4. 与计算广告相关的伦理道德有哪些?具体是什么内容?

5. 计算广告的监管措施有哪些?

6. 如何利用区块链技术实现对计算广告的监管?

推荐阅读书目

1. 长铗,韩锋,杨涛.区块链:从数字货币到信用社会[M]. 北京:中信出版社,2016.

2. 陈绚.广告伦理与法规[M]. 北京:中国人民大学出版社,2015.

3. 陈正辉.广告伦理学[M]. 上海:复旦大学出版社,2008.

4. 李淑芳.广告伦理研究[M]. 北京:中国传媒大学出版社,2009.

5. 刘鹏.云计算[M]. 3版.北京:电子工业出版社,2015.

6. 王煜全.暗趋势:藏在科技浪潮中的商业机会[M]. 北京:中信出版社,2019.

7. 扎拉奇,斯图克.算法的陷阱:超级平台、算法垄断与场景欺骗[M]. 余潇,译.北京:中信出版社,2018.

8. 周辉.网络广告治理比较研究[M]. 北京:中国社会科学出版社,2018.

9. 周辉.中国网络广告发展与法治研究[M]. 北京:中国社会科学出版社,2019.

案例

从《华尔街日报》的“What They Know”系列报道到“Do Not Track”运动①

事实上,关于精准广告与消费者隐私的争论早已成为世界性话题,在美国同样经历了“媒体报道—行业讨论”的历史过程,而且这个过程开始得更早,讨论得也更为激烈。

① 鞠宏磊.大数据时代的精准广告[M]. 北京:人民日报出版社,2015:177-182.

自2010年起，《华尔街日报》连续3年对依托于互联网和大数据的精准广告与消费者隐私问题进行了深入的探讨，推出了系列调查性报道“网络无隐私”（What They Know）。2010年到2012年这个系列报道的主题分别是“他们到底知道什么”“隐私的终结”和“被监视的网络”。这个系列报道从介绍Cookie采集信息的基本原理，到分析精准广告的产业生态，再到呈现数据采集的过程和方式，不仅客观地呈现了精准广告带来的隐私保护问题，还在这个基础上对这个问题展开了大量针锋相对的辩论。例如，一方观点是《为什么说“追踪”不是坏事》，另一方的观点却是《网络追踪的危险》。此外，该报道还对谷歌、苹果等巨头企业在这个方面的多个案例进行了分析。

在美国，关于精准广告与消费者隐私的争论，远不止于“纸上谈兵”。政府组织、代表不同利益群体的行业协会、互联网企业、技术研发者都加入对这一问题的讨论之中，并展开了一系列的行动。“Do Not Track”运动算是其中的典型代表。

Do Not Track（禁止追踪）最早来自2007年美国几个公共利益组织在世界隐私论坛（World Privacy Forum）中的提议，他们要求FTC（美国联邦贸易委员会）创设一份在线广告业“Do Not Track”的名单。当时这个想法是希望通过邀请互联网广告商向FTC提交相关的信息，形成一份机器可读的名单，告知哪些公司设置了Cookie或者追踪了消费者；浏览器和第三方软件提供商能够订阅这份名单，从而有效地阻止各种形式的追踪。这个听起来很好的办法，在2010年之前并没有得到应有的重视，而且今天看来，随着精准广告技术的快速发展和普及化，固态的名单显然跟不上变革的脚步。

早在1994年，网景公司的卢·蒙特利（Lou Montulli）和约翰·吉南德里尔（John Giannandrea）创造了Cookie文件，以最简单的方式记录了消费者使用互联网的界面数据。当消费者浏览网页的时候，网站服务器会在消费者电脑中自动生成一个小小的TXT文件，这就是Cookie文件。Cookie会在消费者使用浏览器的过程中存储特有的IP，也因此能够追踪到每一个网络用户的网页转换、登录状况、购物车使用等各种网络轨迹。而目前，随着技术的发展，更是出现了类似Cookie的追踪系统，以及Supercookies等技术，这使得辨认和追踪人群变得更加容易。由于数据是一切“精准”的基础和前提条件，精准广告生产链条上数量众多的各方市场主体都在监测着消费者的每一次点击、搜索、阅读等日常的互联网行为。美国的“Do Not Track”运动就是在这样的背景下，由消费者隐私保护者提出的禁止互联网技术公司对消费者信息进行追踪的倡议。

从技术的角度上看，Do Not Track是一个计算机Header（头文件），当在浏览器中插入“Do Not Track”的选项之时，实际上是在插入“DNT：1”这样一个头文件，使消费者有权去选择是否接受第三方的数据追踪，让普通的消费者可以阻止、限制和删除Cookie。目前，大多数浏览器会在“Internet选项”中关于隐私的条款里插入消费者可以选择的“Do Not Track”选项，但浏览器的默认选项是“关”，当消费者手动选择“开”之后，浏览器就不会再跟踪消费者数据。

但是，要想在此基础上将隐私保护向前再推进一步却不那么容易。早在2008年，微软公司为了应对浏览器市场的竞争，曾经推出一个计划：将“开”作为“Do Not Track”默认选项置入IE8.0中。这个看起来简单的小改动意味着浏览器将默认不对消费者的Cookie进行收集和跟踪，消费者只有手动改变默认选项，才能被追踪。提议者认为这样才能真正有效地避免消费者被在线追踪。这样一个计划，却引发了微软公司内部和外部的空前讨论。在微软内部，旗下的数字广告公司提出了强烈的反对；微软外部的质疑声同样显著，美国互动广告协会（Interactive Advertising Bureau）、在线媒体协会（Online Publishers' Association）和美国广告代理商协会（American Association of Advertising Agencies）纷纷表达了他们对这项计划的抗议。正如美国互动广告协会当时的执行主席兰德尔·罗滕伯格（Randall Rothenberg）所担心的：“这项计划不仅仅阻止了收集消费者数据，更是阻碍了在线广告业的整体发展。”他提醒说：“不要将在线广告发布等同于侵犯隐私。”

尽管在技术上是如此简单，但目前“Do Not Track”更是一套政策框架和管理思想。因为它必须一方面能够通过网络使用者的主动选择权来保护其个人信息，另一方面又能够保护互联网的不断创新，提升消费者体验，而要达到这一平衡发展的目标并非易事。2010年12月，美国联邦贸易委员会推出了一份报告，其核心思想即为要求浏览器必须添加“Do Not Track”选项，使消费者有权进行选择，使消费者可免于互联网技术公司对个人信息的追踪。在这个基础上还形成了《2011年禁止追踪隐私权保护法》，尽管这一法案由政府推动出台，但由于这一法案受到互联网产业和在线广告业的强烈反对，因而最终并没有通过施行。

尽管“Do Not Track”运动并没有取得实质性的成果，但已经促成了一种在技术和政策层面对消费者在线隐私进行保护的机制的形成，激发了社会对消费者隐私问题的思考与讨论，以应对精准广告越来越复杂的追踪技术。

第四章

计算广告的控制分析

本章学习要点与要求

了解计算广告时代广告产业的变化；熟悉计算广告时代广告主的转变与选择；熟悉计算广告时代广告公司的危机与转型；了解广告传统教学模式的困境；掌握计算广告时代广告人才的需求与培养。

第一节　计算广告时代广告主的转变与选择

计算广告时代广告产业的巨大变化是一个极为前沿、意义重大、必须直面的实践命题。世界广告产业的发展伴随着因特网技术为代表的信息技术革命，在20世纪90年代便拉开了变革序幕。而近10年来，随着网络传输技术、网络互动技术、网络视频技术、虚拟影像技术、大数据及人工智能技术等的大规模运用，广告业态发生的颠覆性变化超过以往任何时代。中国在信息技术基础建设和市场应用上正在快速追赶西方国家，由于网民数量遥遥领先于其他国家，中国的广告实践的某些方面甚至走在欧美前列。我国网络广告实践及探索步伐同步于市场发展，同样具有一定的领先性。①

广告主、媒体和广告公司构成广告市场生态系统内部的主要物种类别，三大主体之间的需求、人才、资金的循环体系与广告市场生态环境的相互影响构成整个生态系统。广告主作为广告市场的主导力量，其需求成为广告市场生态循环的动力源。不同规模、行业、属性的广告主群，吸引匹配度较高的媒体群和广告公司群形成循环体系，构成广告市场整体生态中的子生态。②

---

① 何平华．广告产业变迁与广告教育变革及理论建设刍议［J］．中国广告，2020（12）：23-26.

② 崔保国，等．传媒蓝皮书：中国传媒产业发展报告（2020）［M］．北京：社会科学文献出版社，2020：281-287.

一、数字化升级重塑广告市场[①]

（一）数字化浪潮推动生产变革

全球知名科技评论期刊《麻省理工学院技术评论》发布的2020年“全球十大突破性技术”包括：防黑互联网、超个性化药物、数字货币、抗衰老药物、人工智能发现分子、超级星座卫星、量子优越性、微型人工智能、差分隐私、气候变化归因。其中与数字化升级相关的就有5项。技术的不断突破，将带来广告市场的颠覆性变化，继而推进广告市场进入一个增速向上的发展阶段。数字手段浸染各个生产要素，加速全链路营销历程演进。在数字化升级影响下，全产业各生产要素均可通过数字手段参与构建和连接，因此全链路的触点互动和关键触点的转化成为广告主的重要诉求。基于数字记录下多维度的消费者品牌感知、行为感知、商品状态感知等洞察，可以使企业在全链路上保持连接和数据获取能力，并能在关键触点上实现交易转化。

（二）电商平台地位举足轻重

用户线上消费习惯进一步稳固，电商平台营销价值再放大。我国互联网普及率已超过六成，且在不断增长，使用习惯也不断稳固。同时，我国网络购物市场交易规模在过去五年中以27.4%的年复合增长率高速增长，远超社会消费品零售总额同期8.1%的增速。而此次新型冠状病毒疫情的发酵，使线下消费场景受限，用户的线上消费习惯再一次被稳固和加强，未来随着消费者对线上消费渠道的深度倚靠以及消费者关键数据在电商平台的集中，电商平台的营销价值将会再次被放大。

（三）网络广告发展旺盛

增速有所下降，但从绝对值看网络广告产业生命力依然旺盛。艾瑞咨询2019年度中国网络广告核心数据显示，中国网络广告市场规模达6 464.3亿元，受整体经济环境下行影响，2019年中国网络广告市场规模同比增长30.2%，相比2018年有所下降。未来几年，广告市场流量红利消退已是大势所趋，同时在2B产业互联网脉络逐渐清晰以及营销工具化发展趋势的影响下，广告主的预算分配也会更多地向营销运营和内容营销分配转移，因此艾瑞预测未来几年网络广告的增速将继续呈现缓慢下降趋势。但从网络广告市

① 艾瑞咨询．2020年中国网络广告市场年度洞察报告［EB/OL］．(2020－07－10)［2021－07－17］．https://www.sohu.com/a/406792460_445326.

场规模的绝对值来看，中国网络广告产业的生命力依然旺盛，预计在2022年市场规模将突破万亿大关。

（四）移动广告发展平稳

疫情带来转折，移动广告逐渐进入平稳发展期。2019年移动广告市场规模达到5 415.2亿元，同比增长47.8%，在互联网广告整体市场中占比83.8%，依然保持高速增长。移动广告的整体市场增速远远高于网络广告市场增速。预计到2022年，中国移动广告市场规模将超万亿。艾瑞分析认为，短视频行业的流量快速增长及商业化进程的加速吸引了大量广告主的关注，预算向短视频平台倾斜明显，这将为移动广告行业的增长带来新的活力。受2020年疫情影响，流量进一步向移动端倾斜，广告主伴随用户关注度转移至移动端，这使移动广告在网络广告中的占比进一步提升，未来占比预计超85%。由于移动广告在整体线上广告中的占比逐渐接近天花板，因此伴随整体互联网广告进入平稳发展期，移动广告规模增长速度也趋于平稳。

二、新冠疫情导致广告主对数字营销认可度加深①

（一）广告主关注营销市场变化

内外变化皆围绕“数字化转型”和“流量红利消退”展开。艾瑞广告主调研显示，超六成广告主认为内部营销发生的最大变化是“企业内部的营销数字化转型加速”和“对营销预算的投放路径和效果重点关注”；同时有接近六成的广告主认为外部营销最大的变化是“流量红利消退，数据洞察和营销运营愈加重要”。

可以明显看到，在流量红利消退、数字升级迫在眉睫及疫情社会事件偶然发生等多重因素叠加的背景下，大部分广告主在营销的数字化转型和营销运营精细化上达成了强烈的共识。

（二）广告主增加线上营销预算

广告主将增加线上媒体预算，直播和短视频营销最受关注。艾瑞广告主调研显示，广告主计划增加线上媒体预算的意愿最强，其次是营销技术，线上媒体一直是广告主重点投入的版块，而营销技术预算的增加，意味着经过周期性的市场教育，广告主也逐渐认识到使用营销技术的必要性。

① 艾瑞咨询.2020年中国网络广告市场年度洞察报告[EB/OL].(2020-07-10)[2021-07-17].https://www.sohu.com/a/406792460_445326.

在广告主最关注的线上媒体营销方式调研情况中，超过五成广告主最关注直播营销和短视频营销。一方面，相对于其他的线上媒体营销方式，视频和直播承载了更高维的信息密度，具有实时性和互动性等特点，能提升内容的真实性和趣味性；另一方面，以短视频和直播为代表的视频内容形式更容易实现用户流量的集聚，可以充分调动用户碎片化时间。

（三）广告主关注精准营销策略

精准营销将成为未来较长一段时间的关注重点。在有关广告主采取的精准营销策略调研中，处在第一梯队的营销策略是“消费者数字运营”“加大自有渠道建设”和“内容营销”。而其余策略均围绕流量、价格、资源、人效等关键词展开，与传统策略中重点关注的营销要素相差不大。这意味着中国互联网企业的认知已经逐渐脱离纯粹的流量、资源或价格竞争思维，转变为将精准营销作为竞争壁垒的认知思维。

（四）疫情对营销的影响

艾瑞咨询广告主调研显示，超五成广告主认为疫情对当年营销目标的达成有很大影响，其中影响程度最大的是线下渠道的营销和推广，其次是市场和消费者分析。新冠疫情使线下消费场景极度受限，营销目标中的线下增长部分停滞间接影响营销目标的达成。同时，疫情给消费者也带来了一定的心理冲击，为本来就复杂的营销市场增加了诸多不确定性，进而增加了广告主对市场和消费者分析的难度。

艾瑞咨询广告主调研显示，53.9%的广告主认为疫情发生后，消费者活跃度明显增加的平台是直播平台，其次是短视频平台。疫情的发生使线下营销场景受限，却直接为直播营销带来了红利，使直播成为广告主重点采取的营销手段。而在疫情发生后广告主是否重点采取直播营销策略的调研中，考虑调整的占比在60%以上，其中有35.2%的广告主表示在倚重电商直播营销的基础上，考虑其他平台中更丰富的直播营销形式，还有31.9%的广告主表示在原有策略基础上，进一步加大电商平台的直播营销投入。这说明无论是电商平台中的直播营销还是非电商平台中的直播营销，都引起了广告主的关注和尝试。

疫情的发生，使广告主对数字营销的认知程度加深。疫情发生后，大部分广告主认为营销数字化升级是有必要的，仅有3.3%的广告主认为数字化升级需要视情况而定。同时有超五成广告主认为在企业内部顺利进行数字化转型需要管理层的深度介入和支持。数字化转型是侧重技术的概念输出，企业在贯彻和执行中，需要加强业务流程和营销工作流的标准化和技术化，更涉及整个企业自上到下的业务流程和组织机构的变革，因此高管的深度介入是数字营销顺利进行的关键。

三、数字营销伴随广告主进入新时代

互联网进入万物皆媒时代，智能技术让数字营销从“精准到达”到“场景共鸣”，智能化的需求匹配与情感激活成为“AI”的关键。知萌咨询机构联合百度发布的《AI 赋能营销白皮书》指出，基于 AI 技术和大数据驱动，未来营销将打破传统户外营销壁垒，全面赋能线下屏幕和终端，具有线上线下打通、多场景、多终端的特点，万物皆媒体的时代正在到来。[①] 同时，智能化＋大数据驱动数字营销从“传播”转变为“传播＋服务”，通过探针/LBS、聊天机器人、可穿戴设备、物联网、车联网等帮助品牌实现场景计算、体验管理和即刻响应，激发品牌新活力，拓宽品牌新路径。过去的十年，是中国互联网经济风云变化、快速发展的十年；未来十年，随着消费行为升级、5G 时代、万物互联等新浪潮来袭，中国数字营销行业将会迎接新的局面和挑战。[②]

第一，数字营销进入 5G 时代。5G 将帮助品牌构建以客户为中心、全方位的信息生态系统，5G 使人与人、人与物、物与物之间紧密衔接，拉近万物距离，构建以客户为中心、全方位的信息生态系统。

第二，品牌用户数据的资产化。在数字经济的时代背景下，数据正成为一种“新财富”，帮助企业建立数据为中心的战略决策转型。

第三，基于数字驱动的全息化组织重构。今天很多企业的数字化转型还在路上，从营销驱动到全链路全场景的体系化驱动，企业要增强对市场的快速反应能力，就必须打造富有弹性的企业决策机制，从产品端、制造端、运营端、营销端的全面重组，最终实现增长为目标的企业发展任务。

第四，广告主决策能力大大提升。随着深度学习、类脑计算、认知计算、区块链、虚拟现实等前沿技术的创新发展，大数据在采集、传输、存储、管理、处理、分析、应用、可视化和安全等方面取得突破，数据平台之间的合作也加速了大规模异构数据的融合，这些都为广告主深度使用数据资源、构建商业信息和流程，以及构建人、产品和服务三要素之间更加平等的关系提供了技术基础。一方面，在技术推动下，信息的对称性与透明度提升，商业

---

① AI 赋能营销白皮书：未来，AI 将成为营销人的“智慧伙伴”．[EB/OL]．(2018 - 08 - 24) [2021 - 07 - 17]. http://e. baidu. com/news/baipishu/ai 赋能营销白皮书.

② 肖明超．解秘中国数字营销 10 年进化与未来趋势 [EB/OL]．(2019 - 05 - 21) [2021 - 07 - 17]. https://www. 163. com/dy/article/EF LGEJQ90518TCH6. html.

流程参与主体有了更多自我表达和实现的空间；另一方面，技术成熟促使计算广告产业链初具雏形，商业决策的速度和科学性以及流转效率的提升有了更大可能。[①]

第二节 计算广告时代广告公司的危机与转型

一、计算广告时代广告公司的危机

（一）广告公司数字业务不尽如人意[②]

计算广告时代，广告公司的数字化转型向前迈进了一大步。一部分广告公司对原有业务进行数字化重塑。在洞察方面，广告公司将多方数据接入，对消费者进行精准洞察。在传播方面，积极利用数字渠道进行营销传播，纷纷成立数字营销部门。还有部分广告公司在原来的价值链条中增加新业务，为客户提供电商服务、客户关系管理等服务。提供数字媒体策划和技术支持与广告监测及效果评估业务的广告公司比例陡增。广告监测及效果评估业务也大都集中在数据媒体和数字营销领域。

大型数字营销传播公司在技术、安全、效率等多方面实现了升级。比如秒针系统拓展线下传统媒介测量能力，深化全域营销智能的战略布局，努力打通全域营销链路。电通安吉斯程序化开始落地“Plantform Marketing”战略，技术团队结合自身技术特点和营销主张开发出电通安吉斯全线 MarTech 产品，提高其数据安全、投放效果和运营效率。

对于传统业务转型的广告公司而言，更多是要追随广告主需求，深耕数字业务。广告主则在数字媒体投放上向营销效果倾斜。基于这种变化，广告公司在原有基础之上建立新模式，深度考量具体效果。在效果监测方面，与第三方公司进行合作，增强效果监测的可信度，探求传播效果的变化。

广告公司通过数字化转型重新确立自己的价值，以期得到广告主的认可。但业务上的变革还远未结束，实现与大数据、人工智能等新技术的深度融合仍是形成核心竞争价值的过程中难以逾越的鸿沟。广告市场生态调查的数据也印证了这一点，仅有 6.3%的被访广告公司的数字媒体策划和技术支持业务已经成为贡献公司利润最多的业务，这说明广告公司数字业务不尽如

①② 崔保国，等．传媒蓝皮书：中国传媒产业发展报告（2020）［M］．北京：社会科学文献出版社，2020：281－287.

人意。

（二）广告公司经营遭遇降维打击①

广告公司一方面奋力实现数字化转型，另一方面却遭遇了来自多方的打击，经营和生存空间受到空前的挤压。

第一，同为广告主的支持机构，媒体与广告公司的界限不断消融，在对数据的强需求下，媒体凭借自身的数据资源和对受众接触习惯的把握直接对接广告主，提供相关服务。

第二，媒体回收广告经营权，众多媒体代理类广告公司业务骤减。

第三，直播营销成广告主新宠，拉新、种草、卖货样样精通。广告公司的策划、设计和终端促销等服务纷纷下岗。总而言之，广告公司利润贡献最多的业务领域都受到来自不同数字营销主体的挤压和挑战，经营雪上加霜。

（三）广告公司未能引领数字营销潮流

基于云计算、物联网、大数据、新算法、人工智能、区块链等新技术的持续发展，以网络媒体为核心的资源融合程度将不断加深，包括媒介传播资源、用户市场和产业资源在内的各类资源都会重组和融合。随着 AI 与 5G 技术的发展，程序化、精准度、表达形式的提升对广告而言是重要的有利因素。5G 并不只是简单的网速更快，还有广告行业的整体革新甚至社会革新。在这场前所未有的技术革新中，广告公司被远远抛在后面，许多广告公司至今还苦苦坚守着创意制胜、售卖点子、拍片煽情等传统经营思维，不愿经受凤凰涅槃的痛苦。

广告主开始陆续停止在传统媒介上的广告投放，把经费、精力转移到新媒体的广告投放上。新媒体的大部分投放途径都是免费的，但是要实现精准投放，需要技术支持。广告公司虽然也知道技术的重要性，但在执行中仍然采用传统思维，凭借主观意识挑选新媒体平台，导致所投放的广告被淹没在海量数据中，效果还不如传统媒体好，并没有享受到数字营销带来的时代福利。

二、计算广告时代广告公司的转型

数字化时代的特征有三个。第一，人们的线下消费已呈现全面数字化，

① 崔保国，等．传媒蓝皮书：中国传媒产业发展报告（2020）[M]. 北京：社会科学文献出版社，2020：281－287.

其中的社交、荐购、个性化购买是用户们的心头好。第二，传统人际关系被数字产品重构，人们相互取得联系变得越发容易的同时，社交圈层化趋势也不断增强，“社交+”的产品模式更是层出不穷。第三，人们在知识获取和个人发展上，拥有了更多样化的路径。数字化消费时代正在来临，在这样的大环境下，市面上的产品同质化现象愈加明显，广告公司需要更多样化的发展路径和创新思维理念，不能停留在以前的思维中。如今，在互联网海洋里爆款也越来越难做了。

（一）时代迫使广告公司必须转型

随着数字化时代的来临，各传统广告公司纷纷面临转型。为了适应行业形势的变化，广告公司需要进行由内而外的改革。无论是行业机制、公司氛围，还是发展模式，都需要相应做出改变。面对竞争压力，广告公司需要采取相应的应对措施。

首先，参照新兴公司做法。不妨看看一些新起的代理公司是怎么做的。以传播易为例，它是同行中广告价格最低的广告平台，并且平台上的信息是直接向公众公开的。在价格方面，传播易就取得了“先机”。

其次，广告流程简化。全新的一站式广告采购模式为广告主省去了以往的烦琐步骤。例如，传播易商城事先整合了所有广告资源，便于广告主找到合适的平台。这种方式既给了广告主充分的自由，同时也提高了工作效率。与其他广告公司相比，传播易充分地利用了数字化技术的优势，所以也很快得到了大多数人的支持。

最后，进行系统转型。广告公司需要解决的问题不仅仅是提升工作效率，还涉及公司定位、内部制度、员工洗牌以及行业规范等方面，并非一朝一夕能完成的。尤其是4A广告公司，更需要放下身段、虚心学习。所以，传统广告公司可能会经历较大的阵痛。

（二）自身及行业局限导致传统广告转型难

数字化转型并不简单，往往受广告公司自身局限和行业问题的影响。大型传统广告公司不愁没有资金，但技术是一大难题，自建程序化广告平台所需要的技术、研发实力，以及对流量质量的鉴别能力、投放经验及优化手段等，都加大了其自主开发程序化广告平台的风险。小型传统广告公司转型会更难，它们的资金、技术实力都较弱，在外部恶劣环境和本身实力较弱的双重冲击下，它们根本不可能仅凭一己之力完成转型。

此外，人才结构的不匹配和资源优势的弱化也是一大阻碍。传统广告公司的人才团队大多以从事策划创意和媒介代理为主，缺乏技术基因，加上运营团队人才结构单一，无法满足数字营销需求。面对广告主跨屏、跨媒体的投放要求，传统广告媒体资源单一的短板直接导致其投放能力不足，削弱了投放效果。流量虚假、投放不透明、中间环节多等问题一直是广告主声讨的问题。而传统广告公司对程序化广告平台的甄别能力低，也无形中加大了转型的难度。

（三）客户助推传统广告数字化转型

营销 3.0 时代，广告主营销的重心在于如何与精准用户互动，让精准用户更多地参与到营销价值的创造中来，从而以高性价比获得用户喜爱和持续关注。这就给外包广告营销业务的传统广告服务商带来了挑战：如何帮助客户洞察用户需求并实现其连接精准用户需求点的营销目标，高效完成 ROI?

结合广告主需求转变及用户注意力向移动端转移，传统广告公司不得不重新思考并探索营销技术、资源与服务整合的新方式，通过创新业务模式来识别精准用户，从而提升打单能力并提升营销效果，强化自身的行业竞争壁垒。

（四）数据决策服务、平台管理服务、实时优化服务是转型方向

我们看到，广告公司传统的线性运营模式正在被时空一体的平台模式取代。在计算广告流程中，以实时竞价（RTB）为核心的程序化购买，由需求方平台（DSP）、供应方平台（SSP）、数据管理平台（DMP）、广告交易平台（ADX）、动态创意优化平台（DCOP）和广告验证平台（AVP）六大平台搭建而成。计算广告时代广告的整体运作流程不再僵化，而是将各平台整合起来，大大简化了广告公司的工作流程，提高了工作效率。如果广告公司不顺势而为、不及时转变传统以创意为主的服务方式，就很容易被数字营销的浪潮抛弃。计算广告时代，广告公司的定位应该主要是提供数据决策服务、平台管理服务、实时优化服务。

（五）平台一站式赋能助力传统广告转型

如果传统广告公司存在的短板及行业痛点问题不能得到有效解决，那数字化转型便会步履维艰。传统广告公司只有向平台化模式靠拢，才能适应数字化生存。在有限的条件下，小型广告公司可以借助现有平台完成转型。比如钧云科技（ADHUB）旗下的一站式移动广告交易平台 MAP，链接和整合了多渠道资源，快速聚集市场大体量的消费流量，可以在节省人力和运营成本的同时保证精准营销效果的达成。

技术层面，这种平台可为传统广告公司提供一个免费自有移动广告投放

管理平台，并支持 SaaS、独立部署及 OEM 交付方式，这就完全避免了研发投入。客户只要支付一定的技术服务费就可拥有广告投放的控制权，即用低成本获取强大的技术能力，通过平台完成人群分析和广告智能投放。为避免投放中的流量作弊等问题，可开发反作弊技术，层层监控并有效屏蔽广告投放过程中的虚假流量，保障投放效果的真实有效性。

媒体资源层面，应与媒体渠道对接，与国内优质主流 APP 进行合作，如今日头条、腾讯视频、百度地图、爱奇艺、手机百度等等，这些超级 APP 用户黏性、活跃度、流量覆盖率高，能极大地满足广告主对品牌曝光的需求。此外，通过与数百家移动媒体进行独立签约，可全面覆盖视频、社交、娱乐、游戏、工具、教育、金融、美妆等多个热门行业，为满足垂直领域内广告主的效果转化需求提供保证，这将大大提升传统广告服务商的媒体议价能力。

服务层面，应为客户提供专业的运营人员一对一服务，包括商务沟通、后台操作演示培训以及客户成功案例分享，并且提供优秀行业解决方案、案例平移，帮助服务商提升打单能力。在协作过程中，对市场行情、实际服务客户中遇到的问题进行分析、解读，不断改进服务，为客户提供更好的营销策略和投放指导，争取让产品给客户带来更高的商业价值，提升市场竞争力。

第三节　计算广告时代广告人才的需求与培养

西方国家自 18 世纪中叶以来共发生过三次工业革命，全部由西方国家主导。工业革命 1.0、2.0 和 3.0 分别对应“蒸汽时代”（1760—1840 年）、“电气时代”（1840—1950 年）和“信息时代”（1950—2016）。“蒸汽时代”使机械代替手工，农业文明逐渐转变为工业文明，大大促进了生产力的发展。“电气时代”使石油、电力等重工业崛起，各国交流融合日益加速，全球化市场初步形成。“信息时代”是随着大众传播媒介的推广而形成的，当电脑和手机被发明和普及时，互联网使信息流动空前快速，几乎所有国家都被卷入全球信息化进程之中，地球变成了一个“村落”。三次工业革命此落彼起，人工智能领域新技术（以大数据、云计算和新算法为基础）的不断突破，掀起了“智能时代”（2016—至今，工业革命 4.0）的新一轮浪潮。计算广告正是基于人工智能技术发展而来。

人工智能可以和大多数领域相结合，形成“人工智能+”模式。人工智能催生的生产力大发展潜能日渐被各国重视，有关法律政策如雨后春笋般出现，显示出各国对抢占以人工智能为代表的工业革命 4.0 主导权的重视程度。中国自 2015 年 5 月在《中国制造 2025》中首提智能制造，提出把智能制造作为两化深度融合的主攻方向之后，国务院相继发布多项指导人工智能的发展的政策。如同年 7 月发布的《国务院关于积极推进“互联网＋”行动的指导意见》，将人工智能作为其主要的十一项行动之一；2016 年 8 月发布的《“十三五”国家科技创新规划》，将智能制造和机器人列为“科技创新 2030 项目”重大工程之一。2016 年是人工智能“元年”，AlphaGo 战胜世界顶级围棋手李世石，人工智能从 2016 年起正式确立起中国国家战略地位。相关政策进入爆发期，更在 2017 年、2018 年以及 2019 年政府工作报告中连续三年提到人工智能。2018 年 1 月 18 日，《人工智能标准化白皮书（2018 版）》发布，显示出人工智能逐渐上升到中国国家战略的高度。世界主要大国也纷纷在人工智能领域出台国家战略，抢占工业革命 4.0 时代的制高点。

我们的广告学高等教育面临的危机一方面直接来自以人工智能为基础的计算广告产业急剧变革的现实追打，另一方面也来自广告理论建设的严重滞后及对计算广告产业实践理论主动回应的放逐。不及时回应产业变革，广告教育便失去了存在的目的；不重建广告理论，广告学便失去了自己的专业属性和学科价值。因此，广告教育的变革是一项全方位综合工程。①

一、广告传统教学模式的困境

人工智能与广告教育当然也可以融合，但是，当前广告教育领域人工智能技术的投入、应用、发展、融合等水平，还不能跟其他行业相比。主要原因大致有以下几点：当前人工智能还有诸多关键技术需要突破；与其他行业相比，广告教育行业对人工智能的技术要求更高，如当前教育云和大数据基建的完整性、安全性、丰富性还远远不够；广告教育行业对人工智能的接纳心理准备不够，受制于传统教育模式理念，许多广告教育工作者没能与时俱进，对人工智能相关理念和相关技术的掌握处于缺省、偏见和匮乏状态。尽管人工智能给广告教育领域带来的深刻影响尚未完全显现，但不可否认，以人工智能为基础的计算广告已经成为广告教育领域模式创新的重要力量和源泉。

（一）广告传统教学模式的主导困境

早期高校的主要教学工具是教材和黑板，随着电脑和投影仪等多媒体工

① 何平华．广告产业变迁与广告教育变革及理论建设刍议［J］．中国广告，2020（12）：23－26.

具的应用和普及，教材和黑板等传统教学工具已经过时，PPT和视频教学逐渐成为高校主要的教学手段。但是多媒体的使用不如人意，许多内容仍然是对教材或网络内容的复制，与广告的实践性教学模式不相匹配。以慕课（MOOC）为代表的新媒体在线课程为广告教学模式带来新的“血液”，但是慕课不等同于人工智能，慕课只有和自动个性化设置考题、自动批改在线课程作业、自动分析学生在线学习情况等结合起来，才具备人工智能的要素。在广告专业本科班从事教学工作，对教师来说是一项非常具有挑战性的任务。因为在教学过程中会涉及很多抽象的理论、巧妙的设计和复杂的思维，而现有的教材理论性较强，案例又相对滞后，有点纸上谈兵，所以学生在学习广告课程的过程中总感觉学得杂而不精。而要解决以上这些问题，单纯靠教师在课堂上讲解、用PPT进行演示以及慕课，远远不能达到启发和指导学生的目的。有的教师虽然也使用多媒体教学，但内容是把教材变成了电子版，缺乏新意和灵活性。[①] 这样的广告教学是一种单向传播行为，学生无法在课堂上感受到上课的乐趣，考试成为死记硬背的应试方式。而由于广告课程涉及文案、创意、策划、调研、设计、消费者行为、品牌传播、媒介、新媒体等诸多学科知识，教师在教授学生时心有余而力不足，每门课程浅尝辄止，又由于教师各自为政，无法让学生体会到广告全流程的系统性，更无法有效深入挖掘学生某方面的天赋。

（二）广告传统教学模式的内容困境

目前高校广告本科课程同质化现象严重，多数还停留在传统广告的流程范畴，一些比较前沿的学校加入了实战课程和新媒体相关课程。课程设置的陈旧严重影响到学生的学习兴趣和就业。全球职场社交平台LinkedIn每年秋天都会深入挖掘大量关于招聘和招聘活动的数据，然后编制一份该年度最受欢迎的技能的清单。2016年的报告《这些顶尖技能让你今天和明天不愁饭吃》显示，全球就业市场上最受欢迎的技能是“云计算和分布式计算”，其次是“统计分析与数据开发”。技术前沿的发展和动态更新周期越来越短，决定了以人工智能为基础的计算广告需要培养学生对日新月异信息技术的适应能力和吸收能力。因此，广告课程中应加入大数据、云计算、新算法、区块链等内容，这些课程不仅能使广告学生明白技术的营销价值，也能激发他们对新技术的掌握和追求，以及对未来工作的信心和向往。通过联结大量的文案、创意、策划等案例库大数据，以人工智能为基础的计算广告可以给广告专业

---

① 何元烈，汪玲．“Visual C++”在“人工智能”教学中的应用与探讨［J］．广东工业大学学报（社会科学版），2018（7）：220－222．

的学生提供更多的经典文案、奇妙创意以及系统策划。广告专业的课程不一定要包含高深的数学原理、编程技术、统计知识，却一定需要使学生具有灵活的数据采集、分析和使用能力。换句话说，广告本科课程未必需要教授高等数学、概率与统计、编程设计等，但需要教会学生如何操作相关软件以及如何看懂数据并使用数据。

（三）广告传统教学模式的主体困境

今天，大多数高校的广告课程和教育仍然过分重视把信息强加在学生的思想上。而在以人工智能为基础的计算广告时代，使学生具有较高层次的心理能力和主体意识，如批判性思维或元认知技能，则十分必要。因为传统的市场调查、广告文案、广告创意、广告设计、广告客服等广告产业链条上的各流程迟早会被人工智能程序化购买代替，而判断并选择广告数据、提案、点子等批判性思维或元认知技能则会被保留下来。除了拥有数据素养，广告专业学生还要有人文素养。即使是在以人工智能为基础的计算广告时代，拥有人文素养也是非常重要的，人文素养能帮助学生更好地适应社会，并具备优雅和美丽的特质。传统广告教学模式对教学主体进行“填鸭式”教学，学生只学不思，或只思不学，难以达到预定的教学目标。相比其他专业，广告专业的学生更加自由散漫，这是专业特点所决定的。这种宽松的环境使得部分自觉学习的学生能够自由发挥，而部分不自觉的学生则浑浑噩噩度过大学四年的美好时光。成功的广告课堂应该引发学生主动学习、主动搜索、主动思考，从而看到知识具体的“原型”，映射出背后抽象的理论“模型”，并通过思考、反省、回归，获得最后可触摸的“实型”。广告教育应该是思学动交融的“金课”，在学中思、学中动，在思中学、思中动，在动中学、动中思，这种广告教学思想能使理论与实践融合，从而真正发展广告专业学生的综合素质。而传统广告教学实践中很难看到这种能够充分发挥学生主体性的课堂。

二、人工智能时代广告教学主导的精准性追踪

“人工智能＋广告”时代的教育模式，核心是通过智能化教学平台获取学生学习方面的各种数据信息，以便对学生进行即时、迅速、全面、有效的监控和管理。主要内容包括：开发大数据平台的智能分析系统；建立涉及课程测评、作业批改、学生反应、测试题库等的一系列数据库统计系统；完善易于广告教师操作、高度智能化的人机互动界面和管理系统。

（一）创新

人工智能的迅猛发展，使“教师淘汰论”甚嚣尘上。笔者认为，人工智能代替教师只是一种可能，而不是一种必然，更不是一种短期行为。“人工智能＋”对教育模式的影响是智能机器人承担部分教学工作，但这并不表明人工智能能发展到完全等同甚至超越教师的程度。对从属于人文社会科学的广告学科而言，广告教育不仅需要教师传授技术或知识，更需要教师进行人文熏陶、情感引导、品格塑造，培养学生的综合素质。人工智能技术的渗透是明显的，以往广告教师既是课堂组织者、教学主导者、成绩评价者、学习促进者，也是知识灌输者、就业指导者、生活关心者，这种多重身份在人工智能时代将不复存在。当前，人工智能技术对教育的影响主要有两方面：语音图像识别与人机交互。语音图像识别可以辅助广告教师获得学生课堂表现的数据信息，及时纠正学生对课堂知识的不当反馈，也可以用于批改作业和统计成绩等。人机交互可以参与广告教师部分课堂教学、协助答疑解惑等。总之，人工智能时代广告教学的关键是创新，目的是帮助教师摆脱重复性劳动，使分工更为明确。有些课程的设计、选计和统计将被人工智能代替，甚至有些课程的教学任务也可能会被智能机器人代替。广告教师的职能将出现重大转变，知识传授者的身份很可能会转变为学习引导者、管理者、协调者和激励者，甚至是学生的共同学习者。人工智能对广告教育产生了重大冲击，广告教师需要具备同步创新、善于发现、规划人生、心理疏导、组织实践、帮助成长、实现价值等更高的能力。

（二）高效

传统广告教学是无机课堂，是静态、封闭、单向、只学不思的低阶课程，实行程序化的技术操作，教师是知识正确与否的裁判，学生是知识的被动接收者，教学是一种受控制的技术。传统教师虽然承担繁重的教学任务，但更多的是耗费体力进行千篇一律的课堂教学，这种“高投入低产出”的教学模式，虽然投入巨大，教学的效果却不如人意，被学界很多人诟病为“水课”。人工智能技术的发展目标就是不断减轻教师的劳动，因此，“人工智能＋教育”的目的是把教师从灌输知识、设计考卷、批改作业、登记成绩等重复劳动中解放出来，使之有更多的时间和精力去从事高价值、高创造的高阶劳动。广告是人类的梦工厂，广告教学应该是高效、动态、开放的有机课堂，它不应该只是广告教师的知识灌输和学生的被动接受过程，而应该是教师主导下学生根据自身兴趣、经验进行的自发性建构过程。在头脑风暴中、在平等互动中、在有效组织中，广告教师从“演员”变成“导演”，学生由“观众”变成“演员”，课堂也由“一言堂”变成“教学共同体”。[①] 这种教学模式尊重学生的主体意识，以激发学生主观能动性和能动创造性为主旨，展示了一幅师生和谐、思想喷发、自由发挥的课堂图景，学生的主体地位得到充分尊重，教师的专业化得到充分体现，生命价值和学习工作和谐共生。这就是“低投入高产出”的人工智能时代教育。完成课堂教学的数量和时长不再是有机课堂追求的目标，兴趣高效、效益高效、成长高效、质量高效成为“金课”的“标配”，这种“金课”使广告师生以最少的教学成本投入获得最大的教学收益。

（三）精准

在传统广告教学课堂上，广告教师无法感知每个学生在课堂上的表现。而在人工智能时代，运用大数据、云计算、新算法、区块链、虚拟现实、人工智能等技术，并使它们与广告学科教学深度融合，通过对广告课堂的全场景深度覆盖，广告教师可以即时掌握每个学生的课堂动态信息，并根据这些信息有针对性地触动学生。人工智能可以向广告教师展示班级可视化的课堂学习信息，教师可以根据这些信息随时调整教学内容和教学方式，通过一对一的智能教学系统，对学生进行精准追踪。这种教学模式避免了大班教学模式下师生之间过于疏离的现实困境，大幅度节省了教师的时间和精力。比如，翼课网就能为教师提供精准的导航系统和精确的学情数据，从而找到学生学习的“痛点”，并使教师据此因材施教。在新技术的不断推动下，特别是随着机器学习和深度学习为代表的人工智能不断发展，广告专业的个性化学习逐步成为可能。这种可能性建立在建模技术之上，通过广告专业学生的学习活动、情绪状态等来了解学生的个性特征，并能根据学习者的具体学习行为实时调整和优化，从中发现学生的学习效果与课堂活动、课堂内容、教学方式、教学行为等教育变量之间的多重复杂关系，并以数据可视化的方式将其呈现出来，以支持学生、教师及教育管理者的决策，实现个性化学习路径的定制和学习资源的推荐。个性化即时反馈是依据具体学生的学习过程数据进行针对性的评测和个性化的反馈，让教师“读懂”每位学生。利用教育数据智能化分析所构建的学习者数据模型，能有效帮助教师了解每位学习者的内在学习心理和外在学习表现的特征，从而刻画出学生的立体化、可视化的数字肖像，便于教师改进教学和提供更为精准的教育服务。

---

① 杨勇，林旭．“人工智能+教育”视域下职业教育“金课”建设［J］．中国职业技术教育，2019（8）：69-74.

三、以人工智能为基础的计算广告教学内容的时代性呼唤

以人工智能为基础的计算广告时代下，机器学习技术的快速发展，对当前培养广告专业学生的学习方式和优势构成巨大威胁。在传统教育体制下，题海战术的应试教育可能会使学生在高考中获得较好分数，但这种通过机械劳动死记硬背的方式，导致学生进入大学后，面对课程突击考试时会抱着“60分万岁”的消极态度，因此，这种教学模式无法适应人工智能时代的发展需求。广告专业必须在新的时代背景下转变、调整和扬弃原有教学内容。

（一）转变

在传统广告教学中，教师提供教学资源，学生根据教师提供的教学资源记录知识，课堂是学生获得教学知识点的主要场所。在“互联网＋”时代，学生的学习场域大大拓宽，不再局限于课堂，他们可以随时借助以手机为终端的互联网进行自主性学习，根据自身兴趣爱好获取更多、更丰富、更多彩的学习资源。传统上课做笔记的方式也渐渐落伍，善于使用移动终端的广告专业学生，把课堂拍照、录音等演绎成潮流。在人工智能侵袭下，广告教学模式面临挑战，单纯的记忆式教学不受欢迎，启发式、互动型、创新性的教学模式广受欢迎。每个学生都拥有智能助手以辅助自身学习，简单重复的教学内容则交由人工智能助手完成，教学内容不再是具体的知识，而是在真实情境中培养学生解决问题的思维和能力，这是人工智能技术给广告教学模式带来的重大变革。人工智能的长处是通过知识数据库的不断累积和深度学习的不断更新来模仿人类智慧，显然，它的知识记忆能力将大大超越人类。因此，当前广告教学内容不能再以知识记忆为主，而应更注重培养学生的问题意识、分析能力、动手能力、解决问题能力等人类所特有的能力。在未来广告教学中，“德”“思”“变”的教学内容应被摆在突出位置，它们应该取得与“智”平等的教学地位，以应对以人工智能为基础的计算广告时代带来的剧烈挑战。

（二）调整

随着以人工智能为基础的计算广告技术的不断成熟和发展，传统广告学科专业设置已经无法适应经济生产和消费生活的需求，重新调整学科专业设置被提上议事日程，这些调整包括新课程的增加、新专业的添置、传统课程的变革等。国内各广告院校在重新布局广告专业时，纷纷突出人工智能、大数据、云计算、新算法、区块链、物联网、虚拟现实、增强现实、新媒体等

战略性新兴产业。在人工智能技术的推动下，社会生产和生活面临颠覆性影响，高校广告专业设置也急需调整，程序化文案、程序化创意等购买技术的发展使得广告从业人员面临巨大的挑战。与此同时，我国计算广告学科建设相对滞后，缺乏独立的计算广告教学内容和体系，导致每年计算广告学科人才缺口巨大。因此，急需调整当前广告学科的专业设置，建立以人工智能为核心的计算广告教学体系，以培养出人工智能高端计算广告人才队伍，抢占广告领域人工智能技术的制高点。现阶段，新兴的广告课程如“计算广告学”已经出现在一些广告院校，计算广告是以大数据、云计算、新算法、区块链为代表的人工智能与广告专业融合后的必然产物，其最终指向是定制化推荐、融合化传播、智能化调整、程序化购买等，这与传统广告业生态完全不同。这种技术催发的广告产业链巨大变革必然也会对广告教育产生深远影响。智能技术介入广告教育领域后，教学内容也相应发生了一系列转变，教学者需要通过不断调整来适应这种转变。广告专业应全面、系统修订人才培养方案，在大一、大二基础公共课程模块中增设计算机应用、互联网、物联网、大数据等相关基础课程，在大三、大四高年级专业课程中，以人工智能改造现有课程内容，如网络广告、智能广告、大数据广告、智慧电商、计算广告、虚拟现实、人机交互等。

（三）扬弃

一般而言，认知从低级到高级可以分为六个层级：记忆、理解、应用、分析、评价与创造。其中前三个层级是“低级思维”，属于较低层级的认知；后三个层级是“高级思维”，属于较高层级的认知。传统广告教学模式属于“低级思维”的教学活动，学生学的是较低层级的认知；人工智能时代广告教学模式属于“高级思维”，学生学的是较高层级的认知。“人工智能＋广告”是广告专业在人工智能等外专业冲击下形成的交叉性领域，其快速成长对广告产业结构产生了巨大影响。广告产业依然繁荣，但广告公司未来很可能会衰退，而数据购买公司很可能会崛起。这种变革迫使广告教学的内容必须做出相应的调整。广告专业人才培养的再定位、广告课程的更新、传统课程的改造等，这些调整牵一发而动全身，必然是一个阵痛、磨砺、脱胎的过程。未来，有效的计算广告数据将成为“人工智能＋广告”的基石，即从海量的“data”（数据）中提取“information”（信息），再从“information”中抽取“knowledge”（知识），最终结晶为“wisdom”（智识）。在这个过程中，数据挖掘技术是教“人工智能＋广告”的前提。目前，这些技术在其他领域（如金融、医疗、司法等）的应用比较多，这与这些行业数据集中性较强有关。广告行业的数据多样化程度较高，因此加大了数据挖掘的难度。广告教学要教学生如何获得高品质的数据，学生只有掌握这一技能，才能迈向进一步的广告策划、广告设计、广告文案、广告创意等。

四、以人工智能为基础的计算广告教学主体的适应性发展

为了迎接计算广告时代的来临，未来的广告人才培养模式主要以创新力、创造力、想象力、问题解决能力、数据分析能力、交流沟通能力及艺术审美能力为培养目标，简单重复性的工作可以让机器人替代完成。所以未来社会的发展方向决定了广告教育的培养目标，即让学生适应发达的智能科技，保持对机器技术的学习、掌握和应用，成为广告教育改革的一大方向。

（一）个性

传统课堂以教师为主，学生的想法不太受重视，因而学生很少自觉思考，教师与学生之间一直保持着“一对多”的关系，教师很难做到与每一位学生进行深度的交流沟通。传统教学对制定个性化培养方案也漠不关心。人工智能时代的广告教学要实现三个转变：培养方式从以教师为中心转变为以学生为中心；沟通方式从传统的“望屏解读”“师者为尊”转变为师生共同使用、共同学习、共同探讨，更加立体化、即时化；学习资源从垄断化转变为智能化、个性化、定制化。相应地，教学模式必然从“先教后学”转变为“先学后教”和“以学定教”，通过个性化作业实现量身定制教学和因材施教。一方面，高校通过收集学生的基本数据，包括日常习惯、兴趣爱好、学习方式、发展规划等，建立数据库，然后对数据进行比对分析，准确分析每位学生的学习计划、优势与劣势、学习偏好等内容，并为每位学生筛选出与他们个性相匹配的课程和老师，从而改善学生的学习体验，激发学习兴趣，提高学习效率，彰显学习效果，真正实现个性化学习。[①] 另一方面，人工智能还能减少教师冗繁的行政事务，增加有效教学时间，使教师的教学更有针对性、更精准有效。在人工智能支持的双师型模式（Dual-teacher Model）中，教师可以利用人工智能虚拟教师助手接管日常事务，把教师的精力从日常事务中解放出来，把精力用在对学生的细节指导和心理情感疏导上。对于贫困生和心理障碍者而言，这些指导和疏导尤其需要。

（二）自觉

高校本科学生已经是成年人，具有一定的自主意识和独立思想。他们不

① 郑洁，康晓岚．“人工智能＋大数据”与财经类高校教学的互联网化改革［J］．湖北经济学院学报（人文社会科学版），2019（6）：139－141．

喜欢上课时仅接受教师的单方向传播，而希望能参与授课内容的讨论，发挥独立思考的能力，广告专业的学生尤甚。人工智能时代的自适应学习正是对上述现象的回应：每个人都有自己的学习和成长路径。人工智能自适应学习可以通过数据和技术来驱动学习，学生是课堂主角，教师成为配角。人工智能相关技术的发展使高校教育越来越智能化，如对人脸识别、眼球追踪、手势识别等技术的应用，使教师能在课堂上实时捕捉学生上课的动态信息，如面部表情的变化、细微的肢体动作、窃窃私语等。将这些信息结合大数据分析生成学生听课效果报告，教师就能清楚学生对哪些内容感兴趣、对哪些内容不感兴趣，哪些内容学生容易理解、哪些内容学生不容易理解。根据这些反馈，教师可以对学习内容和学习进度做出灵活调整，从而极大提高教学效果，还能有效防止学生上课迟到、早退、睡觉、玩手机、逃课、作弊或蒙混过关等事情发生。智能机器能实时自动记录学生的上课情况并加以评分，促使学生更自觉地学习。尽管有人反对把课堂变成监控室，但无处不在的人工智能识别可能是目前解决年轻一代“低头族”上课网瘾问题的良方。

（三）发展

人工智能对广告产业人力资本的“破坏”主要指向结构性失业，“创造”指向计算机、数学、统计学等广告学以外的新技能溢价，反映出传统型广告产业面临人工智能的压力。[①] 在业界更新换代的压力下，广告专业学生不可避免地也要随之而动。随着人工智能技术的不断成熟，广告教学领域融合了越来越多的人工智能工具，这些工具很快成为广告教师和学生的得力助手，显著提升了教学效果和教学质量。教育机器人、智能导师系统、虚拟仿真教学系统是人工智能在广告教学中的主要应用。教育机器人是专门研发的教学机器人，其超强的联网数据库可以提供更为丰富的教学资料，学生的问题可以通过数据库得到实时解答。智能导师系统是人工智能在未来广告教学中的一个重要应用方向，它主要由教师模型、学习者模型、教学策略库、领域知识库及人机交互接口五个部分组成，能为广告专业学生提供一对一的自动化辅导和答疑，从而协助广告教师进行教学活动。虚拟仿真教学系统是以机器学习、计算机视觉、虚拟现实等技术为基础开发的，为学生提供了立体的可视化资源，营造了沉浸式学习环境，实现了学习体验的真实化。[②]

---

① 秦雪冰．人工智能应用下广告产业的人力资本变迁研究［J］．新闻大学，2019（6）：108－119.

② 泽恩．“人工智能＋教育”变革任重道远［J］．上海企业，2019（6）：52－53.

五、小结

当前，快速发展的互联网和物联网已由不可移动、难以即时的电脑走向随身携带、即时互动的手机终端，线上线下之间的交融互通已成为现代社会生活的新常态，当互联网上升为人工智能时代颠覆传统价值思考的法则时，互联网就从信息化的上半场转为智能化的下半场。人工智能对广告教育提出了新的要求，即必须实现线上线下的深度融合、教育手段的多样化、学习形式的泛在化，这是对当今社会细分化、碎片化、层级化、区隔化的一种回应。“人工智能+广告教育”能把国内外线上线下教学资源集聚起来，优化课程结构、整合教育资源、明晰教学评价、澄清教学环境、打通时空交流，最大限度地合理完成广告课程的系列教学任务。[①] 比较有代表性的是可汗学院，它把人工智能和互联网结合起来，形成了课堂互动、积极讨论、针对解疑、视频学习、课外补充等全新的教育模式，这是一种结合了自助、他助、互助并且一切免费、资源共享的融合教学模式，被称为“一个人的全球学院”。它推动了一场声势浩大的人工智能教育革命，将高等教育的供给侧变革推到改革的最前沿。[②]

目前，我国东西、南北、城乡之间的教育差异不小，优质教育资源稀缺，且分布不均。而“人工智能+教育”的自适应学习功能可以精准、充分和有效地利用优质的教育资源，扩大优质教育资源的覆盖范围，提高其利用率，一定程度上实现教育公平。广告学界知名教授和广告业界资深广告人是广告教育领域的“千里马”，注定是极为稀有的资源，人工智能则可以颠覆传统广告的教育法则，让每位广告专业的学生都能接触到“千里马”。如远程教育的出现，使学习者只要拥有一部智能手机，就能进入远程教育平台，享受名校名师的优质教学，真正做到地无东西南北之分，实现教育的平等和平衡。[③] 随着国家对教育智能化和公益化的重视和投入，“人工智能+教育”的自适应学习系统得以普及，许多欠发达地区缺乏优质教育资源的现状将得到最大限度的改变，普通广告院校的学生也可以享受到与重点广告院校相同的教育资源，凸显个性、自我发展、突出特色的广告学生将获得更多的学习机会和工作机遇。

---

① 周文娟．“人工智能+”时代的教育变革路向研究［J］．郑州轻工业学院学报（社会科学版），2018（6）：62－70．

② 张清．当高等教育遇到人工智能［N］．中国科学报，2019－06－12（4）．

③ 周进，安涛．“人工智能+”教育：机遇与挑战［C］//第16届教育技术国际论坛暨首届智慧教育国际研讨会．徐州：教育部高等学校教学指导委员会，2017．

2018年4月，教育部印发《高等学校人工智能创新行动计划》，提出3大类18项重点任务，引导高校瞄准世界前沿。高校广告教育在以人工智能为基础的计算广告产业上尚未做好完全迎接和自然纳入的准备，而从校企教产融合入手，增强计算广告人才联合培养力度，可以起到事半功倍的效果。2018年，Facebook旗下教育机构Blueprint和中国传媒大学广告学院联合开展海外智能营销人才培养计划，旨在培养海外营销与传播的年轻人才，这一举动引起巨大反响。广告专业属于应用型专业，当然需要在实践中发现问题并解决问题，因此，广告院校应该向业界寻求支援，如多开设人工智能相关专家讲座，多与计算广告相关企业进行横向合作，多让学生接触以人工智能为基础的计算广告技术产品，多推荐学生赴计算广告相关企业实习，多引导学生积极参与在人工智能、程序化技术上进行的较高层次的广告调研、广告策划、广告文案、广告创意、广告设计等，提升人工智能与广告项目的融合度，以适应以人工智能为基础的计算广告时代的快速发展。

本章小结

计算广告时代广告产业的巨大变化是一个极为前沿、意义重大、必须直面的实践命题。计算广告时代广告主、广告公司和广告教育均面临转型问题。计算广告的核心需求是数据决策服务、平台管理服务、实时优化服务。广告主、媒体和广告公司构成计算广告市场生态系统的主体，只有三者适时调整，共同促进，计算广告市场生态系统才能得以良好发展。

复习思考题

1. 计算广告时代广告产业的变化有哪些？
2. 计算广告时代广告主的转变与选择是什么？
3. 计算广告时代广告公司的危机与转型是什么？
4. 计算广告时代广告教育模式的困境有哪些？
5. 计算广告时代对广告人才的需求有哪些？

推荐阅读书目

1. 崔保国，等．传媒蓝皮书：中国传媒产业发展报告（2020）[M]. 北京：社会科学文献出版社，2020.

2. 贾丽军．智能营销：从4P时代到4E时代 [M]. 北京：中国市场出版社，

2017.

3. 唐绪军，等．中国新媒体发展报告．No. 11，2020 [M]．北京：社会科学文献出版社，2020.

4. 达格代尔，兰伯特．智慧营销：精准销售新策略 [M]．陈青，等译．上海：格致出版社，2011.

5. 张树庭．广告教育定位与品牌塑造 [M]．北京：中国传媒大学出版社，2005.

案例

中国本土广告公司省广股份的数字化转型发展①

随着大数据技术在广告领域的广泛应用，具有精准和互动特征的大数据广告提高了营销传播的效能，拓展了广告公司的业务边界，驱动了广告公司全营销业务的转型与升级。基于此，在大数据背景下广告公司的转型发展成为一个重要的命题。成立于1979年的广东省广告集团股份有限公司（以下简称省广股份）是中国本土规模最大的广告公司，2010年发行中国广告第一股，2015年升级为国际化营销传播集团，2016年成为中国唯一入选500强的营销传播集团。省广股份是与中国现代广告业同步发展的、极具代表性的广告公司，研究大数据背景下省广股份的转型发展对中国本土广告公司数字化转型发展具有参考价值。

一、公司架构的调整与大数据中心的建立

省广股份是中国服务网络最广的营销传播集团，拥有遍布全国的服务网络。总部设有17个品牌事业部、3个支持平台，多个内部专业工作室，集团二级企业及平台公司等业务单位近50家，所有经营单位超过114家。

1. 调整公司架构。省广股份的事业部主要负责承接广告业务。事业部由支持平台构成，包括负责市场调研、消费者调研的市场部，负责广告创意与策划的创意策划工作室（原名策划局）。省广股份较有特色及新成立的部门有以下几个。全媒介中心负责研究媒介变化趋势，执行媒介策划和媒介购买。省广股份每年在央视采购20亿至30亿元左右的广告媒体资源，通常是先统一采购，再以媒介代理的形式分发给广告主。互动中心负责新媒体，提供广告创意和技术服务。还有内容与场景营销中心。内容营销就是结合综艺节目、短视频等形式将广告信息植入，在购买媒体中进行广告内容植入；场景营销依据消费者生活的细分化，在不同场景中进行广告营销，例如消费者在早晨用“饿了么”点早餐时，可以利用点早餐的场景，在“饿了么”APP上做相应的场景营销；也可以结合不同的场景配置不同的资源，打造沉浸

① 王红缨．中国本土广告公司省广股份的数字化转型发展 [J]．新媒体研究，2019 (18)：66-67.

式的体验模式。省广计划重组事业部，改变公司事业部在客户竞争中出现的混乱状况，打破原有事业部的架构，以行业来划分部门。省广还有旗智公关、博纳思公关这类为客户提供公关服务的公司。此外，省广还成立了负责投标的应标中心。

2. 建立大数据中心。新媒体广告必须重视数据分析与利用，省广股份数据源众多，具有显著优势。“近年来，公司通过与荣之联、百度等公司合作，极大地提升公司的大数据搜集、挖掘、分析和利用能力。”① 2017 年 1 月，省广投资 6 亿元搭建大数据中心。省广客户群体众多，中国汽车行业的广告客户与省广合作的占了 50%，地产和快消企业的领头羊也是省广的客户。每年客户广告投放会产生庞大的数据，这要求公司必须拥有数据分析能力。除省广大数据中心接入 BAT 的数据以外，公司最主要的竞争力和特色在于对自身所服务的客户的投放数据的采集与分析，了解客户广告投放偏好，分析行业变化趋势。

二、大数据背景下传统广告向精准广告的转型

1. 顺应趋势——重视数字营销。在大数据的背景下，整个广告行业的变化较为显著，传统广告向精准与互动为特征的新媒体广告转型。按照传统业务和新营销业务进行划分，省广股份主要聚焦于数字营销。数字营销是基于 PC 互联网和移动互联网的广告业务，比如内容营销、电影营销、事件营销等。数字营销业务是省广具有优势的主营业务，从整个行业来看，省广除了重视数字营销，还比较注重事件营销和 IP 营销等。

2. 基于数据分析的创意表现。大数据背景下广告公司必须具备收集和分析消费者信息的能力。省广股份主要通过第三方购买的方式来获取消费者信息，还通过与消费者调查公司合作，例如与央视索福瑞公司合作。市场部负责联系调研公司，调研公司是市场部的供应商。

3. 大数据对广告创意生成与创意表现的影响。尽管大数据背景下广告环境与广告运作都产生了诸多变化，但是广告创意的本质没有发生变化，创意依然是要找到品牌或者产品的特性，广告策划与创意人员以大数据为原点对广告信息进行加工，把更加有趣、富有创意的广告信息传递给目标消费群体。创意环节改变的是表现方式和技术手段，表现方式更加丰富，技术手段更加多元。例如，利用插画、H5 等方式来表现广告创意，吸引特定的广告受众。

三、大数据背景下的媒体投放与利润增长

1. 拥有丰富的媒介资源。省广股份拥有丰富的媒介资源，媒介采购量在全国名列前茅。公司与电视、网络、移动数字、电影院线媒体有密切联系，合作媒体多达 5 000 家，能够在 24 小时内与全国多家媒体谈判、下单。根据省广股份历年媒体采购数据可得，2010 年互联网媒体采购的占比为 25%，2016 年该占比为 63%。可见，

---

① 吴东燕．省广股份：大数据源优势明显 [J]．股市动态分析，2016 (2)：35.

传统媒体广告投放在缩减，新媒体广告增长显著。广播媒体由于私家车数量的增加呈现出增长的趋势。纸媒广告投放在减少，户外广告牌等基本衰落。社区媒体、分众、电梯海报、LED等的预算和实际执行比例在增长。户外候车厅广告基本持平，这是由于城市候车厅数量比较固定，媒介资源具有相对稳定性和唯一性。

2. 新媒体广告由PC端向移动端转移。新媒体广告除了增速显著，另一个变化是投放从PC端向移动端的转移。以往PC端投放的Banner、富媒体广告、弹窗广告都在下降。移动端的广告投入不断增长，优酷、爱奇艺、腾讯等视频网站的视频贴片广告增速显著。视频贴片广告形式多样，易于产生转化效果，例如广告播放中的代言人所穿着的衣服，受众按指示点击就可以跳转到天猫店进行购买，广告效果明显。

3. 利润增长点主要是媒介代理和营销策划。目前，媒体仍然是广告获利最丰的资源，媒介代理利润也比较可观。中国最大的媒体公司分众传媒集团，公司市值1 500亿元，每年盈收130亿元左右，净利润将近40亿元。“分众传媒成为全球近十年来增长最快的媒体平台，过去两年WPP集团的Brand报告显示，中国前百大品牌中有81%的品牌选择了投放分众传媒的电梯媒体。”①。

从省广股份公司利润增长的角度分析，2017年省广获利最多的业务是媒介代理和营销策划。第一，媒体平台。省广股份旗下的“经典视线”和“自有媒体”成为利润增长贡献率最高的媒体。省广拥有成都的公车车身广告和候车厅广告资源。第二，营销策划。营销策划的主要成本是人力成本，利润相对较高。省广股份一向以专业化的策划服务在业界被客户广泛认可，85%的客户是长期战略合作伙伴。服务十年以上的客户有三大通信运营商、众多汽车企业和食品药品企业等。

四、大数据驱动全营销业务转型升级

以精准和互动著称的大数据技术提高了营销传播的效能，驱动了广告公司全营销业务转型与升级。基于此，省广股份打造了大数据生态系统和全营销产业生态平台。

1. 大数据生态系统。省广股份的大数据生态系统聚合全球优秀的大数据公司，形成了大数据联盟，成为国内领先的大数据系统。通过数据分析，全面提升消费者洞察能力，合理优化和匹配行业资源。具体战略是，首先，与微软达成战略合作，打造全球领先的大数据系统。正式与微软达成大数据顶层设计战略合作，由微软全权负责省广大数据系统的顶层设计。其次，首批54家企业加入联盟，构建多方共赢的大数据联盟。腾讯、IBM、阿里妈妈、今日头条等54家企业加入数字星云联盟。再次，大数据商店正式上线，提供丰富的大数据营销产品。省广的数字星云联盟大

① 新财富杂志．为什么说分众传媒的成功，是中国媒体产业的创新？［EB/OL］．(2017-05-26)［2021-07-17］．http://www.iheima.com/zix-un/2017/0526/163319.shtml.

数据商店已经能提供超过100种的大数据产品。

2. 全营销产业生态平台。省广股份的全营销产业生态平台是多方共赢的全营销产业生态平台，策略＋内容＋数据＋技术＋渠道的五合一，实现营销传播价值链的全贯通，为客户提供全方位、专业化的营销传播服务。省广股份全营销业务主要有品牌营销、全媒介营销、数字营销、内容营销、场景营销和自有媒体经营六大板块。全营销产业生态平台能为客户提供更加专业和系统的服务，有利于整合资源，提升客户的营销效能。

五、大数据对广告人才提出的新要求

对于“三密集”型的广告行业，人才是广告公司发展的关键因素。省广股份现有员工超过4 500人，拥有覆盖全产业链的优秀的专业人才集群。大数据背景下，虽然整个广告行业的分工更加细分化，但是广告从业者的岗位界限却越来越模糊。新媒体时代，信息传播速度急剧加快。例如借势营销，突然间来的热点稍纵即逝，必须做出快速反应。广告公司需要为客户提供从创意到输出一条龙服务，能够进行全案操作的人才变得至关重要，同时，他们还需要熟悉新媒体。由此，广告公司需要熟悉新媒体运作的复合型人才。

大数据分析是省广股份的基本功，省广在这方面做得比较扎实；省广是以策划起家的公司，人脑也就是策划，是第一生产力，在策划服务方面一直注重逻辑的严密性。大数据分析型人才也可以被定义为策划型人才，策划本身就是一个逻辑思考的过程。省广对数字营销的创意人才这块的需求较大，要求其熟悉诸如短视频、H5等新的传播方式。

广告公司主要业务是为客户提供智力服务，广告公司人才的储备与补给直接影响公司的专业程度和服务水平。省广股份选拔人才的主要方式是校园招聘，校招主要针对211、985高校的毕业生，每年招聘人数达一二百人。校招分为笔试和面试。笔试部分公司最看重学生的逻辑思维能力、创造力；面试部分公司看重学生的表达能力、沟通能力。通过校招吸纳的人才进入公司后实行导师制，人带人、一对一地培养。省广股份的校招重视的奖项是金犊奖和ONE SHOW（金铅笔）奖，学生获奖会为校招加分。此外，为了培养能为公司所用的广告人才，省广成立了自己的省广学院，这成为培养内部人才的重要方式。

第五章

计算广告的内容分析

本章学习要点与要求

了解计算广告时代创意模式的变革；熟悉程序化广告创意的定义和特点；了解 SGS-PAC 智能个性化广告文案生成系统；熟悉程序化广告创意的应用流程；了解程序化广告创意的发展趋势；熟悉直播的程序化应用；了解 VR、AR 和裸眼 3D；熟悉 VR、AR 和裸眼 3D 的融合趋势；了解程序化广告创意与 VR、AR 和裸眼 3D 等技术，以及可穿戴终端设备的融合。

计算广告时代，扑面而来的巨量信息让受众的注意力变得分散。广告要想吸引消费者的注意，创意、文案、策划等内容是“必修课”。随着智能技术的不断发展，计算广告生态系统发生改变，创意的生产模式也在随之进阶，广告内容的呈现表现出无限可能。

第一节　计算广告时代创意模式的变革

计算广告时代，曾被认为是广告人智慧凝结的精华、无法被机器生产取代的广告创意，遇到了前所未有的挑战，也在计算广告生态系统中发生重大变革。

一、传统广告时代：创意占主导地位

广告创意，是广告创造者对广告活动进行的创造性思维活动，是为了达到广告目的所提出的创造性的“点子”。[①] 创意是广告的灵魂，也是小数据时

① 陈培爱．广告学概论［M］．北京：高等教育出版社，2004：159.

代广告策略表达中最关键、最核心、最凝聚人类智慧的部分。①

传统广告业中，创意具有很强的专业性。② 任何成功的创意都不是凭空产生的。1986 年，罗杰·冯·欧克（Roger von Oech）提出的“四步创意模式”，认为每个广告工作者在创意的不同阶段都扮演着不同的角色。广告创造者需要寻找新的信息、发现独特的观念，构思创意相关的素材，并尝试各种方法，以新的形式将独特的创意呈现出来。同时，创意的效果需要评估，创意人员要确保创意可行，为值得的优秀创意拼搏。最后阶段，创意概念要克服层层障碍才能得以实施。

什么样的创意称得上好的创意？吸引消费者眼球的广告创意不仅注重形式上的表现，概念上的传递同样重要。在广告学史上，我们可以看到不少前人总结的广告创意原则与理论。如罗瑟·瑞夫斯（Rosser Reeves）的 USP（unique selling proposition，独特的销售主张）理论认为多数具有实际效果的广告创意都包含了一种共同的创意原则，即独特的主张、明确的概念、实效的销售。广告大师威廉·伯恩巴克（William Bernbach）提出了 ROI 理论，即关联性（relevance）、原创性（originality）和震撼性（impact）。广告创意要与产品有关联，要与其他广告不同，要震撼人心。金定海和郑欢在《广告创意学》一书中归纳出四条规律性法则，即广告创意要创造差异、表达生活真实、重设关联、重构想象。③ 也许描述广告创意原则的话术各不相同，但学习前人优秀的广告创意总能为广告原创的产生提供借鉴，优秀的传统广告如“钻石恒久远，一颗永流传”一般，在广告史上永远流传。

在传统广告时代，人是广告创意的起点和归宿④，人的作用在创意阶段不可取代。广告创意是以人为目的的、是人本的，是广告创意者与受众之间搭建理解与尊重的桥梁。创意工作者要用理性的人类认知去影响非理性的社会生活，用非理性的形象符号去传达人类社会的理性追求。⑤ 因此，传统广告时代对广告创意者有较高的要求，他们需要丰富的阅历经验、极强的领悟能力、天马行空却切实可行的想象。这样看来，广告创意是深奥且玄妙的，如著名广告大师詹姆斯·韦伯·杨（James Webb Young）所说：“创意有着某种神秘的特质。”但也有研究者认为它并非不可学，而是可以通过联想训练、思维方式训练等方法进行学习培养的。

传统广告业是一个创意导向性的产业，创意可以制胜、一锤定音。广告创意的传播影响力，增强了广告创意人的自我价值认知，也使他们获得自尊

①② 鞠宏磊．大数据时代的精准广告［M］．北京：人民日报出版社，2015：147.

③ 金定海，郑欢．广告创意学［M］．北京：高等教育出版社，2008：67.

④ 同③32.

⑤ 同③35.

感、荣誉感，感受到自己身上的责任与价值。广告界流行的名言“不做总统，就做广告人”，激励着一代又一代广告创意者投身于广告事业，挥洒热情。

二、计算广告时代：机遇与挑战并存

计算广告时代，在大数据、云计算、新算法、区块链四大技术的支持下，广告生态系统正向着智能化、程序化、精准化方向发展。创意生产作为广告产业链的核心环节，在迎来机遇的同时也面临巨大挑战。

（一）传统广告创意生产方式不再适用[①]

广告中的创意元素包括产品、品牌、概念、人物、情节、LOGO、文案、背景等多种相关信息，传统广告创意模式仅仅将这些元素通过工作人员的“头脑风暴”，在讨论筛选后生成单一、固定的广告，展现给所有受众。这样的创意生产模式，在传统大众化时代，可以通过强势媒体产生广告效果。但在碎片化、分众化、个性化时代，一成不变的广告创意无法实现即时、快速组合，无法应对不同消费者对不同广告创意的海量需求。

移动互联网和各种新型网络支付方式的兴起，催生了社交、生活、购物、娱乐等多元消费场景，使得消费者的选择更加多元化，面对的信息量将更加巨大。在消费者有限的注意力下，广告的内容也将面临更高的要求。广告必须精准，符合消费者的需求或能激起消费者的需求；要有创意，才能够在海量信息中吸引消费者的目光。同时，广告也不再适合单一的投放，而需要根据不同场景、不同用户、不同时间进行不同的变换。传统的创意生产模式难以满足智能时代多元场景精准匹配模式的要求。

传统广告创意的效果评估是事后监测，无法对创意效果进行实时的动态监测和反馈。若要获知广告效果，广告主需要广告代理公司或者第三方数据调查公司的帮助，这样收集到效果反馈后无法及时采取应对措施，广告效果不可避免地具有延迟性、间接性和累积性。销售结果是广告的直接目标，却是传统广告最难衡量的环节。[②] 广告创意将无法收获“品效合一”的效果，这样的创意决策也难以获得广告主的客观认可。

（二）大数据时代广告患上“创意匮乏症”

大数据时代，广告可以应用大数据信息检索、受众定向以及数据挖掘等

① 段淳林，任静．智能广告的程序化创意及其RECM模式研究［J］．新闻大学，2020（2）：17－31．

② 张辉锋，金韶．投放精准及理念转型：大数据时代互联网广告的传播逻辑重构［J］．当代传播，2013（6）：41－43．

技术对目标消费者的数据进行实时抓取与分析，针对消费者的个性化特征和需求推送具有高度相关性的信息①，能够高效完成消费者洞察，对消费者进行精准定位。有学者说，大数据等新技术已经很好地解决了广告“对谁说”的问题。

而随着互联网新媒体技术的出现和不断成熟，包括 H5、交互式设计、3D 技术、VR、AR、全息投影等，广告创意的表达方式得到丰富，创意的发挥空间更加开阔，技术和网络空间给创意造成的障碍已不复存在。广告“怎么说”“在哪里说”的问题迎刃而解。

但传统广告最重视的创意部分——“说什么”，反而成了大数据时代广告的软肋。因此，大数据时代广告似乎患上了“创意匮乏症”。

一方面，在海量信息中，广告设计越来越具象化，越来越强调对于感官的直接刺激，广告创意的内涵和给消费者带来的想象空间被压缩②；另一方面，部分业界人士认为受工作效率、产出投入比的限制，广告只要找准目标消费者将信息暴露在他们面前即可，这样理所当然的想法仿佛回到“魔弹论”盛行的年代，忽略了目标消费者的主动性。广告的创造性价值、美观性意义在数据面前被弱化了，广告缺少有感染力的沟通和直达人心的力量，其效果反而得不到保障。新技术大大开拓了广告创意的表达方式和发挥空间，却在一定程度上消解了广告创意的力量。

三、广告创意模式进阶：从千人一面到一人千面

智能技术的不断迭代，广告的创意和内容生产方式也在不断更新换代。梳理它们的进阶发展过程，我们或许能发现，智能化、程序化、个性化产出创意已是大势所趋。

（一）广告创意 1.0 时代：千人一面③

传统广告业是一个需要大量人力资源投入的“流水线”工程，不管是内容的生产还是发布，都有专业的人在做专业的工作，各司其职。一个步骤完成后，才能够继续之后的工作，彼此工作之间有着相对清晰的时间和空间界限。

比如，当广告主提出一个创意需求后，广告公司专业人员进行创意构想，

① 黄琦翔，鞠宏磊．大数据时代广告创意的新趋势［J］．浙江传媒学院学报，2016，23（2）：54－57.

② 陈培爱，陈洪波．新媒体时代广告业发展核心力量的关系研究：基于技术、媒体与创意的分析［J］．玉林师范学院学报，2018（1）：2－8.

③ 陈万锋．人工智能创意，进展到第几阶了？［J］．中国广告，2019（9）：70－72.

然后制作广告内容，并在媒体上进行发布，然后到达大众化用户（见图 5－1）。

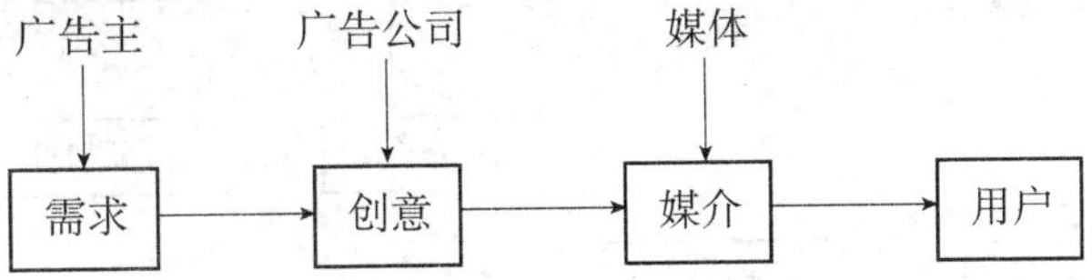

图 5－1　传统广告生产模式流程图

在这样的线性工作流程下，人力是有限的，有限的广告专业人员资源难以为每一位潜在受众量身定制合适的广告内容。[①] 广告的制作效率低下，且没有任何数据体系支撑以指导创意最优化。尽管广告创作前会对消费者进行“洞察”，创意所体现的却往往是广告主或广告公司的意志，而非消费者的真实想法。每个受众都被无差别地通过强媒体投放同一则广告，其结果只能是广告信息和受众需求之间的偶然连接[②]，这就是传统大众时代“千人一面”的广告。在传统大众时代这种“千人一面”的广告可以通行，但在互联网时代其投放效果难以得到保证。

（二）广告创意 2.0 时代：千人千面

随着网络媒体时代的到来，广告的传播空间得以拓展，媒体选择更加多元，此时的广告运作不再将受众看作无差别的“整体”，而是通过数据收集将大众细分为一个个分众，针对各个分众群体进行更加有效的区别对待传播。

伴随大数据、云计算、新算法和区块链的兴起，广告开始走向分众化。基于一定的用户数据，可利用推荐算法进行群体的划分与推送。常见的智能算法有基于内容的推荐、基于用户协同过滤的推荐和基于关系的推荐。[③] 比如在电商场景中，数据分析平台可以收集分析出用户的人口统计学数据，比如年龄、性别、地区等，再结合用户的行为数据，如搜索、浏览、收藏、加购、支付等，将相似群体标签化（见图 5－2），刻画出不同的分众人群特征，对同一标签的分众人群进行相应内容的推荐。这样的广告内容可以实现“千人千面”，广告信息和用户价值的连接效率在相当程度上得以提高。

在创意 2.0 时代，广告内容离实现“个人化”还有一定距离，且广告创意尚未被纳入完全智能化的生产模式中。但必须承认，人工智能、大数据和智能算法为智能广告的发展不断注入新的生命力，广告产业的新篇章就此揭开。

---

① 新营销传播研究．［期刊速览］广告中的人工智能［EB/OL］．（2020－10－04）［2021－07－17］．https://mp.weixin.qq.com/s/YxvDFiZxoMhhNn2nkefBZw.

②③ 谭辉煌，张帆，钱涛．媒体智能化趋势下广告运作模式的嬗变与重构［J］．新媒体与社会，2018（3）：24－26.

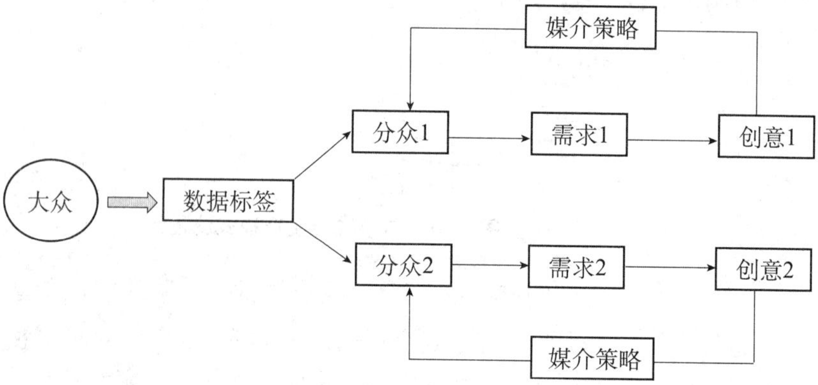

图 5-2　标签分类的 2.0 时代

（三）广告创意 3.0 时代：一人千面

随着以 RTB 竞价模式、AR、VR 为代表的智能技术不断发展，智能广告市场竞争越来越成熟，计算广告产业链逐渐发展完善。通过数字平台自主执行广告媒介购买流程的程序化广告，作为一种新型的智能广告形态初现端倪。程序化广告作为计算广告产业链条的核心部分，已经成为计算广告创意实现“一人千面”的重要手段。

由此我们可以看出，在这一阶段，程序化广告成为决定广告创意的关键所在。这时的广告创意是精准的、匹配的、自动的、定制的、动态的、高效的、实时的、个性的，这时的广告制作与投放熟练地利用技术、算法等工具，规模化地代替广告生产过程中的一些人为的判断，用程序化技术与算法大大减少了人的作用、人的主观性。① 图 5-3 展示了程序化广告创意 DMP 平台的运作流程。

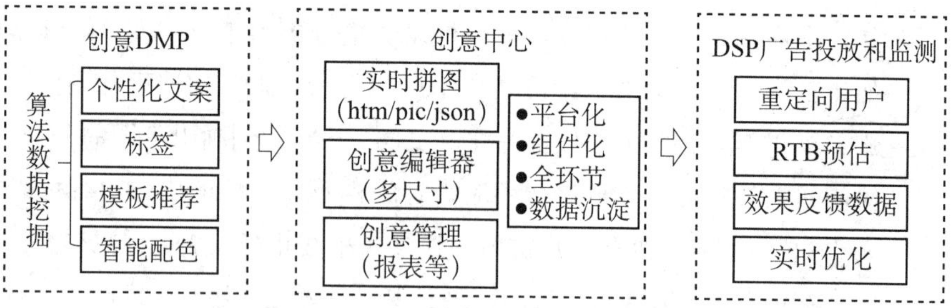

图 5-3　程序化广告创意 DMP 平台运作流程

资料来源：段淳林，任静．智能广告的程序化创意及其 RECM 模式研究［J］．新闻大学，2020（2）：17-31.

由此，广告创意模式进阶为 3.0 阶段——“一人千面”的程序化广告创

① 鞠宏磊．大数据时代的精准广告［M］．北京：人民日报出版社，2015：146.

意阶段。该阶段广告内容价值与用户价值的连接更加精准、更加互动、更加个性，不同用户看到的广告内容有可能千差万别，同一用户在不同时刻和不同场景所接收到的广告信息也可能千差万别。程序化广告可以产生不计其数的广告创意组合，时间和空间“消失”了，广告创意可以随时随地动态更新，真正做到个性化时代的“一人千面”。

第二节　程序化广告创意的流程

程序化广告创意是一个新兴的产业，每一个行业都在进行互联网化，可是营销环节中的创意却一直停滞不前，因此程序化广告创意的重要职责是改变这种现状。

一、程序化广告创意的定义

从广告主、广告公司角度来看，程序化广告创意是一种技术、一种工具。人工智能创意平台筷子科技发布的《2016程序化创意行业指南》，将程序化广告创意解释为一种由数据和算法驱动，通过对广告创意内容进行智能制作和创意优化，从而整合互联网创意产业上下游的技术。[①]“程序化”被看作一个介入广告产业链的工具，能够帮助广告需求方、广告公司以更快的速度创造出质量更优、数量更多、价值更高的创意内容。

在学界关于程序化广告创意的定义中，加入了更多的学术意义和理论价值。鞠宏磊（2015）在《大数据时代的精准广告》一书中指出，程序化广告创意是以数据为导向动态化生成广告的过程。它基于一定的程序化创意平台，通过大数据与创意的程序化算法，自动生成适合不同消费需求的多版本广告创意，并能对不同的广告创意进行实时投放筛选，根据这些创意的效果进行动态优化。这样的理解突破了“工具化阶段”，而关注程序化广告创意的运作过程，注意到基于数据与算法的多版本创意和动态优化过程，可以说，程序化广告创意是一种智能化生成广告创意的过程。[②]

从到达用户的角度看，程序化广告创意强调以“个人”为创意传播对象。在技术介入消除广告创意工作者主观色彩的同时，程序化广告通过大数据创

---

① 筷子科技.2016程序化创意行业指南［EB/OL］.（2015-11-24）［2021-07-17］. http://img.kuaizi.co/static/v2.0/file/LearnPCP.pdf.

② 鞠宏磊.大数据时代的精准广告［M］.北京：人民日报出版社，2015：151.

意更加关注每一个用户。王佳炜和杨艳（2016）指出，程序化广告创意以消费者数据为核心，不仅要在消费者洞察环节针对消费者的属性信息、行为信息进行探索挖掘，还要依靠算法来实时判断是否要与消费者进行互动、用何种广告内容与消费者进行沟通更为恰当，进而根据目标消费者个体的具体需求进行选择性广告创意呈现。①

将理论与实践结合起来看，程序化广告创意是一种解决问题的方法，是一种创意生产机制。段淳林和任静（2020）将程序化创意的概念界定为以智能算法和大数据为基础，针对广告尺寸、大小、色彩等要素进行自动化匹配，对广告要素进行动态组合，对广告创意与用户场景和需求进行个性化精准匹配的一种创意生产机制。②

基于前人的研究，本书将程序化广告创意理解为基于人工智能技术，通过推荐算法，利用大数据对广告创意元素（如广告尺寸、图标、颜色、文案等）进行优化组合，快速、自动生成适合不同设备、不同场景、不同消费需求的广告创意群组，将广告创意群组整合进计算广告流程之中，对不同的广告创意进行实时筛选投放，并根据广告效果进行动态调整的一个过程。图 5-4 展示了该过程。

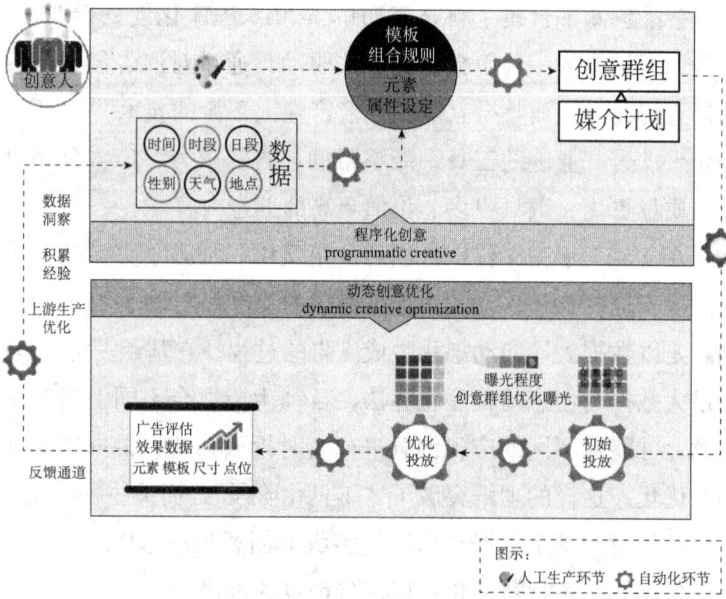

图 5-4　程序化广告创意工作流程示意图

资料来源：筷子科技 .2016 程序化创意行业指南 [EB/OL].（2015-11-24）[2021-07-17]. http://img. kuaizi. co/static/v2. 0/file/LearnPCP. pdf.

① 王佳炜，杨艳 . 移动互联网时代程序化广告的全景匹配 [J]. 当代传播，2016（1）：92-95.

② 段淳林，任静 . 智能广告的程序化创意及其 RECM 模式研究 [J]. 新闻大学，2020（2）：17-31.

二、程序化广告创意的特点

（一）从工作流程上看

有别于传统的广告创意模式，从工作流程上看，程序化广告创意呈现出许多新特点。①②

1. 更多“去中心化”的创意群组，成千上万的创意结果

在广告创意制作阶段，常规的广告生产模式是围绕一个创意核心，创造出一系列创意内容，再从这几个或几十个结果中挑选最优的创意组合进行展示。而程序化广告创意模式则是元素级别的分解，将广告创意拆分为一个又一个小元素，将创意元素组成“去中心化”的群组，包括产品、品牌、概念、人物、情节、LOGO、文案、背景等各种素材，只要增加模板和创意素材，创意元素自由排列组合，就可以生成上百、上千甚至上万个不同的广告创意结果。图 5－5 展示了这个过程。

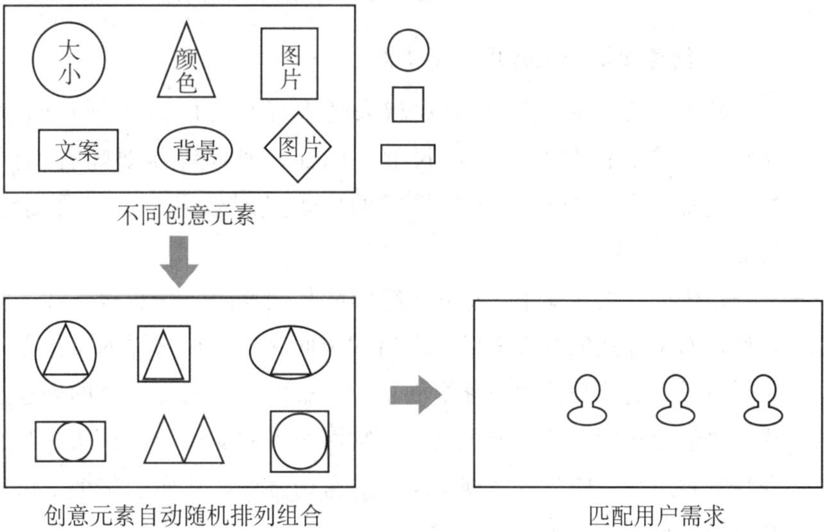

图 5－5　程序化广告创意“去中心化”的创意群组

资料来源：段淳林，任静．智能广告的程序化创意及其 RECM 模式研究［J］．新闻大学，2020（2）：17－31.

2. 更高效的管理，操作便捷

借助智能算法和大数据，程序化广告创意能够快速生成创意，实现创意

---

① 筷子科技．2016 程序化创意行业指南［EB/OL］．（2015－11－24）［2021－07－17］．http://img.kuaizi.co/static/v2.0/file/LearnPCP.pdf.

② 段淳林，任静．智能广告的程序化创意及其 RECM 模式研究［J］．新闻大学，2020（2）：17－31.

资源的高效管理（见图 5－6）。相较于传统较多人力投入的广告创意流程，程序化广告创意能够大量减少一些烦琐的、不必要的重复劳动。不管是在广告创意的前期创作、中期实施还是后期优化环节，传统广告创意总是需要创意人员反复讨论、不断修改，浪费时间与资源。程序化广告创意可以自动生成不同版本、不同尺寸的创意内容，当对创意策略进行调整时，计算广告系统中所有广告投放物料可以实现即时更新，不需要人工修改广告的内容、尺寸和格式，更高效便捷的操作为广告人员大大“减负”，使其能够将更多时间和精力投入战略思考中。

图 5－6　程序化广告创意资源高效管理

3. 创意和媒介工作更容易协同

随着新媒体时代媒介形式越来越多样化，广告的创意的表现空间大大拓展，广告的呈现形式、尺寸、画面、时间等需要随着不同媒介属性的改变而进行调整，以实现更好的广告呈现效果。这需要创意和媒介达成更好的协同。

在传统广告活动中，媒介策略团队与创意团队并非从一开始就达成紧密合作，而是等到创意方案形成之后才全面介入。在这样的工作流程中，创意团队对媒介资源和技术缺乏全面了解，难以充分利用媒介的创意空间。程序化广告创意在媒介技术上提供了丰富而明确的支持，创意从一开始就能与媒介特征相结合，使二者实现全流程的密切合作，从而让整个工作流程更有效和可控（见图 5－7）。

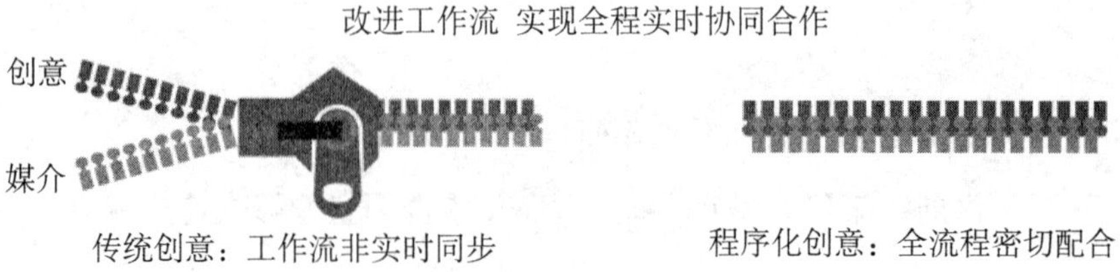

图 5－7　创意和媒介工作流的协同

4. 更优化的实时监测

程序化广告创意的后端可借助动态优化技术，通过算法条件设定创意的优化逻辑，在广告投放的过程中实时进行动态甄选，海量的创意元素形成“数据”被动态追踪，创意主体通过监测到的数据分析广告创意的投放效果，自动优化创意素材的组合、投放配比，给表现好的创意更多曝光机会，这个过程是实时进行的（见图 5－8）。

图 5－8 程序化广告创意的实时监测与优化

（二）从用户到达来看

从用户到达来看，程序化广告创意的特点有以下三个。①②

1. 更个性：满足用户个性化需求，实现“一人千面”

程序化广告创意无须押宝一个中心化创意。在大数据的实时高效计算下，可以描绘出每个用户的画像，精准匹配及优化用户的一系列个性化需求，通过相关性机制生成的创意内容与用户的需求高度匹配，提供精细化、智能化、个性化管理服务。程序化创意既可以让广告向 10 000 个人各说 1 句不同的话，也可以向 1 个人说 10 000 句不同的话。图 5－9 展示了这个过程。

2. 更匹配：动态抓取消费场景，实现场景匹配

新型支付方式和移动互联网技术的成熟带动了社交、购物、娱乐等多元移动场景的兴起，在不同消费场景中，用户的需求更加多样、选择更加多元，对于广告的匹配度要求也更高。程序化广告创意能够动态抓取消费场景，使创意“场景化”，与消费者实现包括地理位置和时间的场景匹配，自动生成海量创意。通过场景匹配和精准传播，满足不同消费场景的不同需求，实现“大创意”的精准触达。图 5－10 展示了这个过程。

---

① 筷子科技．2016 程序化创意行业指南［EB/OL］．（2015－11－24）［2021－07－17］．http://img.kuaizi.co/static/v2.0/file/LearnPCP.pdf.

② 段淳林，任静．智能广告的程序化创意及其 RECM 模式研究［J］．新闻大学，2020（2）：17－31.

图 5-9　程序化创意的“一人千面”

图 5-10　程序化广告创意的场景匹配

3. 更精准：用户协同选择创意，实现精准沟通

通过用户看到广告后的一系列行为数据，比如鼠标悬停、点击、收藏等，结合创意群组之间的元素差异分析，就能做到过去的广告监测所做不到的事情——通过数据验证，判断哪些创意元素、组合方式更有效，以此为基础对创意内容进行持续优化，以实现与用户更精准的沟通。从这种意义上来说，实际上是用户自己在选择创意（见图 5-11）。

程序化广告创意与用户的沟通过程也在借助用户的协同过滤算法，程序化广告创意能够通过受众属性数据，分析出哪些创意元素适用于某相似类型的分众，扩展程序化创意的探索能力，进而为日后的广告创意与投放提供进一步的参考。

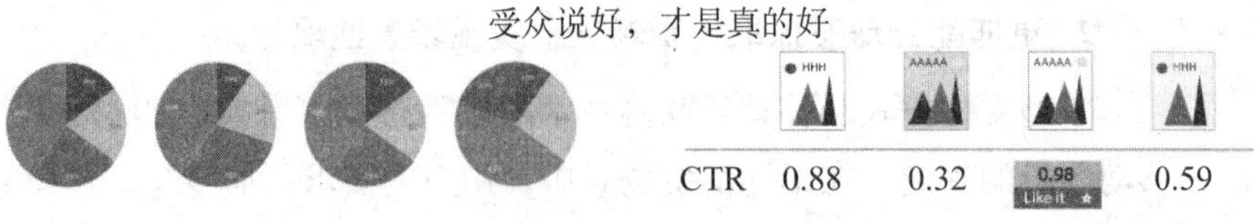

图 5-11　程序化创意的用户选择创意

三、程序化广告文案

文案本质上就是以文字来表现已经制定的创意策略，文案也是广告内容的重要组成部分。随处可见的广告案例，有的是为了品牌宣传，有的是为了引流，有的是为了销售，有的是号召做一件事，程序化广告创意也可以让文案变得有创意起来。每个广告都需要有大量多元化的文案，如果人工创作后再导入程序化创意系统，则需要投入大量的时间成本、人工成本，因此迫切需要文案自动生成技术。

（一）SGS-PAC 智能个性化广告文案生成系统①

邓莎莎、Chee-Wee Tan（陈致玮）、王伟军、潘煜四位学者（2019）在广告学国际顶级期刊《广告学刊》（*Journal of Advertising*）上发表的学术论文《智能个性化广告生成系统及其在广告实践和研究中的应用》（Smart Generation System of Personalized Advertising Copy and Its Application to Advertising Practice and Research）中，提出了智能个性化广告文案生成系统（SGS-PAC），该系统能够根据消费者的个人需求自动生成文案内容，并通过用户实验分析验证其可以提高在线广告平台的点击率。

1. SGS-PAC 框架组成

SGS-PAC 框架由个性化用户标签分类（personalized user tags classification）、广告词情感分析（advertising words sentiment analysis）、广告文案模板生成（advertising copy template generation）、模板匹配（template matching）四个关键组件组成，如图 5-12 所示。

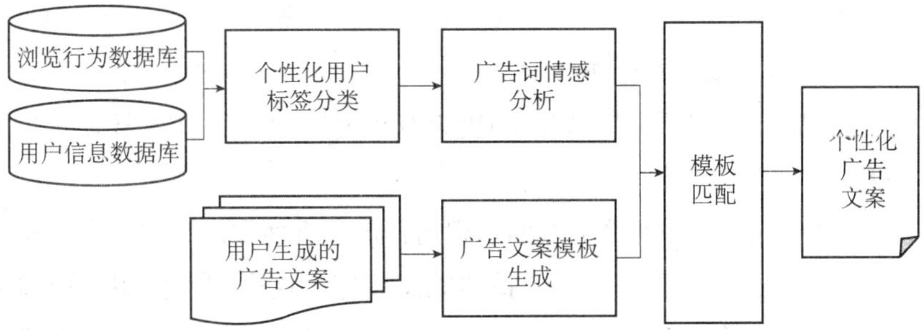

图 5-12 SGS-PAC 框架

2. 运作流程

基于浏览行为数据库（browsing behavior database）、用户信息数据库（user information database）和其他信息数据，我们可以建立起用户的个性化标签系统；然后对其中的标签词进行情感状态分析，选取情绪性为正的标签词作为用户特征和产品特征；接着对现有的广告文案进行研究，生成相应的

① DENG S S，TAN C W，WANG W J，et al. Smart generation system of personalized advertising copy and its application to advertising practice and research [J]. Journal of advertising，2019 (4).

广告模板；之后通过用户特征、产品特征与广告模板的匹配，为用户生成个性化广告文案，展示给用户；最终通过广告评价对系统参数进行调整。这个流程如图 5－13 所示。

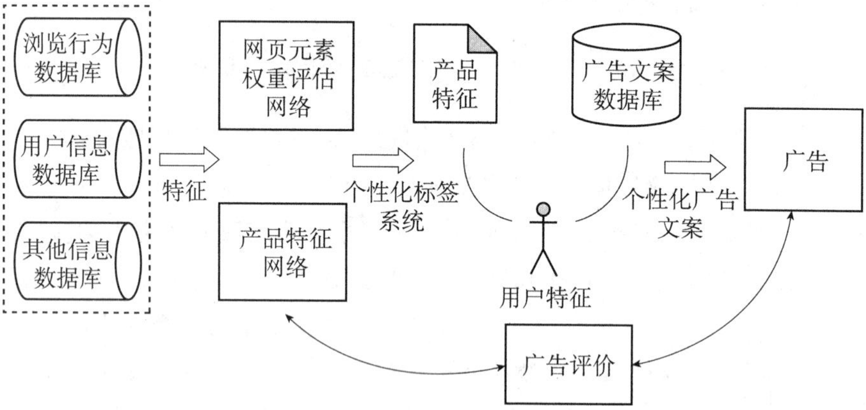

图 5－13　SGS-PAC 运作流程说明

（1）个性化标签分类。

针对不同品类的产品需要建立不同的用户标签系统。例如在母婴产品的标签系统中会包括“孕期”“哺乳期”“母亲”“婴儿”等标签类别，而“母亲”这一类别中又包含了“产后减肥”“亲子生活”“二胎”“产后健康”等标签。因此 SGS-PAC 将根据用户的浏览行为和购物记录自动对用户进行标签分类。

（2）情绪状态分析。

情绪状态对顾客的判断和决策有重要影响，所以需要对顾客的情绪状态及广告词的情绪性进行分析。

SGS-PAC 中情绪分析的过程为：产品页面和用户评论中都充满了表达情感的词，这些词形成了一个情绪状态词库，这个词库使用心理测量工具——情绪状态画像（profile of mood states，POMS）来评估用户短期和特定情况下的情绪状态。

（3）文案模板的生成。

SGS-PAC 系统会学习现有广告文案的文本，自动生成一个新的广告文案模板。模板内容包括文案类别、文案模板、每个模板对应的候选词。

四位学者在文中定义了广告文案的两种目的（销售目的和传播目的，销售目的指的是借助广告直接增加销量，传播目的是获得公众认同、扩大品牌影响力、树立品牌形象）以及四个文案类别（产品文案、品牌文案、口碑文案和促销文案）。SGS-PAC 系统能够通过学习生成不同类别的广告文案模板。

（4）基于模板匹配的个性化文案生成。

在选择广告文案模板后，个性化广告标签系统中的标签将与文案模板库中的候选词进行匹配。首先选择既能满足程序化广告中广告主的需求又符合用户个性化标签的广告类型的广告模板，然后根据标签词与候选词的相似程度选择合适的关键词对文案模板进行填充。

3. 有效性验证

验证实验涉及约 80 名被试，基于一个第三方零售平台的真实商业数据，包括注意力持续时间、添加购物车、购买、产品属性等数据。实验者选择了三类零售平台点击和购买频率最高的产品——手机、户外夹克、洗衣机，并通过零售平台将消费者分为四种类型。

第一类消费者：注重产品的外观、质量和工艺；

第二类消费者：注重安全性和价值；

第三类消费者：关注功能、可操作性和响应速度；

第四类消费者：喜欢价格实惠、性价比高的产品。

这些产品类别和消费者类型形成了 12 对“产品-消费者”组合，即 12 个实验组，每组被试都会看到两条广告文案，一条为 SGS-PAC 生成，一条为以往在零售平台上出现过的文案。然后被试将会被要求从这两条文案中选择更喜欢的一条。

例如其中“洗衣机-第三类消费者”这一组，两条文案分别为“小天鹅洗衣机，智能手洗、节能、静音，带给你舒适新生活”（SGS-PAC 生成）和“小天鹅洗衣机，满足每次穿衣心情”（平台以往文案）。

实验结果发现，所有 12 组的被试都更喜欢 SGS-PAC 生成的文案，尤其是第二、第三类消费者。四位学者认为，SGS-PAC 能够将广告主和文案员从重复性的工作中解放出来，并且可以节省广告创作的成本、提升广告的效果。此项发现对人工智能在在线广告中的应用具有重要意义。人工智能技术将会为程序化广告、计算广告的营销传播提供巨大的商机。

（二）阿里妈妈“AI 智能文案”产品①

2018 年，阿里妈妈在戛纳创意节上正式发布“AI 智能文案”产品，在一秒内能生成高达两万条高品质广告文案，可以为商家提供多种写作风格。“AI 智能文案”已经突破了傻瓜式的机器模式，生产出来的文案与人类所创作的并无二致，已顺利通过图灵测试，如图 5－14、图 5－15、图 5－16 所示。

---

① 雷锋网．解密阿里妈妈“AI 智能文案”：1 秒钟 20000 条背后的奥秘［EB/OL］．（2018－06－21）［2021－07－17］．https://www.sohu.com/a/237039005_114877.

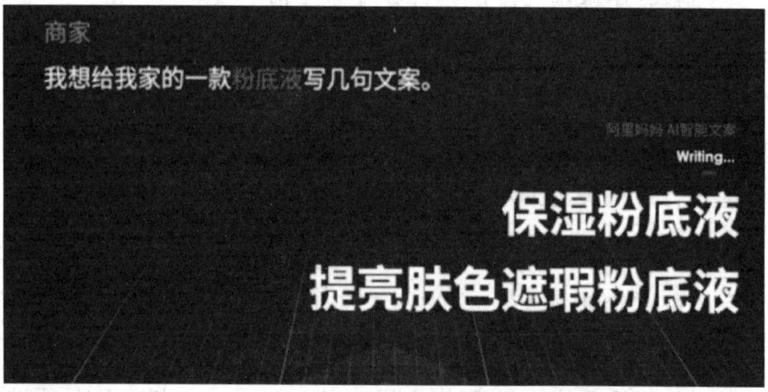

图 5-14　AI 智能文案根据商家需求创作文案（1）

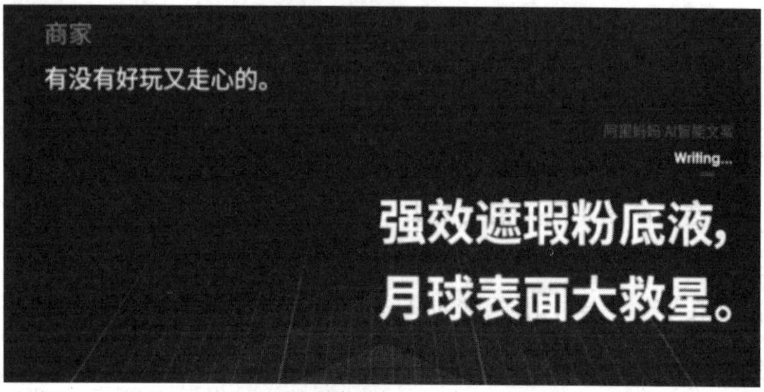

图 5-15　AI 智能文案根据商家需求创作文案（2）

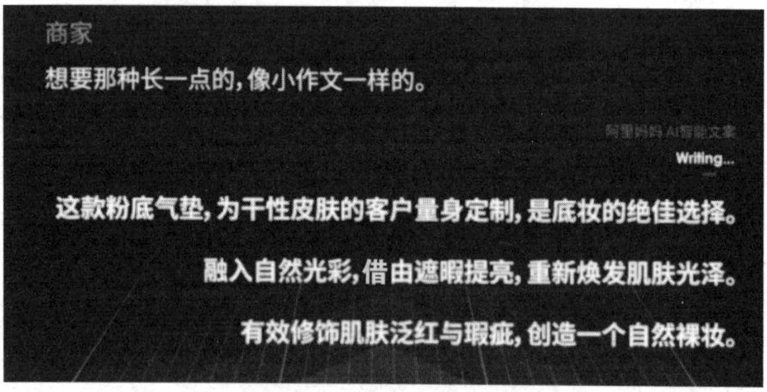

图 5-16　AI 智能文案根据商家需求创作文案（3）

据阿里妈妈方介绍，“AI 智能文案”结合淘宝、天猫的海量优质内容与自然语言算法，目前主要聚焦于商品文案，可实现三项核心功能——高度模拟人创作文案、自由定义文案字数、实时在线样本学习。商家只需要填入商品在淘宝或天猫的详情页链接，便可获取多组不同内容的智能文案，如图 5-17 所示。

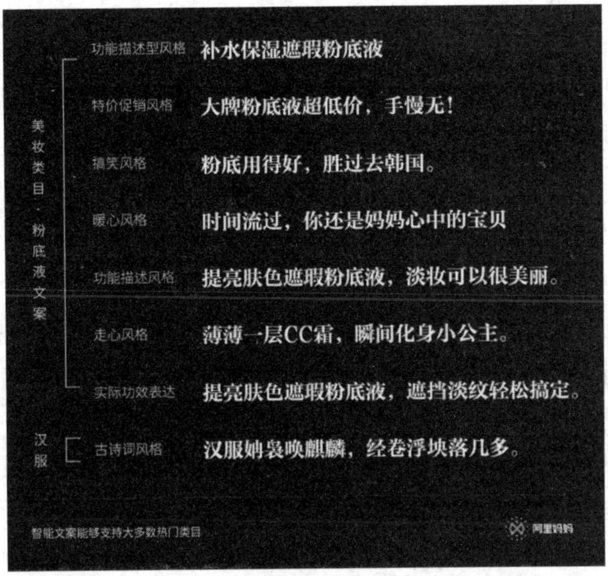

图 5-17 AI 智能文案支持多种风格文案写作

如此强大的“AI 智能文案”解决了令许多商家头痛的文案问题，这项产品背后有哪些玄机？

1. 技术逻辑支撑

“AI 智能文案”基于深度神经网络的 sequence2sequence 模型，融合了注意力机制、位置编码、copy 机制等，实现了对商品逐词生成文案。相对于检索式文案推荐方式，逐词生成的方式可控性更佳，可探索的空间更大，但是也对生成文案的准确性、可读性、性能有极高的要求。

2. 创作高度模拟人类

“AI 智能文案”本质上是在模拟人类写作文案，因此训练数据分外重要，它直接决定了模型效果的好坏。目前阿里妈妈共获取了上亿条文案数据，但这些数据质量良莠不齐，需要通过人工＋机器半自动清洗，最终筛选出数百万条优质文案用于训练。这些文案几乎覆盖了淘宝平台上的所有类目和商品。

3. 长短可控

模型通过对位置信息进行编码，改变每个词生成时的概率分布，可实现文案长度可控。阿里妈妈产品技术部算法专家乞颜指出：“因为目前生成的粒度是基于词而不是基于字，所以目前只能做到词数可控。”

4. 质量控制模型，实时在线样本学习

作为一款深度学习逻辑下的产品，阿里妈妈“AI 智能文案”支持实时在线学习，可以通过不断增加的优秀文案样本量，来提升自身的文案产出能力，满足用户的需求。

智能文案服务于商家和运营的同时，商家和运营的选择结果也会回流。回流的数据被用来训练一个二分类的质量控制模型，有点像对抗生成网络里的判别器，对智能文案生成网络的结果进行二分类判别。这个质量控制模型本质上是在拟合人对生成结果的判断。随着数据的不断积累，质量控制模型对结果的判断会更加准确，同时可以更好地指导生成网络的迭代。“AI 智能文案”让我们在技术与创意融合的道路上迈进了一步，但是现阶段智能文案生成的内容，都是基于对人类创作的海量优质内容进行深度学习的结果，机器暂时无法替代人类丰富的创造力。总之，AI 产品的目的是更好地帮助人类，而非取代人类。

四、程序化广告创意的应用流程

在 RTB China 中国程序化广告科技资讯网 2020 年发布的《中国程序化广告技术生态图》（见图 5-18）中，被收录的程序化广告创意公司有 9 家。其中，筷子科技是中国第一家程序化广告创意平台，是 2019 年 Google I/O 年度开发者大会上唯一来自中国的企业，入选第一批全球首选创意技术提供商。同时，筷子科技还是 Facebook 大中华区首家广告创意技术平台合作伙伴。

图 5-18 中国程序化广告技术生态图①

筷子科技平台于 2015 年初上线，是一家创意资产管理和优化技术提供

---

① RTB China.《中国程序化广告技术生态图》2020 年中更新版发布［EB/OL］.（2020-06-29）［2021-07-17］. https://www.rtbchina.com/china-programmatic-ad-tech-landscape-2020-mid-year.html.

商，基于元素级别的创意 AI 核心技术及 120 多项平台技术，为品牌赋能“智能制作管理、创意元素归因分析、元素级创意 ROI 优化及创意元素标签化大数据洞察”等创意技术产品和服务，并兼容 SaaS＋BPO，自助 SaaS 与混合云容器化部署等多种交付方式。[①]

筷子科技瞄准的是广告创意生成过程的自动化、数据化、智能化需求，对创意进行元素拆解。不同的广告创意是不同创意元素的排列组合，理论上可以实现无限创意的内容产出。这个过程可以建立数据模型，通过投放效果反馈数据再进行优化调整。简单来说，就是通过技术优化广告创意内容，而达到更好的投放效果。[②]

我们以筷子科技为例，分析程序化广告创意的应用流程。[③]

（一）一键创意，智能适配尺寸

在筷子科技的官方网站中，有其“一键创意”的视频演示（见图5－19）。一键创意的技术基础是人工智能技术对广告创意素材的标签化管理，在这基础之上进行图片需求的自动匹配，能够在 2.7 秒内完成一个专业设计，迅速生成多张创意广告供广告主进行挑选。

图 5－19　筷子科技“一键创意”演示图

---

① 创业邦．打造 AI 创意平台，“筷子科技”用技术驱动创意资产管理［EB/OL］．(2020－06－19)［2021－07－17］．https://www.cyzone.cn/article/590568.html.

② 界面新闻．成谷歌首批创意技术提供商后，筷子科技完成数千万 A＋轮融资［EB/OL］．(2020－06－01)［2021－07－17］．https://baijiahao.baidu.com/s?id=1668298424264160987&wfr=spider&for=pc.

③ 筷子科技．智能创意生产及协作 SaaS 平台［EB/OL］．(2021－01－31)［2021－07－17］．https://kuaizi.ai/zh/pc/.

针对不同设备、不同投放平台，无须广告人工调整素材位置、尺寸大小，一秒智能完成尺寸适配（见图 5-20）。

图 5-20 筷子科技智能适配尺寸演示图

Bridgewell 是一家专注于服务电商类客户的 DSP 平台，其主要通过 Google AdExchange 采购媒体流量，并以“橱窗广告”的形式对用户进行定向投放。但由于广告样式少而枯燥，在长期投放后，Bridgewell 遇到点击率下降的问题。筷子科技提供的解决方案是，导入程序化广告创意技术，协助其快速组合广告模板、尺寸、素材颜色等元素，生产多样性的广告创意组合。这样每个橱窗广告的尺寸都扩展到 3～6 种样式，并通过历史投放的数据进行组合优化，这样有效降低了用户对这些橱窗广告的视觉疲劳，提高了创意广告对消费者的吸引力，平均点击率提升 50%以上，如图 5-21 所示。

（二）“一人千面”，创意与需求匹配

程序化广告创意的“一人千面”发生在广告对于不同人群的投放区隔，如核心人群、竞品使用人群、新客等；发生在不同营销阶段区隔，如新品上市、预售期、爆发期等。对于低、中、高端不同系列产品线以及不同电商平台、不同消费场景，程序化广告创意都将“对症下药”，和受众精准沟通，与

图 5-21　筷子科技为 Bridgewell 橱窗广告提供的解决方案

场景精准匹配，提升活动转化率。不仅如此，随着用户所处时间、地点、场景的变化，程序化广告创意也随之变化，如图 5-22、图 5-23 所示。

图 5-22　筷子科技落地页“一人千面”演示图（1）

图 5-23　筷子科技落地页“一人千面”演示图（2）

脉动品牌发起的“脉神险”活动，希望能够有效覆盖不同类型的目标消费者，使宣传信息在时尚化的同时尽可能多样化。筷子科技提供的方案是预先设计好 23 种不同场景的口号文案，再结合主视觉上的设计元素，在程序化广告创意平台上自动生成 20 个尺寸共 318 款创意组合，使广告内容更加丰富多彩，用创意群组覆盖和吸引多样的目标受众群。同时，随着用户所处的地点、时间变化，程序化广告创意平台为每个用户呈现的广告也发生变化，如图 5－24 所示。

图 5－24　筷子科技为脉动提供的解决方案

猎聘网在 36 氪、虎嗅、TechWeb 等科技行业媒体上购买固定广告位，投放招聘职位的广告，但是由于广告的招聘职位与媒体内容不相关，因而与用户需求只能是偶然连接，达不到精准匹配。筷子科技使其与媒体建立内容层面的技术合作，实时提取网页内容的关键词并与创意标签相匹配，利用程序化广告创意技术将 10 000 多种职位广告投放给浏览相关内容的用户，使广告与网页内容达成匹配，与用户需求建立连接，将环境内容、场景与创意相匹配，实现广告内容原生化，平均点击率相较于以往单一广告展示提升了 76%，如图 5－25 所示。

（三）效果实时监测，创意实时优化

程序化广告创意成功的关键因素，不仅在于快速组合大量广告创意，还在于能够持续、实时优化，获得最佳的广告效果。筷子科技能够进行实时元素数据分析，智能解析创意元素的数据，多方面分析创意效果，根据点击率、转化率、ROI 等多指标分析，根据产品、人群、点位、地域等多维度分析，并实时暂停效果较差的创意，持续增加优质创意元素，以提升广告效果。

INFIPLAY 是一家总部位于俄罗斯的线上游戏发行商，主要通过 inmobi 在海外移动端进行广告的投放。其主力游戏 *Demon Slayer* 有数十个人物、大量的游戏道具和背景，但其只有 5 款主题推广设计，在广告投放过程中效

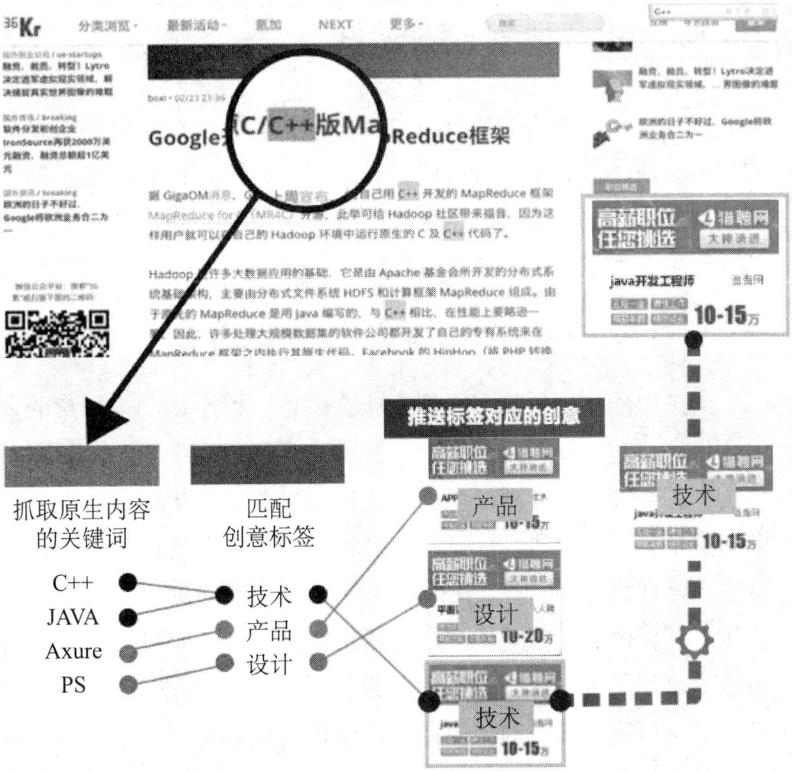

图 5-25 筷子科技为猎聘网提供的创意匹配方案

果明显衰减。筷子科技基于其原有的主题设计，将主题拆分为背景、人物、slogan、装饰图形、链接按钮等多种元素，在程序化创意平台上生成了 2 870 个不同创意结果，并且通过动态优化技术，根据广告投放过程中每个创意获得的点击率进行实时优化，自动减少或停止使用效果较差的创意元素，增加优质创意元素的曝光机会。经过动态优化后，INFIPLAY 的广告点击率持续增长 320%，较静态投放点击率高出 139%，如图 5-26 所示。

图 5-26 筷子科技为 INFIPLAY 提供的实时优化解决方案

五、程序化广告创意的发展趋势

在程序化广告购买环节当中，程序化广告创意的发展明显滞后于程序化购买的其他环节。但不可否认的是，程序化广告创意的出现标志着传统广告创意产业生产力的解放。在未来，技术与创意会达成更加紧密的合作，必将共同产生更加强大的共赢价值。

（一）从“程序化”到“智能化”的深度学习

人工智能技术的日渐成熟为计算广告、程序化广告创意的发展提供了更大的拓展空间。互联网发展进入下半场，以人工智能技术为支撑的智能经济，作为一种新型经济发展形态已经快速走进我们的生活。随着人工智能技术不断迈进更高水平阶段，计算广告必将融入更为先进的人工智能技术，从而呈现出高度智能化的特点。① 目前的程序化广告创意，在创意内容层面进行了降维，简化内容的管理，细化创意元素级别，从而提升了无限可能。利用海量数据增加了排列组合，给了创意人员选择创意的权力。② 尽管技术已经代替人工进行重复性劳动，但目前程序化广告创意仍处于初级阶段。随着人工智能的不断发展，特别是对深度学习的进一步应用，机器将会产生越来越多的原创性广告，人的力量将越来越渺小。

（二）全场景融入使用户广告体验更佳

目前计算广告产业所获取的用户数据多为简单的点击、浏览、收藏、购买等行为数据。未来，随着更丰富的传感器技术、人脸识别技术等的发展，用户潜在的情感、动作等信号源将有可能被捕捉到。通过情绪的随时捕捉、情感的实时分析，可以实现对用户需求的真实判断，计算广告也将不断优化创意。同时，程序化广告创意将在用户真实需要时适时出现，尽最大可能降低对用户的干扰。

程序化广告创意也将不再局限于有形有界的屏幕。任何时刻任何地点，创意都将产生。用户将接触到真正需要的广告内容。目前场景数据的不连贯性使我们无法精准判断用户当前场景与广告是否匹配，因而难以做到跨屏互动，影响了用户的广告体验。未来，随着物联网技术的发展，在大数据基础

① 吕尚彬，郑新刚．计算广告的兴起背景、运作机理和演进轨迹［J］．山东社会科学，2019（11）：164－169.

② 筷子科技．2016 程序化创意行业指南［EB/OL］．（2015－11－24）［2021－07－17］．http://img.kuaizi.co/static/v2.0/file/LearnPCP.pdf.

上建立起来的沟通场景、空间场景、行为场景和心理场景将共同构成消费者的全场景营销。① 创意、用户、场景实现深度匹配，用户可以参与程序化广告创意，与内容跨屏互动，进而与品牌建立连接，精准沟通，带来更佳的用户“沉浸式”广告体验。

（三）争取数据隐私的重新界定与适当共享

程序化广告创意需要依赖大量真实的用户数据。数据壁垒、数据孤岛等问题在一定程度上限制了程序化广告创意的发挥。同时在用户隐私极度敏感的当下，程序化广告创意应该注意在收集数据的同时对用户隐私进行保护，同时还要参与并呼吁各方对用户隐私进行重新界定与适当共享。由于程序化广告创意需要大量创意元素，版权问题也需进一步解决。此外，目前程序化广告创意仍不能完全智能化、程序化、产业化，在广告发布之前需要经过严格审核，避免因智能分析失误导致的舆论风险和法律风险。

2018 年 6 月，抖音的搜索引擎及程序开屏页中出现了“邱少云被火烧”的乌龙广告，遭到了舆论谴责和监管部门的处罚。该广告系字节跳动公司推广团队委托北京某广告公司，在某搜索平台投放关键词竞价广告时出现的严重失误。字节跳动未认真审核第三方提供的关键词包，导致自动生成的广告文案出现了违规问题。②

未来，我们期望计算广告产业能在飞速发展的同时解决上述这些问题。打破数据壁垒，利用更优质的数据指导程序化广告创意的方向，同时建立数据保护网，提高对用户数据的监管与保护。人工智能在未来也许还能通过深度学习，扮演好“AI 督查官”的角色，保证数据的质量和真实性，防止落入欺骗陷阱，注重数据的“质”而非单纯的“量”。“AI 督查官”同时也会审核程序化广告创意的版权问题，监督广告创意内容的正确性与合法性，最终做到广告主、媒介、广告公司、消费者的多方共赢。

第三节　程序化广告创意的终端呈现

技术的极致便是艺术。计算广告时代，程序化广告创意不仅因为技术而拥有了无限内容，而且因为技术使终端呈现发生翻天覆地的变化，促使传统

---

① 王佳炜，杨艳．移动互联网时代程序化广告的全景匹配［J］．当代传播，2016（1）：92－95．

② 新营销传播研究．［期刊速览］广告中的人工智能（二）［EB/OL］．（2020－10－13）［2021－07－17］．https://mp.weixin.qq.com/s/Qyk9K4ITf-Yg7iQfop13Yw．

媒介时代呆板的终端呈现演变为互联网时代直播的创意互动与计算广告时代可穿戴终端设备身临其境、生动活泼的创意呈现。5G 概念带来了更多的场景、触点以及更丰富的数据。直播、VR、AR、裸眼 3D 等终端设备的不断普及，使程序化广告创意的发展如虎添翼，在超前的智能化技术的带动下，程序化广告创意的终端呈现展现出无限的可能性。

一、程序化广告创意的直播策划

（一）直播带货的程序化广告策划现状

2020 年 9 月，网经社电子商务研究中心发布了《2020 年（上）中国直播电商数据报告》，数据显示，2020 年上半年，直播电商交易规模达 4 561.2 亿元，预计全年交易规模将达到 9 712.3 亿元，直逼万亿元大关。2017、2018、2019 年，国内直播电商市场交易规模分别为：196.4 亿元、1 354.1 亿元、4 437.5 亿元。其中，2018 年增长率高达 589.46%，2019 年增长 227.7%，2020 年增长预计为 118.86%，依旧保持三位数的增速。[①] 直播电商作为数字经济时代的风口之一，其迅速崛起且量级庞大的市场需求势必将引领一波创业、就业新浪潮。

2020 年 7 月，在人社部、市场监管总局、统计局联合发布的新职业中，“直播销售员”位列其中，这代表着大众所熟知的“电商主播”“带货网红”作为一种新职业获得了官方认证。2020 年，直播带货频频出现在各大热搜榜中，带货主播的纪录一次又一次被打破，品牌商企业家，各县、市长纷纷“出圈”参与直播，众多明星也参与到这场短视频的“狂欢”之中（见图 5－27）。目前，直播策划的程序化广告应用主要表现在对大数据的获取和对不同用户直播间的推荐上，尚未实现完全意义上的程序化创意策划。

（二）程序化广告创意优化方案

2020 年 6 月，阿里妈妈联合淘宝直播发布报告《了不起的淘宝直播——阿里妈妈直播营销研究报告》，报告通过调研 1 000 多位商家，分析了阿里生态大数据后，总结出商家淘宝直播的五大核心诉求，并分别从流量端、营销端、运营端、基建端及服务端提供了相应的程序化广告创意解决优化方案。[②]

---

① 网经社．GMV 超 4500 亿元《中国直播电商数据报告》发布［EB/OL］．（2020－09－24）［2021－07－17］．https://www.sohu.com/a/420550216_120491808.

② 阿里妈妈．阿里妈妈联合淘宝直播发布最新直播营销报告［EB/OL］．（2020－06－16）［2021－07－17］．https://www.alimama.com/index.htm#！/marketing-insight/article-detail?id=5ee8660831a1e30c701cb208&pkey=insight&skey=ai.

图 5－27　李佳琦与做客的明星陈坤在淘宝直播

1. 流量端自然流量的有效获取

商家希望平台能有更大的直播流量池、更多公域流量获取方式、分层流量扶持及错峰流量竞争机制。对此，淘宝直播通过启明星计划、品牌明星直播合作等方式，扩大淘宝直播整体的流量池，并推出流量券（直播间流量兑换的中间介质，一张流量券可以兑换一个直播间访问量），协助商家获取更多公域流量。在分层流量扶持方面，开展分类目品牌日的玩法，针对不同商家直播等级，通过推荐算法建立针对性的分层扶持计划。同时，为了让更多的中腰部商家或主播在直播公域的竞争中获得机会，淘宝直播还通过大数据推出了排位赛“小时榜”，助力中小商家错峰曝光。

2. 营销端直播方案的辅助策略

商家希望知道直播前应该如何进行预热、在哪里预热，直播后要如何二次运营，以及直播过程中怎么样才能便捷高效地为直播间引流。为此，淘宝直播通过优秀案例总结，提出商家开播前可准备核心看点内容预告的解决方案，比如准备爆款清单、新品抢先看等，通过淘宝直播、超级推荐、猜你喜欢、直通车等渠道预热，直播后则可在超级推荐与钻石展进行追投。在直播过程中，淘宝直播提供“直播看点工具”，帮助商家实时监测数据，助力商家获取流量，实现高效推广。

3. 运营端优质直播的内容规划

商家希望获知淘宝直播的内容热点、新玩法，了解消费者的偏好数据，希望平台能够辅助其进行持续性的内容规划。为打造优质的直播内容心智，淘宝直播在营销 IP 及内容 IP 方面进行双面建设，比如与平台大型营销 IP 联手共建“品牌直播日”“品牌新品云发布会”等，以及为“Z 世代”人群打造专属的娱乐 IP 节目。除大型直播 IP 打造外，淘宝直播也会结合平台日常营销节奏，每月公示直播营销日历，系统性规划直播内容。最后，淘宝直播官方台会持续打造优质内容栏目系列，并通过推荐算法将其推给用户，商家可以通过与官方台合作，参与到优质内容的系列建设中。

4. 基建端直播间丰富的互动玩法

商家希望能够借助直播间丰富的互动玩法辅助工具，活跃直播间的气氛，维持粉丝黏性。针对此诉求，淘宝直播围绕购物场景推出新开放模式“小程序”，为不同的商家分别提供更开放、更个性、更多元的经营模式选择，比如美妆直播间提供美妆类的在线试妆小程序、服饰直播间提供服饰类的搭配购小程序等。同时，还提供跨品类智能推荐连麦功能、分享裂变以及商家自播拼团玩法，打造流量获取新模式。

5. 服务端专业的直播学习培训

商家希望平台能够提供直播相关的培训，以帮助他们更好地学习直播技巧。对此，淘宝主播 APP 等提供了丰富的课程，并且课程内容在系统性、类目特征、听众层级等方便都做了针对性的规划，尤其重视对商家进行大数据分析、推荐算法等方面的专业培训，与商家一起学习进步，共同推动直播生态的健康发展。

二、VR 与 AR“孪生兄弟”创造奇迹

（一）VR 与 AR 的区别

VR（virtual reality），即虚拟现实技术，它是一种可以创建和体验虚拟世界的计算机仿真系统，利用计算机生成一种模拟环境，使用户沉浸到该环境中。通过 VR，用户借助先进的传感设备就能够获得沉浸于另一个虚拟世界的体验。

AR（augmented reality），即增强现实技术，是一种实时地计算摄影机影像的位置及角度并加上相应图像，将真实世界的信息与虚拟世界的信息

“无缝”集成的新技术，它能够在屏幕上将虚拟世界叠加在现实世界中进行互动。AR 技术是在 VR 技术的基础上发展起来的，VR 使用户沉浸于虚拟环境中，但是不能与现实融合在一起，AR 则将现实场景与虚拟事物结合在一起，传送至用户眼前。

VR 与 AR 的区别如表 5-1 所示。

表 5-1　VR 与 AR 的区别

	技术	交互	特征	示意图
VR	利用计算机生成一种模拟环境，使用户沉浸到该环境中	用户与虚拟场景的交互	沉浸、交互、想象	 在虚拟场景中展现虚拟/真实的元素
AR	实时地计算摄影机影像的位置及角度并加上相应图像，将真实世界的信息与虚拟世界的信息“无缝”集成	现实场景与虚拟场景的结合	真实与虚拟的信息集成、实时交互	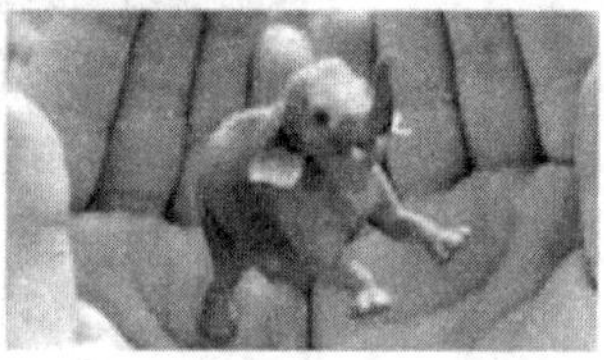 在真实场景中展现真实/虚拟的元素

在数字创新呈现几何倍数发展的时代，VR、AR 已在各个领域产生巨大影响。随着人工智能技术的不断成熟，越来越多的现实场景和虚拟场景实现了融合互通。[①] 不仅如此，在大数据、云计算、新算法和区块链技术的加持下，以及可穿戴终端设备的不断普及下，VR、AR 也会为计算广告产业带来革命性的变化。

（二）VR：从“观看”广告到“进入”广告

1. 打破单向传播，让消费者参与进来

和传统广告的单向传播不同，VR 广告能够让消费者从单纯的观看广告转变为进入广告，在广告中与内容、品牌实时互动。著名美剧《权力的游戏》第五季开播前，HBO 为了推广该剧，在伦敦 O2 体育馆举办粉丝见面互动活动。粉丝们可以通过 VR 设备沉浸式体验影片中的魔幻世界，不仅可以体验

① 李平，倪嵎．虚拟现实技术对广告形态与业态的变革之研究：广告形态与业态或将又面临一次变革［J］．中国广告，2016（11）：100-107．

在影片中曾出现过的 700 英尺[①]高的城墙上行走的感觉，还可以与影片中的角色进行互动，吹风机和轰鸣的声音也为体验增加了真实感。这一沉浸式体验，使得《权力的游戏》在宣传中再次收获大批忠实粉丝，增加了粉丝们对电视剧的忠诚度，为后期宣传节省了大量人力物力。如图 5－28 所示。[②]

图 5－28 《权力的游戏》VR 体验现场

2. 360 度沉浸式体验

VR 技术可以增强线上服务体验，以极富表现力的广告创意让用户足不出户就获取产品信息。林肯汽车在微信朋友圈投放的 VR 信息流广告，使用户只需转动手机即可全方位体验车内细节，不用到现场即可体验车内的宽敞空间。当用户在朋友圈刷到这样的广告，将会受好奇心驱使点开体验，这则广告的点击率高出行业均值数倍，当大家沉浸在 VR 带来的沉浸式体验中时，广告平均的停留时间大大增加。如图 5－29 所示。

在 VR 的帮助下，线下服务体验也得到显著提升。法国 Dior 在 2015 年推出了一款名叫 Dior Eye 的虚拟现实穿戴设备。戴上它，用户可以从 Dior 的门店内“穿越”到时装秀的后台，“近距离”观看造型师如何为模特化妆，而模特们在登上 T 台之前又在做什么。[③] 借助 VR 设备，用户在线下门店即可“身临其境”，来到时装秀现场，这大大提升了 Dior 的线下服务体验。同时，由于来到门店内的多是目标消费者或潜在消费者，这样的体验定位精确，可以增加目标消费者与潜在消费者对品牌的好感度，在互动中拉近品牌与消费

① 1 英尺约合 0.3 米。

② 媒大媒小内容植入服务平台．VR 入侵广告营销，新一轮商业蓝图正在开启［EB/OL］.（2016－04－05）［2021－07－17］. https://mp.weixin.qq.com/s/WNEgwWeD0qXAQBdiopR4gA.

③ SocialBeta. VR 这么火！这 10 个品牌的案例你看过了吗？［EB/OL］.（2016－03－25）［2021－07－17］. https://mp.weixin.qq.com/s/g4ElIpz9_qGW－0y8tlhZvA.

者之间的距离。如图 5－30 所示。

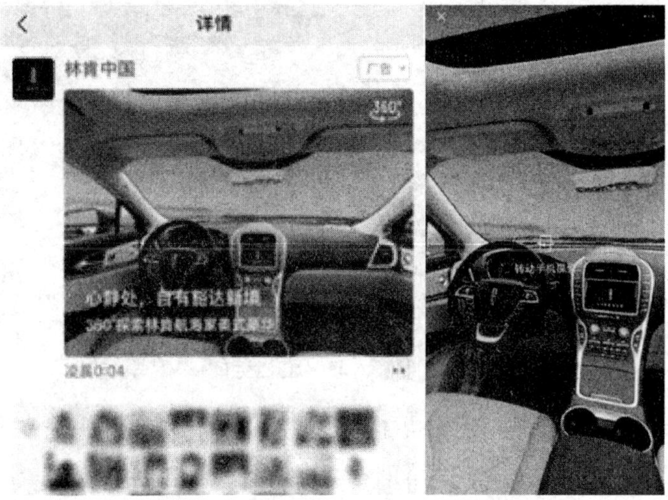

图 5－29　林肯汽车微信朋友圈 VR 体验式广告

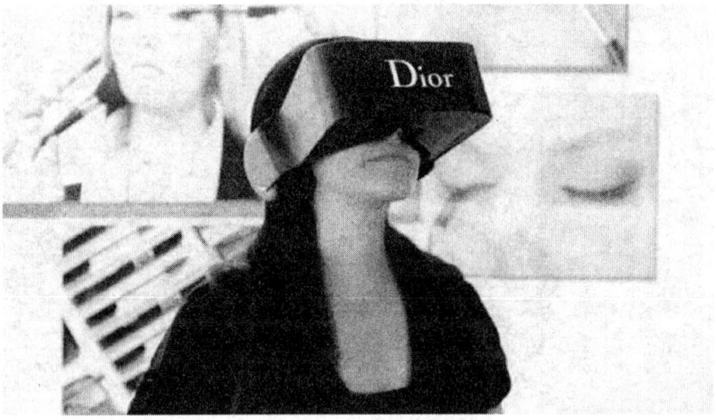

图 5－30　法国 Dior 的 VR 穿戴设备

3. 比商业更重要的是品牌核心价值的传递①

科技并非“冷冰冰”的，VR 给我们带来多重体验的同时，也将传递比商业价值更重要的人文价值，这些人文价值蕴藏在品牌的核心价值之中。2016 年，麦当劳在瑞典推出了一款全新的开心乐园餐“Happy Goggles”，套餐的餐盒可以被折叠成“VR 眼镜”，只要下载相关 APP，将智能手机放入餐盒内，就可以体验各种 VR 游戏、全景观看 VR 视频，如图 5－31 所示。对于孩子们来说，这可算是最生动的一堂 VR 普及教学课了。

同样，科技巨头三星的触角在虚拟现实行业也伸得很远。它不仅打造了

① VR 小喇叭．VR 眼镜营销，你造吗［EB/OL］．（2017－04－06）［2021－07－17］．https://mp.weixin.qq.com/s/LrokcjGBItVcxPXNCi22Jg.

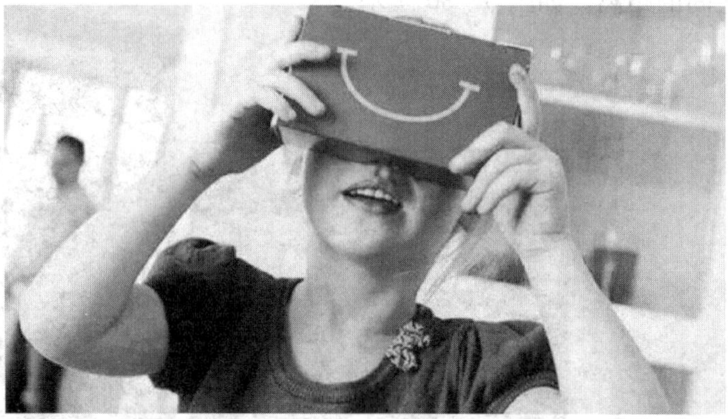

图 5-31　麦当劳的“VR 眼镜”

“Gear VR”头显，还拍摄了许多 VR 视频，可以让用户在家中就开启全球冒险之旅，如图 5-32 所示。在乌拉圭当地的父亲节这一天，三星利用 Gear VR 为一个离家 14 年的男人实现了在线与亲人团聚的愿望。这些案例告诉我们，VR 技术带给我们的不只是科技的魅力，还有人性的温暖。

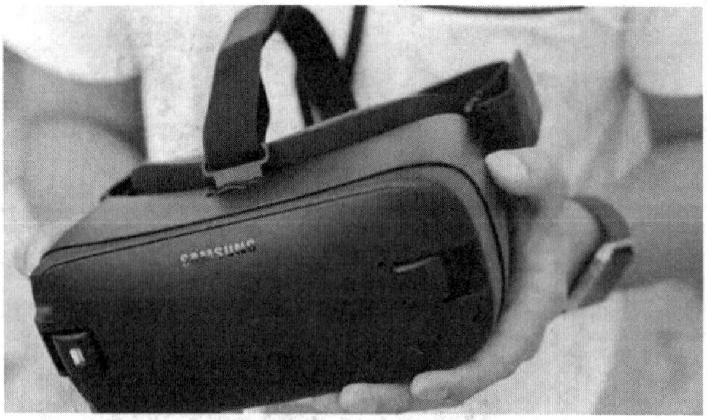

图 5-32　三星 Gear VR

（三）AR：变“广告”为“体验”

1. 互动性娱乐，体验效果佳

VR 与 AR 都具有很强的交互性，与 VR 不同的是，AR 可以将现实场景与虚拟事物融合在一起，打造更真实的交互体验。2017 年，爱奇艺在推广其网络综艺节目《姐姐好饿 2》时打造的全国首条候车厅 AR 广告引发热烈关注。爱奇艺改造了候车亭，通过 AR 实时计算摄影机影像的位置及角度，并加上相应图像、视频、3D 模型的技术，将虚拟的小 S 带到真实的街道上。路人纷纷驻足围观，并且与小 S“互动”合照，如图 5-33 和图 5-34 所示。

此次 AR 广告带来的宣传效果也非常明显，《姐姐好饿 2》首期节目播放

图 5－33　《姐姐好饿 2》AR 候车亭广告（1）

图 5－34　《姐姐好饿 2》AR 候车亭广告（2）

量突破 5 000 万，千万级的微信指数创造了空前纪录，微博总阅读量快速突破 20 亿，成就了不可撼动的综艺霸主地位。[①] 正如其广告宣传片所说的："让娱乐落地，让营销有趣。"

2. 告别同质化，让广告更加个性化[②]

产品的包装往往是消费者第一印象形成的开端。对于饮品而言，瓶身营销是较为常见的营销套路，怎么才能把瓶身营销做得更特别、更有趣？味全旗下的产品"味全每日 C"就和蚂蚁特工 AR 联手合作，通过 AR 技术与瓶身的交互打造出全新的消费场景。其将"每日 C"的瓶身打造成虚拟日历，当消费者用手机扫描瓶身后，便可利用独特互动方式，将虚拟和现实串联，

① 不领白不领的白领街．综艺节目的线下互动竟然可以这样玩，《姐姐好饿 2》AR 刚刚刷爆朋友圈［EB/OL］．（2017－07－07）［2021－07－17］．https://mp.weixin.qq.com/s/KL3EWfFEPrZTmnCZRo_FDQ.

② 蚂蚁特工 AR．论果汁瓶身的 AR 玩法，我只服味全每日 C！［EB/OL］．（2019－08－23）［2021－07－17］．https://mp.weixin.qq.com/s/8Lbhr5625BcEX1RyWHkMHg.

同时还能够获得现金红包的福利，如图 5－35 和图 5－36 所示。

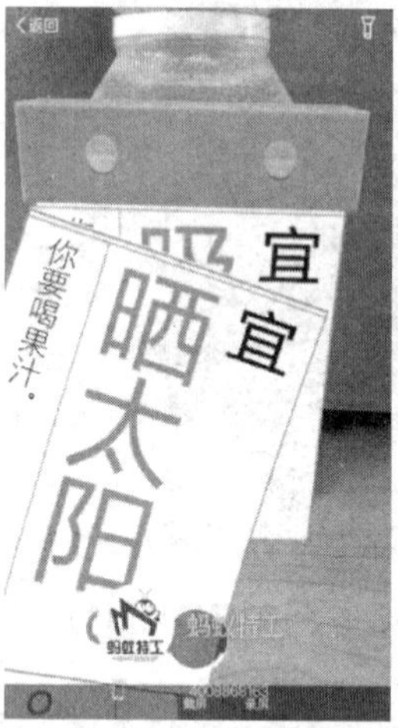

图 5－35 味全每日 C 与蚂蚁特工打造的 AR 瓶身营销（1）

图 5－36 味全每日 C 与蚂蚁特工打造的 AR 瓶身营销（2）

AR 与创意结合，让广告创意告别同质化的同时，变得更特别、更有趣。同时，还能够引发消费者的二次传播，当 AR 营销与消费者发生紧密联系之后，自然就形成社交热点，进而带动品牌营销的二次开发。[①]

3. 视觉聚焦明确，冲击力强

AR 技术让虚拟形象得到场景化呈现，给用户带来惊艳的视觉效果。同样是在瓶身上下功夫，哈尔滨啤酒联手蚂蚁特工打造了国潮 AR 广告，用支付宝扫描瓶身后，国潮跃然眼前。[②] 为 2019 年贺岁，哈啤在全国推出六款不同的国潮包装，官宣六位“鲜肉”作为国潮候选合伙人，吸引消费者参与 AR 互动，为包装代表的国潮战队投票，活动结束后，票数最高的战队合伙人将前往纽约策展国潮文化。如图 5－37 所示。

4. 呈现方式全民化，助力购买决策

AR 广告的呈现设备一般来说分为两种，一种是消费者随身携带的智能手机，另一种是人机互动设备。[③] 目前的 AR 广告大多可以实现第一种，当消费者看到广告后，只需拿出手机扫一扫，就可以参与其中，通过消耗极小的广告体验即可帮助消费者进行购买决策。

① 黑晶科技．扛起颠覆性营销大旗，AR 究竟赢在哪里？（上）［EB/OL］．（2019－04－01）［2021－07－17］．https://mp.weixin.qq.com/s/JojH7HVITFEnDXbYZ-HSOg.

② 蚂蚁特工 AR．国潮×AR，看哈啤如何玩转创意跨界［EB/OL］．（2018－12－31）［2021－07－17］．https://mp.weixin.qq.com/s/LWbXGCs-TQC4lEAOCvQj6g.

③ 光子 AR．“AR＋广告行业趋势”变革已经开始［EB/OL］．（2019－06－24）［2021－07－17］．https://mp.weixin.qq.com/s/atSGTRlo_4367crdMYH5CA.

图 5 - 37　哈啤与蚂蚁特工联手打造的 AR 国潮广告

家中装修应该买什么家具、买多大尺寸的问题，困扰了不少消费者。为此，宜家推出了一款具备 AR 功能的 APP “Ikea Place”。这款应用内的全部商品都是 3D 的，并且与商品实际尺寸相符。为了让消费者选购家具的体验能够更加直观、准确，该应用模拟的商品尺寸规格精度可达 98%，并且用户可以清晰地看到家具材质的纹理，同时还模拟光亮与阴影。这就意味着，如果消费者想选购宜家的某一款家居产品，完全无须去实体店，用手机也能完成挑选，如图 5 - 38、图 5 - 39 所示。①

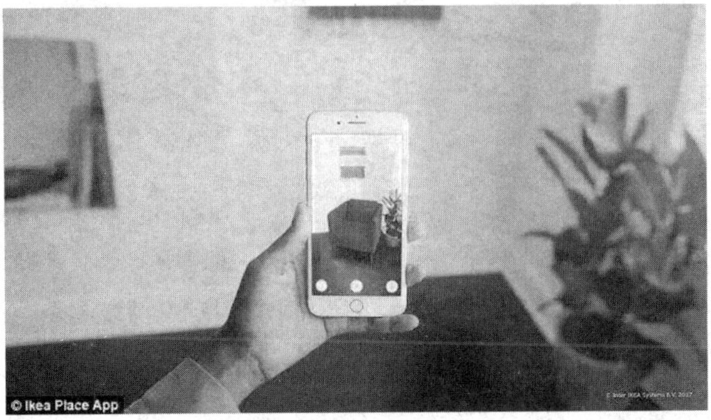

图 5 - 38　Ikea Place APP（1）

① 成功营销 . 宜家：家具难题，AR 来帮你［EB/OL］.（2018 - 04 - 09）［2021 - 07 - 17］. https://mp.weixin.qq.com/s/jefcoE9emQKQ Rggy-6monA.

图 5-39　Ikea Place APP（2）

（四）展望

我们知道，虚拟终归是现实基础上的映射。无论是 AR 还是 VR，它们的出现都不是为了替代任何一个传统产品、传统媒体，而是体现了新技术与传统互相弥补、相互融合，二者携手才能走向更好的未来。

《纽约时报》从 2015 年开始，就随其星期天的报纸赠送了超 100 万副纸盒眼镜，如图 5-40 所示。此外，它几乎每年都会推出一部 VR 纪录片或者 VR 电影，让人们感受 VR 的魅力。利用 VR 技术，《纽约时报》开启了数字化媒体的新尝试，其 VR 眼镜营销方案也开辟了一条向大众推销报纸的新途径。①

图 5-40　《纽约时报》与 VR 纸盒眼镜

CCTV 5 曾播放过这样一则 VR 广告。在 CCTV 5 主持人段暄主持足球节目的过程中，他面前的笔记本电脑变成车库门，一辆车从中开出来，车上

① VR 小喇叭 . VR 眼镜营销，你造吗［EB/OL］.（2017-04-06）［2021-07-17］. https://mp. weixin. qq. com/s/LrokcjGBItVcxPXNCi22Jg.

下来几个小玩偶，并在桌子上踢球，如图 5-41 所示。传统电视由于受播出平台的限制较大，因而广告资源历年来不断涨价。AR 技术可使广告内容与节目内容息息相关，即根据节目内容实时植入产品的广告。这种植入模式利于电视广告资源的深耕细作。[①]

图 5-41 CCTV 5 汽车 AR 广告投放

目前 VR 与 AR 仍处于成长期，且 VR、AR 的普及受相关设备限制较大（尤其是 VR）。一方面，我国 VR 和 AR 的发展规模较小，消费者需求较少，愿意购买相关设备的消费者数量不多；另一方面，信息传输需要笨重的线缆和足够的带宽，由于网速不够，会导致用户体验效果不佳。5G 时代的网络传输速度将能有效解决终端互联与 VR、AR 体验不佳问题。在计算广告时代，随着大数据、云计算、新算法和区块链的出现，以及可穿戴终端设备的不断普及，大数据将更加丰富，VR 和 AR 个人终端也将能实现程序化广告创意的实时变化，展现出强大的广告创意生命力。VR、AR 广告的发展趋势毋庸置疑，只有那些敢于拥抱技术变革的品牌与广告公司才能够在未来占有一席之地。[②] 我们期待 5G 与 AR、VR 碰撞出更绚丽的火花、带来更多彩的广告体验。

三、裸眼 3D 迎来新机遇[③④]

2013 年裸眼 3D 技术的兴起，引起了广告界和营销界的轰动，但由于全维度视觉设计等技术难度高、价格昂贵、内容特制需求受限制、应用场景较为模糊等原因，裸眼 3D 技术的市场意识没有得到普及。在其还未得到更好的应用之前，广告业就率先迎来 AR、VR 新浪潮。如今，韩国 wave 巨浪显

---

①② 李平，倪嵎．虚拟现实技术对广告形态与业态的变革之研究：广告形态与业态或将又面临一次变革[J]．中国广告，2016（11）：100-107.

③ 行家说 Talk．解码近期爆红的裸眼 3D LED 巨幕屏［EB/OL］.（2020-11-20）［2021-07-17］. https://mp.weixin.qq.com/s/7kO Tmpag_aTMhIsdZNwHHQ.

④ 我的极刻．欺骗你眼睛，裸眼 3D 背后的奥秘！［EB/OL］.（2020-09-24）［2021-07-17］. https://mp.weixin.qq.com/s/1aB2InW3 PL6XgT7d2rzfAg.

示屏和联建光电成都太古里裸眼 3D 巨屏已迅速走红，刷新人类对裸眼 3D 技术的新认知，3D 裸眼技术再次回到大众视野，成为广告商的热门选择。

当我们在电影院中观看 3D 电影时，影院往往会发放 3D 眼镜，从最初的红蓝或红绿色分式眼镜，到现在的偏光式眼镜，如图 5－42 所示。而裸眼 3D 使人们在摆脱了眼镜的束缚后，仍能体验 3D 带来的视觉效果。这种演变使用户能随时随地、自由自在地享受 3D 视觉效果，这为户外广告带来了极大机遇。

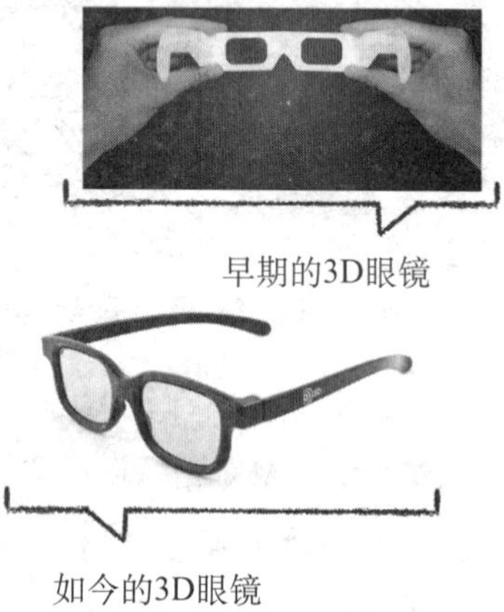

图 5－42　电影院的 3D 眼镜变化

其实，裸眼 3D 是利用视觉位移来“欺骗”视觉神经的。人眼的间距大约为 6cm，这就意味着你在看着某个物体时，两只眼睛是分别从左右两个视点观看的。左眼看到物体的左侧，而右眼则会看到物体的中间或右侧。当两眼看到的物体在视网膜上成像时，左右两面的影像结合起来，就会产生最后的立体感，这种获得立体感的效应就是视觉位移，如图 5－43 所示。

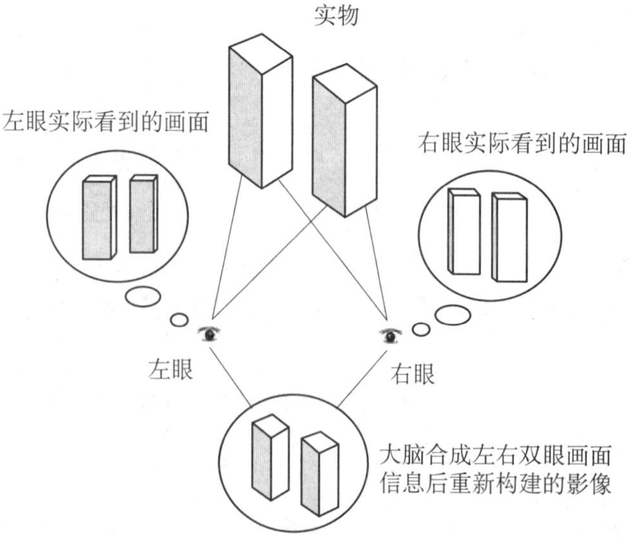

图 5－43　视觉位移示意图

随着裸眼 3D 技术的不断发展，强大的数字媒体技术和视觉创意设计一起为我们带来了一场场裸眼 3D 视觉盛宴。韩国首尔 COEX 会展中心外侧，有一块巨大显示屏包裹着建筑物。2020 年 5 月，首尔当地一家专注于影像、空间、视觉体验的设计公司 D'strict 在这里设计了一个巨大的 LED 装置艺术——“Wave”。这其实是一块巨大的裸眼 3D LED 曲面屏，该屏高 20 米，长 81 米，分辨率高达 7840×1952，由数字媒体公司 Dilussion、韩流偶像 SM 娱乐公司以及三星电子打造，逼真的效果让观众从各种角度来看都难以分辨真假，如图 5－44 和图 5－45 所示。

图 5－44　首尔 D'strict 设计的模拟海浪（1）

图 5－45　首尔 D'strict 设计的模拟海浪（2）

这样的视觉盛宴在我国也能享受到。2020 年 10 月，联建光电为成都打造的裸眼 3D 飞船巨幕震撼点亮（见图 5－46）。炫酷的黑科技显示瞬间引爆全国乃至海外媒体转发评论，并登上微博实时热搜 TOP5，相关话题累计总点击量达 3.2 亿。大量粉丝纷纷赶至现场感受联建光电大屏所带来的极致视觉体验，现场可谓人头攒动，更有众多海外网友为中国黑科技疯狂点赞，刷新了世界对中国 3D 技术的认知。

图 5-46　成都太古里裸眼 3D 飞船

由联建光电承制的这块网红 LED 巨幕，位于成都春熙路太古里核心商圈，项目分辨率达 8K，总面积近 1 000 m^2，还可与一旁的 450 m^2 超高清屏实现“双屏联动”。项目特别针对白天与黑夜的不同场景进行多元化细节呈现，如 90°无缝转角模组技术、户外高亮广角显示面板技术、高对比吸光面罩等，打破艺术的边界，让整体墙面顿时注入裸眼 3D 数字技术新生命。裸眼 3D 技术使得这一创意大屏单日辐射人流量高达 40 万，对比传统户外广告 ROI 至少提升 3 倍。小米 11 正式发售时，便迅速抓住这一机遇，带着新品手机的巨幅裸眼 3D 视频广告登陆成都太古里，如图 5-47 所示。

图 5-47　小米 11 的裸眼 3D 视频广告

裸眼3D技术从2013年崭露头角后不久的“黯然失色”，到2020年频频惊艳亮相，肯定有诸多原因。硬件方面，裸眼3D显示屏相比传统产品，更注重高刷新、高灰阶、高动态对比度，以及曲面/转角平滑过渡；此外，播放服务器需要连接专业图形工作站，以及配置多显卡帧同步卡。软件方面，裸眼3D显示屏需要更专业的解码器，该解码器必须能够支持对异形显示载体的素材映射及校正功能，且支持高码流解码底层优化。

除了软硬件配合进步外，裸眼3D的播放素材和素材制作也有一定讲究。为保证最佳的展示效果，播放素材选定主视角需要依据显示造型的透视关系做三维构造，分辨率点对点定制，并使用HAP格式。素材制作需要比较高的水平，目前视频的制造均需按照精品要求来打磨。此外，结构造型的艺术化，也使得其不再局限于传统的平面屏，而具备更多的想象空间。

那么在AR和VR的强势“竞争”下，裸眼3D还有发展空间吗？答案是肯定的。2016年，裸眼3D技术便被纳入“十三五”国家战略性新兴产业发展规划。规划指出，由于应用场景的不同，裸眼3D与AR、VR并非相互替代的关系，它们将共同为不同场景、不同需求下的不同消费者提供多元化的广告创意服务。

比如，2020年雷曼光电在广州市北京路步行街新大新百货亮相，裸眼3D与AR互动，一起让百年老店变得更“潮”、更“酷”（见图5-48）。雷曼光电采用户外“超高清8K LED显示＋裸眼3D＋AR互动”定制创意解决方案，为新大新百货“焕颜”。这块全国最大的裸眼3D超高清曲面LED显示屏面积约1 200 m^2，其分辨率横向超9 440点，竖向超3 520点，解决了“无电子图纸核算”“建筑平衡测量”“承重荷载”“消防配电”等众多技术难点，是经典的终端融合产品。①

在计算广告时代，程序化广告创意可以为终端融合带来更多视觉盛宴，增强互动程度。当用户处于不同的场景时，周围的3D显示屏会根据不同的用户标签转换不同的程序化广告创意。这些场景有时是大众的（集体活动场合），有时是分众的（群体活动场合），有时也可以是个人的（个体活动场合），用户还可以通过AR技术投屏、扫描二维码下载APP、向大屏推送祝福语、参与现场抽奖和抢红包等方式参与互动。同时，大数据还可以实时监控消费者数据，不断做出终端创意改变，这大大增加了商圈经营者营销活动的多样性，刺激了消费者的消费需求。未来，我们期待更多、更精彩的程序化广告创意融入可穿戴设备，为广告主创造更多的商业价值。

---

① 雷曼光电．来北京路，看雷曼光电1200 m^2 8K超高清裸眼3D曲面屏[EB/OL]．(2020-09-27)[2021-07-17]．https://mp.weixin.qq.com/s/aIIre4Su7n9_S9Jw2jfWYw.

图 5-48　广州新大新百货的裸眼 3D 与 AR 互动广告

本章小结

计算广告时代，在大数据、云计算、新算法、区块链四大技术的支持下，广告生态系统正向着智能化、程序化、精准化方向发展。创意生产作为广告产业链中的核心环节，在迎来机遇的同时也面临巨大挑战。广告创意模式的进阶特点是从“千人一面”到“千人千面”再到“一人千面”。未来计算广告的内容生产将由程序化来进行，创意、文案、策划等将无须人工完成。在大数据、云计算、新算法和区块链技术的加持下，直播、VR、AR、裸眼 3D 也将为计算广告产业带来革命性的变化。技术发展的极致就是艺术。

复习思考题

1. 与传统广告创意模式相比，计算广告时代的创意生产模式是什么？
2. 设想一下创意模式进阶的 4.0 时代，将会是怎样的。
3. 什么是程序化广告创意？程序化广告创意的特点是什么？应用流程是什么？
4. SGS-PAC 智能个性化广告文案生成系统包含哪些关键组件？
5. VR 是什么？AR 是什么？它们有何区别？
6. 举出 VR、AR 在广告中应用的例子。
7. 程序化广告创意在直播中如何运用？
8. 裸眼 3D 会被 VR、AR 取代吗？如何提高其自身竞争力？
9. 程序化广告创意如何与 VR、AR 和裸眼 3D 等技术，以及可穿戴终端设备进行融合？

推荐阅读书目

1. 侯玥．网络广告创意与设计［M］. 北京：中国传媒大学出版社，2017.
2. 金定海，郑欢．广告创意学［M］. 北京：高等教育出版社，2008.
3. 林升梁．网络广告原理与实务［M］. 厦门：厦门大学出版社，2007.
4. 王艺湘．广告策划与媒体创意［M］. 北京：中国轻工业出版社，2017.

案例

鹿班，用智能创意赋能商家①

"双十一"已然成为消费者一年一度的购物狂欢节。2019年天猫"双十一"再次打破纪录，全天总成交额达2 684亿元人民币，相比2018年增长25.7%。而在这场购物狂欢的背后，有无数智能运营助手提供强大创意支持，为数百万商家赋能，其中就有鹿班的身影。

鹿班智能运营助手是阿里巴巴官方为淘宝、天猫商家定制的智能运营产品，主要针对重大促销活动，如"6·18""双十一""双十二""年货节"等，以及日常运营。通过鹿班，能够实现公私域分人群精准展现商品，达成进店流量的高效转化。同时，鹿班作为官方打标工具，能有效规范大促期间的商家主图，确保活动宝贝在搜索页、详情页、购买页的价格一致性，维护消费者权益。

鹿班在2016年就已服务于"双十一"大促。2019年"双十一"期间，鹿班再次刷新纪录，累计作图11.5亿张，累计服务34万商家，完成84.7万次店铺装修设计、2 512万商品主图制作投放。这样强大的运营工具，其背后暗藏四大核心单元。

一、深度学习提炼创意经验

深度学习就是从高维的、海量的数据中提取隐含的特征。比如，在一张广告设计图中，有一条碎花连衣裙，有花朵和蓝天。这张图片中是含有多维的信息的，如背景的纹理、字体的大小、色彩的搭配，以及设计元素之间的位置关系等等。通过深度学习，鹿班能把这些高维的像素图片抽象为一张蕴含这些多维信息的量化图。通俗来讲，这张量化图就是该设计图中蕴含的设计知识。当数据量足够大时，鹿班就能总结出一个通用的创意知识模型。

二、创意知识图谱

这个单元是解决供需如何匹配的问题的。电商设计的本质，是解决商品、信息、

① AlibabaDesign. 单日2 684亿的背后：阿里智能产品鹿班的再次裂变［EB/OL］.（2019－11－27）［2021－07－17］. https://mp.weixin.qq.com/s/6R00bo6UYRK2VunUTeffIg.

用户三者之间的匹配关系问题，鹿班的创意知识图谱也是用来协调三者之间的相互关系的。这套图谱就像自然语言一样，能让人与人之间相互沟通，相互理解。鹿班从商品属性、视觉传达、用户画像三个方面出发，提取实体，总结它们之间的相互关系，并将其与创意模型相互关联，那么每一个实体都有了对应的属性值和对应的数据。这样一来，语义与设计之间的关系就可以被量化了，机器也可以在知识图谱的海洋中，探索人们从未到过的领域。

创意知识图谱具有三大核心能力：将创意量化、创意知识数据化；智能识别输入，建立用户画像；根据创意素材、要传播的信息，推理创意。有了创意知识图谱，任何一个创意表达都可以被量化，都可以由N个实体组成，且每个实体都有对应的属性。

三、行动器

举例来说，通过学习那张碎花连衣裙的广告图，当再次遇到类似的需求时，鹿班就会在这个创意设计的基础上，从海量设计素材库里搜索，进而匹配和替换其中的元素，最后生成一张新的图片、产生一个新的创意。这其实就是强化学习的过程：在一个受限的空间和范围内去不断尝试，通过内部或外部提供的反馈，不断得到最优的排列组合创意结果。

四、评估

由于鹿班会得到非常多的创意结果，所以需要一个评判的机制来鉴定这些结果是否符合创意的要求和标准。该单元的进展没有前两个单元那么快，因为这是一个非常宏大的命题。鹿班团队也在和很多高校合作，研究如何让机器来评判美、丑，评价设计的好、坏。但是不得不承认的是，现在离让机器懂得审美这么高级的阶段还很远，鹿班能够做到的是制定一些规则约束。比如当一个创意明显不合理时，就可以将其作为一个约束条件。同时，鹿班团队会人工给以往的创意成品进行打分，以此让鹿班学习给任意一张图片打分。

淘宝女装店铺“七格格”就曾尝试使用鹿班的主图测图以及效果分析，来解决关于图片流量“扑街”的问题。“七格格”的产品图片被收录到鹿班的图片池后，通过数据分析，鹿班会最终呈现出一个百分制的分数。这个分数，能够极大减轻创意师和设计师的工作量。举例来说，“七格格”的创意师和设计师为一款百褶裙做了一张略小的主图，创意师和设计师凭借个人经验判断，觉得此图的展示效果不错，但是鹿班为此图打出的分数还不到50分。在创意师和设计师多次尝试将主图调整为不同角度不同长度的另一张图片后，鹿班评估的分数超过了70分。将原本的小图替换掉后，这款百褶裙的点击量也立刻得到了显著提高。

鹿班的四个核心单元，犹如四个引擎，保证其持续为百万商家赋能。作为不断学习的人工智能助手，它将为广大商家提供强有力的支持，创造更广阔的创意想象空间。

第六章

计算广告的媒介分析

本章学习要点与要求

了解程序化购买的媒介市场主体；了解程序化购买的媒介技术基础；了解程序化购买相关 API 接口；掌握程序化购买的媒介投放流程；熟悉程序化购买的媒介交易模式。

大数据时代下的精准广告不单单搭建了一系列新的支撑资源整合与流动的平台，更创造了环环相扣的新的价值生态体系。而这个新的价值生态体系运作的核心便是程序化（媒介）购买。因此学习程序化（媒介）购买是学习计算广告中必不可少的一环，程序化（媒介）购买也是数字营销未来的重要趋势。本章我们将从程序化购买的媒介市场主体、媒介技术基础、媒介投放流程以及媒介交易模式四个方面出发，对计算广告展开论述。

第一节　程序化购买的媒介市场主体

程序化购买（programmatic buying），是指通过各种数字化平台，代表广告主，利用自动化技术和数据技术来进行相关媒体购买的广告流程。与常规的人力购买相比，程序化购买利用编程来建立新的规制和模型，依靠智能算法来进行广告购买并实时优化，可以极大地提升广告购买的效率、规模和投放策略。传统广告业的市场主体可以被简单地划分为广告主、广告公司、媒体及消费者，但计算广告时代程序化购买的市场主体要复杂得多。本节将对程序化购买的多元市场主体进行详细介绍。

程序化购买是实现计算广告的最佳载体和工具。以实时竞价（RTB）为核心的程序化购买，由需求方平台（DSP）、供应方平台（SSP）、数据管理平台（DMP）、广告交易平台（ADX）、动态创意优化平台（DCOP）和广告验证平台（AVP）六大平台搭建而成，它们构成了计算广告的程序化购买主体。

一、需求方平台（DSP）

（一）交易操作平台（TD）

交易操作平台（trading desk，TD）是指广告代理商进行程序化购买、下单的一站式交易操作平台，通过对接多个 DSP 来进行广告的优化投放，跟 DSP 一样是为需求方服务的。[①] 广告业内用一个很形象的比喻来说明 TD 与 DSP 之间的区别："如果说 DSP 是证券交易厅里所有散户股民都可以使用的交易平台，那么 TD 就是证券营业部里的大户室。" TD 的运营模式如图 6－1 所示。

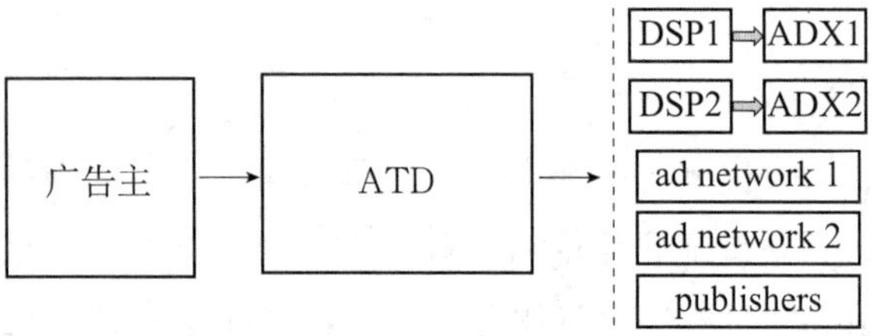

图 6－1　TD 的运营模式

目前市场上的 TD，根据平台所有者的身份不同进行划分，主要有代理商交易操作平台、品牌广告主私有交易操作平台、独立交易操作平台三类。

代理商交易操作平台（agency trading desk，ATD）是由 4A 等代理公司自己搭建的交易操作平台，帮助代理公司管理多客户、多媒体渠道的广告投放预算。代表性产品有 Xaxis（GroupM），Accuen（OMG），Cadreon（IPG），Amnet（DAN）等。[②]

品牌广告主私有交易操作平台（brand trading desk，BTD），顾名思义，就是广告主的私有交易操作平台，仅供广告主内部使用，一般是由组件技术团队自行搭建。[③]

独立交易操作平台（independent trading desk，ITD）不同于 ATD 的服务驱动，而是以产品和技术驱动，深度整合了程序化购买产业链的 DSP、DMP、DCO（程序化创意）、第三方监测、Brand Safety 等第三方应用，成

① 韩静．在线广告 DSP 平台实时竞价算法的研究与实现［D］．上海：上海交通大学，2015：12.

② GA 小站．程序化广告生态圈（11）：需求方服务平台［EB/OL］．（2019－01－06）［2021－07－17］．https://www.ichdata.com/programmatic-advertising-ecosystem-demand-side-service-platform.html.

③ 梁丽丽．Trading Desk 指南（1）：Trading Desk 能带来什么价值？［EB/OL］．（2018－08－04）［2021－07－17］．https://www.energypie.cn/article/1.

为程序化购买一站式的智能管理平台。①

ITD 又分为三类：第一类是提供产品给需求方进行投放使用，例如 Chinapex 等；第二类是纯提供广告技术服务，一般不走广告投放流程，通过 TD 绑定需求方媒体渠道的账号用于投放，并收取技术服务费，例如 Marketin、ReachMax、复歌等；第三类是提供私有化的技术解决方案，私有部署 TD 解决方案到需求方内部，例如舜飞等。②

（二）需求方平台（DSP）

需求方平台（demand-side platform，DSP），是为广告主提供跨媒介、跨平台、跨终端的网络广告的程序操作平台，广告主可通过这个操作平台的技术手段进行数据整合，分析数据并借此实现基于目标人群的精准投放，并且实时监控投放效果，并不断优化。③

需求方可以根据自己的需求对目标人群的每一次广告机会进行精准实时竞价购买。DSP 起的作用就是在程序化购买过程中，为广告主优化投放效果。程序化购买的关键就在于 DSP 的能力，一个高质量的 DSP 应具备以下三种能力。

（1）流量的接入能力。流量接入指的是与各大广告交易平台对接流量，这些流量来自广告交易平台接入的各大中小网站的流量，如果流量接入的处理能力不够，就有影响数据存储、计算、出价等各方面的可能。

（2）用户价值的判断能力。根据第三方数据供应商提供的信息，再结合广告主自身的目标受众数据库，DSP 能够帮助广告主判断每个用户是否具有用户价值以及是否值得对其进行购买，DSP 对用户价值的判断能力是实时竞价广告能否进行精准投放的重要影响因素。

（3）出价计算能力。在竞价过程中倘若出价过高，将增加成本的投入，而出价过低又有失去广告曝光机会的可能。因此 DSP 需综合考虑各方因素，拥有合理的出价计算能力，才能在提高竞价成功率的同时减少成本投入。

二、供应方平台（SSP）

与需求方平台（DSP）相对应的是供应方平台（sell-side platform，

---

① 黄业忠 . ATD 程序化广告采购交易平台［EB/OL］.（2019 - 02 - 28）［2021 - 07 - 17］. https://www.ichdata.com/agency-trading-desk.html.

② 梁丽丽 . Trading Desk 指南（1）：Trading Desk 能带来什么价值？［EB/OL］.（2018 - 08 - 04）［2021 - 07 - 17］. https://www.energypie.cn/article/1.

③ 赵子毅 . 基于 DSP 的液位检测系统关键技术研究［D］. 南京：南京林业大学，2011.

SSP)。SSP 的概念是随着互联网广告的快速发展而出现的，属于新兴的网络展示广告领域，它帮助媒体管理来自广告交易平台、广告网络平台、广告联盟乃至直接接入的需求方平台等的流量。① SSP 就是站长服务平台，站长可以在平台上管理自己的广告位，控制广告的展现等。国外的代表性 SSP 公司有 Admeld（已被谷歌收购）、AppNexus、Pubmatic、Right Media、Rubicon Project 等。

SSP 通过程序化的技术手段，让媒体的内容更大程度上触及需求方平台。需求方可以根据自己的预算和需求来进行实时竞价，从而拥有更多的选择权，取得最大化的广告曝光收益。在 SSP 服务平台上，媒体的库存广告不但不必以低价销售，反而还可以与 ADX、DSP 等平台进行对接，实现即时售卖，以此获得最高的有效每千次展示费用。

SSP 的一大特点便是程序化交易，它将整个广告采买过程后置，使用户一次的广告购买和广告曝光更加匹配，避免错配带来的误差。在 SSP 服务平台上，客户的库存广告资源不但可以进行实时展示，还可以与 ADX、DSP 等平台进行对接，实现即时售卖，获得最优化的展示收益。

SSP 还为视频媒体提供广告位管理、广告展现控制、资源补余设置等功能，以满足其在广告定位、投放、分析、反馈等环节中的自动化与定制需求。如果采用一般广告系统处理订单，就不可避免地存在需要提前购买、无法完全预估广告效果，以及失去灵活性等一系列问题。SSP 恰恰帮助客户解决了这些问题。

SSP 是一个全生态、完整的广告产品，可以为用户提供全面的一站式服务。SSP 的盈利模式是基于媒体的广告收入进行分成，这种模式将 SSP 与媒体的利益紧密地捆绑在一起，因此 SSP 可以尽可能地增加媒体的广告收入，有助于整个实时竞价产业链的良性循环。② 随着 SSP 的应用越来越广泛，广告营销产业将变得更加规范化、精细化、科学化和透明化。

三、数据管理平台（DMP）

数据管理平台（data management platform，DMP），作为程序化购买的核心，通过各种手段和渠道把分散在线上线下的多方数据进行采集及整合，纳入统一的技术平台，再通过机器学习算法对这些数据进行标准化和标签化处理，让广告主可以把这些细分结果实时地应用于现有的互动营销环境中，

① 邢庆亮．RTB 产业链调查：聚集 RTB 产业链［J］．广告主，2013（6）：30－37．

② 鞠宏磊．大数据时代的精准广告［M］．北京：人民日报出版社，2015：67．

如图 6-2 所示。①

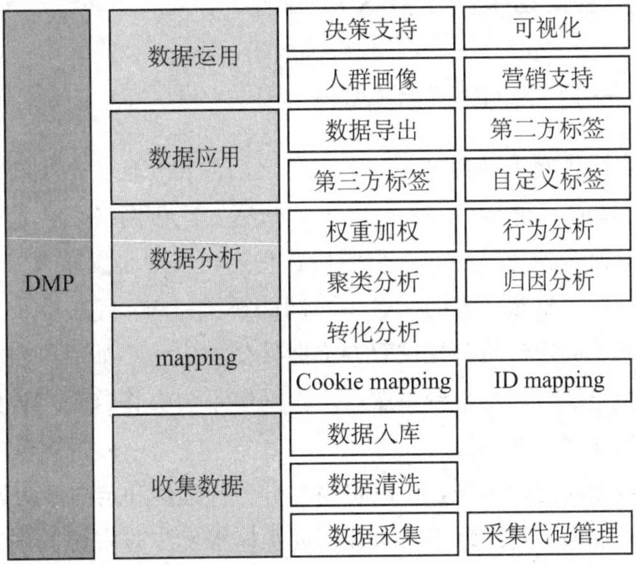

图 6-2　DMP 基础功能示例参考

DMP 采集的数据类型有很多种，针对不同来源的数据，广告主所关注的重点是不同的。

对于第一方数据 DMP：第一方数据指广告主自有的数据，如网站访问量、移动应用数据、广告投放效果等，广告主对其拥有唯一的控制权和使用权。广告主更关注第一方数据分析功能，如在官方网站及现实中的消费者行为分析、媒介归因分析等。

对于第二方数据 DMP：第二方数据类似于第一方数据，主要指卖家直接从其拥有的受众处收集数据，而这些数据都有相同的来源。广告主可以对数据的准确性充满信心，并直接向拥有该数据的营销公司进行购买，来作为第二方数据使用。第二方数据主要包括活动网站数据、应用程序使用数据、社交媒体使用数据、客户调查数据等。广告主更关注第二方数据在广告投放方面的应用，以及媒体内容及分类是否会对广告效率产生影响。

对于第三方数据 DMP：第三方数据指第三方独立数据供应商提供的数据，包括 BAT 数据、运营商数据、高质量媒体数据、第三方监测平台数据、垂直领域平台数据等。② 广告主更关注第三方数据的高效输出及其连通性、有效性等。

① 何家瑞．广告精准化的策划与投放策略 [J]. 企业改革与管理，2013 (4)：74-75.

② 曹鹏．仿真流程数据管理平台 [J]. 中国制造业信息化（应用版），2011 (3)：47-49.

四、广告交易平台（ADX）

（一）广告网络平台（AN）

在广告交易平台（ADX）诞生之前的媒介购买，主要是通过广告网络平台（advertising network，AN）来进行。广告网络平台是在互联网广告行业中相对而言较为早期的一个应用，它充当了中小发布者（publisher）与想在众多网站上发布广告的广告主之间的桥梁。AN 代表中小发布者与广告主进行谈判、商定价格并提供双方都能接受的定价。如果广告主有广告需求，会先提交给广告网络平台，然后广告网络平台会将这个广告发布到适合发布该广告的众多网站上。

根据功能的不同，可以将 AN 分为代理型和定向型两类。①

代理型广告网络平台，在帮助媒体售卖广告资源的同时，还可以为广告主监测广告投放效果。

定向型广告网络平台，主要收集媒体未售卖的广告流量，按照人群属性、兴趣等特征进行拆分重组，再将这些流量售卖给广告主。这一措施能够为广告主提供合适的网络媒体广告投放组合策略。

代理型广告网络平台最早可以追溯到 1995 年 Doubleclick 成立并开始建立 Doubleclick Network，以及随后的 1998 年中国第一个 AN 好耶广告网络成立。而定向型广告网络平台最早起源于谷歌的 Adsense 和百度的主题推广。②

初期的 AN 基本都是代理型，主要服务于中小网站。与大型网站相比，中小网站纵使质量颇高也难以满足广告主较大的流量需求，因此在广告售卖过程中处于劣势。AN 将中小网站集合起来，制定了标准化的售卖规则，聚集并统一了大量的流量并进行售卖，减少了广告谈判这一复杂烦琐的步骤。AN 的出现帮助网站主实现了流量变现，之后一些大型网站也尝试将长尾流量放入 AN 中进行出售，AN 也因此得到快速发展。

（二）广告交易平台（ADX）

广告交易平台（ad exchange，ADX）在程序化购买的过程中是连接供应方和需求方双方的重要交易平台，扮演着“证券交易所”的角色。举个例子，广告位就像股票，股民就像广告主，哪些广告位更有价值，

---

① 鞠宏磊. 大数据时代的精准广告［M］. 北京：人民日报出版社，2015：64.

② 本刊编辑部. Ad Network 的春天［J］. 广告大观（综合版），2011（4）：90.

就会更多地被广告主追逐，它的价格也就会更高，这个过程跟股票的价格机制是极为相似的。拥有广告位的卖方被统一用“供应方”（supply side）一词来指代。[①] 广告交易平台为这些供应方提供了可以用于展示自己广告位的界面，供应方则通过程序化的形式将广告流量带入 ADX 中，并设定底价。当有一个广告位需要展示广告，而用户恰好在浏览媒体内容页时，供应方就会针对该广告曝光的机会，通过广告交易平台向需求方平台发起竞价请求。

广告交易平台通常有两种盈利模式：同时向需求方平台（DSP）和供应方平台（SSP）收取固定的服务费用；向需求方平台（DSP）收取服务费用并基于媒体或供应方平台（SSP）收入进行分成。

目前市面上的广告交易平台有很多，典型代表有以百度、谷歌、Tanx（阿里的 ADX）为代表的公共综合类 ADX（PC、移动、视频资源均有），门户及视频媒体自有的 ADX（PC、移动、视频资源均有），纯移动类的 AdView、InMobi 等 ADX，如图 6－3 所示。[②]

图 6－3 国内市场中的主流广告交易平台

五、动态创意优化平台（DCOP）

（一）程序化创意平台（PCP）

程序化创意平台（programmatic creative platform，PCP）是一种由数据

① 占安居．运营商移动互联网广告发展策略［J］．通信企业管理，2012（8）：60－61.
② 吴俊．程序化广告实战［M］．北京：机械工业出版社，2017：151.

和算法驱动，通过对广告创意内容进行智能制作和创意优化，并在计算广告投放过程（一般为 RTB 模式）中进行动态创意优化，从而整合互联网创意产业上下游的技术平台，目前市场中的程序化创意平台以筷子科技、Sizmek、舜飞科技为代表，具体工作流程如图 6－4 所示。

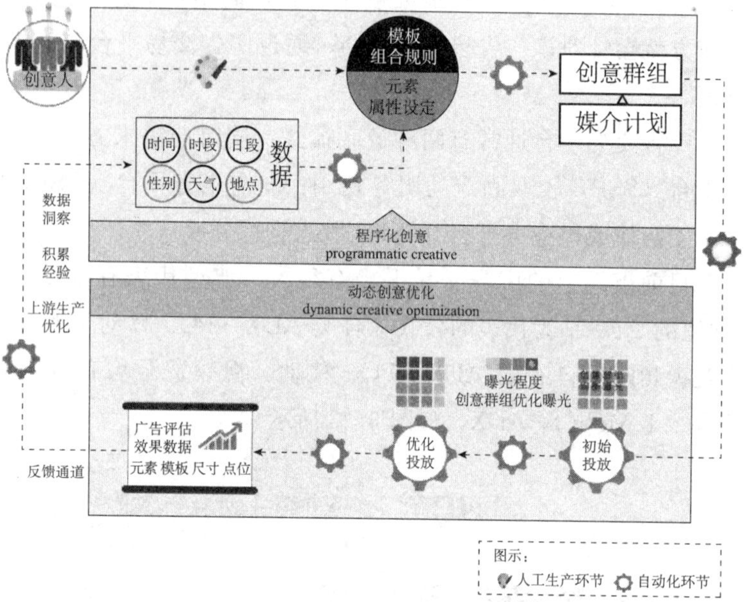

图 6－4　程序化创意平台工作流程的示意图

（二）动态创意优化平台（DCOP）

动态创意优化平台（dynamic creative optimization platform，DCOP），是一个为广告主提供动态创意优化的平台。

DCOP 能够动态生成展示广告，使原本需要人工来进行设计完成的动态创意实现自动化生产，再根据每条动态创意的点击率、转化率以及用户在动态创意的停留时间等信息找到最吸引用户的动态创意元素，通过实时的效果反馈来调整广告中的素材元素（如标题、口号、文案、按钮、位置等），优化广告 KPI 指标，利用算法技术来实时变化创意，以匹配不同的投放环境，瞬间为不同细分群体、场景定制投放不同的创意内容。①

PCP 与 DCOP 类似，因此常常被人拿来比较，二者的区别如表 6－1 所示。

① 黄业忠．程序化创意领域里第二名就是最后一名［EB/OL］．（2020－07－30）［2021－07－17］．https://www.ichdata.com/the-second-place-is-the-last-place-in-the-field-of-programmatic-creativity.html.

表 6-1　DCOP 与 PCP 的区别

	PCP	DCOP
核心目的	创意生成和展示程序化——快速高效	创意投放的结果优化——提升效果
技术门槛	低，适用性强	高，基于 A/B 测试
成本	低，只做一版素材	高，多版素材，分组展示
得利者	媒体端（即流量主、DSP）	用户端（即广告主）
投放基础	用户兴趣标签，历史数据	创意素材测试，实时处理数据
其他	在此基础上的广告，满足客户 KPI 一般采用优化行为自动出价（oCPA），或者广告优化师进行调整	是对创意素材/投放人群/投放场景/投放时机的优化，千人千面，一人千面

六、广告验证平台（AVP）

广告验证平台（ad verification platform，AVP），可为品牌广告主监测广告投放环境，提供广告投放过程中的品牌安全、广告可见度、反作弊保障，以第三方的角色介入广告投放过程中，以确保广告能够得到合理投放并更好地追踪到每则广告。

在实时竞价机制下，广告投放的环境是未知的，因而广告主会更关注广告投放的环境问题，如广告将会出现在哪种规模的网站、广告位，网站的类型是什么，网站的调性是否适合该产品投放，是否存在违法违规的不良信息等。

访问机器人是广告验证平台的核心技术，在广告弹出的瞬间，AVP 就会将访问机器人以同样的地域、浏览器、分辨率及 Cookie（储存在用户本地终端上的数据）指派到该广告中，再根据访问情况进行属性分级，并根据分级情况来判断广告投放环境的优劣。下一次广告投放时如再投放在此 URL（网络地址），AVP 会根据此前的评判结果来决定是否允许投放。

第二节　程序化购买的媒介技术基础

一、程序化购买相关技术

程序化购买能对大数据进行结构化处理，在云计算环境中利用新算法自动分析出文本的情感倾向，为打动消费者提供强有力的技术支撑，而区块链提供了程序化购买的透明性、有效性、安全性和可靠性。① 大数据、新算法、云计算和区块链构成了程序化购买的四大技术实现基础。

（一）大数据技术

随着社会的高速发展，科技快速发达，信息开始流通，大数据成为高科技时代的产物。大数据指的是无法在一定时间范围内用传统的 IT 技术和软硬件工具进行捕捉、管理、处理和服务的数据集合。大数据技术正是程序化购买的关键，程序化购买的本质是自动化程序与数据的集合。其中，“程序”是逻辑结构和算法，其运行的规则是“用最少的媒介成本接触到最多的广告目标受众”，这一规则与广告传播的终极追求是一致的。而“大数据”则是程序化购买的基石，广告主需要依赖大数据才能对哪些用户才是目标消费群体进行有效判断，没有大数据支持的数据管理平台，将无法支撑形成有效的购买决策。②

数据管理平台将多方的大数据集中采集、整合、存储、分析以及输出，然后通过机器学习不断对采集到的数据进行标准化和标签化。大数据将发挥以下四个方面的作用。③

1. 用户标签化管理

大数据以 Cookie 为主要单元，根据 Cookie 的海量历史行为，通过对用户数据进行采集、处理、建模，利用大数据软件系统推断不同人群的行为特征及兴趣爱好，以此为依据对用户进行自动化打标签，并通过持续运营校准用户标签，实现对每个用户画像的丰富和完善，最终实现品牌方对不同用户的精准推送和个性化服务。④

用户标签化管理即用户画像管理。首先收集用户的基础信息、消费信息、社交信息三个维度的数据，对三个维度的标签进行分析与统计，从中获取用户的信息全貌，然后对其进行挖掘，最终获得相对准确的价值判断，并且对商业营销决策提供战略性支持。举个例子，网易游戏通过用户标签化管理分析得出以下结论：处于中部、东部省市的年轻男性是最重要的网游消费群体，且这类年轻男性通常喜欢看视频直播。于是网易与视频主播合作推广游戏，主播富有趣味性的游戏推介，在“吃鸡”游戏的传播过程中起到了极大的广

---

① 张伦，王成军，许小可．计算传播学导论［M］．北京：北京师范大学出版社，2018：42.
② 祝彩云．广告中的语用与背景研究［J］．价值工程，2004（8）：19－21.
③ 何家瑞．广告精准化的策划与投放策略［J］．企业改革与管理，2013（4）：74－75.
④ 张新涛．大场景模型数据算法应用研究［D］．北京：北京交通大学，2009：51.

告作用。[①] 由于KOL的助推快速引发了粉丝效应，该款“吃鸡”游戏从游戏群体迅速向公众扩散，用户规模在2008年至2017年高速增长，营销收入也获得迅猛发展。这就是看似不起眼的用户标签给广告营销带来的巨大商业价值。

2. 个性化精准信息推送

个性化精准信息推送的前提是能提供个性化的信息。品牌方和企业缺少的是能够精准满足用户需求和符合用户阅读习惯的信息内容。在大数据基础上，可以按照关联算法、语义分析、标签化等特性实现个体样本的数据分析，然后按照地域、兴趣、喜好等多重维度提供定向信息，满足用户对特定内容的选择问题。[②]

例如抖音平台会先根据用户填写的实名信息（如性别、年龄、职业、爱好、时长等）进行初步的偏好判断，然后再根据每个用户点赞、关注、转发的视频内容，进一步对该用户进行数据细分，最后为其定向推送其感兴趣的内容，这样，用户喜欢看的视频内容就会精准地出现在“推荐”这一板块中。大数据技术使抖音的个性化精准信息推送达到“广而精”的效果，不仅提高了转化率，也使更多品牌依赖于抖音这个大数据抓取和个性化推送的社会化平台。

3. 媒介投放效果分析

如果只看一些表面的数据，如广告的点击率，是非常难衡量不同推广媒介的真正效果的。如果通过大数据分析，把用户的媒介行为和后续产品行为（即通过媒介获取的用户在产品上的各种使用行为）进行打通跟踪，在此数据基础上构建媒介质量评估模型，将能够更好地发现媒介的真正质量，或者更直接地，可以发现推广媒介中究竟有多少虚假的流量。

传统的推广形式需要用户填写邀请码，推广人通过邀请码才能识别到用户是否存在推广绑定关系，但这个过程加重了用户安装负担，导致大量的新用户无法进行大数据转化。通过特定技术，现在服务端可以自动绑定邀请关系，用户无须填写邀请码，从而大幅提高用户的大数据转化率。这样，通过媒介投放的效果分析就可以轻松判断是否达成新的用户数据。这种大数据技术创建了广告推广活动是否达到广告主要求的新规则，它不再一味追求KPI，

---

① 吃鸡，来源于《绝地求生》游戏。这句话的英文原版为“Winner，winner，chicken dinner!”，是外国赌场中常见的一句俚语。传说很早之前在拉斯维加斯的赌场中有一种包含三块鸡肉和土豆蔬菜的饭，价值1.79美元，而当时的标准赌注是2美元，对于那些落魄的赌徒来说，赢下一场赌局，就能够吃“鸡肉晚餐”。所以这句话代指胜利的欢呼声。《绝地求生》中，中文翻译为“大吉大利，晚上吃鸡!”的这句台词只有获得第一名的队伍可以看到，这就让“吃鸡”这句话成为冠军或者第一名的代名词。

② 戴世富，韩晓丹．大数据应用下粉丝营销的商业价值初探［J］．东南传播，2014（7）：25－27.

而是转向专注的创新策略。通过批量创建的方式快速生成对应渠道链接/二维码，实现轻松引流，提高线上线下移动广告媒介的推广效果。

通过对各种媒体的大数据对比分析，可以筛选出优质的推广媒介，优化投放策略，以最少的成本获得更多的流量，提升投资回报率（ROI）。同时，依托大数据，建立可靠的反作弊机制，可确保品牌安全和广告效果。可以自定义个性化数据，从多个维度精准分析数据，防止作弊干扰数据。在媒介投放效果分析基础上，可以不断优化智能出价模型，比对多样化计费模式，有效节省广告成本。

4. 数字营销战略指导

没有精准定位目标消费者，盲目推广，是很多企业开展的营销推广没有效果或者效果甚微的主要原因。而大数据至少拥有上百亿级实时数据，能够剖析用户线上线下行为，搭建用户标签体系，构建全方位用户画像，为数字营销提供战略指导服务。程序化购买能够帮助广告主完成精准营销，再通过数据分析挖掘出有效的媒介途径，随着数据的积累和机器的学习，程序化过程能识别及提供优质的营销模型，为广告主提供数字营销战略指导。[①]

产品定位、市场评估、用户画像以及预测与优化数据过程中产生的大数据对营销战略具有深刻的影响。从产品定位的角度看，通过获取数据并加以分析，可以充分了解市场信息，掌握竞品的商情、动态和产品在竞争群中所处的市场地位；对产品的认知程度决定了产品对市场的供求状况，大数据可以提高广告主对产品的认知程度；通过积累和挖掘行业用户档案数据、分析消费者行为和价值取向，可以构建用户画像，更好地为用户进行服务；在预测和优化过程中，通过市场需求预测，可以制定和更新产品服务功能价格，从而对不同细分市场的政策进行优化，最大化地实现各个细分市场的利益。

（二）新算法技术

程序化购买的飞速发展离不开广告投放技术的不断创新。同时，不断更新的广告算法技术也对计算广告的投放效果起到了关键性作用。作为计算广告的重要框架，Hadoop、Spark、Storm 等大数据计算平台，为计算广告的算法创新奠定了坚实的基础，进而满足了计算广告精准投放的实时需求。[②]以下为市场中常见的几种程序化购买算法。

① 祝彩云．广告中的语用与背景研究［J］．价值工程，2004（8）：19－21.

② 璧合科技．这些程序化广告技术算法，你 get 到了吗？［EB/OL］．（2016－12－01）［2021－07－17］．http://blog.sina.com.cn/s/blog_b6a366490102wpfo.html.

1. 反作弊算法

虚假流量和流量劫持对于整个计算广告产业而言是急需消除的痼疾，前者通过人工、机器制造虚假流量；后者通过技术手段窃取他人流量，实现流量转移。坚持以技术和算法为核心的需求方平台（DSP）作为反作弊的主要参与者，除了利用区块链技术来防止广告欺诈外，反作弊算法也成为重要手段。[①]

反作弊算法通过对海量数据的辨析，抽象并提炼出多种流量作弊的规律，根据在线实时反作弊和离线流量清洗等方式，结合反作弊结果，标记并识别出作弊的媒体及展现出机器行为的 IP，并将它们直接标识为作弊媒体和作弊 IP，以保证广告投放中流量的真实性。

2. 人群分类算法

在广告投放过程中，对用户进行精确的划分以及准确的选择会对广告投放效果产生极大的影响，还会影响广告效果的转化可能。广告行业为了确保用户的精确度，往往借助人群分类算法来对用户进行精准分析，并通过分析为用户打上标签，从而判断用户属性。

通常来说，人群分类算法利用 Cookie（储存在用户本地终端上的数据）技术，根据该用户的浏览习惯、浏览偏好、网络地址等信息分析用户喜好，从而对用户进行标签化，让整个广告投放更加精准。部分企业会在人群分类算法的基础上，结合很强的具有对非线性事物的描绘功能的神经网络（ANN）来进一步实现人群细分；并在广告投放过程中，凭借精细化的人群分类，让广告投放效果更加显著。

3. CTR 预估算法

点击通过率（click-through-rate，CTR）指网络广告的点击到达率，计算方法是用该广告的实际点击次数除以广告的曝光数。CTR 预估的准确性是广告投放的关键之一，CTR 是衡量互联网广告效果的一项重要指标，也是广告推荐系统中一项重要的衡量算法好坏的指标。对于广告主来说，每一次广告投放都会相应产生一笔广告费用，不同的广告投放形式所对应的广告费用也不相同。如何避免因无效的广告投放而产生的不必要的金钱浪费对广告主来说是一个极其重要的问题，这时候就需要 CTR 预估算法的参与了。

CTR 预估算法可以广泛应用于个性化推荐、信息检索、在线广告等领域，用来预测受众的反馈。它通过广告流量的特征、属性预估点击概率，进

---

① TopMarketing. 程序化购买，谁能敲响流量作弊的丧钟？［EB/OL］.（2016-05-17）［2021-07-17］. http://blog.sina.com.cn/s/blog_d6d51b390102wfw2.html.

而估算出本次流量的合理出价，避免因盲目投放广告而造成的广告费用浪费。CTR 预估算法主要包括 LR（逻辑回归模型）和 GBDT（动态决策模型）两种，高维、稀疏、多类别是输入给 CTR 预估模型的特征数据的典型特点。①

4. 协同过滤推荐算法

随着电商行业的不断发展，如何通过广告投放对产品进行有效推荐，进而提升投资回报率，也是目前广告主最为关心的问题。协同过滤推荐算法（collaborative filtering）能够保证产品的有效推荐。

协同过滤推荐算法是利用集体智慧的一个典型方法，它在一定程度上保留了用户个体的品位偏好，所以它更多地属于一种个性化推荐算法。② 顾名思义，协同过滤推荐算法包括在线协同和离线过滤两个部分。所谓在线协同，就是通过对用户历史行为在线数据的分析，找到用户可能喜欢的物品；而离线过滤，则是过滤掉一些推荐值低的数据，或是用户已有过购买历史的数据。③

（三）云计算技术

随着互联网进入大数据时代，产生了海量的碎片化数据，这对于程序化购买而言是挑战亦是机遇。从海量的数据中挖掘有价值的数据，再对其进行建模、处理、分析、洞察，这对于人力来说是一项巨大且艰难的任务。云计算作为一种新型的互联网商业计算模式，为计算广告提供了一种全新的选择。云计算通过数据仓储，将分散的海量数据统一导入云端平台，并对用户的网络行为进行全程跟踪；之后，再通过建模描绘用户兴趣和关注点，从而使计算广告的内容投放更有针对性。④ 云计算的兴起为计算广告产业提供了很好的支撑，这种支持主要体现在以下六个方面。⑤

1. 满足用户需求，为广告主决策提供服务

云计算有利于实现广告主以用户为中心的产品和服务差异化发展战略。在云环境下，使用数据挖掘技术能够快速从海量数据中找到有用的用户信息，从而洞察用户的消费行为及广告投放市场，为广告主和广告代理商决策提供服务，以达到满足用户需求的目的。

---

① 杨旭东．主流 CTR 预估模型的演化及对比［EB/OL］．（2018－04－09）［2021－07－17］．https://zhuanlan.zhihu.com/p/35465875.

② 颜龙杰．基于近邻评分预测的协同过滤推荐算法［J］．软件，2013（8）：63－66.

③ 刘芳先，宋顺林．改进的协同过滤推荐算法［J］．计算机工程与应用，2011（8）：72－75.

④ 林雨夕．云计算：大数据时代唯一选择［J］．广告主，2012（5）：78－79.

⑤ 刘丹．云计算环境下移动广告联盟运营模式研究［D］．哈尔滨：哈尔滨理工大学，2013：9.

2. 促进传统商业理念及应用模式转变

云环境下，广告代理商可以通过向云端广告数据中心提出业务请求来进行素材收集、创意设计，以及开展发布活动和管理活动，并将上述活动以服务的方式提供给客户。此外，云计算技术将企业传统的软件销售理念转变为服务销售理念，在云服务基础上开展移动广告业务，能有效促进移动运营商向“云”＋“端”的服务型应用模式转变。

3. 低成本战略，简化团队协作

广告代理商通过向云服务提供租用所需应用软件和存储设备来开展广告制作和日常业务管理工作，这不仅节约了投资成本，还促进了广告主与广告代理商之间的实时沟通和数据资料共享。此外，还实现了任务的同步规划和安排，使得处于不同地理位置的团队成员能够更有效地进行沟通与合作，从而提高管理效率和服务水平。①

4. 增强存储能力及数据可靠性

云端广告数据中心的众多存储设备通过应用软件被集中在一起协同工作，以满足程序化购买的不断发展带来的海量数据存储需求。云端广告数据中心基于 PaaS 模式构建移动广告服务平台，以保证其服务器时刻处于最稳定的状态，从而增强移动广告和客户信息的超大规模存储能力与数据的可靠性。

5. 高效数据处理，实现客户精准定位

利用移动运营商的云基础设施，快速收集和分析目标消费者特征，以便更好地挖掘出用户数据中的需求信息，对用户和广告内容进行精准定位。

6. 满足受众个性化需求，实现精准投放

基于云计算技术实现计算广告精准投放，满足受众个性化互动体验，能有效增强受众黏性，提高广告价值与受众价值之间的智能匹配，使受众对计算广告的信息产生信任和依赖，从消极的被动接受转变为积极的主动诉求。

（四）区块链技术

随着计算广告的快速发展，许多问题也逐渐暴露出来：计算广告应当如何进行数据交换？如何反欺诈？个人隐私该如何防护？诸如此类的问题层出不穷。数字时代的隐私问题始终是一个待解决的难题。而区块链技术在该领域的运用，将从根本上解决上述这些难题。

区块链的本质是一种分布式的数据库，能够在每个区域和节点之间建立

---

① 王鹏．走近云计算［M］．北京：人民邮电出版社，2009：50－52．

共同的信任机制，因此区块链技术最大的特点便是安全、透明、防篡改、去中心化。该项技术在金融行业中大量使用并得到认可后，广告业也开始尝试将区块链技术应用于广告营销当中。在 2017 年的 Digital 360 China 峰会中，小米首次将区块链技术与计算广告紧密联系起来。2019 年 10 月 24 日习近平总书记带领中共中央政治局领导集体学习区块链技术知识，推动了区块链技术不断发展、成熟和完善。

区块链技术在广告行业的应用，将进一步推动广告业态的创新发展与变革。更重要的是，区块链技术所具有的安全透明、去中心化、不可篡改和可追溯的特点，正好可以解决当今广告业中的痛点。基于区块链技术可以实现智能广告合约的自动触发执行，防止广告基础数据造假、流量作弊、手段欺诈等一系列问题的出现，保证广告数据的真实可信、科学可靠。对广告主而言，基于区块链的协议可以改变在线广告的购买、交付、测试和评估方式。①以下是区块链技术对计算广告的四大改变。

1. 对数据流通的促进

在当下这个时代，数字化已然成为人们对社会发展方向的共识，我们在日常生活中常常能听见“数据共享”“数字营销”“数字货币”“数据规整”“数据孤岛”等以数据为核心的词组。我们知道，数据在广告营销中占据了十分重要的位置，如受众分析、精准定位与投放、广告效果反馈等都离不开数据。

在面对数据流通时，许多广告主都会对流通过程中数据安全的问题产生忧虑。不管是广告主的 CRM 数据，广告平台、代理、媒体的投放数据，用户数据，还是第三方的消费、搜索等行为数据，在数据交换的法律法规不完善、开放数据权益无法保障的情况下，行业壁垒高驻，大数据开放很难推进。而区块链，作为一种去中心化的架构，通常与加密算法结合，可以打破企业间数据孤岛状态，在保证不暴露数据源的原始细节数据的情况下高效地连接不同的企业数据源。

2. 对市场结构的优化

互联网的发展为广告业带来更快的传播速度和更好的信息接收，但广告市场却没有变得更加简单透明。由于企图抢占广告行业这块蛋糕的参与者愈来愈多，广告市场也变得更加复杂和过于饱和。这个过于复杂的市场结构不仅增加了广告成本，媒介购买的过程也愈加模糊。用户关注和流量是计算广告的核心价值所在，而在不透明的市场中却很难去衡量它们，它们的价值常

---

① 王博，孟丽君．数字技术改变户外广告 [J]. 现代广告，2012 (10)：56 - 57.

常被流量控制方剥夺。因此，广告主和媒体不仅无法准确衡量广告的作用，还经常被假流量蒙蔽。区块链技术的相关广告合作，其目的就在于提高媒介购买的透明性。

基于区块链自身的特性——可视性和透明度，将其应用于计算广告的媒介购买环节后，广告主可以直接与区块链上已注册的媒体签订购买合约，并圈选人群。即使使用相关代理公司，由于交易过程中的每次曝光均会被记录在区块链上，广告主也可以很容易地确定观看其广告的网民是否属于自己的目标消费群体，从而减少不必要的金钱浪费。[①] 这不仅极大地增加了市场的透明度，还有助于恢复广告主对媒介购买的信心。

3. 对广告欺诈的抑制

传统的在线广告，由于中间层的操作并不透明，部分广告主、广告网络以及恶意第三方会在投放广告时伪造数据。广告农场、像素填充、僵尸网络、广告堆叠都成为广告欺诈者的工具，这大大加剧了广告欺诈的严重性。此外，程序化购买的比例大幅提升的同时，广告主无法在海量的网站细究投放的明细，这也制造了欺诈的机会点。高额的利润提供了利益驱动，由于缺乏监管，广告欺诈的范围几乎涉及所有的数字广告领域。

区块链技术能够很好地解决广告交易市场中买卖双方彼此不信任的问题。区块链技术将会使篡改 IP 地址的行为得到遏制，从而降低广告作弊的可能。广告主能够借助观看者和点击者的数字身份来核实广告的实际点击情况，进一步防止广告欺诈给自己带来不必要的支出。[②]

4. 对用户画像精准度的提升

用户画像的概念最早由交互设计之父阿兰·库珀（Alan Cooper）提出，他认为“用户画像是真实用户的虚拟代表，是建立在一系列真实数据之上的目标用户模型”[③]。具体来讲，用户画像指的是企业根据消费者人口统计学信息、社交关系、偏好习惯和消费行为等主要信息的数据，利用大数据抽象出来的标签化画像。[④] 在传统互联网中，用户画像是将用户信息、浏览记录、消费习惯等作为数据基础分析后得出的。而由于部分用户数据偏主观且具有一定的欺骗性，因此会导致一部分用户画像存在错误。

---

① 陈运红．区块链将如何重构广告业生态系统？[EB/OL].（2018－05－22）[2021－07－17]. https://36kr.com/p/1722533183489.

② 尹昱文．区块链技术在数字广告中的应用研究 [J]. 现代信息科技，2019（9）：197－198.

③ 王利强，刘正捷，张丽萍，等．网站用户行为数据收集和分析方法 [J]. 电脑开发与应用，2004（2）：2－4.

④ Clairliu. 如何构建用户画像来实现精准营销？[EB/OL].（2017－11－03）[2021－07－17]. https://blog.csdn.net/clairliu/article/details/78438335.

区块链技术可以有效地解决传统互联网用户画像存在的问题。区块链技术可以实现可信数据存储和流转，避免数据孤岛、流量作弊，提供多维度数据的交叉对比分析。这不仅提升了数据质量，还将提升用户画像的准确度。对于广告主来说，这代表着设置广告时出错的可能性更低，且可以根据精准的用户画像进行更加精准的渠道选择，投资转化率也会因此得到提升。同时，精准的用户画像可帮助广告主、媒体向用户提供精确定向的非侵入式广告，最终用户接收到的会是符合他们个人喜好的广告。

二、程序化购买相关 API 接口

API（application programmatic interfaces，应用程序接口）是一组定义、程序及协议的集合。API 用于传输数据，它连接了不同网站、APP 应用程序以及系统，通过 API 可以调用其背后的源代码或数据等。举个简单的例子，物流公司和电商平台合作，使消费者随时在电商平台上看到所购商品的物流信息。如果没有 API，物流公司的工作人员需要把每一个快递的物流信息记录下来制成表格，再发给电商平台。可以想象一下，这个过程成本极高，同时容易出错。而有了 API，物流公司就可以在核实电商平台账号后，直接将物流信息发送到电商平台。这个数据传输的过程不需要进行维护，还能与其他任务同时运行。

API 在对广告平台原本的功能进行升级的同时，还增加了广告原本所不具备的功能。如智能出价、自动化预警、人群包自动更新、数据报表同步更新等功能的出现，都有赖于 API 在广告系统中发挥作用。下面将对广告系统中的 RTB（实时竞价）API、RTA（实时预竞价）API 和 MKT（营销系统）API 三种 API 接口进行详细介绍。

（一）RTB API

RTB（实时竞价）有数据和算法门槛。在 RTB API 下，客户要自行计算用户价值、确定推广的商品，计算出 ECPM（effective cost per mile，每一千次展示可获得的广告收入）后，向广告平台直接给出 CPM（千人展现成本）的竞价。RTB API 有两个对接方：在 ADX 方实现的部分为 RTBD（RTB for demand）；在 DSP 方实现的部分为 RTBS（RTB for supply）。

如图 6－5 所示，实时竞价分为两个过程。图中虚线代表的是预先将广告交易平台（ADX）用户与需求方平台（DSP）用户标识对应 Cookie 映射（Cookie mapping）的过程，实线代表的是线上广告请求时竞价与投放的过程。

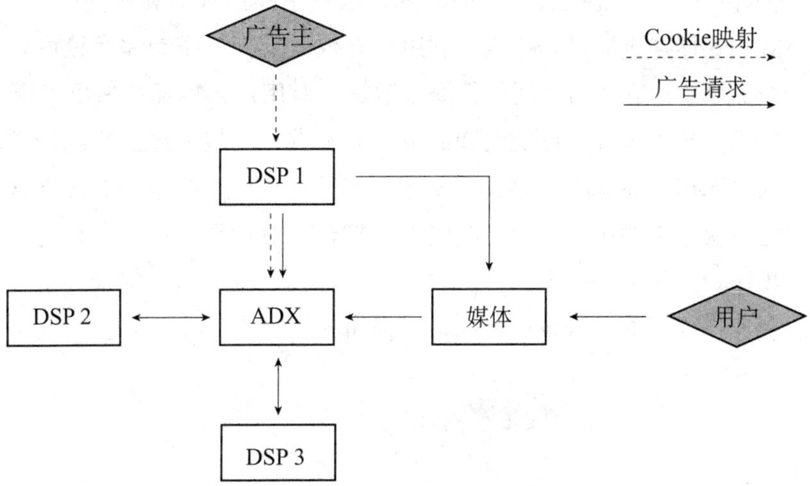

图 6-5　RTB 实时竞价流程

1. Cookie 映射

当买卖双方可以得到同样的用户标识时，则不需要进行此映射过程。但在 Web 环境下根据 Cookie 投放广告时，映射过程不可避免。Cookie 映射一般是由需求方平台（DSP）在广告主网站上发起，这是因为一般情况下需求方平台（DSP）负责的是加工广告主定制的受众标签，因而不需要对所有用户都做映射。映射过程可以细分为以下两个步骤。

（1）从广告主网站向 DSP 服务器发起 Cookie 映射请求。

（2）DSP 与 ADX 服务器之间通信完成 Cookie 映射。

2. 广告请求

RTB 广告请求可以被细分为以下三个步骤。[①]

（1）当用户触达媒体网站的广告位时，前端向广告交易平台发起广告请求。

（2）广告交易平台向多个需求方平台传送网络地址和用户标识，发起询价请求。随后，需求方平台根据数据反馈决定是否参与竞价，如果参与则计算并返回自己的出价。在等待一个固定的时间段后，ADX 选出出价最高的 DSP 返回给媒体网站。

（3）媒体网站从价高者处获取广告创意并对其进行展示。

（二）RTA API

RTA API（real time API，实时预竞价接口）是直投模式（广告主直接

① Csdn0006. 计算广告笔记 06-程序化交易广告［EB/OL］.（2020-07-14）［2021-07-17］. https://blog.csdn.net/csdn0006/article/details/107345023.

去媒体广告系统投放广告的模式，依赖于媒体数据和算法能力）与 ADX 模式（媒体提供流量，广告主利用自有数据及投放模型完成投放）结合的一种投放模式。它通过实时挖掘海量数据，对用户兴趣迁移做出迅捷反应。RTA 技术实现了精准人群定向和流量实时筛选，也就是每次收到请求时，平台会通过 API 实时询问广告主是否参与竞价。广告主基于自有数据（或模型）判定每次请求的用户价值，响应广告平台，对“是否参与本次竞价”的询问做出决策。平台再根据广告主的决策来进行下一步广告的最终流量优选，从而提升广告主的广告投放效果。流程如图 6－6 所示。

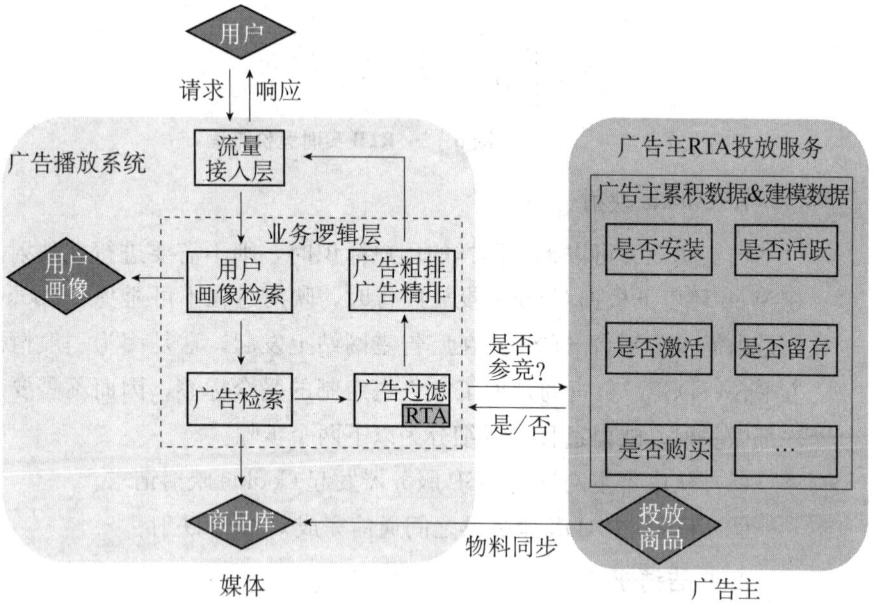

图 6－6 RTA 预竞价流程

但需要注意的是，RTA 是预竞价，事实上它不参与竞价。RTA 在做出自己的判断后给出是否参与竞价的决策，将竞价决策反馈给媒体，再由媒体根据本来的直投流程综合判断是否出价，竞价权在媒体直投平台。竞价可以分两种情形。①

一是广告主通过 RTA 做出判断后决定不参与竞价时，媒体通常也选择不参与竞价。二是广告主通过 RTA 做出判断后决定要参竞时，媒体有可能参竞也有可能选择不参竞。

因为媒体直投平台会根据平台设置以及平台数据算法综合判断是否需要参与竞价，所以 RTA 方式等于综合利用了广告主自身的数据和算法，以及

① 梁丽丽．由浅入深地聊聊广告平台的 MKT API 和 RTA（中）［EB/OL］.（2020－07－14）［2021－07－17］. https://zhuanlan.zhihu.com/p/346259191.

媒体方的数据和算法，经过双重竞价判断后再决定是否出价，以及应该出多少。

RTA API 被运用在多个不同行业中。巨量引擎和腾讯广告在 2019 年就推出了 RTA 限量版测试，经测验，确定能够使广告投放效果得到提升。巨量引擎和腾讯广告在 2020 年开始对外宣传 RTA，而快手广告早在 2019 年 10 月就对外正式宣传其 RTA 了。RTA 接口的最初功能，主要是作为一个实时黑白名单，用来准确定义客户真正意义上的“新用户”。

现在，RTA 为广告主提供了更加智能化的广告投放方式以及更加专业的技术支持。它不仅高效地解决了直投客户对于流量的需求，还支持各大垂直行业客户对广告投放效果进行深度优化，从而更加高效地增加客户量。RTA 的出现满足了广告主高效使用流量的诉求，并且帮助广告主在降低流量消耗的同时更加精确地获得高质量的用户转化。举个例子，我们平时在百度上搜索航班时刻时，下方的搜索结果界面中会出现旅行网站的机票预订与航班信息，这是因为旅行网站接入了 API，将自己的内部数据直接传送到了你的搜索结果中，如图 6－7 所示。

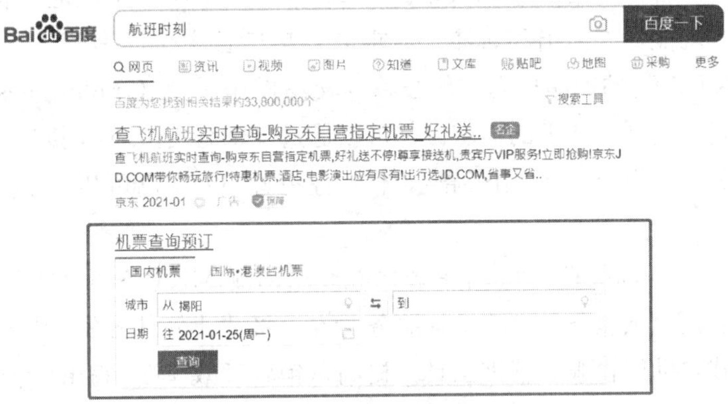

图 6－7　RTA 在现实中的应用

（三）MKT API

随着数字广告营销链条向纵深发展，数字营销行业开始对智能化、程序化有了更高的要求。以 RTB 为代表的程序化购买随着科技的发展逐渐变得成熟，从而衍生出了 PDB、PD、PMP 等新的分支。但这对广告主而言并不够，程序化购买虽然已经足够自动化，在广告投放方面为广告主省下了许多时间和精力，但仍需要大量的优化师作为支撑。优化师还是需要紧盯交易过程，及时发现问题并进行排查优化。提高生产、展现、转化到售后等不同环节的整合能力及效率正日益成为广告主、服务商和平台方最为关键的需求。① 图 6-8 为头条巨量引擎官方提供的参考数据，这数据足以说明在这一趋势影响下，MKT API（marketing API，营销系统接口）可以被视为支撑买卖双方走出这一困境、促成双方高效协作的桥梁。

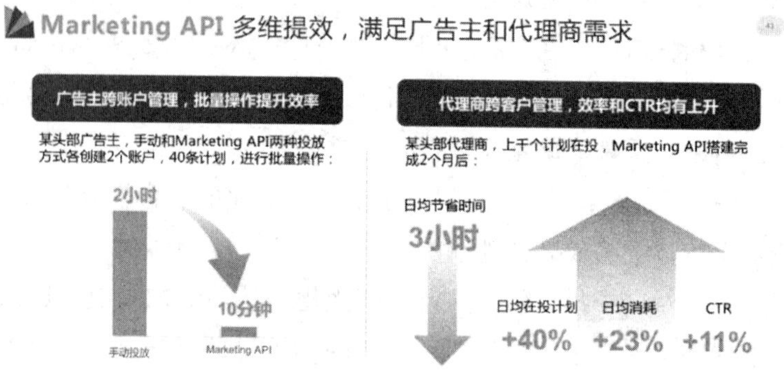

图 6-8　头条巨量引擎官方数据

MKT API 是供应方平台基于自身广告投放平台的功能而对外输出的一套接口服务。通过这个接口，需求方可以介入广告投放平台，直接与供应方广告投放平台进行数据传输，通过搭建满足个性化需求的整合平台，全方位提升广告投放的效率和效果。MKT API 的本质在于供应方将需求方平台的基本功能对外输出和赋能。需求方包括广告主、代理商、第三方服务商等，MKT API 的产品形态一般被称为交易操作平台（trading desk，TD），只要具备一定技术能力的需求方都可以通过 TD 对接该 API 接口。需求方可以自建技术团队或者使用外部技术服务搭建 TD，也可以直接使用 SaaS 方式的 TD。②

Facebook 在 2009 年底就已经开始内测 MKT API，并于 2011 年 8 月正式启用该项服务，宣称这项服务的推出将"让外部开发者更轻松地为广告主创建自助广告服务管理工具，提高营销管理效率"。腾讯广告在 2017 年底也宣布正式开放 MKT API，在其第一代版本中，接入 MKT API 能让广告主实现广告投放与库存管理、客户管理等内部系统的快速整合，并且还能实现全天候的报表监控与自动化广告投放。MKT API 的出现帮助广告主实现一站式、跨平台流量的投放。随着行业的发展，MKT API 从三个层面为广告投放带来了助力。

1. 数据接入层面

许多广告主常在是否提交其企业自身拥有的第一方数据这一问题上陷入

① 黑马营销．从自动化走向智能化？首先你要接入 Marketing API [EB/OL]．(2020-06-03) [2021-07-17]．https://www.sohu.com/a/399521335_151313.

② 梁丽丽．什么是 Marketing API? [EB/OL]．(2019-09-30) [2021-07-17]．https://www.energypie.cn/question/87.

两难的处境。广告主一方面担心倘若不提交的话，数据的缺失会影响广告投放的效果；另一方面又担心提交的话，会导致企业自身的隐私以及核心数据资产外泄。而这个问题在接入 MKT API 后便会迎刃而解。企业整合和拥有的高价值数据等将被继续存储在第一方数据仓库中，并根据 DMP 等第三方数据进行能力整合。

2. 数据分析层面

广告行业的激烈竞争以及广告主对投资回报率的重视，都让企业不得不在广告投放的过程中变得更加敏锐。在过去，主体和平台的不同导致数据反馈迟缓，以致发生数据分析不够及时的状况。而在接入 MKT API 后，数据的流通变得更为快捷，也因此很大程度上提升了广告投放的质量。打个比方，如果企业能够通过分析 MKT API 实时回馈的用户行为数据，在广告投放时实时筛选已拉活的人群，这将大大减少广告投放费用的浪费。

3. 投放管理层面

由于计算广告投放牵涉到海量的数据、素材，还要通过大量的环节来操作，企业接入 MKT API 后，便能够批量管理多账户、多素材。比如腾讯广告的 MKT API 就具有报表获取功能，它能帮助企业将分散的数据迅速地整合起来，并形成全链路数据报表。此外，企业还能利用 MKT API 具有的素材自动化生产工具来对接程序化创意与程序化投放，并实现批量创建、修改与投放。①

除了上述三点以外，MKT API 还能够为企业在广告计划自动创建、广告计划自动优化、数据打通与洞察、人群管理、账号服务、授权认证等方面提供技术支持。

（四）RTA API、RTB API 和 MKT API 之间的联系和区别

从图 6-9 中我们可以看到，在程序化购买过程中，同时存在着 RTA API、RTB API、MKT API 三个相关的技术接口。其中 RTA API 通常用在竞价前，是由媒体需求方平台（DSP）提供给广告主对是否竞价进行判断的接口；RTB API 由供应方平台（ADX）负责提供；而 MKT API 和 RTA API 是由需求方平台负责提供，由 TD 接入后对接 DSP，实现了 DSP 的镜像，并在镜像基础上对操作效率进行提升。

在 RTB API 的实时竞价流程中我们可以看到，媒体网站从价高者处获得

① 黑马营销．从自动化走向智能化？首先你要接入 Marketing API［EB/OL］.（2020-06-03）［2021-07-17］. https://www.sohu.com/a/399521335_151313.

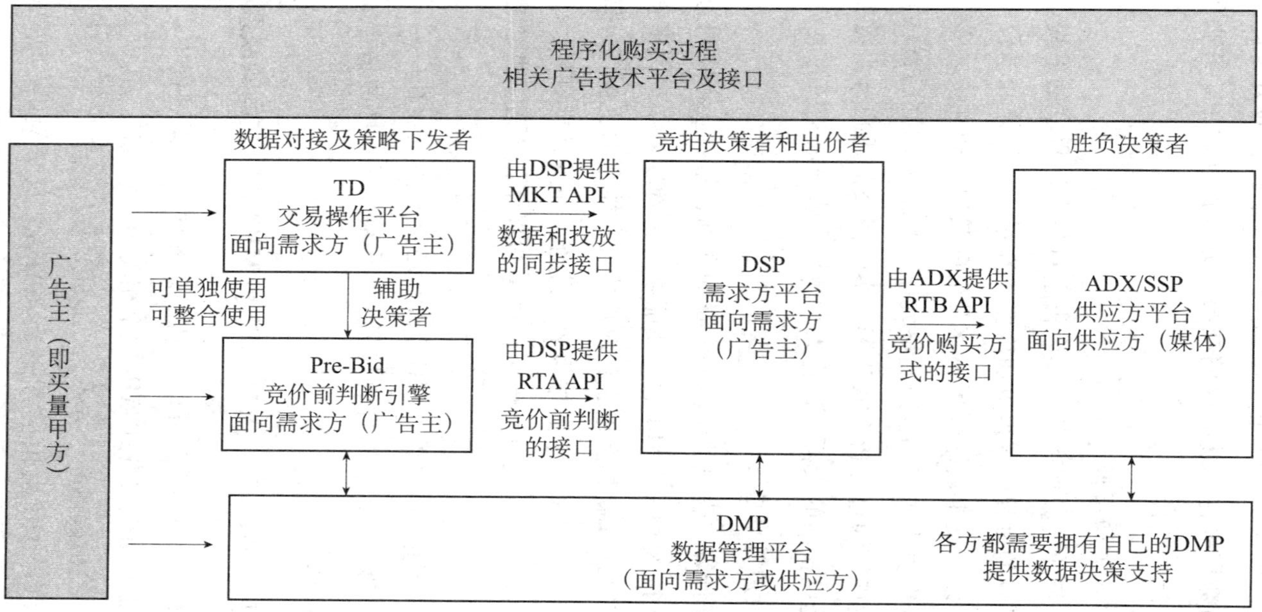

图6-9　程序化购买过程相关广告技术平台及接口

广告创意并对其进行展示后，实时竞价便结束了；而 RTA API 则是在媒体得到广告主响应后，再根据广告主的决策来进行下一步广告的最终流量优选。我们可以简单将 RTA API 与 RTB API 的关系理解为：RTA API 是在 RTB API 的基础上新增了一个媒体向广告主反馈的环节。而 MKT API 的作用就是让需求方可以根据公司内部的个性化功能需求和数据需求自建技术团队来自己开发，并通过 TD 平台对接媒体。

RTA API 和 RTB API 的区别可以从对接平台、作用、数据来源、算法模型、效果以及决策权六个方面来看。

（1）从 API 对接平台来看，RTA 对接的是需求方平台（DSP），RTB API 由供应方平台（ADX）负责提供。

（2）从作用上来看，RTA API 的作用是预先竞价，即在做出自己的判断后给出是否参与竞价的决策，再将竞价决策响应给媒体；而 RTB API 的作用则是参与竞价以及实施广告的投放。

（3）从数据来源来看，RTB API 的数据由广告主侧 DMP 提供，RTA API 的数据由广告主侧 DMP 和媒体 DMP 共同提供。

（4）从算法模型来看，RTB API 的算法主要来自广告主侧，RTA API 的算法同时由媒体侧和广告主侧提供。

（5）从效果来看，RTB API 适合用于巩固品牌形象，对既有客户进行再次营销，RTA API 则适合用于精准拉新，让广告主在得到新客户的同时挽回流失的客户资源。

（6）从决策权来看，RTA API 的播放和排序策略主要在平台侧（或媒体侧），广告主侧只有决策权，即决定是否参竞，如图 6－10 和图 6　11 所示。而 RTB 生态中，平台侧（或媒体侧）只按照出价进行排序和曝光，平台侧只能决定是否曝光，如图 6－11 所示。

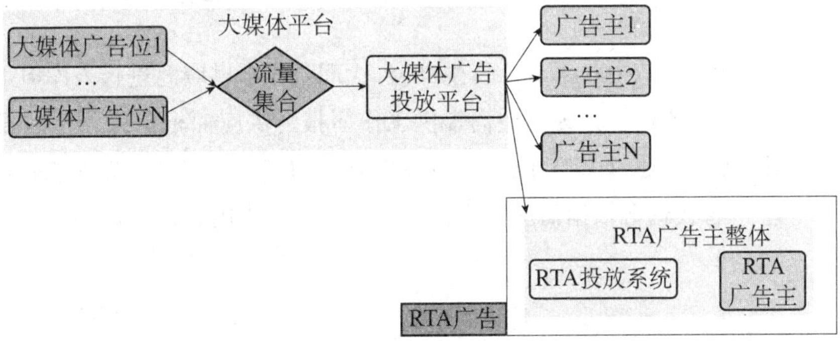

图 6－10　RTA 生态

综上所述，RTA API 可以理解为是在 RTB API 的基础上进行了改良，RTA API 与 RTB API 最大的区别，就是可以让广告主出于减少重复投放或

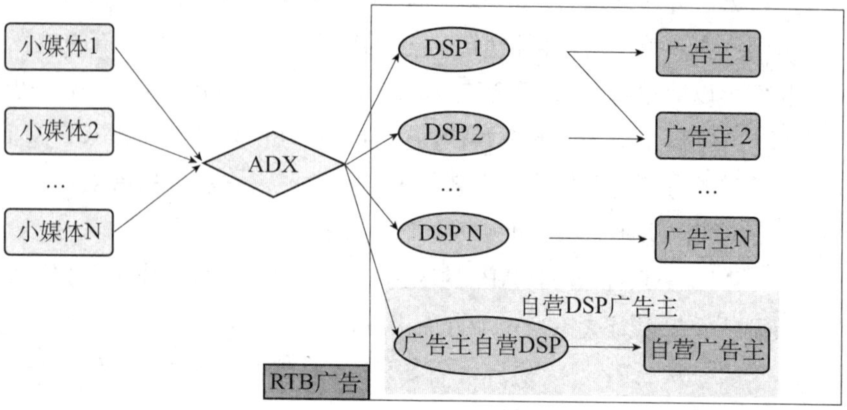

图 6-11 RTB 生态

无效投放的目的，在进行广告投放前先根据自身需求来筛选部分用户。同时，RTA API 还可以让广告主对平台用户进行实时判断，从而大幅提高广告主广告投放的效率，在让流量价值实现最大化的同时减少广告投放成本。

第三节 程序化购买的媒介投放流程①

品牌广告主的广告媒介投放通常会由广告主/广告代理负责，广告主/广告代理在进行程序化购买时，会经过广告媒介计划、广告媒介提案、广告媒介执行以及广告媒介反馈等环节。因此，程序化购买的媒介投放流程大致可以分为广告媒介计划、广告媒介提案、广告媒介执行以及广告媒介反馈四个环节。

一、广告媒介计划

在该环节中，部分广告主/广告代理会要求供应商进行入库申请并邀请供应方进行比稿，并为供应商提供工作简报。供应商根据广告主的投放需求和 KPI 需求，通过 PPT 或者其他表现方式向广告主/广告代理展示方案，广告主/广告代理会根据供应商的公司信息以及演讲内容进行评估，再对供应商进行选择。

① 梁丽丽. 品牌程序化广告投放指南［EB/OL］.（2017-03-03）［2021-07-17］. https://www.sunteng.com/downloadbrdpdf.

(一)规划流程

当广告主需要投放广告时，往往选择让代理机构负责媒介投放规划（见图 6－12）。代理机构在针对品牌及广告主的诉求进行市场调研后邀请合适的供应商进行比稿，同时还会为参加比稿的供应方提供工作简报。供应商向广告主/广告代理展示方案后，代理机构会先根据供应商的公司信息以及演讲内容进行评估，再对供应商进行选择。需要说明的是，代理机构会要求供应商进行入库申请。

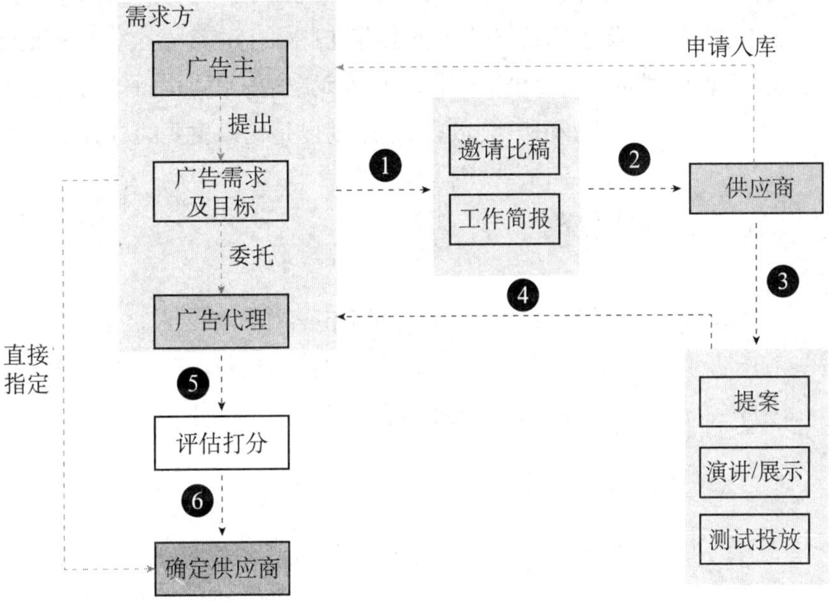

图 6－12　广告媒介计划规划流程

(二)供应商入库

在部分品牌广告的合作中，广告主会要求供应商先进行入库申请。如图 6－12 所示，供应商需向广告主提供公司资质证件、财务/法务相关文件以及双方签署的合同文件等资料，并提交公司情况、媒体资源、技术能力、数据能力、算法能力、服务能力、收费模式等信息，符合品牌标准的合作伙伴才拥有入库资格。①

(三)工作简报

简单来说，工作简报就是广告主的投放诉求。广告主首先需要提供广告

① 梁丽丽．程序化广告：个性化精准投放实用手册［M］．北京：人民邮电出版社，2017：78.

投放的诉求给代理公司，主要包括广告投放背景及 KPI 需求。广告代理根据广告主提供的信息进行市场调研和分析后将广告主的投放需求整理成工作简报，并传达给供应商并邀请供应商来进行比稿。[①] 工作简报内容主要包括项目名称、投放目标、项目背景、品牌信息等。

（四）比稿

广告主/广告代理通常会在入库的供应商中挑选合适的供应商并邀请其比稿。应邀的供应商在比稿过程中须有针对性地介绍公司情况及各方面实力，再由广告主/广告代理进行评估打分，分数最高的一个或多个供应商被选择成为合作伙伴。除了比稿以外，也会存在广告主直接指定供应商的情况。广告主/广告代理除了关注供应商在填写入库申请表时填写的收费模式外，公司背景、KPI 完成能力和透明度这三个维度也是比稿主要的打分项。

二、广告媒介提案

在上一个阶段广告主/广告代理确定合作伙伴后，被选择的供应商需要针对广告主/广告代理给出的 KPI 需求和目标进行广告媒介提案，并经由广告主/广告代理审核确定后发送投放订单。

（一）方法论

广告媒介提案是指供应商通过 PPT 或者其他表现方式向广告客户展示广告投放方案的报告，目的在于获得广告主的认可并得到广告主的媒介投放预算。广告主在与供应商沟通的过程中，会提出不同的提案需求，比如双方第一次接触时，供应商要对公司自身情况以及公司实力做出介绍；当多个供应商同时竞争广告主的媒介投放预算时，各供应商还需要进行比稿，向广告主展示自身产品和服务的亮点、进行测试投放等。

广告提案需严格按照简报内容和广告排期进行策划，重点在于针对广告投放目标和 KPI 需求做出分析，以用户为中心，围绕用户旅程中的各个接触点并基于品牌数据进行消费者洞察，为广告主策划合理的媒体投放策略。用户旅程又称用户旅程地图（user journey mapping）或者用户体验地图（user experience map），以图形化的方式直观记录和整理用户从首次接触特定品牌，到通过广告进行一系列的互动或学习，再到完成购买并享受产品或服务，最终完成用户与品牌互动，成为品牌忠诚客户的全过程。

---

① 周琪．程序化营销三步曲［J］．电脑与电信，2013（10）：4－6．

用户旅程完整地记录了用户在整个过程中的心理感受和动作行为，制定媒介策略时，需要针对不同阶段的用户旅程特点设计不同的媒介投放策略。用户旅程一般分为六个阶段。

1. 认识

“认识”是用户旅程的第一个阶段，该阶段中的用户通常是没听过或者不了解该品牌的新用户。这类用户通过广告的曝光才开始知道该品牌，并对该品牌有基本的接触和认识。在这一阶段，需要保证广告曝光的强度和频率高到足以让用户注意到广告且开始熟悉广告。对于有潜在需求的用户，在这一阶段还可以通过广告曝光去激发其需求，使之对品牌产生兴趣。

2. 熟悉

通过广告的多次曝光之后，用户开始对该品牌产生记忆，形成品牌意识。只有这样，在后续的考虑或评估阶段中用户才有可能产生品牌联想。

3. 考虑

到“考虑”这一阶段，用户在购买前一般会同时考虑多个品牌，并最终选择其中的一个或多个。广告主需要了解用户诉求，对不同诉求的用户采取不同的刺激点来引导。可选择的刺激点包括价格、折扣、质量、性价比、功能特色等。

4. 评估

进入用户考虑阶段的品牌，用户可能会对其采取进一步的行动，比如点击广告等。同时，用户可能会通过使用搜索引擎查找品牌信息或是对该品牌的产品进行试用等方式来评估产品或服务是否满足自己的需求。

5. 购买

在购买阶段，对于消费者而言有一个良好的用户体验至关重要。媒体需要提供便捷的转化路径来协助用户完成购买动作。

6. 忠诚

对于已购买产品的用户，品牌要努力使之成为忠诚用户，持续购买品牌的产品或服务。

在实际操作中，用户旅程可能并不是严格按照各个阶段进行的，部分用户可能会直接跳过某个阶段进入下一个阶段。比如认识阶段的用户，可能会因为广告内容触及自己的需求，而直接跳过熟悉、考虑、评估阶段而进入购买阶段。因此在制定媒介投放策略时，供应商需要充分了解用户旅程中的各个影响因素，制定最优的媒介组合策略。

（二）广告媒介提案要素

完整的媒介提案应以品牌知名度为中心，深入洞察剖析目标受众，设计最优的媒体组合策略。广告媒介提案要素主要包含目标受众、投放媒体、广告内容、投放预估等。

1. 目标受众

广告行业中，目标受众又称目标群体或目标人群。程序化广告的媒介投放过程中，最关键的要素就是受众，因此对广告投放平台的用户数据有很高的要求。广告主的简报中，通常会对目标受众提出要求，可能还会简单描述用户画像，比如用户的职业、年龄等。提案的时候，供应商需重点分析用户，并讲述该如何定位到这些目标受众以及量级会有多少。

2. 投放媒体

通常供应商在制定品牌媒体投放策略时的原则都是“积极正面、高覆盖、强曝光”，并围绕广告环境、媒体质量、广告尺寸、广告形式和页面位置等来设计媒体，达到广告主的投放 KPI 要求。

（1）广告环境。

广告环境指的是载具承载其他广告所呈现的媒体环境。评估广告环境的意义在于，如果载具承载的其他广告都是形象较佳的品牌或品类，受其影响，本品牌也会被网络受众归类为同等形象的品牌。① 反之，如果载具内都是制作粗劣、名不见经传的品牌，本品牌则容易受其拖累。因此广告环境必须积极正面，符合品牌形象，不能出现色情网站、政治敏感信息等内容。而且广告环境中页面广告数量不能过多，整个页面充满广告的环境会对用户造成困扰，严重影响用户体验，引起用户的负面情绪，同时也会引起用户对页面内广告的反感。有些网站把广告空间免费赠送给国际名牌的原因就是希望以此提升整个载具的形象。

（2）媒体质量。

评估媒介可以从质与量两个方面来进行。质是指符合广告主需求的媒体流量规模以及优质用户群等。量是指媒体流量要保证足够的用户覆盖度，从量上进行分析时，CPM 是一个主要指标，表示广告每接触 1 000 人的成本。传统媒介多是按照有多少人看到你的广告来收费（发行量）。从传统到网络，按访问人次收费的模式也为网络广告所借鉴。

---

① 吴瑕．网络新媒介广告经营模式探析［J］．企业导报，2012（12）：101.

（3）广告尺寸。

确定广告发布规格十分重要。1996 年 12 月，美国互联网广告联合会与资讯暨娱乐广告联盟共同制定了网络广告规格，公布了 9 个网络广告尺寸建议标准。1997 年 1 月，美国报业协会公布网络广告标准尺寸，这是网络广告尺寸规格的第一个落地规范标准，现在被业界广泛采纳的网络广告规格都基于这个标准（见表 6－2）。[①]

表 6－2　第一次规范标准

规格（像素）	名称
468×60	横幅广告（旗帜广告）
392×72	导航广告/横幅广告二
234×60	半幅广告
125×125	方形按钮
120×90	按钮一
120×60	按钮二
88×31	小按钮
120×240	竖幅广告

2001 年 11 月，网站普遍处于低潮期，美国互联网广告联合会公布了新的网络广告尺寸标准，增加了 7 种新的广告规格——2 种垂直广告和 5 种矩形广告（见表 6－3）。新的广告规格相对比较大，表明广告业从业者希望利用较大的网络广告尺寸吸引客户，是对网络广告规范的一次突破。

表 6－3　第二次规范标准

规格（像素）	名称
120×600	“摩天大楼”形
160×600	“宽摩天大楼”形
180×150	长方形
300×250	中级长方形
336×280	大长方形
240×400	竖长方形
250×250	“正方形弹出”式广告

（4）广告形式。

广告形式在一定程度上决定了用户体验和交互，计算广告中常用的网络广告形式有横幅广告、视频广告和原生广告等。

① 林升栋．网络广告的规范与管理［J］．广告大观，2001（4）：83－85.

横幅广告（banner ad）是最常见的网络广告形式，又称为条幅广告、旗帜广告等，指在网站或 APP 的顶部、中部、底部任意位置出现的广告。横幅广告尺寸通常较大，允许广告主用简练的语言、图片、动态影像等较为丰富的表现手段介绍产品或树立企业形象，容易引起网站或 APP 用户的注意，吸引用户点击获取更多信息。广告格式一般是图片，包括静态图片、动态 GIF 图片、Flash 动画、视频、HTML 等。

视频广告（video ad）指视频网站或 APP 中的视频内容播放器在播放过程中出现的广告，包括视频、图片等形式。视频广告分为贴片、暂停、角标等形式。视频贴片广告很受快消行业广告主、习惯于投放传统媒体广告主的欢迎，一般分为前贴、中贴和后贴。视频暂停指用户看视频时点击暂停按钮后弹出的广告。视频角标指视频播放过程中，在某些时段视频角落弹出的角标广告，它们出现一段时间后会自动消失。

原生广告（native ad）是一种从网站和 APP 用户体验出发的广告模式，由广告内容驱动，并整合了网站和 APP 本身的可视化设计。[①] 原生广告以用户为主导，讲求用户体验和广告内容价值。原生广告形式多种多样，可以是视频、文字、图片、音乐、图文或者其他媒体形式。信息流（feeds）广告是原生广告最常见的表现形式，如 QQ 空间、网易新闻、微信朋友圈、微博等媒体的信息流广告等。原生广告的特点主要有三点：视觉整合、用户主导和内容为王。

（5）页面位置。

广告位所处的屏幕位置决定了广告被看到的概率。广告处于导航区、侧边栏与正文区的广告关注度是不同的。其中正文区广告得到的关注最多，其次是导航区，而平时被认为是优质位置的侧边栏得到的关注度却最小。[②] 但具体还是要根据投放广告的性质以及目标用户浏览习惯来判断。

3. 广告内容

广告内容主要解决的是说什么以及怎么说的问题。完整的广告内容包括广告创意、落地页和官网（网站或 APP）。由于品牌广告主通常会有严格的 VI 设计规范，因此广告投放的执行人员不能随意修改广告创意（说什么），但是可以提供投放形式建议，即创意和媒介的交互方式（怎么说）。图 6－13 展示了创意和媒介的交互方式。

别克凯越新车上市，新品发布广告利用网页的撕页动作制造神秘感；完

---

① Viking Wong Wayne Tai. 原生广告（Native Advertising）是什么？与传统数字广告有何区别 [EB/OL].（2017－08－08）[2021－07－17]. https://www.xueerxing.com/gg/toufang/5901.html.

② 翟莉．浅析广告植入的技巧 [J]. 商情，2011（2）：116.

成产品展示后，页面会自动收回，不妨碍用户正常浏览网页内容。广告创意主要体现在媒介形式上，使浏览者第一次看到时会眼前一亮，倍感新鲜，认为这是一个好创意。

图 6-13　别克凯越新车上市广告

4. 投放预估

广告主在进行广告投放前会先提出媒介排期、目标人群、投放预算、投放量、点击量等方面的要求。因此供应商在做广告提案时需要进行广告媒介投放预估，即流量预估、出价预估以及点击率预估。供应商再根据这些预估计算出可以投放的量级，并评估是否可以实现广告主的 KPI 需求。媒介投放评估与选择作业的主要内容为：根据竞争对手、目标人群的习惯，分析不同网站类型对广告目标与策略的适切性；从涵盖率、卷入程度、CPM 的评估等方面比较不同网站的量与质。

三、广告媒介执行

程序化购买通常由供应方平台负责投放执行，该阶段主要包括投放准备和投放执行两个环节。投放准备包括投放资质和创意提交审核、投放平台与第三方技术服务之间的协作及技术对接工作等；正式投放分为广告活动的策略设置、数据分析及优化调整工作。在该阶段，供应商负责执行投放，但广告主/广告代理需和供应商沟通协作。①

---

① 梁丽丽．品牌程序化广告投放指南［EB/OL］.（2017-03-03）［2021-07-17］. https://www.sunteng.com/downloadbrdpdf.

（一）投放准备

广告投放前的准备工作主要是资质上传并提交审核、创意制作并提交审核、广告监督部署等。广告资质主要是指广告主进行广告投放活动的必要证明文件（如营业执照等）。在创意方面，流量方也会对内容有效性和合法性等方面提出要求，因此媒体需要对创意进行审核。另外，品牌广告主投放过程一般会用到第三方监督，因此涉及监督代码的部署工作。

1. 资质提交与审核

品牌广告主需要提交的基本资质文件如下：最新的营业执照副本（大陆/台）/商业登记证（港澳客户）；企业法人身份证/护照；ICP 备案截图/经营性网站需提供《增值业务电信经营许可证》；推广落地页地址；税务登记证；组织机构代码证；官网链接等。对于部分行业，部分渠道还会有特殊的资质文件要求，不同渠道要求的文件会有一些差异。

2. 创意制作与审核

在测试投放或者正式投放之前，都需要按常用创意尺寸制作创意素材。选择的标准一般是按优质广告位且量级较大的广告位尺寸。各渠道投放的素材一般需要先经过 ADX/SSP 审核通过后才能投放（部分 DSP 会先预审），制作创意时需要按照各媒体渠道的规则进行准备。ADX/SSP 的审核机制分为“不需要审核”“先投放后审核”“先审核后投放”三种。

3. 广告监督部署

广告监督部署通常要经过技术对接测试、策略测试、策略优化、稳定放量四个环节，每个环节都应划分相应的时间周期，并根据广告项目的实际情况进行灵活调整。技术对接测试阶段（1～3 天）主要是检查广告投放准备阶段的各项工作是否已完成。策略测试阶段（3～7 天）主要验证广告投放策略中制定的媒介策略是否合理、媒介投放效果是否达标等。策略优化阶段（7～30 天）主要是结合人群策略和创意策略对媒体进行实时优化，尝试多种策略，快速筛选出最优组合（媒体＋人群＋创意），使广告效果达到平稳变化趋势。在稳定放量阶段（30 天以上），广告效果达到平稳后，便可以开始按照投放预算进行加量投放，但稳定放量不代表放任不管，要能够及时发现问题并做出应对。[①]

（二）投放执行

投放执行流程共计六个环节，分别是需求方（广告主/广告代理）提出广

① 梁丽丽．程序化广告：个性化精准投放实用手册［M］．北京：人民邮电出版社，2017：104.

告需求和目标、需求方平台关于流量向供应方平台进行采购、供应方平台对流量进行供应、需求方投放的广告曝光、需求方平台进行投放数据统计、需求方平台向需求方收费，如图 6－14 所示。

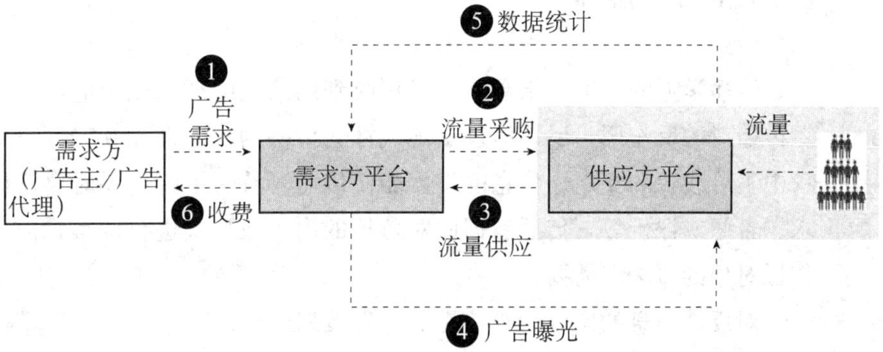

图 6－14　投放执行流程

进行媒介投放执行时，应对不同的环节采取相应的透明措施。

（1）需求方（广告主/广告代理）提出广告需求和目标要求合同透明。不管是广告主与广告代理还是广告代理与需求方平台之间签订的商务合同都应遵循透明原则，不得包含任何利益输送的政策。

（2）需求方平台关于流量向供应方平台进行采购要求采购成本透明。采购成本是指供应方平台与需求方平台之间的媒体结算价格。需求方平台需接受广告主/广告代理的审计检查，清晰列明采购的流量费用明细。

（3）供应方平台对流量进行供应要求流量信息透明。流量信息透明是指广告主/广告代理能够在需求方平台上看到供应方平台完整的流量信息，并且能够轻松进行媒介选择、广告位选择等操作。

（4）广告主投放的广告曝光要求广告投放流程透明。为确保整个投放流程是清晰透明的，流程中的广告竞价、曝光、点击、转化等节点都须支持中立的第三方监测和第三方广告验证服务（包括广告可见度、反作弊、品牌安全等）。

（5）需求方平台进行投放数据统计要求数据透明。广告主/广告代理需要确定广告有没有进行投放以及投放到了哪里，因此需求方平台要能够提供清晰透明的数据报告以及日志级别的文件甚至竞得消息等实时信息，以供广告主/广告代理进行数据监测和验证。

（6）需求方平台向广告主/广告代理收费要求收费模式透明。收费模式透明是指在采购成本透明的基础上，收取一定比例的服务费用。

媒介投放执行方案的形成，主要根据策略优先顺序，以渐进方式逐渐投入媒介预算，直到预算满额。例如，先对主要市场的主要对象阶层以连续式方式投入足够媒介量，再对主要市场的次要对象投入栅栏式行程，然后依次投入媒介资源，最后思考运用媒介组合的必要性。

四、广告媒介反馈

传播学上的反馈是指受传者对接收到的信息的反应或回应，也是受传者对传播者的反作用。反馈体现了现代社会传播的双向性和互动性，是传播过程中不可或缺的要素。信息的反馈能使传播者及时了解传播对象对信息的需求、希望或评价等，传播者据此对传播的内容或形式进行调整，使之更符合传播对象的口味和需要。

对反馈信息的态度将直接影响广告策划活动。对于反馈，要遵循反指导性原则，评估结论要对整个计算广告活动起到“反”指导作用。广告效果评估是这次计算广告活动的完结，又是下次计算广告活动的开端。

（一）评估反馈报告

广告媒介执行结束后，供应方平台需要对该项目效果进行评估反馈。评估的目的在于分析活动中得到的数据，与之前的市场调查、市场分析、市场预测结果比对，通过定量和定性分析，找出偏差，总结项目过程中的可取之处及不足之处，完善和指导以后的活动方案，向广告主/广告代理提供最终的总结报告。总结报告的要素主要包含四点。①

1. 简报回顾

呼应投放需求，回顾广告主工作简报的内容和项目背景，说明投放目标和 KPI 考核标准。

2. 活动执行效果分析

根据工作简报的要求汇报 KPI 达成情况，并全面客观地分析投放策略与效果，透彻分析 KPI 是如何完成的。

3. 执行和优化建议

总结项目执行过程中的不足之外，并提出改进方案，同时可以对整个投放提出更有建设性的意见，用于指导未来的项目。

4. 总结概括

简洁概括本次投放的效果，最好是将实际效果与 KPI 要求进行对比并得出结论。

---

① 方金尧．浅谈报业“广告套餐”的广告投放［J］．经济研究导刊，2011（25）：214，222.

（二）评估反馈原则

进行程序化广告媒介投放效果评估要遵守两个原则，这两个原则应贯穿于整个工作过程。

1. 相关性原则

程序化广告效果测定的内容必须与广告主追求的目的相关，DAGMAR法很好地体现了这一原则。举例来说，倘若广告的目的是推出新产品或改进原有产品，广告评估应针对广告受众对品牌的印象；如果广告的目的是要扩大销售，则应将评估的重点放在受众的购买行为上。①

2. 有效性原则

评估工作必须达到测定广告效果的目的，评估要用具体的、科学的数据，不能使用虚假的数据。掺了水分的高点击率等统计数字对于网络广告的效果评估毫无意义。应使用多种评估方法，多方面综合考察，得出更准确、客观的评估结论。

第四节　程序化购买的媒介交易模式

传统的广告投放中，广告主购买的大多是空间及时间，而且媒介购买的过程耗时耗资。在程序化购买模式下，广告主更多购买的是受众的注意力，代理机构包办媒介购买的整个过程，使广告从媒介购买到执行完成的时间大大缩减。程序化购买不仅提高了广告主的效率与效益，广告主的广告也能因此而更精准地到达目标受众，实现更好的投放效果。② 本节将从程序化购买的媒介交易类型和媒介交易流程两个方面展开介绍（见图 6-15）。

在过去，人们习惯于将程序化购买与实时竞价广告画等号。但随着市场的不断发展，广告主对于媒介资源有了新的要求，因此计算广告为适应不同媒体、不同广告主需求发展出了多种媒介交易类型。美国互动广告局（IAB）从媒体方的角度，提出了“公开议价的程度”和“流量的开放程度”两项重要指标。针对这两项指标业界划分出了三种程序化购买的媒介交易模式，它们分别是程序化直接购买、实时竞价和头部竞价。

---

① 陈冠男．新媒体网络广告效果评估指标及运用分析［J］．今传媒，2013（2）：101-102.

② 祝彩云．广告中的语用与背景研究［J］．价值工程，2004（8）：19-21.

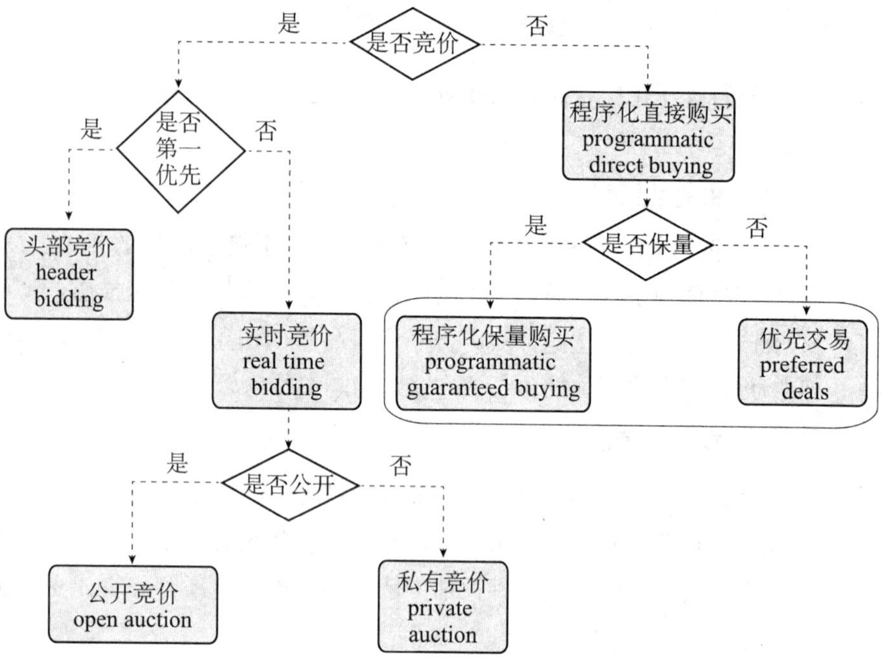

图 6-15　程序化购买的媒介交易类型

一、程序化直接购买

程序化直接购买（programmatic direct buying，PDB）主要指买卖双方按照协商好的价格或流量，绕过竞价直接进行一对一交易，广告主再运用程序化的方式对自己买断的高端媒体资源进行对接和优化投放。

正如其名字一般，PDB 最大的特征就是“私有”和“程序化”。在广告投放前，根据广告主的投放需求，利用程序化购买（定价定量）的方式进行对接，依照固定的 CPM 价格、固定的资源位、固定的预订量在媒体下单。在广告投放过程中，用户在访问媒体产生广告曝光机会时，广告交易平台会根据广告主的预订量将广告请求发给单个需求方，需求方有选择地挑选和退回流量，且无须进行竞价。[①] 从“私有”的角度来看，这种购买方式与传统广告最为相似，买卖双方可以就流量和价格进行协商，进而达成固定的价格、资源位、预订量等协议。

（一）流程

程序化直接购买的运作流程与传统广告购买的运作流程大致相同，即广

① 曾妍．谷歌推广告交易平台［J］．电脑爱好者，2012（9）：75.

告主通过需求方平台直接向媒体购买固定位广告来进行广告投放，然后程序化直接购买对广告主自采广告资源进行程序化投放，整体的流程如图 6－16 所示。①

（1）将广告主采购的所有广告位资源统一嵌入程序化直接购买系统的管理代码（包括固定位置和移动 APP 广告位置）。

（2）用户访问媒体页中广告主的广告位时，请求媒体广告系统。

（3）媒体广告系统向程序化直接购买系统发送人群匹配曝光请求，携带广告位基本信息（网站、媒体频道、尺寸）、该用户 ID、用户上网浏览器和 IP 地址等广告位及用户行为数据。

（4）程序化直接购买系统将通过算法决策和人群匹配对该用户 ID 进行分析比对，来判断应该对该用户投放什么类型及尺寸的产品广告。

（5）程序化直接购买系统在广告主产品广告物料库中，调用匹配的广告物料，返回给媒体广告管理系统。

（6）媒体系统将匹配的广告物料展示在该用户的屏幕上。

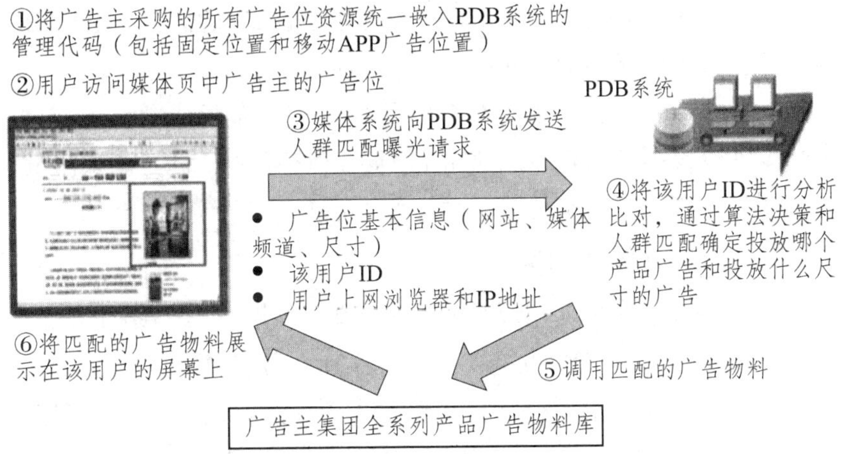

图 6－16　程序化直接购买流程

与程序化购买的其他媒介交易类型相比，PDB 的资源更为优质。通过 PDB，广告主可以更灵活地配合业务需要自动化、程序化地投放广告。虽然 PDB 模式近乎完美，但其门槛太高，因此 PDB 模式更适用于大型企业广告主。大企业旗下可能有多个子品牌和产品线，这些子品牌和不同产品线中的产品的目标消费受众也不同。PDB 一方面可以满足这些大型企业广告主购买优质资源的需求，另一方面可以保证一定的广告投放效果。

① 鞠宏磊．大数据时代的精准广告［M］．北京：人民日报出版社，2015：81．

(二)类型

PDB 通常又分为优先交易和程序化保量购买。

1. 优先交易

大型企业品牌主通过 PDB 模式承包了最优质的资源后，媒体仍有一些相对优质的资源。这些资源的展示量是不确定的，需求方平台买家出价并与媒体在商量好价格后即可优先获得这次的曝光机会，这种购买模式就是优先交易模式。

优先交易（preferred deals，PD）是属于 RTB 竞价范畴的一种竞价投放模式。美国互动广告局将这种交易模式定义为 unreserved fixed rate，即保价不保量，指的是卖方的库存量是不保证的，但价格是事前约定好且固定的。

在这种交易模式下，流量卖方会为流量定一个比 RTB 价格更高的价格，广告主按照约定的金额进行购买，但媒体不对广告投放量进行保证。

优先交易模式主要业务特点如下：

（1）价格固定，交易市场一般会有“溢价”的概念，在 RTB 出价之上有一定的溢价，才可以优先挑量。

（2）买卖双方不承诺资源展示量，按实际消耗结算。

（3）媒体卖方流量处理优先级低于库存预留，高于剩余流量，买方拥有一定流量优先筛选交易的能力。

2. 程序化保量购买

品牌客户目前使用较多的是程序化保量购买（programmatic guaranteed buying，PGB），美国互动广告局将这种交易模式定义为程序化合约（automated guaranteed）。行业上所说的 PDB 一般也是指程序化保量购买模式。保量方式有两种：一种是按照双方约定好的流量 100%采购；另一种是按照约定好的返量比例进行采购，如媒体按照广告主所需比例的 1.5 倍进行流量推送，广告主需要将多余的流量返还。流量的购买价格跟广告主所需流量的数量和返量比例有关，不同数量、不同比例的订单价格都会有所不同。

二、实时竞价

实时竞价（real time bidding，RTB）是一种利用第三方技术在数以百万计的网站上针对每一个用户展示行为进行评估以及出价的新型购买方式，是程序化购买的关键。如前文介绍 ADX 时所做的“证券交易所”比喻，广告主和媒体都在 ADX 这个交易平台中进行交易，ADX 为每一个广告位提供了

RTB机制。广告主可以在RTB交易市场自由挑选媒体资源，竞价购买目标人群。媒体可以接入RTB交易市场，获取更多广告主，实现流量的变现。

对于一个广告位，如果同时有多个广告主想买，在广告交易平台上则是“价高者得之”——为这个广告位出价最高的广告主获得在这个广告位展示广告的机会。[①] “价高者得之”的规则改变了以往依靠人力谈判的“高交易成本”传统定价方式，使得计算广告的价格从真正意义上被交给市场来做决定，这让计算广告的交易过程变得更加透明、合理，同时也为广告主真正实现了海量＋低价＋目标人群的高效曝光。

（一）主要特点

RTB的特点主要有六点。

（1）精准触达：RTB最重要的特点就是精准，通俗地讲就是“什么人需要什么就给他推荐他想看到的广告”。

（2）控制成本：RTB不仅可以利用到70％～80％的网站库存，并且几乎无浪费，严格按照效果计费。

（3）海量资源：RTB可以同时在全国或地区15万家网站进行广告展示，国内五大ADX完全覆盖。[②]

（4）有效曝光：RTB每天可进行百万次的曝光，能充分达到企业进行品牌宣传的目的。

（5）可控性：可分地区、分时段、控频次对广告进行宣传。

（6）实时优化：后台数据会根据投放结果及客户反馈进行及时优化，保证广告投放的有效性、高效性。

（二）竞价逻辑

用户开启电脑，打开浏览器，访问某个媒体网站（如微博），媒体网站页面通常会有广告位。假设此位置已加入RTB交易市场，用户从进入网站，到广告位向用户呈现广告，整个过程在毫秒级内发生。期间通常会经历12个流程，如图6－17所示。

（三）主要类型

RTB购买所带来的最根本变化在于，将传统的按照媒体（网页）购买广

---

① 占安居．运营商移动互联网广告发展策略［J］．通信企业管理，2012（8）：60－61.

② Wise Media. RTB介绍［EB/OL］．（2016－12－01）［2021－07－17］．https://max.book118.com/html/2016/1124/65353532.shtm.

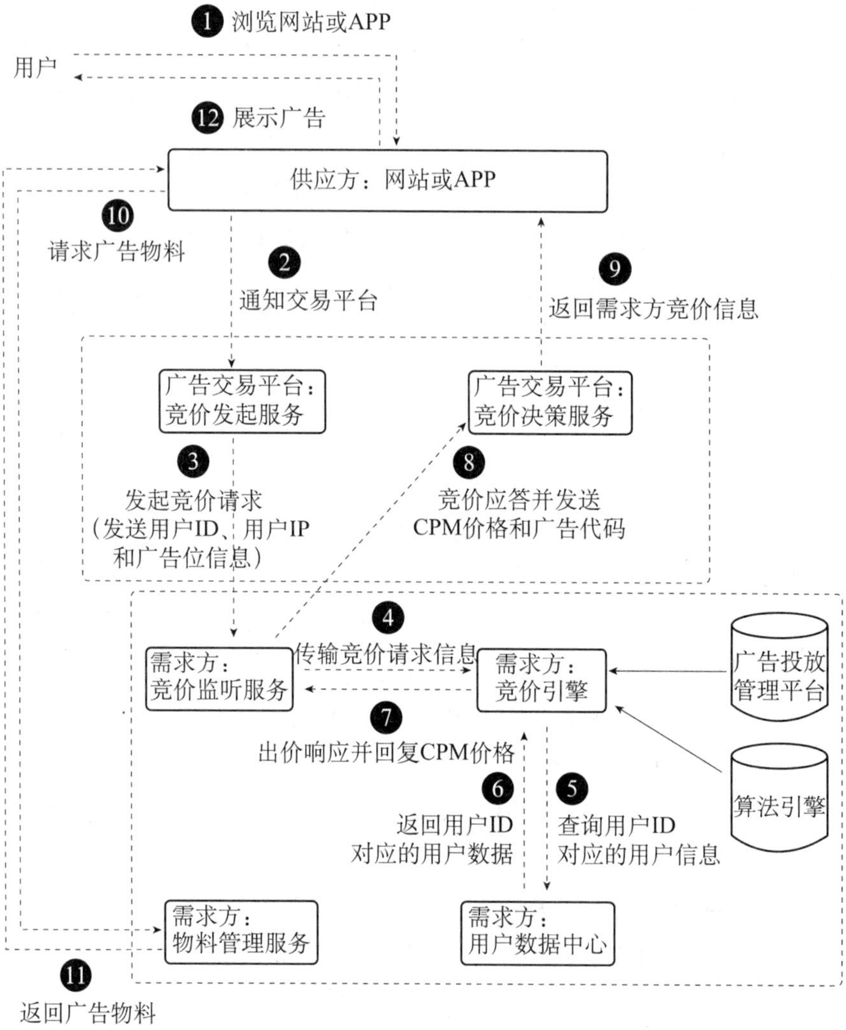

图 6-17 RTB 竞价逻辑

告改变为按照受众购买广告。RTB 交易市场主要有私有和公开两种：在私有广告交易平台中进行的竞价交易称为私有竞价；在公开广告交易平台中进行的竞价交易称为公开竞价。

1. 私有竞价

私有竞价（private auction，PA）是使用实时出价和成交底价的拍卖模式。这种交易方式主要为了满足媒体对自身网站整体质量的要求，因此它只将流量资源开放给受邀请的广告主。供应方出于保护自身环境的目的，将相对优质一些的流量交给优质的广告主进行投放，从而对网站上展示的广告类型或内容进行把控。供应方会安排一些符合条件的优质广告主组成一个 VIP 竞价俱乐部，让其进入私有竞价市场。这种模式的竞价机制与 RTB 基本一致，不同点在于在此竞价交易的模式下广告主能够尽量将广告曝光在高质量的媒体上。

PA 模式也属于 RTB 竞价范畴，竞价投放模式有如下特点。

（1）成交价不固定，竞价，底价高、入场买家需要提前申请交易预订 ID（deal ID）。

（2）买卖双方不承诺展示量，仅按实际消耗结算。

（3）对于媒体卖方，预定流量的处理优先级略高于剩余流量，买方拥有一点优先权。

PA 的具体运作流程如图 6-18 所示。

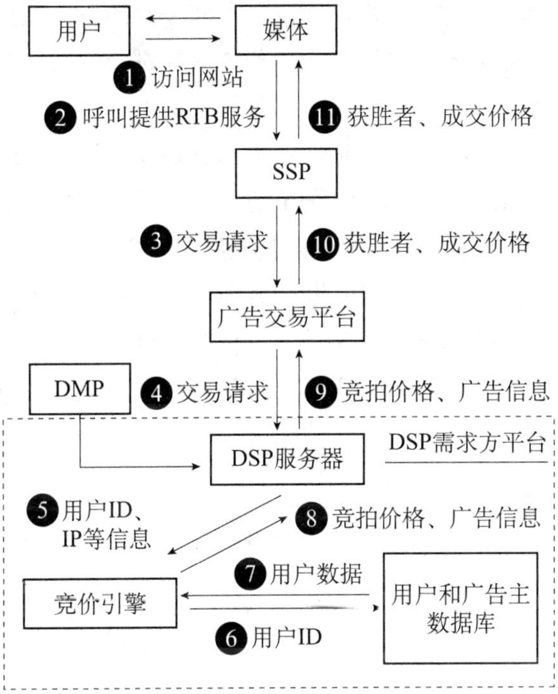

图 6-18 PA 运作流程

（1）用户访问网站，网站决定将广告位以 RTB 的方式售卖。

（2）网站向供应方平台发出请求，通知供应方平台提供 RTB 服务。

（3）供应方平台收到服务请求后，向广告交易平台发出交易请求，并提供用户 ID、IP 等数据。

（4）广告交易平台接收到交易请求后，再向多家需求方平台发出交易请求。

（5）需求方平台服务器继而将接收到的用户 ID、IP 等信息传输给竞价引擎。

（6）竞价引擎将收到的数据传递给用户和广告主数据库，并决定是否参与竞价以及竞标价格。

（7）竞价引擎生成竞标价格后，将竞拍价格、广告信息传递给需求方平台服务器。

（8）需求方平台服务器将相关数据传送给广告交易平台，广告交易平台在接收到多方需求方平台的回应后进行竞拍，价高者获得该次曝光机会。

（9）广告交易平台通知供应方平台获胜者及成交价格。

（10）供应方平台将竞标结果传递给网站。

（11）用户在该广告展示位上看到广告。

2. 公开竞价

在广告需求方的市场向着流量彻底公开的方向发展的过程中，广告主期望广告购买能够向着透明化的比价方式前进，因而公开竞价便逐渐成为程序化购买市场的核心。

公开竞价（open auction，OA）是参与最广泛的 RTB 交易方式。媒体通过传统售卖或优先售卖后，剩余的流量会通过广告交易平台开放给广告主进行交易，广告主可进场进行实时竞价，购买剩余流量。在这种交易模式中，需求方对于广告流量的选择和控制能力发挥到了最大限度。公开竞价模式中广告主购买的广告实际上是针对目标消费群体的广告展示机会，由广告主来决定本次广告投放面向的人群、时间段以及地域等信息。图 6－19 为公开竞价的投放流程。

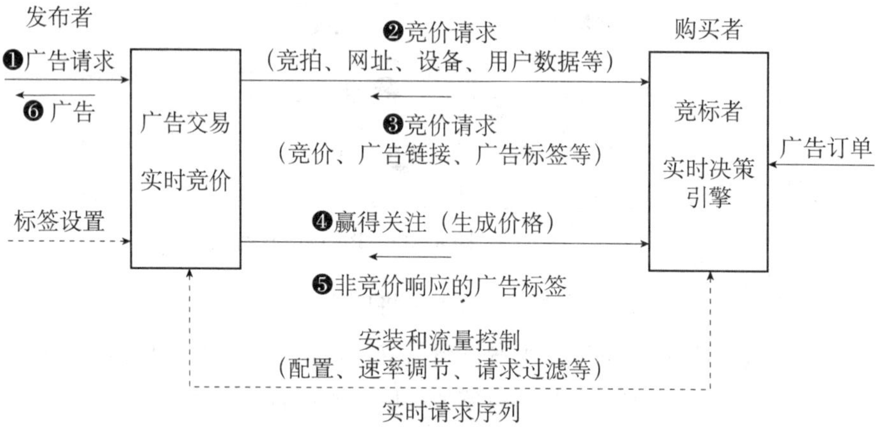

图 6－19　公开竞价的投放流程

三、头部竞价

头部竞价（header bidding，HB）指媒体可以将第一优先（first look）的竞价机会优先发送给需求方，需求方只需要在媒体网站或 APP 头部嵌入一段 JavaScript SDK 代码，媒体进行内容加载时便会优先向已对接的需求方发送广告请求，并完成竞价。

在这个过程中，需求方可以优先挑选流量和出价，而媒体可以了解正在竞价的需求方及他们的报价并进行对比，从而获得更高的 CPM 收益。在此类交易模式中，需求方挑选流量的优先级别最高，掌握流量购买的主动权。虽然此类交易可以让媒体获得更大的广告收益，但需求方通过代码可以获得更多的用户数据，在数据安全性上有一定风险。①

四、媒介交易模式比较

大部分情况下，效果类广告主偏好竞价模式，品牌类广告主偏好非竞价模式。优先交易和程序化保量这两种工作流程都为半自动，又或者半程序化，因为媒体资源的谈判和下单流程大部分仍然需要人工操作。之后再由需求方平台利用技术手段筛选这些资源，挑选精准的人群进行广告投放。两者的区别在于：优先交易可以只买想要的流量，而程序化保量需要购买通过订单协商好数量的流量，不管是不是广告主想要的流量都得展示。②

表 6－4 为上述五种媒介交易模式对比。

表 6－4 五种媒介交易模式对比

顺序	交易模式	价格	流量	工作流程	订单交易	主要计费方式
1	优先交易	固定	不保量	半自动	是	CPM，CPC
2	程序化保量购买	固定	保量	半自动	是	CPM，CPC，CPT
3	私有竞价	竞价	不保量	自动	是	CPM
4	公开竞价	竞价	不保量	自动	是	CPM
5	头部竞价	竞价	不保量	自动	否	CPM

本章小结

程序化购买是实现计算广告的最佳载体和工具。以实时竞价（RTB）为核心的程序化购买，由需求方平台（DSP）、供应方平台（SSP）、数据管理平台（DMP）、广告交易平台（ADX）、动态创意优化平台（DCOP）和广告验证平台（AVP）六大平台搭建而成，它们构成了计算广告的程序化购买主体。程序化购买是计算广告的核心，具有高科技属性，是广告走向高度专业化的重要标志。程序化购买的发展程

① 舜飞科技．干货｜如何区分 RTB 和 Header Bidding［EB/OL］．（2018－09－05）［2021－07－17］．https://zhuanlan.zhihu.com/p/43796513.

② 赵博．浅析期货程序化交易［J］．中国外资（下半月），2012（8）：245－246.

度决定计算广告产业的成熟程度。

复习思考题

1. 什么是程序化购买？程序化购买过程中的市场主体有哪些？都有什么作用？
2. 程序化购买的媒介技术主要有哪些？各有什么作用？
3. RTB API、RTA API和MKT API的联系和区别何在？
4. 程序化购买的媒介投放流程有哪些环节？
5. 程序化购买的媒介交易模式有哪些？它们的联系和区别何在？

推荐阅读书目

1. 陈韵博．程序化广告的道与术：数据技术时代的营销变革［M］．北京：社会科学文献出版社，2020.
2. 鞠宏磊．大数据时代的精准广告［M］．北京：人民日报出版社，2015.
3. 梁丽丽．程序化广告：个性化精准投放实用手册［M］．北京：人民邮电出版社，2017.
4. 巴拉巴西．爆发：大数据时代预见未来的新思维［M］．马慧，译．北京：中国人民大学出版社，2012.
5. 牛温佳，刘吉强，石川，等．用户网络行为画像［M］．北京：电子工业出版社，2016.
6. 曲海佳．互联网DSP广告揭秘：精准投放与高效转化之道［M］．北京：人民邮电出版社，2016.
7. 赵国栋，等．大数据时代的历史机遇：产业变革与数据科学［M］．北京：清华大学出版社，2013.
8. 周志华．机器学习［M］．北京：清华大学出版社，2016.

案例

蒂芙尼中国的程序化直接购买（PDB）尝试①

一、背景

在中国，很多奢侈品牌都认为实时竞价（RTB）平台提供的库存质量不高，定价和数量很不稳定，因此担心RTB会影响品牌形象，从而并不愿意在媒体计划中尝

① Campaign Asia-Pacific. 蒂芙尼中国的程序化直接购买（PDB）尝试［EB/OL］.（2016-10-11）［2021-07-17］. https://www.campaignchina.com/article/430405.

试程序化购买。

非 RTB 购买为他们提供了新的解决方案。奢侈品牌主们可以利用这一方法坐享程序化购买的便利，即覆盖更广泛的目标受众、执行定制程度更高的数字战略。非 RTB 购买也因此越来越受欢迎。

比如，尚扬媒介和邑策中国联手为奢侈品牌蒂芙尼（Tiffany）制定了程序化直接购买（PDB）的方法，以提升在线视频（OTV）广告实效。在此次 OTV 广告活动中，蒂芙尼制定了非常严苛的条件：

1. 只考虑第一层级的媒体 OTV 库存；
2. 需要 60 秒的片头广告库存；
3. 不允许在不相关的渠道出现广告；
4. 要针对男女用户实施不同的、定制化的沟通战略。

二、执行

尚扬媒介和邑策使用了一个名为 Luxury Audience Buying Framework 的平台制定解决方案。

他们首先确保了所有库存均来自第一层级的媒体，比如爱奇艺、优酷和腾讯等，以此为基础为蒂芙尼投放 60 秒的 OTV 广告。而且，大部分的投放都进入了特定的频道（美剧、英剧、韩剧、浪漫电影、金融等），并屏蔽了不合适的渠道（战争片、儿童内容、古装剧等），进一步保护品牌形象。

此次广告投放内容包括两部视频：*Craftsmanship* 展示了蒂芙尼的历史传承，*Modern Love* 旨在引发观众的情感共鸣。通过邑策的受众数据分析手段，执行团队成功地在投放广告之前识别了受众性别以及此前的广告观看数量。

女性观众会首先看到 *Modern Love* 短片，强化蒂芙尼的品牌概念，并通过熟识度与女性观众建立联系。在 *Modern Love* 短片播放三次后，女性观众就会看到 *Craftsmanship* 视频，开始了解品牌的历史传承与品质信息。而男性观众则会自始至终看到 *Craftsmanship* 视频。

三、成果

活动结束后的品牌影响力研究发现，这一定制化的、循序渐进的战略大幅提升了蒂芙尼品牌在女性观众心目中的形象，在 95%的置信水平上进行显著性检验。在观看了 *Modern Love* 和 *Craftsmanship* 两个视频的女性观众中，经提示的品牌知名度有所提升，而她们对于“工艺”和“高端”两个品牌信息的认可度大幅提升。

在广告互动方面，点进率指标比蒂芙尼 2015 年使用普通购买方式的 60 秒 OTV 广告高出 54%。而且，观看了 *Modern Love* 视频后的女性观众显然与接下来的 *Craftsmanship* 视频互动程度更高。综合各种设备和媒体的平均数据，接下来观看 *Craftsmanship* 视频的点进率比只观看 *Modern Love* 的点进率提升了 39%。

第七章

计算广告的受众分析

本章学习要点与要求

了解营销 1.0 时代、2.0 时代和 3.0 时代的受众；熟悉计算广告时代的消费者嬗变；了解大数据、云计算、新算法和区块链技术带来的广告的“一人千面”；了解用户数据的来源；了解数据的采集方法；了解利用受众数据进行精准营销的途径；了解受众购买动机，包括受众心理动机和受众需求动机；熟悉受众心理动机的特征；熟悉 AIDMA 模型、AISAS 模型和 SIPS 模型；熟悉受众的消费趋势和营销启示；掌握客户关系管理的概念、特点和价值；了解客户关系管理技术系统类型；了解客户生命周期；熟悉客户关系管理流程。

第一节　计算广告时代的消费者嬗变

营销 1.0 时代是一个以产品为中心的时代，所有的营销传播活动主要围绕产品而展开，为产品创造需求。营销 2.0 时代以消费者为中心：从最初的集体传播到群体传播；从最初的产品选择消费者，到产品服务迎合消费者需求；从大众到分众；广告营销传播活动由“千人一面”过渡到“千人千面”。从分众到小众转变，成为营销 3.0 时代的主旋律。

一、从“千人一面”到“千人千面”再到“一人千面”

（一）子弹论与 4P 理论下的“千人一面”

受众，是大众传播中信息的接收者，也是大众传播理论研究的对象。受众接收到信息之后会产生自身的理解，从而产生相应的反应。① 20世纪初至40年代末，大众报刊、广播和电影等大众传媒给人们的政治活动、经济活动和日常生活中带来巨大影响。于是子弹论出现了，这个时期的信息传播活动，受众像靶子一样，只能被动接收传播媒介传递的如子弹般射来的信息，对信息全盘接受，自己的态度意见被左右，甚至行为也同时被支配。

上述这样的集体传播背景对应的是营销1.0时代，这是一个以产品为中心的时代，所有的营销传播活动主要围绕产品展开，为产品创造需求。美国营销学学者杰罗姆·麦肯锡（E. Jerome McCarthy）认为营销活动作为企业的职责之一，将产品从生产者引向大众以满足消费者需求并实现品牌利润，达到了满足市场需求的目的。②

麦肯锡的理论以产品为导向，首先注重开发产品（product）的功能，突出产品与众不同的卖点，强调产品的功能诉求；其次根据不同的市场定位来制定相应的价格（price）策略，并以品牌的“含金量”如品牌知名度、品牌影响力等为关键因素来定价；再次，企业更多将成本及资源投入培育经销商和建立销售网络中，以经销商为渠道（place）与消费者联系，通常并不直接面对消费者；最后企业会经常以短期的行为比如买一送一等让利的一系列促销（promotion）行为，来吸引竞争对手的消费者“倒戈”，从而促进消费增长。

子弹论下的集体传播在4P理论中有所体现。其中最经典的案例之一就是福特汽车创始人亨利·福特声称：“不论你需要什么颜色的汽车，福特只有黑色的。”在这当中，“黑色的福特汽车”就是子弹论中由企业品牌射向受众的子弹，所有的受众在面对福特汽车时除了黑色别无选择。这就是子弹论与4P理论下的“千人一面”，消费者容易被企业的广告左右消费态度，甚至自身的购买行为也会被其支配。但现在看来，亨利·福特这样的“狂言”或许只能存在于营销1.0时代。

（二）有限效果论与4C理论下的“千人千面”

随着产品供过于求，市场竞争日趋激烈，卖方市场逐渐过渡到买方市场，营销传播活动也随之发生改变。20世纪40年代至60年代，贝雷尔森和拉扎斯菲尔德在《人民的选择》一书里否定了早期的子弹论③，同时开创了有限效果论，认为传播活动是传播者和信息接收者双向互动的活动，受众在大多

---

① 刘军．公共关系学［M］．北京：机械工业出版社，2006：11.

② 张朝孝，王旭，杨小菊．对传统营销理论框架的反思［J］．中小企业管理与科技（上旬刊），2020（19）：165-167.

③ 胡翼青．对“魔弹论”的再思考［J］．国际新闻界，2009（8）：38-41.

数情况下并不是无力地等待子弹射来的靶子，而是不愿受摆布并且有自身态度和个性的个体。随着互联网时代的到来，许多活动开始逐渐从集体传播变成群体传播。群体传播是以电脑和手机为平台的互联网时代的产物。

随着大众传播活动的改变和整个市场供求关系向消费者市场的转变，以产品为导向的传统 4P 理论受到挑战。当市场供过于求，竞争日趋激烈，广告主们开始追求消费者对其所提供的品牌和服务的满意度，逐渐将所进行的一系列营销传播活动的中心从产品身上转移到消费者身上。各企业甚至开始逐渐意识到消费者在自由选择商品、做出购买决策的过程中会受到心理层面因素的深刻影响，企业所宣扬和传递出来的品牌价值观更为重要。营销活动不再仅仅是一场简单的产品与金钱的交易，而更加需要被转化为一场有共鸣的精神与文化“互动”。

美国营销学者劳特朋提出了 4C 理论。该理论强调“顾客至上”，提高了消费者在营销活动中的地位，而不是像 4P 理论那样更多考虑如何实现自身产品和服务价值的最大化。企业品牌既然要追求顾客满意度就需要广告主们从消费者（customer）的角度出发，根据产品和服务的功能及特性聚焦某个具体的目标消费者群体；充分利用不同渠道与消费者进行有效的双向沟通（communication），聆听消费者需求，将产品的卖点和客户的需求联系到一起，取代 4P 理论中的促销；适当降低顾客的消费成本（cost）；在提供产品和服务的同时考虑到消费者获得产品和服务的便利性（convenience）等。

在对这个理论的应用中，成功案例很多。例如太太药业的产品太太口服液 1993 年上市时，结合当时国内的职业女性日益增多的时代背景，针对该目标消费者群体需要打造女性魅力、美容养颜等诉求拟出“十足女人味”“做女人真好”（见图 7－1）等广告诉求点，立即吸引了职业女性的注意。而后静心口服液于 1999 年上市，又针对中年女性群体的需求在广告中强调对该群体的理解和关怀（见图 7－2），契合其心理需求，亦取得极大的成效。

图 7－1 太太口服液广告

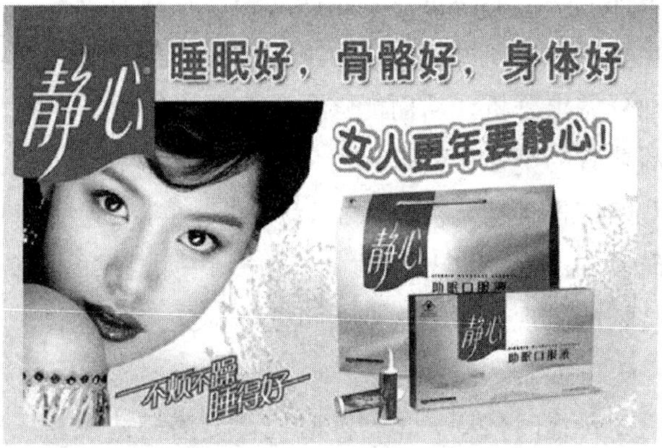

图 7-2 静心口服液广告

（三）宏观效果论与 4R 理论下的“一人千面”

到了 20 世纪 70 年代，有限效果论开始被批评和反思。在此基础上，针对大众传播效果，一些新的宏观效果理论观点诞生，如“沉默的螺旋”“议程设置功能”“知沟”等。几个不同的理论分别在不同程度上强调了大众传播影响的有力性。

宏观效果论在互联网时代得到了验证。随着信息的飞速传播和新的传播技术开始出现，我们迎来了信息爆炸的时代。在这个时代下，品牌和企业开始注重消费者自身的个性化需求。营销传播活动将重心转移到如何与消费者进行更加积极的互动上，强调将消费者作为主观能动性的“主体”。相较于过去，现在的消费者能够更加快速便捷地接触到自己所需要的产品和服务，同时有相同需求的消费者们也更加容易相互之间进行交流分享，于是出现了新的传播难题——如何迎合消费者的个性化需求。告别一网打尽的传统时代，从群体传播转向个体传播预示着以精神文化为驱动的营销 3.0 已经拉开序幕。始终如一地打造品牌核心价值，依靠品牌的核心价值牢牢吸引对应的消费者，从分众到小众转变，成为营销 3.0 时代的主旋律。

美国西北大学的唐·舒尔茨在 4C 理论的基础上提出了 4R 营销理论。在竞争市场中，消费者对企业的忠诚度是会变化的，如可能会转移到别的品牌，所以要注意提升消费者的忠诚度，从而赢得稳定的市场。企业的营销策略首先需要与消费者建立品牌关联（relevancy），与其形成相互需要的关系，从而减少消费者流失；其次站在企业的角度来看，当洞察到消费者的需求时，要及时给予反应（reaction）；再次，品牌抢占市场的关键点已经变成与顾客建立长期的稳定关系（relationship），甚至可以说这已经成为品牌的一种责任；最后，追求回报（reward）是企业营销发展的动力之一，也是企业维持市场关系的条件之一，要注重在营销活动中得到的回报。

在互联网时代，大部分广告主们已经开始针对消费者的不同需求来进行精准的细分需求分析，从而能够为消费者提供更加全面、精准的产品和服务，以满足消费者的个性化需求和价值实现。品牌和企业要真正或彻底实现“一人千面”的广告触达，成本太高，困难重重，这些困难或是在技术支持上，或是在研发和产出的产品特性上，或是在所提供的服务执行上。[①] 但是，人工智能技术的出现使这一切变为可能，应运而生的计算广告能使广告做到真正的“一人千面”。

从大众传播时代到人工智能时代，传播模式发生了根本性的变革，一切源于技术的变革促使消费者生态发生巨大的裂变，从而驱动营销模式发生了进化（见图7-3）。这一切变得如此突然，广告门槛越来越高、广告实践越来越专业，广告知识也越来越丰富。

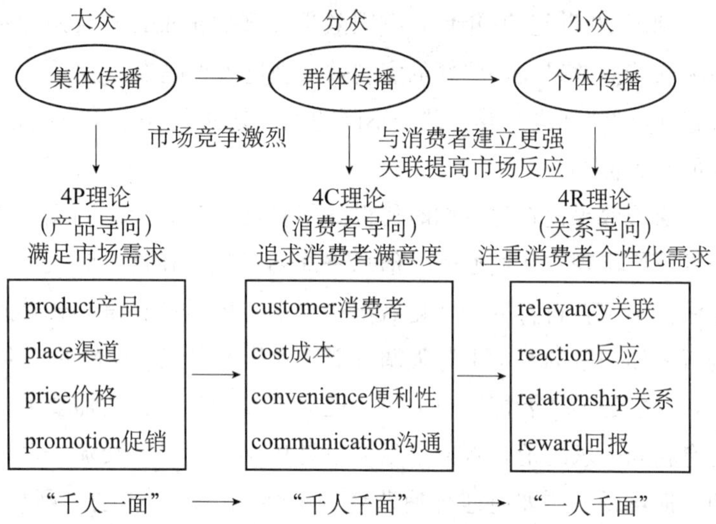

图7-3 广告营销模式的嬗变

二、大数据、云计算、新算法和区块链技术带来广告的“一人千面”

（一）大数据不遗余力挖掘一切信息

我们所迎来的计算广告时代，是研究消费者最好的时代。先前我们首先迎来了互联网和移动设备的普及，这使我们的生活变得更加便利快捷。而大数据技术的到来使我们近乎一切的个人信息都能被采集并被使用，不仅包括

① 首席品牌官．品牌由千人一面走向一人千面的“千面英雄”时代［EB/OL］.（2018-08-09）［2021-07-17］. https://baijiahao.baidu.com/s?id=1608283619575022387&wfr=spider&for=pc.

像年龄、性别、职业这样的人口统计学数据，还包括我们日常生活中不管是线上还是线下的“一举一动”的数据。比如你今天去了什么地方，你最喜欢吃的餐厅是哪间，你最近浏览了什么网站，你在这个网站停留了多久，在网站上又进行了哪些操作，等等。企业通过大数据技术，获得更加全面、更加具体的消费者个体信息，摒弃了传统依靠人工发放问卷的调查方式，大大提高了获得市场数据的性价比、准确性、时效性。大数据技术在收集、挖掘人们的一切数据信息时不遗余力，但在储存和处理上还需要有“帮手”支持。

（二）云计算解决大数据的储存和处理

云计算是大数据的得力助手。云计算属于分布式计算的一种，指通过网络“云”将庞大的数据计算和处理程序分解为无数个小程序，再通过由多部服务器组合而成的庞大系统来分析和处理小程序得到的结果，最后将结果返回给用户。现如今，云服务已经是效用计算、分布式计算、并行计算、负载均衡、网络存储复杂和虚拟化等计算机技术混合提升的结果，可以将虚拟资源通过互联网络提供给每一个有需求的客户，继而实现拓展数据处理。[①] 云计算与上文提到的大数据之间的关系是密不可分的，如果把云计算比喻成一个容器，那么大数据就是容器里的水。大数据无法用单台计算机对数据进行处理，必须采用分布式计算架构。它的功能和特色在于挖掘海量数据，但与此同时它必须依托云计算的分布式处理、分布式数据库、云存储和虚拟化技术。依托云计算平台，大数据通过长期的数据积累，将受众的有用信息从云计算中提取出来，以最直观的点线面方式呈现给客户。[②]

（三）新算法投其所好满足个性化需求

推荐算法是根据用户行为，通过数学算法，计算推测出用户可能感兴趣的东西，进而将相关内容自动推送给用户的算法。其中主要的推荐方法包括基于内容推荐、协同过滤推荐、基于规则推荐、基于知识推荐、基于效用推荐等。这些推荐方法各自存在优缺点。所以在实际中，组合推荐更经常被使用，被应用最多的是内容推荐和协同过滤推荐的组合。[③] 淘宝中的“猜你喜欢”正是运用了人群推荐算法，才满足了消费者的个性化需求。

---

① 许子明，田杨锋．云计算的发展历史及其应用［J］．信息记录材料，2018（8）：66－67．

② 快到碧碧怀里来．大数据和云计算有什么区别和联系［EB/OL］．（2019－11－19）［2021－07－17］．https://zhuanlan.zhihu.com/p/92525638．

③ 杨旭，汤海京，丁刚毅．数据科学导论［M］．2版．北京：北京理工大学出版社，2017：58－59．

（四）区块链降低广告交易成本

区块链技术主要被运用于物流、金融、商业等领域。对消费者来说，基于区块链技术的一些系统例如智能的追踪系统、私密性强的点对点的交易等都在不同层面使消费者和企业之间的交易过程更加顺畅、更加安全。而对于广告主来说，通过区块链技术，可以看到自己的广告投入有多少最终真正流向了消费者，并能够根据计算广告产业链中的实际附加价值优化筛选广告提供商，降低成本，避免广告资金浪费。

总之，计算广告时代消费者大数据庞杂繁多，而云计算的出现解决了消费者大数据的云存储问题，并方便随时取用。新算法与消费者个性化互动，促使广告从过去的"千人一面"传播转向"千人千面"和"一人千面"传播，传统的集体细分和群体细分变成了个体细分。区块链的出现，使消费者在网络上唯一认证的数据区块内容不断丰富，能为广告主带来更安全、更精确、更真实的用户数据，从而反哺消费者的广告生活。

第二节　计算广告时代的受众数据

计算广告的核心是数据流，它如同血液一样"滋养"着计算广告的各个环节。数据流的质量好坏，决定着计算广告能否健康发展。而受众是数据流"血液"的制造者和提供者，源源不断地产生新数据，这些数据不断流入计算广告的各个环节，接受计算广告的筛选。

一、受众数据的获取

广告主要想展开一系列的营销传播活动，第一步只有先获取消费者的相关数据，才能以此展开下一步的动作。计算广告时代下广告主获取用户数据主要依赖大数据等相关技术。

（一）数据的类型

用户数据根据来源主要分为第一方数据、第二方数据和第三方数据三种类型。

1. 第一方数据

指的是广告主自有数据，其中包括销售数据、网站数据、微信微博数据、电子文件管理数据、客户关系管理数据等。该数据的优点在于可靠、真实性较强。但其缺点也有四个：数据即时性不佳，广告主无法迅速及时根据所得数据对广告策略做出调整；自有数据中的线上线下数据很难统一，导致消费者形象无法完整被还原；自有数据需要和其他数据相互补充，否则不利于广告主挖掘新的用户；自有数据涉及的用户隐私较多，需要广告主对所得数据进行处理，否则将有可能给自身形象带来负面影响。

2. 第二方数据

指的是在自有数据的基础上产生的数据，简单来说是自有数据的持有者们之间的数据共享。它的优点在于真实、安全。但消费者的隐私问题也容易在这个过程中被侵犯，比如双方在交换共享数据时是否得到了用户同意等。

3. 第三方数据

指的是外部资源数据，这类数据需要广告主向数据管理平台或相关供应商购买。这类数据的最大优点在于其多样性，弥补了第一方数据和第二方数据单一的不足。它的数据种类多，通常包括线上和线下数据，有助于广告主挖掘新的目标消费者及更全面地洞察消费者。但这类数据的质量没有保证，可信度欠佳，其原因在于提供数据的供应商不会告知广告主数据的来源。[①]

“条条大路通罗马”，三方数据各有千秋。这就需要广告主根据自身的资源条件再结合三方数据的优劣势来获取最适合的用户数据，从而实现精准营销。

（二）数据的采集

在我们所处的当下，人类日常生活可以说几近完全地被映射于网络中。人们浏览网页、搜索关键词、登录各种 APP、使用手机定位等，均会产生大量信息，这些信息构成了大数据的基础来源。大数据技术通过把初始数据流进行各种维度的划分、提炼，产生了各种有用的数据包。这些数据包不单是受众简单的人口统计学标签，还包含生活习惯、价值观念和行为情感等标签。与传统统计推断的抽样调查不同，全样本、实时化、动态性构成了计算广告时代新的调查模式的特点。这种模式大大提高了数据的可靠性、全面性和有用性，使广告主能够放心地洞察消费者。大数据技术是程序化购买的根基，使精准广告成为可能，亦可实现“千人千面”和“一人千面”的广告传播。[②]

---

① 鞠宏磊．大数据时代的精准广告［M］．北京：人民日报出版社，2015：110.

② 谭辉煌．人工智能时代广告业的变革、价值反思与未来展望［J］．广告大观（理论版），2020（5）：41-47.

那么，消费者的数据该如何采集呢？

1. 网络日志

网络日志记录所有访问 Web 服务器的数据流信息，其中用于识别用户、获取对广告主有用数据的方式主要包括用户 ID、IP 地址和 Cookie。

首先，只要用户在某个网站注册及登录，就会拥有属于自己的用户 ID，产生用户识别，并具有唯一的用户身份。但若用户没有进行注册及登录，收集到的信息将十分有限。其次，任何网络日志中都会收集用户的 IP 地址，而 IP 地址将使数据收集方轻易获取用户的地理位置和上网时间等信息。最后，Cookie 或成为最有力的数据收集工具。Cookie 是网站为了辨别用户身份，储存在用户本地终端上的数据，是由用户客户端计算机暂时或永久保存的信息。[①] 用户在网络上的一举一动几乎都被它所记录，包括网页浏览时间、点击操作等，甚至还可获取用户的人口统计学基本信息、兴趣爱好、购买偏好等。

2. LBS 技术

LBS（location based service）即基于位置的服务。LBS 利用各类型的定位技术来获取定位设备当前的所在位置，通过移动互联网向定位设备提供信息资源和基础服务。它通过电信运营商的无线电通信网络技术或者外部的定位方式如 GPS，获取用户的距离位置信息。[②] 借助 LBS 技术，用户的行为数据得以被获取，而这些数据将被用于分析他们的生活、行为轨迹等。现今，几乎所有手机 APP 都使用了 LBS 技术，这些软件甚至能通过 LBS 技术确定用户的具体位置并为其推送相对应的广告消息。

3. Wi-Fi 技术

Wi-Fi 又称“行动热点”，是一个创建于 IEEE 802.11 标准的无线局域网技术，以 Wi-Fi 联盟制造商的商标作为产品的品牌认证。以前人们通过网线连接电脑，现在则通过无线电波来联网，最常见的做法就是利用无线路由器。当消费者进入某建筑如商场并打开设备的 Wi-Fi 功能时，Wi-Fi 系统就能够通过跟踪通信 ID 获取消费者进入建筑内的时间以及其在室内的即时行动轨迹。由于通信 ID 的唯一性，甚至还能发现“回头客”，并分析其到访频次以及行为特征等。[③]

① 李强，陈然，戚江一，等．基于主机特征的 Cookie 安全研究［J］. 保密科学技术，2011（4）：23－25.

② 郭潇雨．基于 LBS 大数据的营销应用［J］. 广西质量监督导报，2019（8）：211，188.

③ 张辉锋，吴文汐．消费者情境的发掘：大数据时代广告投放的新水平［J］. 西北大学学报（哲学社会科学版），2014，44（4）：156－161.

二、受众数据的使用

计算广告时代，得益于数字化技术的发展，企业广告主面对消费者需求时的手段正在由“后验”转为“先验”，由“单点感知”转为“全面感知”，由“被动反应”转为“实时预测”。这一切都归功于受众数据的获取和使用。作为广告主，应该如何利用受众数据进行精准营销呢？

（一）累积以消费者为中心的数据生产资料[①]

全民在线在计算广告时代得以实现，消费者数据、产品数据和渠道数据均获得巨大积累。广告主基于这些数据更容易做出以消费者为中心的经营观和相关的判断决策。广告主应当持续积累自身的数据资产，不断丰富用户的标签化管理（见图 7－4），使它们成为广告主决策大脑运转的血液以及决策机器运转的石油，为企业洞察消费者、深度挖掘信息打下坚实的基础。

图 7－4 用户的标签化管理

计算广告时代，消费者的一举一动都可以被数据供应商或广告主剖析和利用，从而将其转换为新的机遇。当代消费者尤其是有望成为消费主力军的年轻一代对社交媒体已形成重度依赖，不断于各大社交媒体上分享自己的生活习惯、情感需求、消费体验等信息。从冗杂海量的网络数据中，清理、处理、提取、储存相关大数据，勾勒出清晰准确的用户画像，实时瞄准和洞察消费者需求，已成为现代企业的重要竞争力之一。广告主需要善用数字化工具，如用户画像工具（百度指数、360 指数、腾讯指数、微博指数、神策数

① 数说故事．洞察“变心”的消费者，备战“后疫情时代”［EB/OL］．（2020－02－20）［2021－07－17］．https://kuaibao.qq.com/s/20200220A0SRO600.

据等)，企业高效的广告行动依赖于全链路的数字一体化，只有这样才能全面洞察消费者。广告主依靠在供应链、产品研发、市场销售、品牌经营上的长期投入，并通过高度数字化、高度效率化的数据闭环去衡量每一次决策行动的效果。

(二) 锁住老客户①

精准获取老客户数据的意义在于这些数据可帮助广告主对该部分消费者进行二次营销，唤醒沉睡用户、挽回流失用户。这一工作可以根据重定向用户“4W1H”模型（见图 7－5）来进行。该模型中的 Who、When、Where、What、How，分别对应用户属性、时间、来源、行为、质量。按照这个模型，广告主可以从不同维度对用户进行细分，对不同群体进行个性化重定向。

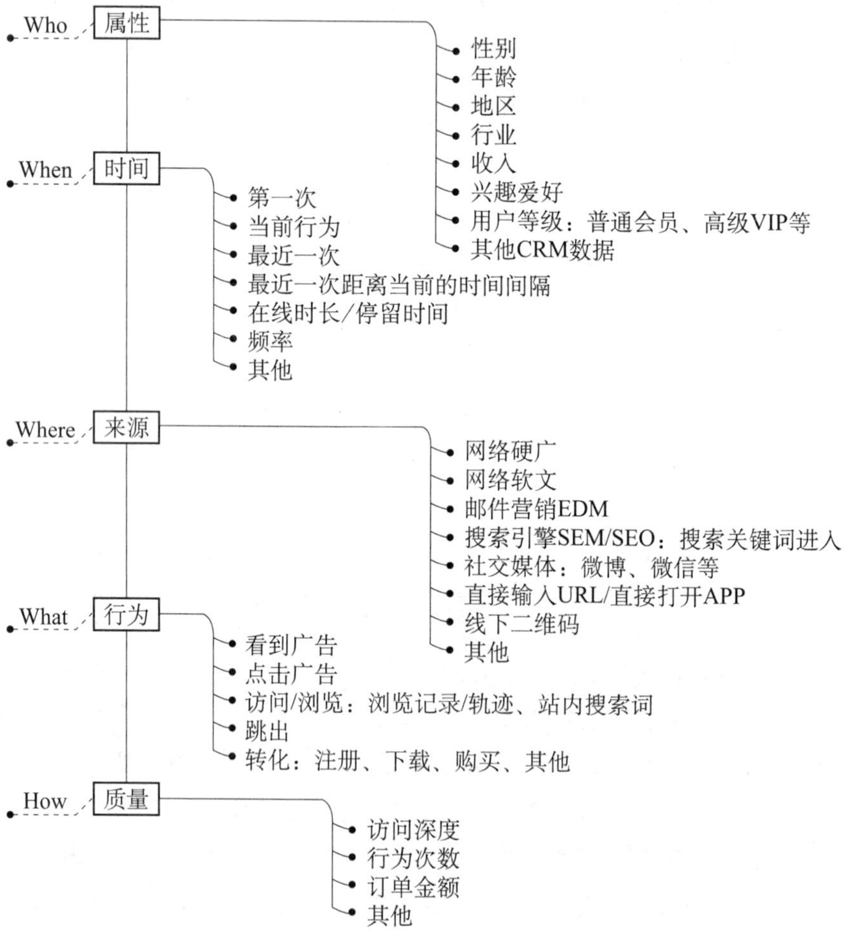

图 7－5 “4W1H 模型”对用户进行细分

① 吴俊．广告主使用自有数据人群包几种常见玩法？［EB/OL］.（2020－03－12）［2021－07－17］. https://zhuanlan. zhihu. com/p/1120418 87.

首先，企业可以依靠数据技术来进行访客找回（retargeting），挽回流失客户（见图 7-6）。我们经常会发现当浏览了某件商品之后，再使用别的APP或平台时就会看到类似的广告，这在大数据精准广告领域是十分常见的做法。利用广告主自己的数据，圈出目标人群包，进行追踪投放，我们称这样的模式为访客找回。在快消品或电商类领域，访客找回广告所取得的效果更佳。其次，企业也可以借助大数据技术唤醒沉睡用户。这些用户因为某次推广活动而使用产品或下载安装了 APP，但之后很长时间都未打开使用过APP或者使用过该产品或服务。针对这类用户做"再营销"也可能再次唤起其好奇心，进而促成销售转化。

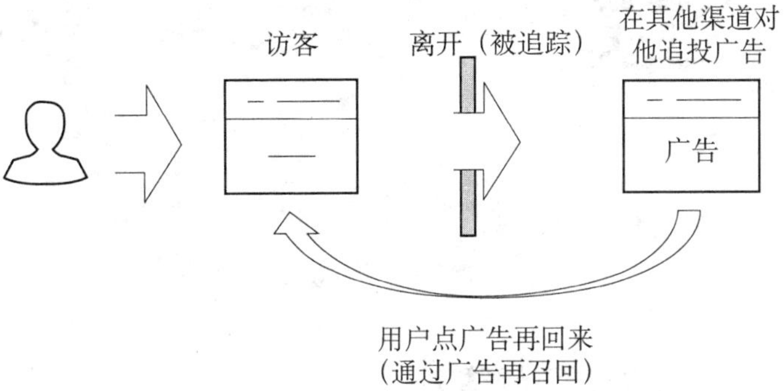

图 7-6　访客找回流程示意图

（三）挖掘新客户①

高质量的新客户可以通过常用的相似人群扩展（look alike）手段以及搜索词用户来获取。相似人群扩展简单来说就是依据站点访客包括已有顾客的典型行为特征去全网中寻找那些有类似行为特征的人，这些人尚未看过广告，是潜在的新客户。

如图 7-7 所示，相似人群扩展以重定向用户作为种子用户，根据 4W1H 模型中各个维度的用户特征查找具有相似特征的人群。当消费者有需求时，通常会通过搜索引擎主动查找相关信息。因此，可以从搜索引擎服务供应商处获取搜索词用户信息，对这些用户进行定向投放。总括而言，品牌广告主的计算广告中，用户是最核心的要素，因此计算广告对广告投放平台的用户数据有很高的要求。

在广告主的需求里，通常会有特定的目标人群，甚至会简单地描述其用户画像，例如用户的一些基本信息，包括性别、年龄、职业、习惯等。定向

① 吴俊．广告主使用自有数据人群包几种常见玩法？［EB/OL］．（2020-03-12）［2021-07-17］．https://zhuanlan.zhihu.com/p/112041887.

目标人群需要在设置广告活动时选择用户标签，这些标签有可能是广告投放平台的自有标签，也可能是第三方DMP的标签。标签一般包括性别、年龄、教育背景、行业、收入、婚姻状态、兴趣爱好等。为每个用户打人群标签时，主要是基于用户识别号、用户行为、时间、地点、终端等属性进行综合分析，并标记该用户在各个维度上的属性特征。这些标签对广告主挖掘新客户能够起到很好的精准定向作用。

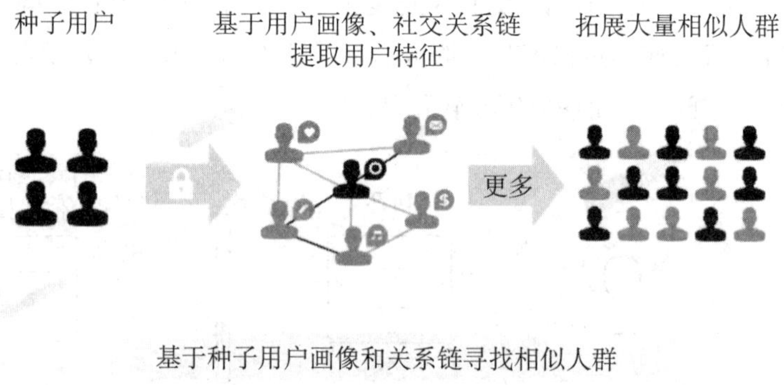

图7-7 相似人群扩展示意图

（四）合理使用推荐算法

如今推荐算法已经被应用到了各个领域的网站中，包括图书、音乐、视频、新闻、电影、地图等。随着电子商务应用的普及，淘宝网、亚马逊、当当网、豆瓣等都使用了推荐系统，这些以推荐算法为基础的推荐系统给互联网商家带来利益之余，也提高了用户满意度和用户黏性。[①] 例如淘宝的“千人千面”“一人千面”推荐算法，就是依靠淘宝庞大的用户数据，从细分的品类中抽取特征与消费者兴趣相匹配的商品，展现在消费者浏览的网页内容中，实现精准营销。

那么淘宝推荐算法是怎么运行的呢？第一步，买家进入淘宝网网站或手机淘宝APP，淘宝可以立即识别买家的相关标签；第二步，根据该买家的标签找到与该用户相似的人群；第三步，根据相似人群找到这些用户共同喜欢的商品；第四步，在淘宝所有同类型的商品中，再找到与其相似的多款商品，形成商品合集，多款相似的商品合集会被展示在该买家的淘宝首页上。相似度越高的商品，排名越靠前。

除了推荐算法以外，其他的相关技术也有精准定位人群的功能。网络日志能得知你经常浏览的页面内容、你使用什么品牌的移动设备、你所穿的衣

① 赵守香，唐胡鑫，熊海涛．大数据分析与应用［M］．北京：航空工业出版社，2015：184.

服均价是多少、你的汽车品牌是什么、你的住宅楼盘均价是多少等。LBS技术及Wi-Fi技术能得知你经常在哪里就餐，甚至你到某个地方的频率等许多涉及隐私的信息。广告主们可以根据这些信息来“投其所需”与“投其所好”，给消费者推送专属于该消费者的广告信息。比如最爱的护肤品近期在打折、想要很久的某个电器降价了等等，从而促使消费者产生购买行为。

第三节　计算广告时代的受众心理

从海量冗杂的网络数据中，清理、处理、提取、储存相关大数据，勾勒出清晰准确的用户画像，实时瞄准和洞察消费者需求，了解受众购买动机——受众心理动机和受众需求动机，已成为现代企业提升竞争力的重要措施之一。

一、受众购买动机

动机是指引起、维持、推动个体活动以达到一定目的的内部动力。人的行为及活动方向都受动机驱使，动机是社会影响和个体行为之间的心理媒介。动机是行为的原型，行为是动机的外在表现。受众的购买动机，是指在线上或线下购买活动中，使网络受众产生购买行为的内在驱动力。

（一）受众心理动机

受众心理动机指由消费者的认识、情感、习惯等心理过程引发的购买动机。

1. 认识动机

认识动机建立在客观了解商品信息认识的基础上。消费者在购买产品之前，会主动通过不同渠道了解有关商品的信息，包括目标产品的特点、性能和使用方法等。认识动机具有客观性、周密性和控制性的特点。在认识动机驱使下的消费行为，更注重产品的功能、特点和质量，其次才关注商品的价格。这种购买动机基本上受控于理智，较少受外界影响。

2. 情感动机

情感动机是由人的情绪和感情引起的购买动机。这种购买动机还可以分为两种形态。一种是低级形态的情感购买动机，由人基本的情绪包括喜欢、满意、快乐、好奇等引起。这种购买动机相对而言更冲动、更不稳定。例如有部分消费者选择在情绪低落时通过疯狂消费、冲动购物来缓解和释放自己的负面情绪。还有一种是高级形态的情感购买动机，由道德感、美感、群体感、阶级感等引起，稳定性较高。在计算广告背景下，情感动机很容易引发购买行为。

3. 习惯动机

这类动机产生于理智经验和感情的融合。消费者出于对特定的购买平台、图标广告、商品有特殊的信任与偏好而重复地、习惯性地访问购买平台并购买商品，这种行为俗称“习惯性回购”。习惯动机的形成包括以下几个促发因素：产品信息获取便利准确；企业广告内容优质；品牌知名度和美誉度较高；产品质量在大部分人尤其是消费者所处的人际圈子中树立了好的口碑。这些都可以引发习惯动机。具有习惯动机的消费者，往往对品牌忠诚度较高，对品牌的一举一动包括推出新品、营销活动等十分关心，甚至主动成为“意见领袖”带领其他人也完成购买行为。此外，这类消费者对品牌和企业的容忍度较高。

（二）受众心理动机的特征

1. 注重本质

部分消费者在选择想要购买的产品和服务的过程中，更加注重产品的功能性特征，如实用价值等，而非商品的外观、造型、美感等外在特征。

2. 注重价格

价格因素仍然是绝大多数消费者在发生购买行为时着重考虑的因素。不过当面对不同质量的产品和服务时，消费者对价格的敏感度会发生分化。有些消费者一味追求低价，有些消费者会综合考虑性价比。

3. 注重外观

这种心理指消费者注重产品的欣赏价值和艺术价值。部分消费者在选择商品和购买过程中追求“美感”。正所谓“爱美之心，人皆有之”，当产品的外观造型等外在特征对消费者产生足够的吸引力时，消费者往往会进行冲动性购买。

4. 猎奇心理

部分消费者在购买产品和服务时有追求“新鲜”和“独特”的心理，这种心理往往出现在年轻人当中。大部分年轻消费者喜欢走在潮流前端，当某个崭新的或者特别的产品诞生时，给消费者带来的新鲜感和独特感往往能够引起消费者的猎奇心理，使其产生购买欲望。

5. 从众心理

“羊群效应”在消费者购买行为过程中也时常有所体现。许多消费者在决定购买产品或服务时，往往是受到了身边环境以及周围他人影响，产生“喜欢的某个明星种草”“他有我也想有”“身边的亲朋好友都在用”等想法，从而发生购买行为。即使不是真正需要，从众心理仍然会导致购买行为的发生。

6. 惯性心理

当消费者多次购买某个产品或服务，即我们俗称的“回购”时，也就形成了对该产品或服务的一种习惯性购买。消费者的习惯性购买一旦形成，就极有可能会维持很长一段时间。通常消费者在这种心理下发生的购买行为是对品牌和企业忠诚度较高的一种体现。

7. 虚荣心理

这种消费心理主要可以概括为消费者“迷恋”名牌、贵重商品，对其追求程度高到甚至可以忽略对价格的考虑。这类消费者之所以会对名牌有如此猛烈的追求，原因有两个：满足虚荣心、彰显身份地位。

（三）受众需求动机

消费者需求主要是由在生理层面或心理层面有所缺乏而产生的，这是促使消费者完成购买行为的原因和动力。在有了这些需求的基础上，动机也跟着产生。简单来说消费者完成购买行为的整个过程可以被概括为消费者的需求决定动机，动机支配购买行为。美国心理学家马斯洛提出的需求层次理论被广泛运用于营销领域，该理论指出人的需求有五个层次结构（见图 7－8），分别是生理需求、安全需求、情感和归属需求、尊重需求、自我实现需求。

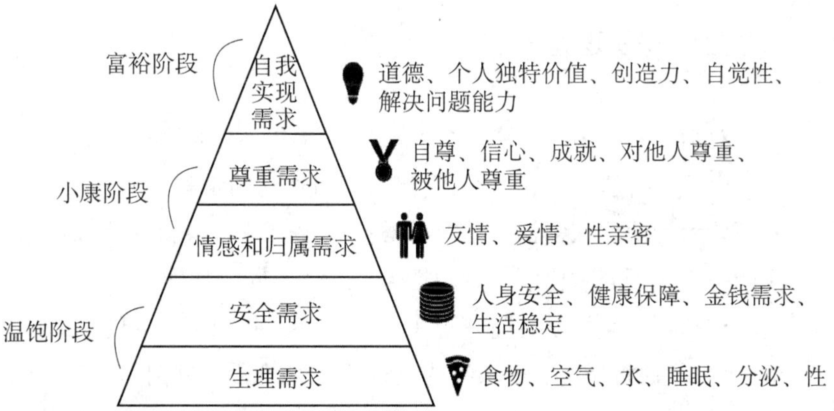

图 7－8　马斯洛需求层次理论

以购买衣服为例，在经济水平较低的阶段，大多消费者的需求仅处于底层温饱阶段，认为衣物只需满足基本的穿着需求，面料安全、品质高即可，不追求外观的花哨。随着经济水平的提高、互联网的普及和电子商务的兴起，消费者的需求开始往理论结构的上层走，迈向小康阶段的情感和归属需求、尊重需求，认为衣物要符合时代潮流、表达地位、彰显身份。随着经济水平的进一步提高，中国许多家庭已经跻身富裕家庭行列，他们认为衣物要体现独特的品味，使自己与众不同，如图 7－9 所示。

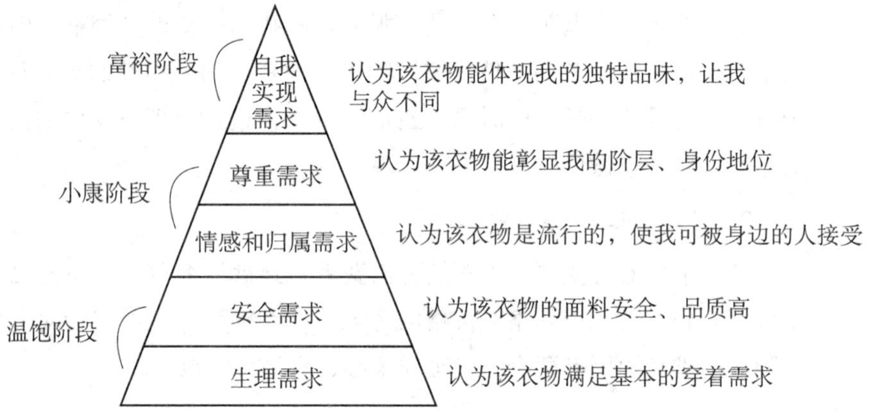

图 7－9　购买衣物在马斯洛需求理论中的体现

计算广告时代下，对于广告主和广告公司来说，洞悉消费者的需求动机有利于对消费者行为进行预测，进而在整合品牌传播活动中采取相应的广告手段和表现形式。广告主和广告公司想要做到精准营销，甚至超精准营销，消费者的需求动机研究显得十分重要。大数据、云计算、新算法和区块链的出现，使复杂的消费者需求动机研究成为可能，也使计算广告可以更加细化地满足消费者复杂的需求动机。

二、受众购买过程

对消费者行为的研究在早期只是经济学、营销学的分支之一，到了 20 世纪 50—60 年代，消费者行为学作为一门独立的学科从营销中分离出来。[①] 随着消费者的地位在营销活动中日益被重视，消费者行为逐渐成为整个营销体系的核心。不同时代消费者的行为模式也不同，如图 7－10 所示。

1898 年，美国学者路易斯（E. S. Lewis）提出了著名的 AIDA 模式（AIDA formula）。他将消费者购买行为划分为 4 个阶段，分别是注意（attention）、兴趣（interest）、欲望（desire）和行动（action）。后来小爱德华 · K. 斯特朗

① 杨晓燕．中国消费者行为研究综述 [J]. 经济经纬，2003 (1)：56－58.

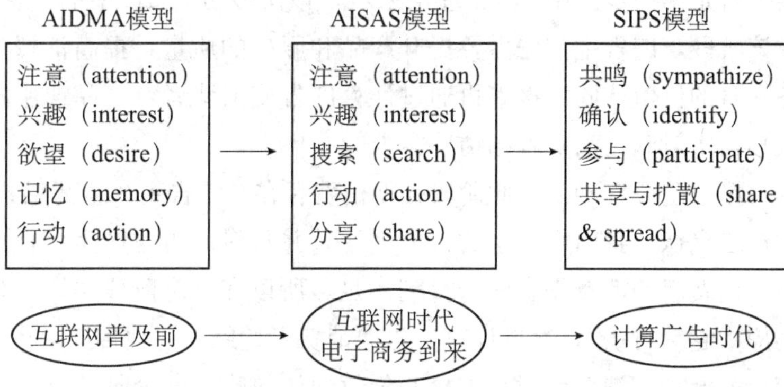

图 7－10　不同时代背景下流行的消费者行为模式

（Edward K. Strong Jr.）在行动阶段前新增了记忆（memory）阶段，即为 AIDMA 模式。随着互联网普及和电子商务时代的来临，消费者在信息传播活动中不仅仅是接受，更多时候开始变成信息发布者，于是消费者的购买行为开始发生变化。2005 年，日本电通公司提出著名的 AISAS 模式，将购买者行为划分为 5 个阶段，分别是注意（attention）、兴趣（interest）、搜索（search）、行动（action）和分享（share）。因为互联网时代消费者在传播活动中变得更加主动，所以该模型中加入了搜索和分享阶段。

随着人工智能时代和 5G 时代的到来，消费者接收的信息越来越多、越来越庞杂，小众化、个性化趋势越来越明显。2011 年，日本电通公司提出新的 SIPS 模型，可视为 AIDMA 模型和 AISAS 模型的延伸（见图 7－10）。该模型将消费者行为重新划分为 4 个阶段，分别为共鸣（sympathize）、确认（identify）、参与（participatc）、共享与扩散（share & spread）。[①] 该模式契合整合品牌传播时代下关系导向的环境要求，因而更具解释力（见图 7－11）。

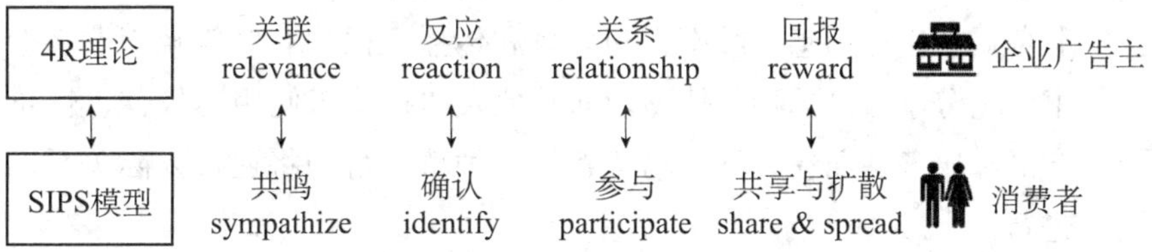

图 7－11　4R 理论对应 SIPS 模型

第一阶段，共鸣。此阶段强调消费者通过广告主在广告内容中传递的信息而与品牌产生情感上的联系。计算广告时代背景下人人皆媒体，广告主要想让消费者自愿成为品牌的背书人，那么获得消费者的认同、引起消费者的

① 陈思．大数据背景下基于网络整合数据的消费者行为分析［J］．新闻传播，2013（8）：23－24.

共鸣就是第一步。结合 4R 理论来看，该阶段可与 4R 中的“关联”相对应。在该阶段，广告主首先需要提升产品和服务的质量，提高消费者对产品和服务本身的价值认同；接着再通过计算广告使消费者对产品或服务的需求产生依赖，实时满足消费者的情感需求。

第二阶段，确认。此阶段强调消费者在与广告主产生情感共鸣的基础上，进一步确认自身与广告主的价值观一致并且对广告主产生信任。在上个阶段中，消费者的消费需求尚未得到满足，所以在这个阶段中，广告主和广告公司应“趁热打铁”，通过计算广告向消费者始终如一地传递一致的品牌核心价值，不断加深消费者对品牌核心价值的认同感。该阶段可与 4R 中的“反应”相对应，消费者通过自己对计算广告的反应，进一步确认对广告主的认同。

第三阶段，参与。消费者的购买行为通常在该阶段完成。此阶段强调需进一步加强消费者与广告主之间的互动，进而促成消费者的购买行为。在上述共鸣、确认两个阶段中，消费者的消费需求已达到一定程度，所以在该阶段，消费者进而会产生相应的参与动机。广告主可以通过计算广告推送更实惠、更吸引人的广告促销来刺激消费行为的转化，使产品、品牌和消费者之间发生关系。该阶段可与 4R 中的“关系”相对应，比“关联”更亲密、更进一步。广告主在这个阶段也能为后续消费者为企业品牌“背书”埋下伏笔，从而为培养忠诚顾客打下坚实的基础。

第四阶段，共享与扩散。[①] 此阶段强调在消费者在完成购买行为后，对广告主的产品和服务进行二次传播。共享与扩散通常是多数消费行为中的最后一环。该阶段可与 4R 中的“回报”相对应。该阶段中消费者会被动或者主动为企业产品和服务的内容进行二次传播扩散。首先，被动传播通常是基于企业产品和服务的“要求”而发生的。例如在许多手机 APP 中，用户可以使用 APP 当中的部分基础功能，但一些进阶的功能则需要用户通过为其二次传播来“解锁”。其次，主动传播是消费者在购买产品和服务，体验了产品和服务后产生认同感，继而主动分享和传播。比如有些年轻消费者会在“小红书”上分享自己的购物体验，向其他人“种草”使用感较佳、性价比较高的产品和服务；而在线下，消费者的“种草”行为将通过人际关系的口碑传播进行。

三、受众消费趋势

消费增长仍在继续，一些值得关注的新趋势开始显现出来。消费者行为

---

① 周晓晗．基于 SIPS 模型的知识付费类 APP 营销策略研究：以“流利说·阅读”为例［J］．西部广播电视，2020（19）：7-9.

正在分化，由以往的所有消费群体“普涨”态势转变为不同消费群体“差异化”及“个性化”趋势。①

（一）中低线城市以女性为代表的年轻群体成为新消费生力军

在过往，国内最大的消费主力军是中年群体。而现今调查显示，中低线城市的年轻群体，尤其是年轻女性群体取代了中年群体成为新的消费生力军。首先，该群体相较于一线城市群体来说更不会担忧自己的生活成本和未来储蓄；其次，该群体的日常空闲时间相较于一线城市的年轻人来说更多；最后，该群体在购物时大多相信“一分钱一分货”，所以是一个购买意愿很强的群体。如图 7-12 所示，2018 年，年轻群体在所有品类的净支出较 2017 年大幅增长，为当年消费支出增长贡献了将近 60%，对国内消费支出增长做出巨大贡献。

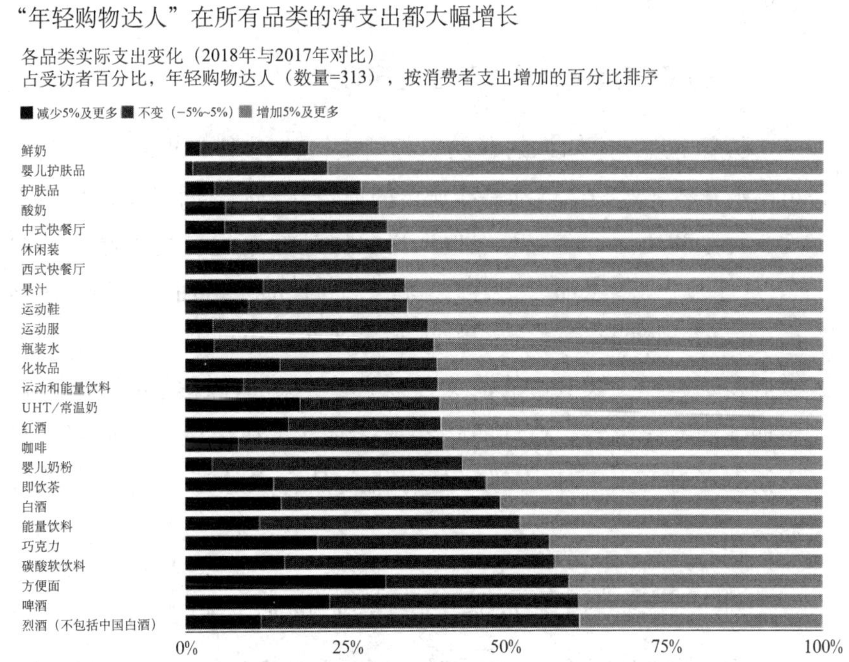

图 7-12 所有品类年轻消费群体的净支出大幅增长

近几年随着“她经济”兴起，年轻女性开始成为多数广告主更加关注的目标消费者群体。该群体常驻抖音和小红书，容易被最新流行的事物“种草”，比如一定要去最新的网红地点打卡拍照、对最新一代手机志在必得、易于接受美妆博主推荐的化妆品等，上述行为已成为该群体普遍的生活方式。

① 侯德诚，蒲仁伟，周嘉，等．2020 年中国消费者调查报告：中国消费者多样化“脸谱”[EB/OL]. (2019-12-20) [2021-07-17]. http://www.199it.com/archives/983993.html.

（二）新冠肺炎疫情影响促使消费者出现消费分化

在新冠肺炎疫情影响下，我国经济增速放缓，促使消费者出现了明显的分级。第一个群体以忙碌而消费力较强的中年群体为代表，该群体在商品的品质和价钱上更看重前者，不愿意为了彰显自己而买单，而更愿意为高品质的商品和服务买单。第二个群体以生活在一线城市中已婚的中年女性群体为代表，她们拥有足够的动力和更充裕的时间来享受各种产品和服务，但在经济态势不佳的环境下，她们更注重性价比：在保证商品质量过关的同时还要求合理的价格。第三个群体主要居住在一二线城市，以年轻单身人群为主，他们节省日常开销，倾向于为未来做打算，主要将积蓄用在买房、买车、结婚等大事上。该消费群体的日常支出全面缩减，尤其体现在对非必需消费品的支出上。对他们来说低价商品可以节约开支，这比品牌品质更有吸引力。

（三）更多消费者注重卫生健康理念

随着卫生健康知识的普及，各消费群体的卫生健康素养得到快速提升，更多消费者尤其是生活在一线城市的消费者表示，面对城市生活中的各种疾病、污染和压力，会有意识地选择更绿色健康的有机食品，例如具有“生态”“手工”“零添加”“无糖”等概念的食品，增加卫生健康产品方面的支出。值得一提的是，一二线城市和三四线城市消费者的卫生健康理念存在微妙差别。一二线城市的消费者对卫生健康的理解是室内跑步机、游泳池、定期体检、净水器、空气净化器等，涉及对现代设备的使用；而三四线城市消费者对卫生健康的理解是有机食品、户外运动、手工产品、休憩保养等。

（四）更多消费者开始选择本土高端品牌

许多国外品牌曾经是中产阶级舒适和现代化生活方式的象征。过去绝大多数消费者会认为中国本土品牌知名度和美誉度较差，同时商品和服务的品质低劣。近几年本土企业开始努力提升自身产品的品质和价值，情况开始有所改变。调查显示（见图 7－13），对于日常用品类如纸巾、方便面、乳制品、生鲜、果蔬等快消品，消费者更偏好本土品牌。个人数码设备、护肤品和休闲装呈现分化局面，一二线城市消费者和三四线城市消费者的选择截然不同。红酒、化妆品的消费者更多地选择国外品牌。在疫情和贸易战影响下，各类本土高端品牌或许因为其性价比更高可能会获得更好的发展机遇。

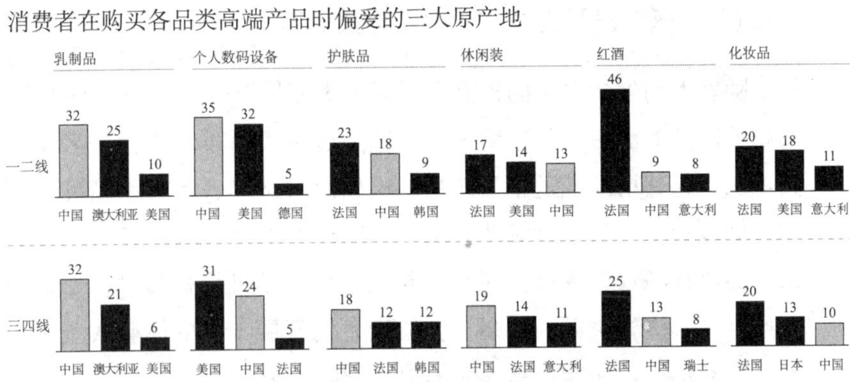

图 7－13　消费者在购买各品类高端产品时偏爱的三大原产地

注：①不同品类高端产品对应的价位不同：1 升瓶装乳制品（60～100 元人民币）；个人数码产品是智能手机（5 000～12 000 元人民币）；50 毫升护肤品（1 500～5 000 元人民币）；休闲装是一件夹克（8 000～20 000 元人民币）；一瓶红酒（2 000～5 000 元人民币）；化妆品是一支口红（300～500 元人民币）。

②数字为占一二线和三四线城市受访者百分比，受访者数量分别为 745、580 人。

四、营销启示

（一）重视三四线城市的年轻消费群体

相较于一二线城市而言，三四线城市的年轻消费群体在购买过程中更注重产品的性价比、社交性和独特性。广告主通过计算广告为年轻的消费群体提供多种消费选择，反过来也可以促使产品生产者不断提高产品的质量、降低产品的成本、提升产品的设计等。只有在满足该群体消费需求的前提下，计算广告才能发挥其效用，精准推送个性化产品。当前，多数企业仍然将大量、优质的营销资源分配到北京、上海、广州、深圳等一二线城市，三四线城市的年轻消费群体拥有更多的空闲时间、更低的生活成本，应该重视中低线城市年轻消费群体的市场开发。

（二）关注一二线城市的消费分化群体

一二线城市工作和生活压力大，人们的空闲时间少。但是不可否认，一二线城市消费者的平均购买力更强。通过计算广告可以合理激发一二线城市消费者的购买欲望，从而为一二线城市消费者提供更现代、更舒适、更时尚的生活方式导引力量。面对事业有成的中年人，计算广告可以适当推送一些高端产品；面对已婚中年女性，计算广告可以推送一些性价比比较高的产品；而面对年轻消费者，计算广告可以推送一些优惠产品。消费群体的分化意味着计算广告将迎来更为广阔的产业市场。

（三）抓住日益受关注的卫生健康消费

随着人们生活水平的提高和新冠肺炎疫情影响，人们日益重视卫生健康，对相关产品的消费也快速增长。计算广告可以通过不同消费者不同的卫生健康需求，为其精准推送相关产品。比如面对肥胖者，可以精准推送无糖、无脂、低能量食品；面对成功人士，可以精准推送高端健身俱乐部、高尔夫球馆、高科技净水设备等；面对老年人，可以精准推送保健品、理疗产品、按摩产品等。广告主可以围绕卫生健康主题开展丰富的体验式服务，这不仅能促进产品销售，还能提高人们的卫生健康意识。

（四）利用中国文化元素进行广告传播

伴随中国率先成功控制新冠肺炎疫情，中国人的自豪感和凝聚力高涨，中国的文化自信也日益显现。企业应及时抓住中国文化这一有利抓手，将本土文化元素融合进产品和品牌，通过计算广告精准传播多元的中华文化。比如，对于有怀旧心理的消费群体，可以通过计算广告精准宣传老字号品牌，或者通过历史文化类的广告给他们带来一场“回忆杀”；对于喜欢追求变化的年轻人，可以开展国潮活动，把现代元素融入传统文化当中，如百雀羚推出“生旦净末丑”京剧限量面膜，将著名京剧《打渔杀家》《击鼓骂曹》《彩楼配》中相应的“惊提、怒沉、喜展眉”表情融入面膜之中，制作“京剧表情包”，传承国粹京剧文化（见图 7－14）；对于喜欢国外高端品牌的消费者，广告主可以结合中华帝王文化进行传播，如雅诗兰黛化妆品集团旗下加拿大品牌 MAC（魅可）2020 年推出的“新年限定”系列产品（见图 7－15），产品包装灵感来源于中国宫廷瓷器藏品中极具特色的瓷胎画珐琅釉彩，MAC 将珐琅彩绘大胆的摩登配色和精美细致的传统宫廷纹饰相融合，向中国古代宫廷文化致敬。

图 7－14　百雀羚京剧脸谱面膜

图 7－15　MAC 故宫联名限量礼盒

第四节 计算广告时代的客户关系管理

客户关系管理指的是广告主对与消费者之间关系的管理。计算广告时代广告主利用相应的互联网技术和信息技术，为消费者提供更加创新的个性化互动和服务，可以提高自身的核心竞争力，达到吸引新客户、保留老客户以及将已有客户转为忠实客户的目标，从而增加市场份额。

一、客户关系管理的概念、特点与价值

（一）概念

1. 定义

客户关系管理（customer relationship management，CRM）最初由 Gartner Group 于 1999 年率先提出，是指通过客户细分来最大化地了解客户。它是满足客户需求和加强客户与供应商之间联系的手段，企业通过该手段可以提高客户满意度并增加企业收入。① 而后这个概念被引入国内，从字面上看，客户关系管理指的是广告主对与消费者之间关系的管理。计算广告时代的客户管理，是指广告主为提高自身的核心竞争力，利用相应的互联网技术和信息技术协调广告主与消费者在营销和服务上的交互，从而提升企业的管理方式，向消费者提供更加创新的个性化互动和服务的过程。最终目标可归结为吸引新客户、保留老客户以及将已有客户转为忠实客户，从而增加市场份额。②

2. 技术③

客户关系管理技术系统目前分为两类：一类是在企业自身的服务器上安装客户关系管理系统软件，从而自主搭建一套专属于自己的客户关系管理系统；另一类则是使用客户关系管理系统云服务。企业自建的客户关系管理系统在价格方面相较于云服务来说高出许多，同时还需要投入更多的人力去维护和跟进。自建的客户关系管理系统相较于云服务来说，最大优势在于其稳

---

① 范兴兵．基于大数据的第三方供应链物流企业客户关系管理研究：以安徽 CJ 供应链物流有限公司为例［J］．吉首大学学报（社会科学版），2019（S1）：126－128.

② 刘谦，朱锁，周柚．基于 CRM 的主动服务和精准营销［J］．信息通信，2016（10）：255－256.

③ 板钉云．大数据时代下的客户关系管理［EB/OL］．（2021－03－07）［2021－07－17］．http://www.shjade.com.cn/page98?article_id=44.

定性及安全性。客户关系管理系统云服务更受中小企业的青睐，因为它价格比较低廉，企业投入的成本较低，而且云服务使用的是 Web 操作模式，操作简单又便利。

当今的企业环境开始由过去的企业泛滥时代走向精干企业时代，激烈的市场竞争迫使各个企业不断进行革新。毋庸置疑，客户关系管理系统就是帮助企业走向精干的重要工具之一。广告主有许多不同的推广方式，常见的包括搜索引擎推广、短信群发、邮件营销等，但是广告主需要知悉精准的传播对象，这时客户关系管理系统因有对客户的来源信息的数据记录，便能以图文形式告诉广告主应针对哪些客户传播相应的广告。

综上，客户关系管理的概念主要分为两个层面。首先，客户关系管理是一种策略；其次，客户关系管理也是一种技术，一个软件系统。策略层面，客户关系管理的主要目的是满足每一位消费者的需求，为其建立联系并提供个性化的服务。技术层面，客户关系管理主要目的是以消费者为根本，建立起一个为消费者收集、整理、分析和处理信息的系统，通过该软件系统给企业提供决策参考。

（二）特点①

1. 告别传统，客户关系管理智能化、虚拟化

计算广告时代，广告主将大数据等技术工具应用在客户关系管理上，使其呈现出智能化和虚拟化的特点。互联网和移动设备普及之前，企业与消费者之间的关系维护受到时空限制，只能依靠面对面的调查、访问等。而在互联网及移动设备普及之后，企业与消费者的关系更进一步，除了线下面对面的方式，企业还能够与消费者实时线上沟通，这有助于双方关系的管理维护。人工智能时代的来临完全打破了时间和空间的限制，使企业在面对消费者信息时，能够在短时间内对庞大的数据进行精准化处理，很大程度上提高了消费者对品牌活动的参与度，增强客户黏性，培养客户忠诚度。

2. 走向海外，客户关系管理全球化

计算广告时代，经济全球化得到了进一步的发展，不仅大企业大品牌能够走向海外获取海外消费者，许多中小企业甚至部分个体户也可以拥有自己的海外消费者。淘宝和京东等电商的出现，使“人人都是电商主”成为可能。网络无国界，不仅我们可以海淘国外品牌，国外也可以海淘中国品牌。而借助数据化的客户关系管理，商家能够突破地域束缚，实现客户关系管理的全

① 武飞飞．浅析大数据时代背景下客户关系管理［J］．工程管理前沿，2019（17）．

球化。

3. 优化管理，客户关系管理成本降低

计算广告时代，技术支持使企业能够将客户关系管理体系以数字化处理技术体现，这种技术在大数据、云计算、新算法和区块链的加持下，变得更加简单、安全、有效。传统的管理成本高昂，需要人工不断更新数据，数据的分析也需要依靠人工，误差较大。智能技术下的客户关系管理如同傻瓜相机，它会自动收集、自动辨别、自动警示、自动处理、自动分析客户数据，有效降低客户关系管理的成本，并带来更优化的管理模式。

4. 加快节奏，客户关系管理效率提升

企业在进行客户关系管理的过程中，首先需要对大量客户相关信息进行处理，处理过程中会产生大量的数据流。这些数据流是计算广告的“原材料”和“新鲜血液”。经过分析处理的数据流，能够让计算广告有效运转，通过程序化购买产生精准广告，进而精准解决企业营销管理中的各种难题，提升客户关系管理的效率。

（三）价值①

计算广告时代来临，“数说故事”和智能化的背景下，现代企业面临着前所未有的挑战和机遇。计算广告时代所倡导的客户关系管理，是一种更加高效的现代管理理念，这种理念把客户看成企业的关键资源。客户关系管理通过优化服务、细分受众、程序化运作来不断迎合和满足客户需求，促进企业与客户之间形成长期稳定的相互依赖关系，对于提升企业服务水平与客户满意度有很大作用，能够为企业吸引更多客户，从而实现为企业增加利润的最终目标。

计算广告时代，企业需要借助大数据、云计算、新算法和区块链等新的技术打造客户关系管理系统，不断累积数据资产，通过智能技术挖掘数据信息，深度了解消费者的消费习惯和偏好，最终使用程序化购买精准投放广告，加强消费者与企业和品牌之间的联系，激发目标受众的购买行为。客户关系管理有四种价值。②

1. 维持企业的稳定发展

消费者需求是决定企业发展的关键，广告主要想长久发展，那么加强对客户关系的管理不容忽视，维持与消费者的良好关系能够有效降低企业

---

① 吴然．大数据时代下的客户关系管理应用［J］．数字通信世界，2020（9）：201－202.

② 韩丹阳．客户关系管理在企业市场营销中的价值与运用探析［J］．现代营销（经营版），2020（11）：162－163.

发展中的经济风险。公司产品经营的有效性源于对消费者的了解和对消费者需求的满足。只有当企业与消费者的关系和谐稳定后，企业才能够更好地实现利益的转化，维持企业长期稳定的发展，提高企业自身的抵抗能力。

2. 提升企业的经济效益

企业一切行为的最终目的都是获得经济效益，与消费者的关系能够直接影响企业的经济利益状况，所以客户关系管理对企业盈利而言至关重要。良好和谐的客户关系能够直接提高企业的销售额，帮助企业获得更高的经济效益。企业应该尽量拓展客户、主动增强关系、积极收集数据、实时了解变化。对于客户关系管理系统中的异常数据，要及时了解，并通过精准广告传播不断巩固成果、化解危机。客户关系管理是提高消费者品牌忠诚度的有力保障，它直接影响企业的经济效益。

3. 形成企业的战略优势

和谐良好的客户关系能够为企业打造更好的口碑，提高大众对企业的认知与认同。企业首先要对自己有充分全面的了解，构造自身独有的企业形象，强调自身产品和服务的独特卖点，宣扬与众不同的品牌理念等，通过计算广告使客户能够在多样的市场环境下清晰记住品牌印记，最终形成企业的战略优势。

4. 满足客户的个性化需求

传统企业因为技术的限制，不愿意花费过多的人力、物力、财力去积累客户数据，更不愿意去分析、处理客户数据。计算广告时代人工智能技术的飞速发展，使全面、细致、简便的客户关系管理成为可能。企业能够通过建立数据库实现企业各部门之间的数据信息资源共享，通过专业的数据处理，挖掘客户丰富的个性化需求。企业通过改进产品，不断满足消费者的个性化需求，从而牢牢占据市场的位置。

二、客户生命周期管理

不同生命周期下的客户是不同的，广告主需要遵循客户生命周期的管理规律循序渐进地进行客户关系管理。对于广告主而言，需要从不同的时间维度入手，有针对性地对待不同客户，借助相关技术进行区别营销。在合适的阶段向客户推送合适的信息，旨在加深客户对品牌的记忆和识别，提高客户对产品服务的满意度，降低营销成本，提升营销效果。客户生命周期可以大致分为三部分：首次完成购买行为的新客户；对企业有所关注但尚未完成购买行为或者完成购买行为后退款退货的潜在客户；已完成过购买行为的老客户。[①]

（一）新客户

新客户是企业利润增长的动力和来源，是企业关注的最重要的目标之一。新客户已经完成首次购买行为，从他们购买了企业各种平台上的相关产品或服务开始，企业就需要对其进行合理、科学的管理。新客户与潜在客户一样都有可能存在下单但未完成付款动作的情况，所以同样需要企业进行适当的催付动作。在新客户付款后直到新客户收到产品的整个过程中，企业都应给予相应的关怀。此外，在客户使用产品或服务一段时间后，企业应对其进行回访，向客户索取评价反馈，同时还可在沟通的过程中植入二次营销等内容。通过对客户购买行为的整个流程管理，企业能迅速发现营销的种种问题。良好的跟踪体系和纠错体系可以带来很好的购物体验，使客户感受到企业的用心、细心和真心。

（二）潜在客户

潜在客户指的是对企业有所关注但尚未完成购买行为或者完成购买行为后退款退货的客户。潜在客户虽然尚未完成购买行为，但其基本信息、需求信息和消费偏好等已被广告主知悉，他们是企业非常重要的目标消费群体，也是企业利润增长的动力和来源。其中，针对已经对产品和服务有所关注但尚未完成购买行为的潜在客户，企业应该采取计算广告手段来激励他们完成购买。例如爱彼迎 APP 的及时催付动作，当客户于平台上把某个地区的民宿放进购物车，但没有完成下单动作时，短时间内平台会自动发送催付提醒邮件，有时还会提供优惠促销活动。而针对此前完成过购买行为，此后又退款退货的潜在客户，企业应该给予更多关怀，了解退款退货的原因，随后尝试通过提供更优质的服务来消除此前客户不好的消费体验，以此挽回潜在客户。

（三）老客户

老客户是回头客，是企业利润增长的压舱石。这类客户在完成最新一次购买行为之前已经完成过一次或多次完整的购买行为。针对这类客户，要促使其完成又一次的购买行为可以说相对容易，但也有可能更加困难，主要取决于客户在上几次的消费过程中的综合体验。企业可根据这部分消费者的购买记录和对产品的评价，有针对性地解决相关问题，建议其再次完成购买动作。例如饿了么 APP 针对已经完成过购买行为的老用户贴心设置了“再来一

---

① 阿里巴巴商学院．数据化营销［M］．北京：电子工业出版社，2016：145－159.

单”的选项，用户可不用像首次下单购买时一样重新进行下单操作，节省了购买的时间，提升了双方交易的效率。此外，对于老客户，企业可以提供独有的优惠折扣电子券，例如每月一次的“老客户专享折扣”等；也可以根据客户数据，在其生日、节日等时间进行特别关怀，提高客户黏性，从而锁住该部分客户。

三、客户关系管理流程

（一）售前阶段客户关系管理

在此阶段，企业需要通过一系列手段来达到鼓励各类消费者完成购买行为的目的。在消费者完成购买行为前，企业的一切营销活动都十分重要。对所有类型的消费者尤其是新消费者而言，完成购买行为之前，需要尽可能全面详尽地了解所要购买的产品和服务，所以企业需要在该阶段通过不同手段让消费者获取所需的信息。

计算广告时代，对于在线下提供产品和服务的企业来说，除了让销售导购员给消费者提供人工的售前咨询、导购服务以及人工买单结账以外，还可借助相关的技术支持来让消费者自助咨询、自助选购、自助买单。对于在线上提供产品和服务的企业而言，售前可以通过 VR、AR 等技术来增强消费者对产品的购前体验，比如得物 APP 上线的球鞋单品展示，平台在售的大部分鞋款都可以“3D 全景查看”和“AR 虚拟试穿”（见图 7－16）。①

图 7－16　得物 APP 的 AR 虚拟试穿

① 新浪 VR. 得物 APP 黑科技新上线，AR 虚拟试穿带来网购全新体验［EB/OL］.（2020－04－27）［2021－07－17］. http://vr.sina.com.cn/news/hz/2020-04-27/doc-iircuyvi0129922.shtml.

此外，线上的智能客服对售前的客户关系管理也是一个强而有力的辅助工具。当消费者浏览过商品的简介和详情之后仍对其有疑问，便需要企业的智能客服便捷快速地为消费者解答相关问题。例如阿里巴巴在2015年发布人工智能购物助理虚拟机器人“阿里小蜜”，它集合了阿里巴巴集团淘宝、支付宝、天猫商城等平台日常使用规范、交易规则等信息，凭借阿里在大数据、自然语义分析、机器学习方面的技术积累，将这些信息精炼为几千万条真实、有趣、实用的语料。通过理解对话的语境与语义，“阿里小蜜”实现了超越简单人机问答的自然交互，最终成长为客户的私人购物助理和贴心生活助手。

（二）售中阶段客户关系管理

在这个阶段，消费者已经完成了购买行为，所以企业在该阶段需要做的主要是确认以及追踪。企业要对消费者下单、付款的购买行为进行再一次的确认，以确保购买行为已经完成。这是因为，无论是哪种类型的消费者，都有可能出现下单未付款的情况。针对这样的情况，企业可通过推送消息等方式进行催付，以确保交易顺利进行。对于已经确认完成交易的消费者，可通过发送消息等方式告知消费者付款成功，并表达感谢。[①]

在确认消费者的购买行为已完成后，企业需要对之后的整个过程进行跟踪，包括发货、运输、派送、签收、确认收货等。而这整个过程都与物流息息相关。现下许多企业会选择与专门的物流公司合作，所提供给消费者的物流信息都要经过物流公司。虽然这样在某程度上可以帮助企业节省许多人力、物力和财力，但同时也使这一阶段的客户关系管理的效率有所降低。

在这方面，京东的独立物流管理可作为一个典型的成功案例。2017年起，京东搭建了自己独立的物流体系，拥有中小件、大件、冷链、B2B、跨境和众包（达达）六大物流网络。2019年，京东物流宣布搭建起供应链技术平台，该平台在底层技术上依托5G、IoT、云计算、大数据、AI及区块链技术等，这些技术成为搭建供应链技术的基础设施。在智能软硬件层面，提供全渠道订单、智能仓储、智能配送、智能结算、智能门店等行业领先的SaaS软件及优质硬件装备，帮助企业进行供应链升级。在智能供应链层面，提供供应链设计、网络布局规划、商品布局等顶层的技术方案，帮助企业、行业设计并优化供应链。[②]

企业拥有了自己独立的、智能的物流体系之后，在各方面都很大程度上提升了客户关系管理的效率。在发货环节，企业可以根据消费者的收货地址

① 阿里巴巴商学院．数据化营销［M］．北京：电子工业出版社，2016：145-159.

② 安妮．京东物流战疫样本：智能供应链发力“新基建”布局引发超叠加效应［EB/OL］．（2020-03-18）［2021-07-17］．https://news.mydrivers.com/1/678/678460.htm.

选择就近的货仓来发货，使消费者能够在最短的时间内收到产品，同时也能为自身降低运输成本。与此同时，企业还可借助大数据等技术来分析产品消费的区域性，即产品在哪个城市哪个区域的销量最高，可以将销量相对较低的城市区域中的库存货品提前移至销量高的区域仓库中，避免销量高的城市区域货品供不应求、销量低的城市区域积压存货等情况。

除了在发货和运输环节对物流进行把控，在派送、客户确认收货等环节企业也应该发送通知、再次确认信息无误、表示感谢等消息内容给消费者，尽可能做到细致周到，提升客户消费体验满意度，这对培养客户的忠诚度有很大的帮助。

（三）售后阶段客户关系管理

随着商品经济的不断发展，市场竞争日益激烈，消费者的消费观念不断发生变化，消费素养得到培养，维权意识也在提高。不少消费者不仅关注售前、售中阶段企业的服务，还十分关注售后阶段的企业关怀，认为售后服务也是商品本身消费的组成部分。卖完走人只适合于传统媒介时代，互联网时代的网络评论足以迅速导致一家售后服务不佳的企业倒闭。对消费者来说，售后服务是自身权益的有效保障；对企业来说，售后服务也不是包袱，它是保持消费者满意度及忠诚度的有效举措之一。利润进入企业后，如果不能有效保障售后服务，企业的再生产就会受到极大影响。

如今的消费者大多不吝于在各平台渠道分享自己对产品的体验，这些对产品的评价极大影响着企业和品牌形象，容易形成舆论。企业应如何应对这些评价呢？首先，针对主动给予企业反馈的消费者，企业可根据消费者在售后阶段所提出的不同反馈及时做出相应的调整。当消费者对产品和服务的满意度高，企业在对其表示感谢的同时可给予适当的“返利”福利，从而鼓励消费者为企业产品和服务做正面的二次传播和促使其产生再购买行为。人工智能技术可以收到并且自动识别好评和差评，当系统识别到该评价为好评时，会自动发送感谢信息以及发放相应的福利，例如满减抵用券等。也就是说，自动化实现了有效、快捷的客户关系管理。

其次，在消费者没有主动向企业做出评价和反馈时，就需要企业主动向消费者收集或者主动在不同平台渠道获取反馈。企业可主动向消费者发起售后关怀，询问消费者对产品的使用感和对购物过程的体验。在收集到消费者的反馈之后，企业应该针对不同的反馈分类采取相应的处理措施，鼓励正面评价行为、拉拢中立评价行为、消解负面评价行为。比如当消费者在使用该产品的过程中发现产品质量有问题时，传统做法通常是退货。但是对于消费者而言，退货的时间成本和经济成本（邮费买家出）较高。而人工智能时代，技术支持使消费者能够得到及时的售后服务。例如当我们于线上购买了产品，发现产品的质量有问题需要更换或者维修时，会因产品体积大、重量重等原因难以将原产品寄回。这时将情况反映给企业，企业将会通过大数据系统自动识别获取你的地理位置以及周围距离最近的网点，从而提供距离最近的上门退货或维修服务。这样既节省了企业与消费者之间来回的运输成本和时间成本，又完成了有效快捷的售后沟通处理，这样的客户关系管理能有效减少消费者对企业和产品的负面评价。

本章小结

营销 1.0 时代是一个以产品为中心的时代，所有的营销传播活动主要围绕产品而展开，为产品创造需求。营销 2.0 时代以消费者为中心：从最初的集体传播到群体传播；从最初的产品选择消费者，到产品服务迎合消费者需求；从大众到分众；广告营销传播活动由“千人一面”过渡到“千人千面”。始终如一地打造品牌核心价值，依靠品牌的核心价值牢牢吸引对应的消费者，从分众到小众转变，成为营销 3.0 时代的主旋律。从冗杂、海量的网络数据中，清理、处理、提取、储存相关大数据，勾勒出清晰准确的用户画像，实时瞄准和洞察消费者需求，已成为现代企业的重要竞争力之一。

复习思考题

1. 计算广告时代下受众的传播活动发生了什么样的变化？

2. 用户数据来源有哪些？数据的采集方法有哪些？利用受众数据进行精准营销有哪些途径？

3. 什么是受众购买动机？什么是受众需求动机？什么是受众心理动机？受众心理动机有哪些特征？

4. 什么是 AIDMA 模型、AISAS 模型和 SIPS 模型？

5. 受众的消费趋势是什么？营销启示何在？

6. 什么是客户关系管理？客户关系管理技术系统有哪些类型？客户关系管理的特点是什么？客户生命周期可以大致分为哪些部分？客户关系管理的应用分别表现在哪些阶段？

推荐阅读书目

1. 阿里巴巴商学院．数据化营销［M］. 北京：电子工业出版社，2016.

2. 安泽．消费者行为心理学［M］．苏州：古吴轩出版社，2019.

3. 陈峰．消费者行为心理学［M］．北京：中国纺织出版社有限公司，2019.

4. 马莉婷．客户关系管理基础与实践［M］．北京：北京理工大学出版社，2019.

5. 文丹枫，朱海，等．IT 到 DT：大数据与精准营销［M］．沈阳：万卷出版公司，2015.

6. 杨旭，汤海京，丁刚毅．数据科学导论［M］．2 版．北京：北京理工大学出版社，2017.

7. 伊斯特，等．消费者行为：基于数据的营销决策（第 2 版）［M］．钟科，译．上海：格致出版社，2018.

8. 赵守香，唐胡鑫，熊海涛．大数据分析与应用［M］．北京：航空工业出版社，2015.

案例

数字化下的全链路消费体验——沃尔玛[①]

沃尔玛是一家来自美国，拥有五十多年历史的全球零售霸主，在进入中国市场后，它针对中国市场和中国消费者们的独特性，不断从各方面改进自身提供的服务。现今时代人们对新信息和新技术的接受速度更快、接受度更高，从而使人们对数字化的理解更加深刻，对数字化的期望值更高。

随着线上线下全渠道的融合与协同，近几年沃尔玛发现人们对企业所提供给消费者的“个性化服务”和“消费体验”有了更高的需求和期待。于是沃尔玛借助计算广告时代下大数据等相关技术在全渠道数字化业务层面飞速成长，不断提升改进自身的服务，改善客户体验，从而一步步实现精准营销。目前，沃尔玛的 6 000 万以上数字化顾客中，三分之二都来自其自有渠道的“扫玛购”小程序与沃尔玛到家等主要功能。

一、微信小程序“扫玛购”

首先，小程序有助于节约时间成本，提高交易效率。数字化时代来临前，我们在类似沃尔玛这样的大型卖场内时常看到大排长龙的现象。消费者花费太多时间在排队结账上，会导致购物体验不佳。而沃尔玛的“扫玛购”小程序很好地解决了这个问题。它就像一个虚拟的购物车，消费者可通过小程序扫描商品上的条形码将商品加入“购物车”，随后直接通过微信支付自助结账，生成二维码后可直接刷离卖

① 沃尔玛：一切创新都将围绕个性化顾客体验［EB/OL］．(2019－01－15)［2021－07－17］．https://www.hbrchina.org/2019－01－25/7094.html.

场。此外小程序中的“找找货”功能，可以帮助顾客在大面积的卖场内快速找到想买商品的所在位置，甚至可以搜索附近门店某个商品的库存情况。

其次，小程序帮助企业洞察消费者，从而满足消费者的个性化需求。通过“扫玛购”小程序和云仓等线上积累的数据，包括顾客浏览、添加、搜索、购买了哪些商品，都会被汇总到数据终端并得到分析。沉淀客户数据，积累数据资产，在很大程度上帮助沃尔玛更深刻地了解了中国消费者的消费行为。例如顾客在这个虚拟的购物车中加入了不少啤酒、红酒，大数据系统就能够算出该顾客有很大的概率需要买小菜和作料等。

最后，“扫玛购”小程序能够帮助实现精准的用户触达。比如在 2018 年的“8·8 购物节”期间，沃尔玛通过线上“扫玛购”小程序在全国派发了多达 1 200 万张电子优惠券，并且还是针对不同消费者购买习惯的个性化优惠券。线上派券线下使用的便利性深受消费者喜爱，最终在“8·8 购物节”的第一周，沃尔玛就取得了“扫玛购”用户翻倍增长的佳绩。

二、“沃尔玛到家”服务

“沃尔玛到家”为消费者实现了线上选购下单，线下极速配送。沃尔玛正在通过该项服务持续构建沃尔玛全渠道的 O2O 生态。目前，“沃尔玛到家”已经经营了 7 500 个品项，构建了基于门店、前置仓的到家业务履约配送网络。为了提高配送效率，沃尔玛打造了“一店配全城”的到家服务方案，通过与达达—京东到家合作，使顾客所在区域 3 公里内只要有沃尔玛门店或云仓，其就可以线上下单选购沃尔玛商品，一小时内商品就可被配送到家。

“沃尔玛到家”为忠诚顾客带来了更便利的购物体验，有助于企业持续增强消费黏性。同时，如今顾客呈现年轻化，企业所提供的到家服务又帮助门店开发了新的消费场景。例如更多年轻消费者在体验过 1 小时送货到家的服务后，会“安利”并教不了解或不会使用该服务的老一辈消费者熟悉该服务，让他们也体验送货到家的方便与快捷。

如今越来越多的国内外企业都意识到真正深刻了解消费者是多么重要。沃尔玛通过去中心化在国内寻找更多合作伙伴，例如腾讯等。这一系列的动作不仅意味着沃尔玛在中国数字化转型的加速，更是对中国零售生态圈和合作伙伴们释放了一个积极信号：一个更加开放的沃尔玛，必将更加适应中国的消费者。

第八章

计算广告的效果分析

本章学习要点与要求

了解使用大数据对计算广告效果进行评估时存在的局限性；熟悉计算广告效果测量的特点；熟悉影响计算广告效果的因素；熟悉计算广告效果测量的原则；掌握计算广告效果测量的方法；掌握计算广告效果测量的内容；熟悉计算广告效果测量的指标；了解微信、抖音、直播平台的传播指数；了解计算广告效果测量的发展趋势。

第一节　计算广告效果测量概述

广告测量，指根据一定的法则，采用特定的操作程序，对广告效果给出确定的量化价值。[①] 计算广告拥有交互直接、反馈及时、覆盖面广、无时空差异、针对性强、便于统计、费用低廉等优势，被广告主看好。除上述优势外，计算广告还有一个不同于传统媒体的优势——效果可得到相对精确的测量。

大数据可以提高计算广告效果监测的准确性早已成为计算广告的共识，如果大数据的量级足够大，覆盖的范围足够广，通过分析它们所得出的结论就会更趋近于事实。但是，从统计学的角度看，大数据分析只满足相关性，而缺少了更重要的对数据之间因果性的考察，这是计算广告效果还不能完全依赖大数据的原因。

技术的进步创造了海量数据，这很容易给人造成一种海量数据可以代表总体的假象。每一个和数据打交道的人都应该牢记：大数据永远不等同于全数据。这意味着大数据分析必须建立在科学的研究方法基础之上，而不能随

① 刘友林，等．网络广告实务［M］．北京：中国广播电视出版社，2003：273.

意为之。“好”数据胜过“大”数据，当我们恰当收集并使用大数据后，大数据带来的价值往往令人惊喜。而反之，通过不正确的方法收集到的数据越多，花费高昂成本得出的结论越可能误导计算广告效果的评估，从而误导客户做出错误的决策。①

一、计算广告效果测量的特点

计算广告效果的测量，指根据一定的法则，采用一定的操作程序，对计算广告效果给出一种确定的数量化的价值。传统媒体难以测量广告效果，大量广告预算淹没在媒体的自吹自擂中，已实现的广告测量以沟通效果和销售效果的调查研究为主，一般邀请部门消费者和专家座谈评价，或调查视听率、发行量，或统计销售业绩分析销售效果，等等。在实施过程中，出于时间性不强、主观性影响、技术操作的误差、样本量过小等原因，测量结果往往和真实情况相距甚远。大数据、云计算、新算法和区块链技术的应用，为计算广告的效果测量提供了现实的技术基础。计算广告效果测量的特点十分明显。

（一）迅速及时

网络媒体和受众的沟通交流速度远远快于传统媒体，网络广告受众访问广告站点时，能够在线提交表单或发送 E-mail，广告主则能够在很短时间里（通常只有几分钟，最多一两个小时）收到信息并做出积极反馈。计算广告效果测评既迅速又直观，广告主可以随时了解广告的关注程度、传播效果、经济效果和社会效果。受众在网上回答问卷时，自由自在、安静且不受调查者的影响，可以从容、自信地回答问题，认真思考、郑重其事，答题质量将大大提高，计算广告效果测量的可靠性也因此增强。

（二）方便统计

方便统计是计算广告效果测评的又一特点。不论采用何种指标进行计量，只要使用适当的软件工具，就都很容易统计出准确而具体的数据，这是传统媒体的广告效果测量不能比拟的。广播电视和报纸杂志等传统媒体的广告效果测评只能通过问卷、调查或专家评估得出粗略的统计数字，遇上调查对象不当（如选择的调查对象不具有典型性）、专家意见偏差等情况，评估数据容易失真，这些数据会误导广告主及广告发布者。网络的全数字化的技术优势

① 新浪财经．利用大数据预测，先要避免“冷启动偏差”！丨数据科普［EB/OL］．（2020－02－22）［2021－07－17］．https://baijiahao.baidu.com/s?id=1692398052431755734&wfr=spider&for=pc.

决定了计算广告统计数字的准确性，有效避免了传统媒体广告效果测定的这些问题。

（三）自愿性

使用传统媒体发布广告，受众一般是被动接收广告信息；使用网络发布计算广告则不同，计算广告会精准推送受众喜欢的内容，受众则可以自主选择看或不看，避免了对受众造成骚扰。计算广告的这个优点让受众充分拥有主动选择的权利，按自己的需要查看广告。这一特性决定了计算广告效果测评的自愿性，浏览者填写计算广告效果测评调查表的自愿程度也高。

（四）技术含量高

计算广告效果测量严重依赖科技。美国的 Web 评级公司 Media Metrix 首先进入客户终端 Web 受众领域，它招募家庭用户在电脑上安装追踪软件，然后每月将磁盘寄给公司。也就是说，Media Metrix 的测评方法依赖于追踪软件的技术含量。Relevant Knowledge 借鉴了 Media Metrix 的测量方法，并将其发扬光大。但与 Media Metrix 要求用户寄盘的做法不同，Relevant Knowledge 公司是直接从用户的电脑收集追踪数据。不管网络评级公司使用何种测量方法，都要借助高科技手段。

（五）受众广泛，时空无限

网络是开放的系统，受众 24 小时全天候享受网络提供的服务。计算广告可以被任何一个国家的消费者看到，影响他们的购买选择，诱使他们产生购买行为。相对于传统媒体广告效果测评来说，计算广告效果测量的调查目标群体极其广泛，甚至可在全球范围内进行测量，从全球受众那里获得建议，这样一来，计算广告效果测量的正确性与准确性也空前提高。

（六）成本低廉

与传统广告媒体相比，计算广告效果测量成本低廉，这也是计算广告效果测量的优势之一。广告投入要考虑成本，单位成本的效果越大，广告投入就越值得。计算广告测量借助技术优势，成本远比其他广告低廉，测量结果更客观，竞争力极强。

（七）精确度高

大数据、云计算、新算法和区块链技术的应用，使计算广告的效果测量不仅呈现程序化和自动化的特点，而且测量精确度更高。通过大数据技术，广告主可以更加精准地测量计算广告的效果。

二、计算广告效果测量的标准

在美国，行业标准化组织负责制定测量方式标准如测算指标和测算方法，以保证测算结果的一致性。广告资讯与娱乐联盟（Coalition for Advertising Supported Information & Entertainment，CASIE）制定了《交互式媒体受众的测算指导原则》，试图建立“可接受的广告机会测算标准”和“与传统媒体比较广告机会的方法”。CASIE一共提出了十二个主要标准。①

（1）承袭最佳的媒体研究实践。交互式媒体受众的测算必须遵循近八十年来发展起来的其他媒体标准（不实用的除外），确保估计精确、可靠。

（2）第三方度量法。受众测算原则上应由第三方研究机构完成。事实上，交互式媒体本身是唯一能够实时测算受众数量的机构。这类数据叫“点击数”，完成数据收集后，应由第三方研究机构而不是数据收集者来分析和报告。否则，在点击数据基础上得到的分析和报告应由第三方进行审计。

（3）第三方审计。第三方对交互式媒体的受众测算视同对其他媒体的审计。任何情况下，都要用现有行业标准进行审计。媒体自身通过点击数得到的测算结果，应由独立的、业界支持的审计组织进行审计。

（4）资料完全公开。应向研究者提供全部研究方法和取得的数据，除非这些信息涉及商业机密。如果涉及商业机密，必须经过可靠的知情人判断、认可，才能保密。

（5）可比性。人们关注在同一种媒体上用不同的交互工具得到的结果是否可以直接进行比较。

（6）鼓励用先进的方法进行实验。鼓励研究机构使用有创造性的方法和手段，用较少的费用得到有效可行的测试结论。

（7）个人隐私。尽可能保护消费者的隐私，不应披露消费者的身份，除非对审计绝对必要，否则不应提及跟市场直接有关的问题或其他跟研究无关的问题。

（8）更详细的用户信息。为了估算媒体的受众数量，广告商应知道有多少不同的用户进入了这个媒体，还应知道在某一段时间内他们进入的次数。这两个数据为广告商提供了计算投资效率的根据，便于与其他媒体进行直接

① 北京华通明略信息咨询有限公司/北京秒针信息咨询有限公司．IAB发布数字广告评估五大原则iGRP或成跨媒体标准［EB/OL］．（2011－07－11）［2021－07－17］．https：//www.prnasia.com/story/480151.shtml.

对比。

（9）普查和基于测算数据的抽样调查。大多数情况下，测量网络广告的效果应使用抽样调查。普查当然更精确和全面，但有门槛，只适合大数据技术。为保证在各个方面都得到最准确的结果，可以普查被访问者，或对部分用户进行抽样调查。

（10）对消费者不了解的测算方法，可以少花些精力，反之，则要付出更多努力。

（11）综合媒体测算指标。综合媒体测算指标衡量媒体的测算值占总值的比例以及和其他媒体测算值之间的比例。有些媒体的部分测算值只适用于某一时期。

（12）行业普查。交互式媒体研究标准应和其他广告行业（广告代理、媒体、研究公司和行业主体）的标准一致。这些标准随着媒体行业的发展不断得到完善。

CASIE 认为，一份标准的广告效果报告通常应包括以下内容。①

（1）访问数。了解网页的浏览状况，使人对网站流量留下总体印象。

（2）每次访问的页面数及时间长度。了解访问者在网站内做什么。

（3）初访者与忠诚者的区别。这一指标用来判断是否拥有忠实稳定的用户群。

（4）平时最繁忙的访问时段。知道一天中什么时间访客流量最大，方便广告选择投放的时机，大面积铺开受众层面。

（5）最常访问的页面。这一指标可以用来确认访问者的兴趣，作为今后发展的方向。

（6）最少访问的页面。受众不感兴趣的内容，不具有媒体价值。

（7）访问者在网站内常走的路线。这一指标有助于了解冲浪者使用网站的习惯。

（8）点击率。广告主应该重视引起最高广告回应的页面。

（9）访问者的浏览器。有助于更好地设计网站和广告，方便用户赏心悦目地观赏广告，留下更深刻的印象。

（10）访问者从哪里来。可追踪广告覆盖的地域和分布特征。

（11）用户域名。判断用户的身份（商业、教育人士或其他），以分析广告的目标细分特点。

（12）用户计算机平台。为电脑软硬件商提供有价值的信息。

---

① ZEFF R，ARONSON B. Advertising on the internet [M]. New York：John Wiley & Sons，Inc.，1997：77.

(13) 用户入口页面。有时用户不一定从主页进入。

(14) 用户退出页面。了解用户的心理特点，重新设计网页，留住访问者。

随着互联网络在国内的飞速发展，广大互联网站迫切需要了解自己网站的访问量信息，于是他们采用了一些国内或国外的对网站的访问量进行测算和度量的服务。然而，这些服务面临着一个重要的难题，即缺乏对访问统计指标的权威定义和度量标准，既缺乏官方的标准也缺乏事实上的标准。各个服务提供商提供了不同统计口径的统计指标，出于商业考虑，服务提供商往往也不公开他们的统计度量方法。对于网站来讲，由于使用了不同的网站访问统计服务，因而他们获得的报告无法和其他网站的访问统计报告进行比较。这种报告缺乏对广告客户的吸引力，一方面制约了网站的盈利空间，另一方面也制约了互联网络的发展。对于广告客户来讲，他们同样面临着困惑，因为他们判断不出选择哪一个网站播出他们的广告会收到更好的效果，他们的广告投资应该与网站访问量成正比，而可比较的网站访问统计报告是他们进行投资的依据。行业标准化有助于认识自己的发展水平，从而更好地做出规划。在中国互联网络信息中心的牵头下，中国已经提出网站统计术语和度量方法，正在推广应用中。[①]

三、影响计算广告效果的因素

消费者很少点击经常出现的横幅广告，横幅广告的平均点击率只有1%，而点击率超过10%才是十分好的广告。网络广告设计者应该从主观上考虑提高网络广告的点击率。“广告是否有趣及有创意”“是否有赠品或折扣消息”“标题是否耸动吸引人”“设计是否优美”及“代言人是否受欢迎”是影响网络广告点击率的五个主要因素。现实中，影响网络广告效果的因素还有很多。

1. 网络广告本身

网络广告自身的创意和设计水平是吸引网民的关键。创意是广告的灵魂，如果能完美地结合网络视频技术与广告创意，全面发挥网络媒体本身特有的互动性，广告会更有效。

计算广告时代程序化广告创意的诞生直接提升了广告效果。程序化创意的基本原理是将事先设计好的创意模板素材放在云端，当用户访问页面时，其偏好数据也被实时传上云端，系统便会根据用户的偏好数据即时自动组合

① 网站流量认证有了新标准 [N]. 通信世界，2000-01-18 (2).

生成一个创意广告投放到用户的浏览界面。程序化创意能对广告的曝光频率、投放场景、投放时机进行优化，提高广告整体效率，同时自动生成各种创意组合，真正做到“千人千面”“一人千面”。

2. 刊播广告的网站与页面位置

广告刊播的网站、页面位置都会直接影响广告效果。不同站点的受众不同，媒体选择会直接决定网络广告的最终效果。选择网站要考虑以下问题：

（1）访问量。访客流量大的网站能够大大缩短获得所需广告效果的时间，为广告主赢得市场竞争的先机。从价格上看，CPM 相同的网站，访客流量不同，广告效果就可能完全不同。因此应该把广告投放在访问量大的站点上。

（2）访客与广告目标受众的重合度。访问者的地域分布必须与广告的市场活动的宣传对象相吻合，以避免无效劳动。

（3）广告投放的位置。广告放在首页，效果要比放在内部网页好；放在网页上方，要比下方好。浏览者拖动滚动条到页面最低位置时，会看见最底端的广告条，因此，网页的上端和下端最好投放同样的广告。

3. 广告的面积

网络广告有多种常用规格，不同规格的价位不同。一般来说，大的广告图形更容易引起注意。

4. 图片

即使现有的条幅广告宣传效果相当理想，也应当及时更换图片。同一张图片出现一段时间后，点击率会下降；而更换图片后，点击率又会上升。保持新鲜是吸引访客的好办法，同一图片一般不应被使用超过三个星期。

5. 文案

广告中的文字必须能够引起访客的兴趣，迅速抓住消费者的注意力。制作旗帜广告时尤应注意文字。

（1）主题。应令人担忧、好奇，或使人感到幽默，或者是体现出郑重承诺。

（2）文字。应引起访问者的好奇和兴趣。可使用“免费”“有奖”等字眼来引起消费者的注意，旗帜广告中应出现“点击进入”等召唤性词语，否则访问者会把广告误认为装饰品。

（3）色彩。色彩的搭配要有视觉冲击力，最好使用黄色、橙色、蓝色和绿色。

6. 链接

应当将广告链接到特定页面，而不是网站的首页。假如寻找信息花费太多时间和精力，用户就会转而使用其他网站。广告必须被链接到广告主最想宣传的那个页面。

7. 动画的应用

动画旗帜广告比静态旗帜广告更有优势。动画图片的吸引力比静态图片高三倍，但应用不当会导致相反的效果，太花哨或者文件过大都会影响页面的打开速度，动画的大小应该适中。

8. 纯文字的适当应用

可以在电子杂志邮件中放置纯文字广告。纯文字广告通常在100字左右为宜，这样的大小几乎不影响下载速度。措辞得当的纯文字广告可获得比图片文字更高的点击率。

9. 视频/音频能够极大提升用户注意力

正确使用影音可产生高质量的用户体验，加深记忆。影音是一种有效的网络广告辅助营销工具，在网络广告中加入视频/音频能吸引用户注意力。影音广告的发布频率对用户的接受程度起关键作用，使消费者接触影音广告3次左右，广告便可获得最高的品牌喜好度。

10. 网页凌乱影响广告效果

如果网页到处布满图片、文字，只有57%的受访者能够准确回忆起在这样的网页上看到的广告，比干净的网页上的广告效果差8个百分点。网页的内容与广告排版应该平衡，既要嵌入足够多的广告，又不能显得凌乱，降低网络广告的品牌效应。凌乱的感受因人而异，网站经营者应该细分自己的受众对象，针对他们的感受设计出合理的网页，使广告更加有效。

11. 赞助广告效果好

以赞助形式出现的网络广告，其品牌认知度、购买愿望等广告最终效果要远远高于以普通形式出现的网络广告。在体育用品、女士服饰等广告领域中，以赞助商形式出现的网络广告最能获得网民的认可。这种形式的网络广告提供的网上购物链接能获得很高的点击率，产品知名度和产品销售量也会得到相应提升。

第二节　计算广告效果测量的原则与方法

随着计算广告产业的不断发展，计算广告的效果测量会越来越准确，从而更好地为广告主提供全面的服务。测量计算广告的效果必须遵循一定的原则和方法。

一、计算广告效果测量的原则

测量计算广告效果必须遵循一定的原则，这些原则贯穿整个计算广告效果测量过程。

1. 相关性原则

相关性原则要求计算广告效果测量的内容必须与广告主的目的相关。广告的目的是推出新产品或改进原有产品，计算广告测量的对象应该是广告受众对品牌的印象；广告的目的是在已有市场上扩大销售，计算广告测量的对象应该是受众的购买行为。

2. 有效性原则

测量必须达到目的，要以具体、科学的数据而非虚假的数据来测量计算广告的效果。掺了很多水分的高点击率等统计数字没有任何意义，中国网络广告平均只有千分之三的点击率，点击者大多为年轻男性，因而点击率无法作为品牌营销的衡量指标。应当采用多种测量方法，多方面综合考察，使测量的结论更加科学、有效。

3. 目标性原则

计算广告效果具有时间推移性、复合性与间接性等特点，这要求进行计算广告效果测量前要确量明确而具体的目标，以测量出准确的数据。

4. 综合性原则

影响计算广告效果的因素多且复杂，具体测量过程中还会遇上很多不可控因素，计算广告效果的测量应该包括计算广告的经济、社会、心理效益等各方面。

5. 可靠性原则

测量计算广告效果应依靠大数据技术，通过全样本实时抓取有效数据。测量要多次进行，反复验证，以获取可靠的检测结果。网页曝光不等于广告曝光，由于服务器传输和客户端下载的不同步、网络广告形态变化、定向投放等因素的影响，可监测的网页曝光与广告曝光有近 10%的差距。在广告被下载并在屏幕上得到呈现后再进行记录，可以更加准确地反映计算广告对用户的可能影响。

6. 经常性原则

前期广告活动的延续性或其他营销活动会对本期广告效果产生影响，因而应该全面掌握相关资料，才能推定现实广告的真正效果。长期的广告效果测量应该在经常性的短期广告效果测量的基础上进行。

7. 经济性原则

测量计算广告效果，应当选取性价比较高的第三方广告验证平台（AVP）进行测量。选择广告数据的测量范围、地点、方法以及测量指标时，应充分考虑企业的经济能力，以较少的费用取得尽可能满意的测量效果。

8. 简便易行原则

在制订计算广告效果测量计划时，在不影响测量要求和准确度的前提下，测量方案应尽可能简便易行。测量方案不仅要在理论上可行，在实施中也要有较强的可操作性。

二、计算广告效果测量的方法

广告主关心广告的效果。20 世纪初，美国费城商人约翰·沃纳梅克说过一句很著名的话："我知道我的一半广告费是浪费的，但我不知道是哪一半！"这句话经典幽默而又无奈地道出广告效果评估的不足。计算广告的出现大大提高了传统广告的效果测量水平，通过程序化技术体系，计算广告能够在一定程度上监测生态体系里大数据的异动，从而推断出计算广告的确切效果。但是，影响广告效果的因素很多，计算广告的效果评估同样面临这个难题。

广告主想了解如何购买计算广告才有利于他们的品牌，他们不断质问广告代理商："在标准的网络营销沟通测量中，为什么不能包括品牌强化？"传统广告采用调查消费者态度和行为反应的方式来追踪广告的效果。广告代理商利用品牌追踪工具来推断广告主的品牌，测量广告曝光与多维效果（包括广告认知、品牌联想和购买意图）之间的关系、成本效益、媒介转移和权重的影响。

MB Interactive 研制出一套系统，这套系统能跟踪主要的网络行销传播活动，这使"跨媒介"的洞察成为可能，能有效帮助广告主改善营销沟通组合、提高投资报酬率。这个系统能有效跟踪以下信息：市场份额与竞争品牌的关系；什么创意能最有效地影响目标受众以及哪个网站能最有效地达到目标市场；受众资料；广告和营销对目标市场的冲击。[①] 目前，国内还无法对上述议题进行精确研究。制定一套标准的方法和程序，评估计算广告效果，

① REX B. Advertising on the Web：is there response before click-through? [J]. Journal of advertising research，1997 (37)：33-45.

总结广告运动的经验与教训，对消费者的反馈做出积极回应，是国内计算广告发展到一定阶段必然要解决的问题。

计算广告的效果可以测量，且可以据此准确制定收费标准，如基于广告显示次数的CPM计价法，或者基于广告效果的CPC（每点击成本）或CPA（每行动成本）计价法。但是，随着旗帜广告平均点击率从最初辉煌时期的30%降低到0.5%以下，如果仍然按照可测量的反馈信息来评价计算广告，显然不能充分和真实地反映计算广告的效果。计算广告效果评估关系到网络媒体和广告主的直接利益，也影响到整个行业的正常发展，广告主总希望了解计算广告投放后的精确回报。

以下介绍七种计算广告效果的测量方法。

（一）对比分析法

利用传统的对比分析法分析旗帜广告和邮件广告都可以取得良好的效果。针对不同的计算广告形式，对比的内容和方法也不一样。

利用邮件广告获得客户直接反应，有助于建立E-mail关系营销，与客户保持联系，影响其对产品或服务的印象。客户虽然不点击E-mail，但他们将来却可能购买产品。从定性角度考虑，我们应当关注E-mail营销带来的思考和感觉，对比那些收到E-mail的消费者的态度和没有收到E-mail的消费者的态度，借助经验评价E-mail营销对消费者产生的影响。这种方法也适用于比较不同类型E-mail对消费者产生的效果。

标准旗帜广告和按钮广告的广告效果通常表现在品牌形象上，这是许多广告主不顾点击率低的现实而仍然选择旗帜广告的主要原因。品牌形象的提升很难随时获得量化指标，但同样可以利用传统的对比分析法，对比计算广告投放前后的品牌形象。

（二）点击率与转化率

点击率是评价计算广告效果最基本的指标，也是反映计算广告效果最直接、最有说服力的量化指标。随着消费者对计算广告了解的深入，点击计算广告的人反而越来越少，除非计算广告特别有创意，或者非常吸引人。产生这种情况的原因很多——网页上的广告数量太多而无暇顾及；浏览者已经浏览过广告，无须再点击；消费者记下链接的网址，等闲暇时才访问，等等。平均不到1%的点击率已经不能真正反映计算广告的效果。

这个问题可以通过测量另一个重要指标——转化率来解决，转化率被用来反映那些观看而没有点击所产生的广告效果。“转化率”由美国的网络广告调查公司AdKnowledge提出，AdKnowledge将“转化”定义为受网络广告影响而形成的购买、注册或者信息需求。AdKnowledge 说："这项研究表明浏览而没有点击广告同样具有巨大的意义，营销人员更应该关注那些占浏览者总数 99%的没有点击广告的浏览者。"

AdKnowledge 的调查表明，尽管没有点击广告，但是，32%的转化率是在观看广告之后形成的。该调查还揭示了一个有趣的现象：随着时间的推移，点击广告形成的转化率降低，浏览网络广告形成的转化率却在上升。点击广告的转化率从 30 分钟内的 61%下降到 30 天内的 8%，浏览广告的转化率则由 11%上升到 38%。这一组数字能有效增强对计算广告的信心，但监测转化率有一定难度，仍然要参照上述第一种对比分析法。

1996 年初，美国《广告研究》期刊上发表了皮尔・巴腾、里兰德・F. 皮特和里查德・瓦特森撰写的文章《作为一种广告媒介的万维网：对转换率的一种理解》，文章中提出了一个网络营销沟通的概念性框架，将网络用户转换成购买者的过程划分为六个阶段。

（1）认知效率＝Q1/Q0（Q0 指网络用户，Q1 指知道并对产品或服务怀有潜在兴趣的网络用户）。这个阶段说明了用户停留在网站上的情况，即只有感兴趣的用户才会访问网站。广告商和营销者可以使用一些技巧来提高认知效率——在大众媒体广告、公共场合、商品包装及企业其他宣传品上标明网址。

（2）寻址效率＝Q2/Q1（Q2 指进入网站的人数；Q1 包括主动信息寻求者和被动信息寻求者。主动信息寻求者是有意寻求进入网站的用户，被动信息寻求者是那些没有强烈意识进入网站，但在受到一定刺激后可能进入网站的用户）。这一阶段衡量企业能否有效地将有潜在兴趣的冲浪者转化为网站浏览者。对于被动信息寻求者，可用"热链接""赞助热门网站"等方式加以吸引。对于主动的信息寻求者，可通过使用多个网址名称、加强服务器速度和频宽等方法刺激他们浏览。

（3）接触效率＝Q3/Q2（Q3 指积极的访问者，一般访问时间≥X 分钟）。访问时间的长短取决于访问者对网站的信息是否感兴趣，有的访问者刚进网站就会离开。这个阶段主要观察网站把一次点击转化为访问的能力和效率。这个阶段，广告商应努力把点击转化为有价值的访问。点击的结果应该有趣，能引起访问者注意，说服他们浏览。网页应该具有以下特点：可读性强；富有视觉效果；声音和图像可以引起兴趣和传递信息；提供补偿的可能（比如用竞赛的奖品补偿浏览花费的时间和精力）；界面简单和易于理解。

（4）转换效率＝Q4/Q3（Q4 指购买者）。积极的访问者一般会开始与网站对话，填写访问者登记表或发电子邮件。营销者应当使对话更便捷，提高反馈的数量和速度，向访问者提供更详细的信息，鼓励对话。这样，访问者可能订货。应简化订货手续，提供多种可以选择的安全支付方式，订货方式也应该多样化——电话、电子邮件或能够下载并打印的邮寄订单表格等。

（5）保留效率＝Q5/Q4（Q5 指重复购买者）。这个阶段主要衡量将单次购买转化为重复购买的能力，营销者可以通过定期更新和刷新网站、收集顾客满意情况和反馈意见、定期更新和开发交易数据库、分类管理顾客群等方法来提高这个能力。

（6）对前五个效率进行加总平均可得出网站总体的平均效率指数。根据各阶段重要性的不同，还可计算加权网站效率，根据重要程度给每一个效率加权，再进行平均，从而得出结果。网页缓存会导致 Q2、Q3 计数不足（网站服务器无法记录那些缓存网页的访问），影响寻址效率和接触效率计量的准确性。

点击互动的监测通过一套由媒体监测和第三方监测两部分组成的监测系统完成，用来统计曝光、点击、落地页到达及其他效果。[①] 常见流程如图 8-1 所示。要想知道点击数，投放的链接和二维码都需要用监测服务器生成监测的短链，用户点击之后即可监测到点击数据。

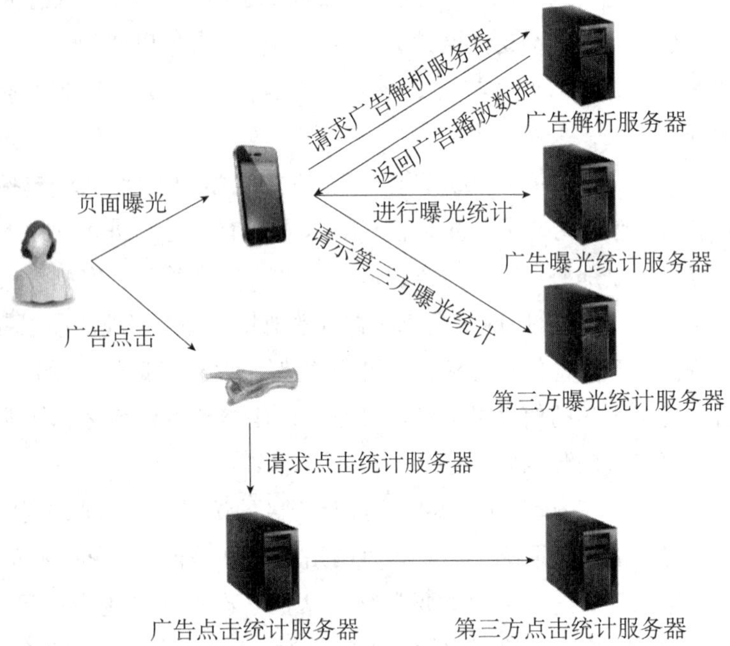

图 8-1 常见的计算广告监测流程

（三）加权计算法

所谓加权计算法，就是在计算广告投放后的一定时间内，为计算广告产

① 中国广告协会互动网络委员会．中国移动互联网广告标准［S］．北京：中国广告协会，2015.

生效果的不同层面赋予不同的权重，以判别不同广告所产生的效果之间的差异。这种方法比较的是不同广告形式、不同投放媒体、不同投放周期情况下的广告效果，主要反映的是不孤立的计算广告效果。加权计算法要建立在对计算广告效果有基本监测统计手段的基础上。

第一种情况，假定在A网站投放的旗帜广告在一个月内取得的效果为：产品销售100件（次），点击数量5 000次；

第二种情况，假定在B网站投放的旗帜广告在一个月内获得的效果为：产品销售120件（次），点击数量3 000次；

分别赋予产品销售和获得的点击权重，通常，每100次点击可形成2次实际购买，实际购买的权重可设为1.00，每次点击的权重为0.02，由此计算广告主可以获得的总价值。

第一种情况，总价值为：100×1.00+5 000×0.02=200。

第二种情况，总价值为：120×1.00+3 000×0.02=180。

第二种情况的直接销售量比第一种要好，但从长远来看，第一种情况更有价值。这个例子说明，除了反映在直接购买上的计算广告效果外，反映在品牌形象或者用户认知上的计算广告效果也同样重要。

权重的设定会严重影响加权计算法的最后结果。比如，假定将每次点击的权重增加到0.05，结果就会不一样。应该分析大量统计资料，确定用户浏览数量与实际购买之间的比例后再确定权重。

（四）认知测定法①

这种方法与传统媒体广告的测定方法非常相似。传统媒体的认知测定法主要测定受众的注目率、阅读率和精读率。计算广告的认知测定主要测定计算广告受众的浏览率和点击率。网络的访客行为（visitor）可分为如下三类：

（1）看到该广告但没有点击；

（2）看到该广告并点击；

（3）点击该广告并进一步与广告赞助商联系。

通过服务器中的Cookie或LOG文件记录一段时间内访客对该网站所有页面的综合浏览量（page views设为N），以及第1、2、3类访客各自的数量，得出如下数据：

浏览率＝第1类行为的数量/N

点击率＝第2类行为的数量/N

① 聂晓梅．广告效果测定的多种方法汇总［EB/OL］.（2015-06-26）［2021-07-17］. http://www.360doc.com/content/15/0626/21/2230 1776 _ 480911860.shtml.

交互率＝第 3 类行为的数量/N

大致分析计算广告对受众认知态度的影响，受众认知态度的变化主要有如下几种：注意、兴趣、记忆、行动，依次表示认知态度变化的逐步加深。通过浏览率考察受众注意的程度，通过点击率考察受众的兴趣，通过交互率考察受众的记忆程度和行动的可能性。通过测量这些数据，可以量化这些心理因素，从而为计算广告赞助商和网络媒体经营者提供重要的参考。

应当在考察多家网站的多个广告的基础上，提出各项认知态度变化的具体尺度。例如，把“注意”细分为三个层次：当浏览率小于 5%的时候为“轻度注意”；当浏览率大于 5%小于 8%的时候为“注意”；当浏览率大于 8%的时候为“非常注意”。细化“注意”概念，使之更容易把握。

（五）交互效果测定法①

以广告受众同广告主的交互行为标准来衡量计算广告效果的好坏。这种交互行为可以是受众向网络广告主咨询或索要相关资料，也可以是受众通过网络主动提供个人资料。这种测量方法主要用于测量促销性质的广告。促销广告（尤其是网上促销行为）具有很强的时效性，能方便地观测到受众的反应。

电脑公司推销其新款电脑时，在网络上投放计算广告，提示受众“欲知详情请访问某某网站”。这样，通过测量这个网站访问人数的变化可初步测定计算广告的效果。但引起访问人数变化的原因多种多样，不都是计算广告的作用。在网站上进一步进行促销，测量出来的计算广告效果便会更准确。比如，在网站上列出消费者信息的表格，让受众填写（可注明有奖，以鼓励受众积极填写），通过统计有效填写表格的人数来测定计算广告的效果。还可以通过由测量电话和信函进行的交互活动来评价广告效果。

（六）软件测定法②

计算广告测定软件大大提高了计算广告效果测定的效率和准确性。这种效果测定主要有两种方式。

（1）请第三方机构来测定计算广告的效果。美国的 I/PRO 就专门提供这样的服务。网站与这些机构签订合同，定期把 LOG 文件传给对方，由他们分析并得出最终结果。广告主普遍认可这种做法，这样可以得出比较公正的评价和准确的评估结果。

（2）从别的公司购买效果测定软件，自己测定。软件测定虽然提高了测

---

①② 聂晓梅．广告效果测定的多种方法汇总［EB/OL］．（2015－06－26）［2021－07－17］．http://www.360doc.com/content/15/0626/21/2230 1776 _ 480911860.shtml.

定效率和准确程度，但软件本身存在许多技术问题，有些效果的测定（如计算广告认知的测定）很难单凭软件来完成，需要综合运用以上几种方法。

（七）实验法①

国内关于网络广告效果的试验很少，国外的试验比较多。日本从事这方面研究的机构主要有日本广告主协会（JAA）的 WAB（Web Advertising Bureau）。WAB 研究与网络广告有关的各项内容，网络广告效果测定是其中的重点。

WAB 曾经进行了一项旨在研究旗帜广告效果的实验，该项实验得到了资生堂、丰田等 5 家大广告主的支持，他们把自己公司的旗帜广告在规定的时间内投放到 Infoseek Japan 搜索引擎的指定位置。本次实验持续了将近 1 年时间，WAB 根据实验数据发表了名为《网络旗帜广告效果验证实验报告》的论文。实验主要包括如下三个内容：影响旗帜广告效果的因素分析；旗帜广告的到达率和到达频次的关系分析；点击率随旗帜广告投放的不同时间而变化。

第三节　计算广告效果测量的内容与指标

不同的历史发展时期，广告效果测量的内容、模式、指标都有不同的含义。计算广告效果具有复合性和阶段性，应该综合多种因素考量设计测量指标。

一、计算广告效果测量的内容

计算广告效果具有复合性和阶段性，广告的根本目的在于促成消费者购买产品，但计算广告的效果也不仅仅表现为销售效果，还应该综合衡量计算广告的传播效果、经济效果以及社会效果，这是计算广告效果测量的空间维度。按照计算广告活动过程分阶段评估，即为计算广告效果测量的时间维度。

（一）空间维度

1. 传播效果测量

AIDA 模式包括注意（attention）、兴趣（interest）、欲望（desire）、行动（action）。与传统广告相比，计算广告的传播渠道不同，广告的表现方式

① 聂晓梅．广告效果测定的多种方法汇总［EB/OL］．（2015－06－26）［2021－07－17］．http://www.360doc.com/content/15/0626/21/22301776_480911860.shtml.

也不同，但仍要遵从“AIDA 模式”。广告主依据不同的广告目的，用“AIDA”来检验网络广告的传播效果。广告AIDA 的每一个阶段都可以作为计算广告传播效果测量的对象。

（1）广告曝光次数（advertising impression）。广告曝光次数指计算广告所在的网页被访问的次数，通常用计数器来统计这一数字。广告刊登在网页的固定位置，刊登期间获得的曝光次数越多，该广告暴露的次数越多，获得的注意就越多。

测算广告曝光次数时应注意几个问题。

广告曝光次数并不等于实际浏览广告的人数。同一个用户多次光顾同一网站，他可能会不止一次看到这则广告，此时，广告曝光次数大于实际浏览的人数；用户偶然进入广告网页，没看内容就关闭了网页，此时，广告曝光次数小于实际浏览人数。

广告刊登位置的不同，广告曝光次数的实际价值也不相同。通常情况下，首页比内页得到的曝光次数多，但这一曝光针对的不一定是目标群体，因而没有价值；相反，内页的曝光次数虽然较少，但目标受众的针对性更强，实际意义更大。

通常情况下，一个网页中很少只刊登一则广告，而是刊登多则广告。在这种情形下，用户浏览该网页时，会将自己的注意力分散到几则广告中，广告曝光的实际价值则无从知晓。

广告曝光次数并不表现为广告受众的注意，这一指标只能大体反映广告被注意的情况。

（2）点击次数与点击率（click & click through rate）。网民点击计算广告的次数称为点击次数，这一指标可以客观准确地反映广告效果。点击次数除以广告曝光次数，可得出点击率（CTR）。点击率也可以用来评估计算广告效果，衡量广告的吸引力。比如，刊登广告网页的曝光次数是 5 000，而网页上广告的点击次数为 500，点击率是 10%。点击率是网络广告最基本的评价指标，也是反映网络广告最直接、最有说服力的量化指标。浏览者点击广告，说明他对广告产品产生了兴趣。与曝光次数相比，点击率对广告主的意义更大。但随着消费者对计算广告的深入了解，点击率会越来越低，单纯的点击率也将无法充分反映计算广告的真正效果。

（3）网页阅读次数（page view）。浏览者对页面的一次浏览阅读称为一次网页阅读；所有浏览者对这一页面总的阅读次数称为网页阅读次数。这个指标用来衡量计算广告效果，从侧面反映网络广告的吸引力。计算广告的网页阅读次数与点击次数不一致——浏览者虽然点击了计算广告，但没有阅读。由于技术限制，很难精确地统计网页阅读次数，很多情况下，假定浏览者打开并阅读了网页，这时候，可以用点击次数来估算网页阅读次数。

(4) 转化次数与转化率（conversion & conversion rate)。计算广告的最终目的是促进产品销售，点击次数与点击率并不能真正反映网络广告对产品销售的影响，于是应引入转化次数与转化率两大指标。AdKnowledge 公司在《2000 年第三季度网络广告调查报告》中提出“转化率”这一指标。“转化”指受计算广告影响而形成的购买、注册或者信息需求。受计算广告影响产生的购买、注册或者信息需求行为的次数就是转化次数，转化次数除以广告曝光次数即可得到转化率。计算广告的转化次数包括两部分，浏览并点击计算广告产生的转化行为的次数，以及浏览而没有点击计算广告产生的转化行为的次数。转化次数与转化率可以反映那些浏览而没有点击广告产生的效果，点击率与转化率不存在明显的线性关系，所以，转化率高于点击率不足为奇。实际监测转化次数与转化率还有一定难度，通常情况下，会将受计算广告的影响产生的购买行为的次数看作转化次数。

2. 经济效果测量

销量增长是广告的目的，广告主最关注的就是计算广告带来的经济收益。收益是广告收入与广告成本两者的差额。

(1) 计算广告收入（income)。计算广告收入指消费者受计算广告的影响产生购买而给广告主带来的销售收入。其计算公式为：$I=P\times Ni$，其中 P 表示广告产品价格，Ni 表示消费者，i 指购买的数量。这一计算看似简单，要得到准确的统计数字，难度却相当大。

产品销售是诸多因素共同作用的结果，计算广告只是其中之一。质量、价格等也会影响产品销售，消费习惯等难于计算的因素也会影响销售。很难准确界定销售变化多大程度由计算广告引起。计算广告对产品销售的影响是长期的，有些广告的影响要一段时间后才能体现出来。不考虑计算广告的特点，只通过产品销售的数据来评估计算广告的效果，这种评估不科学、不准确。线下的营销也可能影响计算广告的效果。

(2) 计算广告成本（cost)。计算广告的成本测量方式主要有以下几种：CPM、CPC、CPA、CPL、包月、PFP 等，详细的介绍见本章下一部分时间维度里的事前测量。

单从成本上看，计算广告的单位成本高于其他传统媒体。福莱斯特(Forrester) 公司的调查材料显示：室外路牌广告及流动广告、电视广告、杂志广告、报纸广告和计算广告的千人广告费用大致分别为 2 美元、5.42 美元、43.55 美元、60.31 美元和 75 美元。但应当认识到，尽管电视的千人广告费用很低，但从电视台购买广告时段，其费用并非一般的企业所能负担的，电视广告辐射的受众虽然多，但真正对广告内容感兴趣的仍然只是那些特定的用户；计算广告的受众没有电视的那么多，但广告定向（advertising targeting)，能更集中地让特定用户看到，效率远高于电视广告，因而计算广告的千人广告费用较高，但总体费用却比传统广告低得多。

3. 社会效果测量

广告构思、广告语言和广告表现都要受社会伦理道德的约束。测量计算广告的社会效果，受到一定社会意识形态下的政治观点、法律规范、伦理道德以及文化艺术标准的影响。意识形态不同，约束的标准也不同，甚至相反。对计算广告社会效果的测量，很难像对计算广告传播效果和经济效果评估那样仅用几个指标就可以完成，因为计算广告的社会影响涉及整个社会的政治、法律、艺术、道德伦理等上层建筑和社会意识形态。所以，计算广告社会效果只能用法律规范标准、伦理道德标准、文化艺术标准等来定性衡量。

（二）时间维度

从时间上划分，计算广告效果测量分为事前测量、事中测量和事后测量。

1. 事前测量

在计算广告发布前，聘请专门人员测试广告的内容、形式、创意沟通效果，比较典型的方法如表 8-1 所示。这种测量可以收集到消费者对广告作品的反应，以便在发布前修正广告。

表 8-1　传统广告传播事前效果测量方法

测量方法	样本选择	测量目的	操作方法
专家评分测评法	专家	测量最佳广告作品	归纳广告要素，请专家对广告的注意力、易懂性、认识力等方面给予逐项评分，最后以累积分决定优劣
消费者评定法	消费者 内部职工	评判广告优缺点	提供广告样本，请被调查人员观看，利用量表对不同评价指标打分，归纳总结
仪器测量法	消费者	测量广告受众的生理变化	利用各类电子仪器，来测量被调查人员看过广告后在血压、心跳、瞳孔直径等方面的变化，以此判定广告的吸引力

因为样本量、地域、时间等的限制，这些测量方法并不能为广告主提供客观公正的参考数据。计算广告在向广告主展示广告定位时就会通过多种指标全方位地预测广告效果，广告预算方案让广告主明确知晓可能的广告传播效果。本章所指的计算广告事前测量就是指计算广告测量中常用的客观指标，包括前面提到的 CPM、CPC、CPA、CPL、包月、PFP 六种计算方式。

报纸要计算“版位”“发行量”，电视要计算“时段”“收视率”，网站要计算网页浏览量。计算广告投放的位置和价格牵涉到特定的页面以及浏览人数的多寡。因此，计算广告的收费模式有别于传统广告。

（1）CPM（cost per mille，cost per thousand，cost per impressions），千人展现成本。按访问人次收费是计算广告收费的惯例。CPM 指广告投放过程中听到或者看到特定广告的人群中，平均每千人负担的广告成本。传统媒介多采用这种计价方式。上网做广告，CPM 取决于“印象”尺度，通常理解为一个人的眼睛在一段固定的时间内注视一个广告的次数。说一个广告横幅 CPM 单价是 1 元，意味着每一千人次看到这个广告横幅就收费 1 元，如此类推，一万人次访问主页就要收取 10 元。CPM 要求，发生“目击”行为（或称“展露”“印象”）就要付费。其计算公式为：

CPM＝总成本÷广告曝光次数×1 000

CPM 的单价可以以主页的热门程度（即浏览人数）划分等级，采取固定费率。国际惯例是每 CPM 收费从 5 美元至 200 美元不等。

（2）CPC（cost per click，click-through，pay-per-click），每点击成本。这是以广告图被点击并链接到相关网站或详细内容页面 1 000 次为基准的网络广告收费模式。是宣传网站站点的最好方法，计算公式为：

CPC＝总成本÷广告点击次数

不少网站觉得这样收费不公平，虽然有的浏览者没有点选，但已经看到了广告，就这些看到广告却没有点击的访客流量来说，网站就是白忙活，很多网站不愿意承接制作这样的广告的业务。

（3）CPA（cost per action，cost-per-order，cost-per-transaction，cost per response；cost per purchase，cost per sale，pay-per-sale），每行动成本。以浏览者的每一个回应计费。这样的计费方式充分体现了网络广告“及时反应、直接互动、准确记录”的特点，但只能作为促进销售的辅助模式。许多品牌只要能出现在消费者面前，目的就已经达到了。大多数网站会拒绝此类品牌的广告——得到它们的广告费，机会比 CPC 模式还要渺茫。每行动成本是广告主为每个行动付出的成本，其计算公式为：

CPA＝总成本÷转化次数

如果广告主投入 6 000 元，网络广告的曝光次数为 600 000，点击次数为 60 000，转化数为 1 200。广告的每千人成本为：

CPM＝6 000÷600 000×1 000＝10（元）

每点击成本为：

CPC＝6 000÷60 000＝0.1（元）

每行动成本为：

CPA＝6 000÷1 200＝5（元）

（4）CPL（cost per lead），又称 PPL（pay-per-lead），以搜集潜在客户名单多少来收费。例如，广告客户为访问者点选广告完成在线表单而向广告服务商付费。这种模式常用于网络会员制营销模式中向联盟网站支付佣金。

（5）包月方式。国内很多网站按“一个月多少钱”的固定模式来收费，这对客户和网站都不公平。国际上通用的计算广告收费模式是 CPM 和 CPC，国内的计算广告收费模式始终含糊不清，网络广告商们各自为政：有的使用 CPM 和 CPC 计费；有的包月计费，不管效果好坏，不管访问量有多少，一律统一价格。很多大的站点已经开始用 CPM 和 CPC 计费，但很多中小站点依然使用包月制。

（6）PFP（pay for performance），按业绩付费。著名市场研究机构福莱斯特公布的研究报告称，万维网将从按 CPM 收费改为按业绩收费。福莱斯特说，计算广告以业绩为基础，对广告发布商来说，如果浏览者不采取任何实质性的购买行动，就不可能获利。丘比特公司说，点击次数、销售业绩、导航情况等都是基于业绩的定价计费基准，这些计价模式得到广告客户和广告公司的广泛应用。

基于业绩的广告收费模式广受欢迎，CPM 模式也十分流行，PFP 模式却受到抵制。广告主一般会在决定目标市场后挑选不同的内容网站，考察其历史流量后进行成本估算，这样就可以概算广告在一定期限内的价格。广告主在这个基础上，根据广告的性质，把 CPC、CPR、CPA 这些指标当作加权，对广告费用进行计算。相比而言，CPM 和包月方式对网站有利，CPC、CPA、PFP 则对广告主有利。目前比较流行的计价方式是 CPM 和 CPC，最为流行的则为 CPM。此外，还有 CPR（cost per response），每回应成本，即以浏览者的每一个回应计费；CPP（cost per purchase），每购买成本，指按交易数量来结算；CPS（cost per sell），即按照交易金额来付费；等等。

计算广告效果事前测量就像导弹一样准确。无论按哪种方式计价，点击数量都最重要。传统广告经常靠虚报发行量来赢得广告主，计算广告运用相关技术保证了点击数量的可信度，不管置放了多长时间。不像传统媒体，效果好坏难以掌握，号称 20 万发行量，其实可能有 5 万是虚数。

2. 事中测量

事中测量指借助信息技术，动态监测计算广告的效果。广告被放到网站上之后，还要对广告效果进行实时监测、动态跟踪，及时掌握第一手信息，根据监测结果来判断是否达到了预期效果，以决定未来的改进方向。可以将广告每天的点击率标示在坐标轴上，研究创意衰竭的时间，为设定更换计算广告创意间隔提供依据。

(1) Nielsen//Net Ratings。Nielsen//Net Ratings 是 Nielsen Media Research 和 AC Nielsen Ratings. com 通过战略合作成立的公司，是唯一提供全方位互联网用户行为信息服务的公司。该公司从全世界将近 90 000 个固定样本收集实时数据，这些研究样本广泛代表了最大的互联网行业媒体。Nielsen//Net Ratings 监测重点在于跟踪并报告用户与网络广告之间的交互行为。Nielsen//Net Ratings 的用户行为跟踪软件十分强大，拥有其他软件无法拥有的优势：

最精确。Nielsen//Net Ratings 使用 Java 代理，可以无障碍地收集各种网络行为数据。基于 Java 的软件可不必考虑平台之间的差异，用同样的方法收集同样的资料，确保记录行为的一致性。

可监测全面的信息。广告主和营销人员正寻找比页面浏览和独立用户统计更多的信息，Nielsen//Net Ratings 的用户跟踪技术具有独特的能力，可以自动测量标志广告浏览和点击、电子商务行为、缓存页面浏览以及网页下载时间，利用这些方法可以全面观察用户和网络的交互行为。

方便友好的跟踪。任何调查的关键，都在于尽可能避免被调查者的反感，取得无偏见的调查结果。一旦样本设置完成，Net Ratings Insight 希望干预便能降低到最小，实时行为资料上载设计在系统和用户资源上，用户系统上没有历史文件，也不需要寄回软盘。

安全可靠的跟踪。所有被调查者的行为资料都自动预先加密传输以确保被调查者的信息绝对安全。

快速兼容新平台。新的网络接入设备逐渐流行，同样需要跟踪用户行为资料，针对那些不使用 Java 的设备开发新的软件十分麻烦，Nielsen//Net Ratings 的 Java 结构可以被方便地移植到网络电视、机顶盒及其他允许使用 Java 的平台上。

(2) Cookie。Cookie 是网站服务器发出的特有文件，由浏览器自动储存在用户的硬盘上，记录用户在网络中的行为，一些站点用 Cookie 来鉴别站点的访问者，以便在用户返回时提供个性化信息。用户可以在浏览器中设置阻止 Cookie 文件。

Cookie 数据不受任何限制，可以是时间/日期标记、IP 地址或用户 ID 等。一旦浏览器接收了 Cookie，只要浏览器向服务器发出访问网页的请求，浏览器就会在请求时提交给 Cookie。浏览器只给原先发来 Cookie 的服务器发去 Cookie，网站就不可能看到其他网站的 Cookie，也不可能从其他网站请求 Cookie。Cookie 文件上有签名，网站可以跟踪统计用户访问的次数及访问网站的路径。

使用Cookie收集信息可能侵犯用户的隐私权，会遭受用户或第三方的反对。Cookie保存在用户的硬盘里，第三方网站可能篡改竞争对手的Cookie，或为掌握用户的行为特征、购买特征而读取用户存储的数据。结合Cookie收集到的信息与用户注册时提供的数据，就能掌握用户年龄、性别、职业、购买偏好等信息，这对广告主无疑具有很大的吸引力。

3. 事后测量

计算广告发布后，会不同程度地提高产品销售量和品牌知名度，对效果的测定即为事后测量。

计算广告有准确计量的优势，如果广告同时出现在若干个站点上，就可以通过事前测量获知哪个站点的广告价格较为优惠，通过事中监测了解潜在客户身在何方，通过事后测评来测定哪个站点带来的效果最好、哪个站点的受众更符合企业的目标定位。如同测量传统广告效果时在邮寄地址中增加标识一样，可以在网络广告的URL标签上增加一些创意。站点网址为www.xyz.com，在A站点建立广告链接时，可以写成“http://www.xyz.com?a”；B站点的广告链接可以写成“http://www.xyz.com?b”；以此类推，X站点可以写成“http://www.xyz.com?x”。找一个免费计数器放到相关的网页上，各网页设定一个单独的ID名，这样，在特定的网页上可以随时查看访问数量及准确来源。

页眉广告是计算广告的基本形式，对很多中小企业来说，虽然其价格比传统媒体便宜，但还是比较昂贵，通过分类广告站、BBS甚至留言板等免费工具来发布计算广告的花销比较便宜，但也需要监测广告效果。这里有一种简便的办法：编写电子邮件的指向链接时可以使网民在点击链接、弹出回发的邮件窗口时，自动填好“主题”一栏。比如，邮件回收地址是“webmaster@xyz.com”，广告分别投放在A、B、C等若干站点，邮件地址可以写成“mailto：webmaster@xyz.com”，subject＝a分类广告（主题词可以根据需要随意定），B站点可以写成“mailto：webmaster@xyz.com”，subject＝b分类广告，以此类推。这样，等统计回函时，只要统计一下“主题”为“a分类广告”“b分类广告”的回函数量，就能准确分析不同站点的反馈数量、网民的个人特征等信息。

事后测量定量分析受众对计算广告的反应时，借助网络测量过程会变得更具有可操作性，从结果上来看，也更加准确。

二、计算广告效果测量的指标

互联网飞速发展，网上广告、网上购物、网上拍卖等电子商务纷纷涌现，越来越多企事业单位、政府机构和互联网业内机构需要准确了解网站的访问量信息。各网站公布访问流量时采用的测量标准、测量工具不同，再加上人为因素，统计结果可能不能准确反映访客流量和网站的影响力。为此，CNNIC 联合一批知名网站在北京签署倡议书，倡议使用统一的网站访问统计术语和指标。①

1996 年 9 月 26 日，托马斯·挪瓦克和东纳·霍夫曼发布《新媒介新公制：面向网络测量指标的新发展》，拟定网络媒体分析的术语与指标。② 他们认为：基于印象数的公制对网络测量来说是必要的，但不能构成网络测量系统的基础，除了"基本定义"和"暴露指标"外，还应引进"互动指标"。来自传统媒介的术语同样适用于网络背景，应当继续延用，以避免不必要的困惑。

计算广告效果测量的指标包括网站、网页、广告三个不同层面，联系各层面的测量结果与消费者反应，量化每一次访问的价值。对每个层面的分析都包括暴露指标和互动指标，暴露指标基于传统媒体一对多的传播模式，表明访问者曾经看到或者有机会看到网站、网页或者广告。互动指标基于网络媒体多对多的传播模式，表明访问者积极卷入网站内容或计算广告的程度。

暴露指标可以是行为性的，如到达率和频率，也可以是认知或态度性的，如回忆和识别。与此类似，互动指标可以是行为性的，如持续停留时间，也可以是认知或态度性的，如再认和反馈。托马斯·挪瓦克和东纳·霍夫曼制作了一个网络测量指标汇总表（见表 8-2）。

表 8-2　网络测量指标汇总表

	网站层面	网页层面	广告层面
暴露指标	网站曝光率 网站曝光重复率 网站到达率 网站频率	网页曝光率 网页到达率 网页频率	旗帜广告曝光率 目标广告曝光率 旗帜广告到达率 目标广告到达率 旗帜广告到达重复率 旗帜广告频率 目标广告频率 旗帜广告访问频率 目标广告访问频率

① 网站流量认证有了新标准 [N]. 通信世界，2000-01-18 (2).

② NOVAK T P, HOFFMAN D L. New metrics for new media: toward the development of web measurement standards [J]. World wide web journal, 1997 (4).

续表

	网站层面	网页层面	广告层面
互动指标	访问持续时间 访问时间间隔 总访问深度 访问深度	网页持续时间	广告点击率 广告点击到达率 广告点击频率 广告点击重复率 旗帜广告持续时间 目标广告持续时间

(一)基本定义

1. 访问者

未经确认的访问者(unidentified visitor)。此即无法得到个体具体信息的访问者。

流量访问者(session visitor)。在对某网站的特定访问中,可以通过跟踪软件取得流量身份,或者由引入的 IP 地址数减去浏览器类型得出。

追踪访问者(tracked visitor)。一个用户对某网站的多次访问均可通过软件跟踪来确认,通过追踪访问者仅可以辨别出一个单独的用户(unique user)。

已确认的访问者(identified visitor)。可通过软件跟踪确认用户的身份的多次访问,通过自愿提供或追踪搜集用户的姓名、人口统计特征等信息。

2. 网络内容

旗帜广告(banner ad)。目的是吸引访问者的注意,吸引其点击该旗帜,从而暴露在目标广告之下。一个网页可以有多个旗帜广告。

目标广告(target ad)。可以是一个网页,也可以是几个网页,或者是广告主的整个网站。

网页(web page)。HTML 文件,可以是静态的,也可以是动态的,包括文本、图像或媒介内容。

访问(visit)。访问者发出一系列连续的网页索阅构成一次访问。访问者停止索阅超过一定时间,如 30 分钟,接下来的索阅会被认为是另一次访问。

流量(session)。一个访问者对一系列网站进行一连串的连续访问。

3. 其他

持续时间(duration time)。两个事件之间的时间长度,如对一个或多个网页进行一系列索阅的持续时间。

多站点数据(multi-site data)。追踪访问者访问多个不同站点的情况。

（二）暴露指标

1. 曝光率

旗帜广告曝光率（banner ad exposures）。访问者在一个时期内暴露于某旗帜广告的总次数，对一个访问者的多次曝光采用重复计数。（消极曝光）

目标广告曝光率（target ad exposures）。访问者在某一个时期内暴露于某目标广告的总次数，对一个访问者的多次曝光采用重复计数。（积极曝光）

网页曝光率（page exposures）。访问者在某一个时期内暴露于某网页的总次数，对一个访问者的多次曝光采用重复计数。（积极曝光）

网站曝光率（site exposures）。一个网站在一个时期内的访问者流量总数，对一个访问者的多次曝光采用重复计数。（积极曝光）

网站曝光重复率（site exposure duplication）。在一段时间内访问多个站点的单独访客总数或比重。

2. 到达率

旗帜广告到达率（banner ad reach）。在一个时期内暴露于某旗帜广告的单独用户总数。

目标广告到达率（target ad reach）。在一个时期内暴露于某目标广告的单独用户总数。

网页到达率（page reach）。在一个时期内暴露于某网页的单独用户总数。

网站到达率（site reach）。在一个时期内暴露于某网站的单独用户总数。

旗帜广告到达重复率（banner ad reach duplication）。特定的时期内在两个或两个以上的站点暴露于同一旗帜广告的单独用户总数或比重。

3. 频率

旗帜广告频率（banner ad frequency）。在一个时期内单独访客暴露于某旗帜广告的次数分布。

目标广告频率（target ad frequency）。在一个时期内单独访客暴露于某目标广告的次数分布。

网页频率（page frequency）。在一个时期内单独访客暴露于某网页的次数分布。

网站频率（site frequency）。在一个时期内单独访客来到某网站的次数分布。

旗帜广告访问频率（banner ad visit frequency）。在一次单独访问期间，访客暴露于某旗帜广告的次数分布，对一个访问者的多次访问采用重复计数。

目标广告访问频率（target ad visit frequency）。在一次单独访问期间，访客暴露于某目标广告的次数分布，对一个访问者的多次访问采用重复计数。

（三）互动指标

1. 有效频率和有效到达率

旗帜广告有效频率（banner ad effective frequency）。在一次或多次访问中，引起一个访客点击旗帜广告从而暴露在目标广告之下所需的最佳旗帜曝光次数。这个理想值必须通过实证研究来取得。

旗帜广告有效到达率（banner ad effective reach）。在某个时期内，在一次或多次访问中，暴露于某旗帜广告在“有效频率”以上的单独访客的数量。

旗帜广告有效访问频率（banner ad effective visit frequency）。在一次单独的访问中，引起一个访客点击旗帜广告从而暴露在目标广告之下所需的最佳旗帜曝光次数。这个理想值必须通过实证研究来取得。

旗帜广告有效访问到达率（banner ad effective visit reach）。在一次单独的访问中，暴露于某旗帜广告在“有效访问频率”以上的单独访客的数量。

2. 点击

广告点击率（ad click-through rate）。在一个特定时期内，暴露于某旗帜广告的访问者点击该旗帜进入目标广告的概率，对一个访问者的多次点击采用重复计数。

广告点击到达率（ad click-through reach）。在一个时期内点击旗帜进入目标广告的单独访客的数量。

广告点击率预估（ad click-through rate estimation）是指利用机器学习算法预估被展现内容的点击概率，这是机器学习在工业界最成熟也是最广泛的应用之一。CTR 预估作为关键技术在竞价广告、个性化推荐产品中发挥着重要作用。

广告点击频率（ad click-through frequency）。在一个时期内访问者点击旗帜进入目标广告的次数分布。

广告点击重复率（ad click-through duplication）。在一个时期内，在两个或两个以上的网站内点击同一旗帜进入目标广告的单独访客的数量或比重。

3. 持续时间

旗帜广告持续时间（banner ad duration time）。此即一个访问者暴露于包含某旗帜广告特定网页下的时间长度。这个指标在特定时间内可以平均数或分布图的形式做出报告，对一个访问者的多次曝光采用重复计数。如果是可追踪或已确认的访问者，就可以计算出一段时期内单独访客暴露于某旗帜广告下的时间总长度。

目标广告持续时间（target ad duration time）。此即一个访问者暴露于某目标广告的时间长度。这个指标在特定时间内可以平均数或分布图的形式做出报告，对一个访问者的多次曝光采用重复计数。如果是可追踪或已确认的访问者，就可以计算出一段时期内单独访客暴露于某目标广告下的时间总长度。

网页持续时间（web page duration time）。此即一个访问者暴露于某网页下的时间长度。这个指标在特定时间内可以平均数或分布图的形式做出报告，对一个访问者的多次访问采用重复计数。如果是可追踪或已确认的访问者，就可以计算出一段时期内单独访客暴露于某网页下的时间总长度。

访问持续时间（visit duration time）。此即一个访问者访问某个网站的时间长度。这个指标在特定时间内可以平均数或分布图的形式做出报告，对一个访问者的多次访问采用重复计数。如果是可追踪或已确认的访问者，就可以计算出一段时期内单独访客访问某网站的时间总长度。

访问时间间隔（inter-visit duration time）。此即对某网站进行连续访问的时间间隔。对单独访客而言，这个指标在特定时间内可以平均数或分布图的形式做出报告。

流量持续时间（session duration time）。此即对一系列网站进行连续访问的时间长度。如果是可追踪或已确认的访问者，就可以计算出一段时期内单独访客花在上网访问各种网站上的总时间长度。

4. 深度

总访问深度（raw visit depth）。此即网页总曝光数或总流量。指一个访客在对某网站进行一次单独访问期间曝光的网页总数。这个指标在特定时间内可以平均数或分布图的形式做出报告，对一个访问者的多次访问采用重复计数。

访问深度（visit depth）。此即特定网页曝光总数或流量。指一个访客在一次单独访问期间曝光的某特定网页的次数。这个指标在特定时间内可以平均数或分布图的形式做出报告，对一个访问者的多次访问采用重复计数。

（四）其他的测量指标

除了以上指标外，还应考虑其他指标——访问者在网站内的主要“游逛”路线，访问者在不同网站间的“游逛”路线，一个网站和站点内具体网页访问者的人口统计学特征、心理特征、行为特征，认知和态度测量，包括这些指标变化的测量；访问者忠诚度和重复访问。还应发展结果导向的指标。上述指标都基于传统大众传媒模式，直接反应的范例使结果导向更有意义。

投资回报率（ROI）是指通过计算广告投资而应返回的价值，即企业从计算广告投资活动中得到的经济回报。

关键绩效指标（KPI）是通过对计算广告内部流程的输入端、输出端的关键参数进行设置、取样、计算、分析，衡量计算广告流程绩效的一种目标式量化管理指标，是把计算广告的战略目标分解为可操作的工作目标的工具，是计算广告绩效管理的基础。

AUC（area under curve）指曲线下面积。在计算广告中，AUC经常用于统计ROC（receiver operating characteristics）曲线下的面积，用来量化评估广告的CTR（点击率）质量和衡量广告排序好坏。在计算广告中，根据CTR预测的高低，将最有可能被用户点击的广告按顺序依次展现。根据点击反馈，可以生成ROC曲线。用户点击得越多，被点击的广告排序越靠前，ROC曲线下的面积越大，即AUC越大，越接近1，表明计算广告投放的效果越好。①

COPC（click over predicted click）指实际的点击率与模型预测的点击率之比。这个指标多被应用于展示广告上，主要衡量模型整体预估的误差，同样越接近1越好。一般情况下，AUC和COPC两个指标相互结合可以对模型预测做很好的监控。②

pCTR（predict click-through rate）指的是广告点击率预测。pCTR预测特定用户在特定环境下对特定广告位的点击概率。pCTR一般是从离线数据中学习得到的，离线数据是保存到类似Hive的分布式数据库中的数据，通过机器学习的算法将Hive中的数据进行分析，从而得到pCTR预测模型。

三、主要互联网平台传播效果测量的指标

各平台的传播效果都可以通过传播指数进行评估，传播指数是将原始数据通过计算公式推导出来的标量数值。目前应用最广泛的评判标准是由中国新媒体大数据的权威平台清博指数数据团队给出的，清博团队针对各个平台特点，考虑各个维度后给出了较为权威的综合指数，并随着平台的更新迭代不断对各指标及其权重进行优化。这些综合指数为媒体影响力的测算和计算广告效果的测量提供了一个参考维度，是受众导流的风向标。以下是清博指数数据团队对各平台账号传播指数的计算方式。

① Cserchen. 广告计算中的AUC和ROC曲线［EB/OL］.（2012-05-04）［2021-07-17］. https://blog.csdn.net/cserchen/article/details/7535182.

② Gg-123. 广告ctr中几个问题［EB/OL］.（2019-05-10）［2021-07-17］. https://blog.csdn.net/u012762419/article/details/90084155.

(一) 微信公众号传播指数 (WCI)①

微信公众号传播指数通过账号的整体传播力 O（日均阅读数、日均在看数、日均点赞数）、篇均传播力 A（篇均阅读数、篇均在看数、篇均点赞数）、头条传播力 H［头条（日均）阅读数、头条（日均）在看数、头条（日均）点赞数］和峰值传播力 P（最高阅读数、最高在看数、最高点赞数）来反映账号的传播能力和传播效果。目前清博指数大数据平台最新的 WCI（V14.2）计算公式如表 8-3 所示。

表 8-3　WCI 计算采用指标体系及标准化方法

一级指标	二级指标	指标权重	标准化方法
整体传播力 O（60%）	日均阅读数 R/d	85%	$O=0.85\ln(R/d+1)+0.09\ln(Z/d*10+1)+0.06\ln(L/d*10+1)$
	日均在看数 Z/d	9%	
	日均点赞数 L/d	6%	
篇均传播力 A（20%）	篇均阅读数 R/n	85%	$A=0.85\ln(R/n+1)+0.09\ln(Z/n*10+1)+0.06\ln(L/n*10+1)$
	篇均在看数 Z/n	9%	
	篇均点赞数 L/n	6%	
头条传播力 H（10%）	头条（日均）阅读数 Rt/d	85%	$H=0.85\ln(Rt/d+1)+0.09\ln(Zt/d*10+1)+0.06\ln(Lt/d*10+1)$
	头条（日均）在看数 Zt/d	9%	
	头条（日均）点赞数 Lt/d	6%	
峰值传播力 P（10%）	最高阅读数 $R\max$	85%	$P=0.85\ln(R\max+1)+0.09\ln(Z\max*10+1)+0.06\ln(L\max*10+1)$
	最高在看数 $Z\max$	9%	
	最高点赞数 $L\max$	6%	

说明：$WCI=\{0.6*[0.85\ln(R/d+1)+0.09\ln(Z/d*10+1)+0.06\ln(L/d*10+1)]+0.2*[0.85\ln(R/n+1)+0.09\ln(Z/n*10+1)+0.06\ln(L/n*10+1)]+0.1*[0.85\ln(Rt/d+1)+0.09\ln(Zt/d*10+1)+0.06\ln(Lt/d*10+1)]+0.1*[0.85\ln(R\max+1)+0.09\ln(Z\max*10+1)+0.06\ln(L\max*10+1)]\}*2*1.2*10$

其中：

R 为评估时间段内所有文章（n）的阅读总数；

Z 为评估时间段内所有文章（n）的在看总数；

L 为评估时间段内所有文章（n）的点赞总数；

d 为评估时间段所含天数（一般周取 7 天，月度取 30 天，年度取 365 天，其他自定义时间段以真实天数计算）；

n 为评估时间段内账号所发文章数；

① 微信传播指数 WCI（V14.2）[EB/OL].（2021-03-09）[2021-07-17]. http://www.gsdata.cn/site/usage/.

Rt、Zt 和 Lt 为评估时间段内账号所发头条的总阅读数、总在看数和总点赞数；

Rmax、Zmax 和 Lmax 为评估时间段内账号所发文章的最高阅读数、最高在看数和最高点赞数。

（二）抖音号传播力指数（DCI）[①]

抖音号传播力指数主要从短视频数量、互动状况、覆盖用户程度等方面来综合评估抖音账号在短视频平台的传播影响力。采用的指标为：发布指数（新增作品数）、互动指数（点赞数、评论数、分享数）、覆盖指数（新增粉丝数、总粉丝数），当前（V1.0）计算公式如表 8-4 所示。

表 8-4 DCI 计算采用指标体系及标准化方法

一级指标	二级指标	标准化	权重
发布指数（10%）	新增作品数 $X1$	ln（$X1$+1）	100%
互动指数（76%）	点赞数 $X2$	ln（$X2$+1）	17%
	评论数 $X3$	ln（$X3$+1）	37%
	分享数 $X4$	ln（$X4$+1）	46%
覆盖指数（14%）	新增粉丝数 $X5$	ln（$X5$+1）	11%
	总粉丝数 $X6$	ln（$X6$+1）	89%

说明：DCI=｛0.10 * ln（$X1$+1）+0.76 * ［0.17 * ln（$X2$+1）+0.37 * ln（$X3$+1）+0.46 * ln（$X4$+1）］+0.14 * ［0.11 * ln（$X5$+1）+0.89 * ln（$X6$+1）］｝* 100

（三）直播效果测量指标

直播带货商业模式基本采用 CPS，即按照销售来付费。其数据指标和电商平台普遍采用的数据指标大致相似。

GMV（gross merchandise volume）：指交易总额。

客单价：平均每个顾客的成交额。计算方法：客单价=GMV/直播间有消费的顾客总数。

ROI（return on investment）：指投资回报率。一般情况下，直播间 ROI 的计算方法是 ROI=销售额/（坑位费+佣金分成）。坑位费就是商家想出现在直播间需要支付给主播团队的费用。

渗透率：计算方法是直播渗透率=直播产出的销售额/当天总销售额。

平均单链接销售额：计算方法是总销售额/链接数。

在线人数：同一时间点，观看直播间的用户人数。

---

① 抖音号传播力指数 DCI（V1.0）［EB/OL］.（2021-03-09）［2021-07-17］. http://www.gsdata.cn/site/usage-16.

直播间 PV：直播间访问次数。

直播间 UV：直播间访问人数。

直播间人均在线时长：用户在直播间平均停留的时长。

如今直播带货行业正发展得如火如荼，计算广告的发展也给直播行业带来更多可能。直播平台通过流量以及各种数据监测给各直播间进行程序化推流，同时可以使用算法向消费者个性化、精准化推荐直播间。主播团队可以根据消费者的大数据分析实时调整选品和侧重点、直播风格以及价格策略等。

四、计算广告效果测量的发展

计算广告迅速升温，计算广告效果专业测量需求也与日俱增，业界开始关注从多种渠道，运用多种手法监督与测量计算广告运行情况及其效果。

在过去，网站经营者提供广告监测统计数据，网络广告代理商据此付费，近来转由第三方提供技术力量并进行广告监测，或由代理商亲自监测，关于制定监测计算广告运营状况标准的讨论正在紧张进行。

过去的广告监测模式很不合理，弊病颇多。经营网站的公司可以不停地刷新带有广告的画面；或者转包，网站经营者与广告代理商事先共同拟定 CPM，然后以较低的价格将广告转包给其他小网站，这类网站的访问人次较少，但数量众多，流量也相当可观。网络广告的事前测评得不到保证，广告投放效果也无法评价，所以现在广告代理商要选择第三方进行广告监测。无论是与第三方合作监测广告还是自行监测，最终目的都是要获得与计算广告相关的原始数据。

广告效果测量是一项艰巨的工作，NetGravity（广告监测公司）基于浏览器开发出 Adcenter 广告管理监测软件。使用这一软件，广告代理商们只需要把计算广告分别放在 50 个网站上，等待返回的监测数据即可。还有许多计算广告监测技术可以选择，这些技术各有千秋。将监测任务外包给专业的广告监测公司则更省事。

有些广告代理商喜欢把计算广告监测任务交给同一家广告监测公司，他们认为，各家广告监测公司采用的技术相去甚远，无法提交可比较的数据。有些广告代理商则倾向于与多家广告监测公司合作，他们认为，不同的监测公司有不同的优势，可以根据客户的需求选择最适合的监测公司，量体裁衣。

相对来说，国内的计算广告效果测量不尽如人意。国内尚无专业的计算广告监测机构，网络服务商的计数器是否工作无从得知。对于广告主来说，没有第三方参与点击率的统计、用户资料分散，测量的结果便没有太大的参考价值。许多广告主因此不愿把计算广告列入媒体计划。

有先见之明的广告主和媒体提供商已经意识到问题的关键所在，并积极寻找第三方测评机构。CNNIC 曾因为 SOHU 担任访问流量公证人的角色而成为业界新闻。计算广告监测机构目前还处于初级发展阶段，民间很快会出现相应机构，业界对监测机构的基本要求是：公正、客观、权威；熟悉商业化运作模式；熟悉计算广告行业。

本章小结

大数据可以提高计算广告效果监测的准确性早已成为计算广告的共识，如果大数据的量级足够大，覆盖的范围足够广，通过分析它们所得出的结论，就会更趋近于事实。但是，从统计学的角度看，大数据分析只满足相关性，而缺少了重要的对数据之间因果性的考察，这是计算广告效果还不能完全依赖大数据的原因。随着计算广告产业的不断发展，计算广告的效果测量会越来越准确，从而更好地为广告主提供全面的服务。

复习思考题

1. 大数据对计算广告效果的评估存在哪些局限性？
2. 计算广告效果测量的特点有哪些？影响计算广告效果的因素有哪些？
3. 计算广告效果测量的原则是什么？有哪些测量的方法？请以其中一种为例进行说明。
4. 计算广告效果测量的内容可以分为几个方面？具体包括哪些？计算广告效果测量的指标有哪些？
5. 微信、抖音、直播平台的传播指数是什么？
6. 计算广告效果测量的发展趋势是什么？

推荐阅读书目

1. 范慧君．网络广告实务［M］．合肥：合肥工业大学出版社，2015.
2. 郭松克．市场营销学［M］．北京：北京大学出版社，2017.
3. 李晶，等．广告效果理论与评价［M］．北京：社会科学文献出版社，2014.
4. 江波，等．广告效果测评［M］．北京：中国广播电视出版社，2002.
5. 罗丹，马明泽．信息流广告实战：今日头条、百度、腾讯三大平台全解析［M］．北京：电子工业出版社，2019.
6. 宋安．转化率：网络广告方法、流程和案例［M］．厦门：厦门大学出版社，2011.

7. 杨志杰，李思达．数字化广告运营：智能营销时代的精准投放法则［M］. 北京：人民邮电出版社，2018.

8. 王晓华．广告效果［M］. 北京：高等教育出版社，2012.

案例

如何搭建“大数据驾驶舱”①

在计算广告效果监控中，“大数据驾驶舱”往往是一个重要的测量工具。系统搭建“大数据驾驶舱”，通过“大数据驾驶舱”，可以将采集的大数据实时化、形象化、直观化、具体化，为计算广告效果的测量提供有力支撑。可以说，“大数据驾驶舱”是一个管理过程，让数据能够以更加有组织的方式得到呈现。

一、怎样理解“大数据驾驶舱”

“大数据驾驶舱”和真实的驾驶舱有一定的相似之处，目的都是提供指引的方向。所以，对于成功的“大数据驾驶舱”，首先其高度是可以被理解并可视化的，不仅仅是专业的数据分析人员，普通的员工也可以根据具体的应用场景来观察数据，并获得自己需要的结论。

其次，“大数据驾驶舱”应该是整合并统一的，应该包括大量、多维度的数据组合，来统一展现业务的全貌。例如，在销售的数据分析中，需要全面地涵盖销售业绩分析、销售人员组成、不同区域和时间维度的销售数据等等，以各种各样的数据图表来体现这些业务的进展。

最后，“大数据驾驶舱”还应该具备充分的灵活性与配置性，用户可以根据自己的需要灵活地对不同维度的数据进行组合分析，以满足不同应用场景的需求。

二、如何搭建“大数据驾驶舱”

“大数据驾驶舱”的搭建可以分为数据应用架构的搭建以及数据可视化平台的组建这两部分。其中，数据应用架构是指企业需要对当前的业务需求以及数据应用进行梳理，清晰地了解哪些业务可以用数据来进行效果分析，并通过“故事面板”的方式来对这些数据分析结果进行统一展示与管理。

要搭建“大数据驾驶舱”，最重要的就是全面地分析企业业务的组成，根据不同的业务模块选择具体需要呈现的数据，并以树状或者平行的结构进行呈现。

手动的方式显然在效率上是不可行的，用户可以借助 Data Analytics 大数据分析平台等 BI 平台来提升效率。这些平台提供了定制化、自动化的“大数据驾驶舱”

---

① 数据管理驾驶舱是什么，如何搭建？［EB/OL］.（2019-04-02）［2021-07-17］. http://www.jingzhengli.cn/baogao/f20080602.html.

搭建方式，可以极大地降低工作负荷。

例如，Data Analytics 大数据分析平台提供了强大的“故事面板”功能，不仅支持用户在同一个面板上对多个图表进行组织，输出故事化的看板，而且支持通过文本框、组件、图表等生成幻灯片并播放，无须导出数据与图表，即可快速生产汇报文件，及时应对业务疑问。

除了故事性的数据分析结果展示之外，企业还需要制定清晰的数据流程，并培养数据素养。这样，在得出数据分析结果之后，相关人员可以清楚地知道问题出现在什么地方，并知道如何通过对数据分析结果的阅读，实时调整并改善计算广告等相关业务的表现和策略。

参考文献

国外论文

[1] SHUKLA A, GULLAPURAM S S, KATTI H, et al. Affect recognition in ads with application to computational advertising [C] //LIU Q, LIENHART R, WANG H H. MM '17: Proceedings of the 25th ACM International Conference on Multimedia. New York: Association for Computing Machinery, 2017.

[2] BRODER A Z. Computational advertising and recommender systems [C] //PU P, et al. RecSys '08: Proceedings of the 2008 ACM Conference on Recommender Systems. New York: Association for Computing Machinery, 2008.

[3] BRODER A, GABRILOVICH E, JOSIFOVSKI V. Information retrieval challenges in computational advertising [C] //CRESTANI F, MARCHAND-MAILLET S. SIGIR '10: Proceedings of the 33rd International ACM SIGIR Conference on Research and Development in Information Retrieval. New York: Association for Computing Machinery, 2010.

[4] REX B. Advertising on the Web: is there response before click-through? [J]. Journal of advertising research, 1997 (37): 33 - 45.

[5] BRODER A. Highly dimensional problems in computational advertising [C] //Joint European Conference on Machine Learning and Knowledge Discovery in Databases. Heidelberg: Springer, 2011: 5.

[6] CHEN G, WANG T F, XIE P H. Understanding programmatic creative: the role of AI [J]. Journal of advertising, 2019 (4): 347 - 355.

[7] DAVE K, VARMA V. Computational advertising: techniques for targeting relevant ads [J]. Foundation and tends in information retrieval, 2014, 8 (4 - 5): 263 - 418.

［8］NOORT G V，HIMELBOIM I，MARTIN J，et al. Introducing a model of automated brand-generated content in an era of computational advertising［J］. Journal of advertising，2020（4）：411－427.

［9］SORIANO J，AU T，BANKS D. Text mining in computational advertising［J］. Statistical analysis and data mining，2013（4）：273－285.

［10］HUH J，MALTHOUSE E C. Advancing computational advertising：conceptualization of the field and future directions［J］. Journal of advertising，2020（4）：367－376.

［11］YUN J T，SEGIJN C M，PEARSON S，et al. Challenges and future directions of computational advertising measurement systems［J］. Journal of advertising，2020（4）：446－458.

［12］LAZER D，PENTLAND A，ADAMIC L，et al. Computation social science［J］. Science，2009（5915）：721－723.

［13］LI H. Special section introduction：artificial intelligence and advertising［J］. Journal of advertising，2019（4）：333－337.

［14］HELBERGER N，HUH J，MILNE G，et al. Macro and exogenous factors in computational advertising：key issues and new research directions［J］. Journal of advertising，2020，49（4）：377－393.

［15］NELSON M R，et al. Computational advertising and big data：implications for education［C］//Proceedings of the 2014 Conference of American Academy of Advertising. Pittsboro：AAA，2014：2－3.

［16］NELSON P. Advertising as information［J］. The journal of political economy，1974（4）：729－754.

［17］QIN X B，JIANG Z B. The impact of AI on the advertising process：the Chinese experience［J］. Journal of advertising，2019（4）：338－346.

［18］SHARIAT S，ORTEN B，DASDAN A. Online evaluation of bid prediction models in a large-scale computational advertising platform：decision making and insights［J］. Knowledge and information systems，2017（51）：37－60.

［19］ARAUJO T，COPULSKY J R，HAYES J L，et al. From purchasing exposure to fostering engagement：brand-consumer experiences in the emerging computational advertising landscape［J］. Journal of advertising，2020（4）：428－445.

［20］VALITUTTI A，STRAPPARAVA C，Stock O. Textual affect sensing for computational advertising［C］//VENTURA D，MAHER M L，COLTON S. Creative Intelligent Systems：Papers from the AAAI Spring Symposium. Menlo Park：AAAI Press，2008：117－122.

［21］WARREN S D，BRANDEIS L D. The right to privacy［J］. Harvard law review，1890，4（5）：193.

［22］DENG S S，TAN C W，WANG W J，et al. Smart generation system of personalized advertising copy and its application to advertising practice and research［J］. Journal of advertising，2019（4）.

［23］NOVAK T P，HOFFMAN D L. New metrics for new media：toward the development of web measurement standards [J]. World Wide Web journal，1997 (4).

国内论文

[1] 德什潘德，斯图尔特，列皮特，等．理解分布式账本技术/区块链：挑战、机遇和未来标准 [J]. 信息安全与通信保密，2017 (12)：20-29.

[2] 本刊编辑部．Ad Network 的春天 [J]. 广告大观（综合版），2011 (4)：90.

[3] 蔡立媛，李晓．人工智能广告侵犯隐私的风险与防御 [J]. 青年记者，2020 (18)：93-94.

[4] 蔡润珩．场景融合营销中计算广告作用研究 [D]. 开封：河南大学，2019.

[5] 陈纯柱，王唐艳．大数据时代精准广告投放的隐私权保护研究 [J]. 学术探索，2020 (4)：105-112.

[6] 陈冠男．新媒体网络广告效果评估指标及运用分析 [J]. 今传媒，2013 (2)：101-102.

[7] 陈培爱，陈洪波．新媒体时代广告业发展核心力量的关系研究：基于技术、媒体与创意的分析 [J]. 玉林师范学院学报，2018 (1)：2-8.

[8] 陈思．大数据背景下基于网络整合数据的消费者行为分析 [J]. 新闻传播，2013 (8)：23-24.

[9] 陈万锋．人工智能创意，进展到第几阶了？[J]. 中国广告，2019 (9)：70-72.

[10] 柴林麟．大数据时代下互联网广告及计算广告学的应用研究 [J]. 信息与电脑（理论版），2015 (16)：29-31，56.

[11] 曹鹏．仿真流程数据管理平台 [J]. 中国制造业信息化（应用版），2011 (3)：47-49.

[12] 戴世富，韩晓丹．大数据应用下粉丝营销的商业价值初探 [J]. 东南传播，2014 (7)：25-27.

[13] 董雅丽，陶李．整合营销战略 [J]. 企业管理，2004 (6)：30-32.

[14] 段淳林．计算广告的发展对广告学的冲击与挑战 [J]. 中国广告，2020 (11)：26-28.

[15] 段淳林，杨恒．数据、模型与决策：计算广告的发展与流变 [J]. 新闻大学，2018 (1)：128-136.

[16] 段淳林，任静．智能广告的程序化创意及其 RECM 模式研究 [J]. 新闻大学，2020 (2)：17-31.

[17] 范希文．金融科技的赢家、输家和看家 [J]. 金融博览，2017 (21)：42-43.

[18] 方金尧．浅谈报业“广告套餐”的广告投放 [J]. 经济研究导刊，2011 (25)：214，222.

[19] 范兴兵．基于大数据的第三方供应链物流企业客户关系管理研究：以安徽 CJ 供应链物流有限公司为例 [J]. 吉首大学学报（社会科学版），2019 (S1)：126-128.

[20] 冯仕政，陆美贺．社会计算如何可能？[J]. 贵州师范大学学报（社会科学版）. 2016 (6)：27-30.

[21] 付溢．区块链交易数据隐私保护研究与实现 [D]. 北京：北京交通大学，2019.

[22] 宫学庆，王立，何晓丰．基于用户分组的广告定位（英文）[J]. 华东师范大学学报（自然科学版），2013 (3)：70-78.

[23] 郭庆涛，郑滔．计算广告的匹配算法综述 [J]. 计算广告工程，2011 (4)：222-224，

233.

［24］郭潇雨．基于 LBS 大数据的营销应用［J］．广西质量监督导报，2019（8）：211，188.

［25］韩丹阳．客户关系管理在企业市场营销中的价值与运用探析［J］．现代营销（经营版），2020（11）：162－163.

［26］韩静．在线广告 DSP 平台实时竞价算法的研究与实现［D］．上海：上海交通大学，2015.

［27］韩鸿，彭璟．论智媒时代社交媒体的社会责任：对 2016 美国大选中 Facebook 假新闻事件的反思［J］．新闻界，2017（5）：86－93.

［28］韩威，王敏又．网络不良信息的法律规制［J］．法制与社会，2015（3）：62－63，67.

［29］何家瑞．广告精准化的策划与投放策略［J］．企业改革与管理，2013（4）：74－75.

［30］何平华．广告产业变迁与广告教育变革及理论建设刍议［J］．中国广告，2020（12）：23－26.

［31］何元烈，汪玲．“Visual C＋＋”在“人工智能”教学中的应用与探讨［J］．广东工业大学学报（社会科学版），2018（7）：220－222.

［32］胡晓峰．计算广告：“技术＋数据＋内容”的综合运用［J］．电脑知识与技术，2015，11（19）：94－95.

［33］胡翼青．对“魔弹论”的再思考［J］．国际新闻界，2009（8）：38－41.

［34］黄合水，方菲．广告的演变及其本质：基于 1622 条教科书广告定义的语义网络分析［J］．新闻与传播研究，2019，26（12）：84－96.

［35］黄琦翔，鞠宏磊．大数据时代广告创意的新趋势［J］．浙江传媒学院学报，2016，32（2）：54－57.

［36］纪文迪，王晓玲，周傲英．广告点击率估算技术综述［J］．华东师范大学学报（自然科学版），2013（3）：2－14.

［37］蒋润祥，魏长江．区块链的应用进展与价值探讨［J］．甘肃金融，2016（2）：19－21.

［38］姜智彬，马欣．领域、困境与对策：人工智能重构下的广告运作［J］．新闻与传播评论，2019（3）：56－63.

［39］景东，邓媛媛．论计算广告的形式及其审美特征［J］．哈尔滨工业大学学报（社会科学版）．2011（1）.

［40］鞠宏磊，李欢．程序化购买广告造假问题治理难点［J］．中国出版，2019（2）：31－34.

［41］鞠宏磊，李欢．精准广告相关隐私问题的规制原则与策略［J］．编辑之友，2016（6）：96－99.

［42］鞠宏磊，李欢．程序化购买广告造假问题的主要类型及影响［J］．编辑之友，2019（1）：61－64.

［43］李平，倪嵎．虚拟现实技术对广告形态与业态的变革之研究：广告形态与业态或将又面临一次变革［J］．中国广告，2016（11）：100－107.

［44］李强，陈然，戚江一，等．基于主机特征的 Cookie 安全研究［J］．保密科学技术，2011（4）：23－25.

［45］李建会．走向计算主义［J］．自然辩证法通讯，2003（3）：31－36.

[46] 李文森，王少杰，伍旭川，等．数字货币可以履行货币职能吗？[J]. 新理财，2017 (6)：25-28.

[47] 林升栋．网络广告的规范与管理 [J]. 广告大观，2001 (4)：83-85.

[48] 林雨夕．云计算：大数据时代唯一选择 [J]. 广告主，2012 (5)：78-79.

[49] 刘丹．云计算环境下移动广告联盟运营模式研究 [D]. 哈尔滨：哈尔滨理工大学，2013.

[50] 刘芳先，宋顺林．改进的协同过滤推荐算法 [J]. 计算机工程与应用，2011 (8)：72-75.

[51] 刘俊冉．区块链风口下数字广告营销的发展 [J]. 青年记者，2019 (12)：87-88.

[52] 刘谦，朱锁，周柚．基于CRM的主动服务和精准营销 [J]. 信息通信，2016 (10).

[53] 刘庆振．计算广告学：大数据时代的广告传播变革：以“互联网+”技术经济范式的视角 [J]. 现代经济探讨，2016 (2)：87-91.

[54] 刘庆振．“互联网+”背景下计算广告技术体系的创新与应用 [J]. 新闻界，2016 (2)：63-67.

[55] 吕尚彬，郑新刚．计算广告的兴起背景、运作机理和演进轨迹 [J]. 山东社会科学，2019 (11).

[56] 吕新雨，赵月枝，等．生存，还是毁灭：“人工智能时代数字化生存与人类传播的未来”圆桌对话 [J]. 新闻记者，2018 (6)：28-42.

[57] 罗晓慧．浅谈云计算的发展 [J]. 电子世界，2019 (8)：104.

[58] 马乐．基于Andriod平台的侦控木马的研究与实现 [D]. 西安：西安科技大学，2017.

[59] 马澈．关于计算广告的反思：互联网广告产业、学理和公众层面的问题 [J]. 新闻与写作，2017 (5)：20-26.

[60] 马澈．计算广告对数字媒体的影响：基于技术、数据和市场的重构 [J]. 中国出版，2017 (24)：54-57.

[61] 钱飞龙．网络不良信息治理研究 [D]. 北京：中央民族大学，2009.

[62] 秦雪冰．人工智能应用下广告产业的人力资本变迁研究 [J]. 新闻大学，2019 (6)：108-119.

[63] 戎文晋，陈宁昱．计算广告的历史、现状及未来 [J]. 程序员，2014 (4)：126-128.

[64] 孙宁．网络虚假广告的法律规制研究 [D]. 大连：东北财经大学，2015.

[65] 谭辉煌．人工智能时代广告业的变革、价值反思与未来展望 [J]. 广告大观（理论版），2020 (5)：41-47.

[66] 谭辉煌，张帆，钱涛．媒体智能化趋势下广告运作模式的嬗变与重构 [J]. 新媒体与社会，2018 (3)：24-26.

[67] 铁生．流量劫持能有多大危害？[J]. 计算机与网络，2014 (8)：48-51.

[68] 王斌．流量劫持是中国互联网公司“特色”竞争方式 [J]. 通信世界，2016 (1)：9.

[69] 王成军．计算传播学：作为计算社会科学的传播学 [J]. 中国网络传播研究，2014 (8)：193-206.

[70] 王红缨．中国本土广告公司省广股份的数字化转型发展 [J]. 新媒体研究，2019 (18)：

66 - 67.

[71] 王博，孟丽君．数字技术改变户外广告 [J]．现代广告，2012 (10)：56 - 57.

[72] 王佳炜，杨艳．移动互联网时代程序化广告的全景匹配 [J]．当代传播，2016 (1)：92 - 95.

[73] 王利强，刘正捷，张丽萍，等．网站用户行为数据收集和分析方法 [J]．电脑开发与应用，2004 (2).

[74] 中国广告协会互动网络委员会．中国移动互联网广告标准 [S]．北京：中国广告协会，2015.

[75] 网站流量认证有了新标准 [N]．通信世界，2000 - 01 - 18 (2).

[76] 闻珊．行动者网络理论下计算广告的伦理问题与对策研究 [D]．广州：华南理工大学，2020.

[77] 武飞飞．浅析大数据时代背景下客户关系管理 [J]．工程管理前沿，2019 (17).

[78] 吴然．大数据时代下的客户关系管理应用 [J]．数字通信世界，2020 (9)：201 - 202.

[79] 吴瑕．网络新媒介广告经营模式探析 [J]．企业导报，2012 (12)：101.

[80] 吴忠斌．关于计算广告相关算法的解析 [J]．电子世界，2017 (21)：34 - 35.

[81] 邢庆亮．RTB 产业链调查：聚集 RTB 产业链 [J]．广告主，2013 (6)：30 - 37.

[82] 许子明，田杨锋．云计算的发展历史及其应用 [J]．信息记录材料，2018 (8)：66 - 67.

[83] 颜龙杰．基于近邻评分预测的协同过滤推荐算法 [J]．软件，2013 (8)：63 - 66.

[84] 杨晓燕．中国消费者行为研究综述 [J]．经济经纬，2003 (1)：56 - 58.

[85] 杨勇，林旭．"人工智能＋教育"视域下职业教育"金课"建设 [J]．中国职业技术教育，2019 (8)：69 - 74.

[86] 尹昱文．区块链技术在数字广告中的应用研究 [J]．现代信息科技，2019 (9)：197 - 198.

[87] 姚忠将，葛敬国．关于区块链原理及应用的综述 [J]．科研信息化技术与应用，2017 (2)：3 - 17.

[88] 袁勇，王飞跃．区块链技术发展现状与展望 [J]．自动化学报，2016 (4)：481 - 494.

[89] 泽恩．"人工智能＋教育"变革任重道远 [J]．上海企业，2019 (6)：52 - 53.

[90] 曾之明．颠覆未来的黑科技：区块链的世界你懂不懂 [J]．金融经济（市场版），2017 (7)：36 - 37.

[91] 曾妍．谷歌推广告交易平台 [J]．电脑爱好者，2012 (9)：75.

[92] 曾琼．突破与重构：大数据时代的计算广告学研究 [J]．湖南师范大学社会科学学报，2019 (5)：150 - 156.

[93] 翟莉．浅析广告植入的技巧 [J]．商情，2011 (2)：116.

[94] 占安居．运营商移动互联网广告发展策略 [J]．通信企业管理，2012 (8)：60 - 61.

[95] 张超．新闻生产中的算法风险：成因、类型与对策 [J]．中国出版，2018 (13)：38 - 42.

[96] 张辉锋，金韶．投放精准及理念转型：大数据时代互联网广告的传播逻辑重构 [J]．当代传播，2013 (6)：41 - 43.

[97] 张辉锋，吴文汐．消费者情境的发掘：大数据时代广告投放的新水平 [J]. 西北大学学报（哲学社会科学版），2014，44（4）：156－161.

[98] 张良悦，杨先顺．大数据精准广告的伦理问题和路径分析：基于消费者感知的实证研究 [J]. 传媒观察，2020（5）：67－75.

[99] 张清．当高等教育遇到人工智能 [N]. 中国科学报，2019－06－12.

[100] 张新涛．大场景模型数据算法应用研究 [D]. 北京：北京交通大学，2009.

[101] 张朝孝，王旭，杨小菊．对传统营销理论框架的反思 [J]. 中小企业管理与科技（上旬刊），2020（19）：165－167.

[102] 赵斌．云计算安全风险与安全技术研究 [J]. 电脑知识与技术，2019（2）：27－28.

[103] 赵博．浅析期货程序化交易 [J]. 中国外资（下半月），2012（8）：245－246.

[104] 赵子毅．基于 DSP 的液位检测系统关键技术研究 [D]. 南京：南京林业大学，2011.

[105] 郑洁，康晓岚．"人工智能＋大数据"与财经类高校教学的互联网化改革 [J]. 湖北经济学院学报（人文社会科学版），2019（6）：139－141.

[106] 钟夏泉．大数据与用户画像在计算广告发展中的应用研究 [D]. 广州：华南理工大学，2017.

[107] 周傲英，周敏奇，宫学庆．计算广告：以数据为核心的 Web 综合应用 [J]. 计算机学报，2011（10）：1805－1819.

[108] 周进，安涛．"人工智能＋"教育：机遇与挑战 [C] //江苏省教育信息化工程技术研究中心．第 16 届教育技术国际论坛暨首届智慧教育国际研讨会，2017.

[109] 周琪．程序化营销三步曲 [J]. 电脑与电信，2013（10）：4－6.

[110] 周晓晗．基于 SIPS 模型的知识付费类 APP 营销策略研究：以"流利说·阅读"为例 [J]. 西部广播电视，2020（19）：7－9.

[111] 周文娟．"人工智能＋"时代的教育变革路向研究 [J]. 郑州轻工业学院学报（社会科学版），2018（6）：62－70.

[112] 朱岩，甘国华，邓迪，等．区块链关键技术中的安全性研究 [J]. 信息安全研究，2016（12）：1090－1097.

[113] 祝彩云．广告中的语用与背景研究 [J]. 价值工程，2004（8）：19－21.

著作

[1] 阿里巴巴商学院．数据化营销 [M]. 北京：电子工业出版社，2016.

[2] 安泽．消费者行为心理学 [M]. 苏州：古吴轩出版社，2019.

[3] 长铗，韩锋，杨涛．区块链：从数字货币到信用社会 [M]. 北京：中信出版社，2016.

[4] 陈峰．消费者行为心理学 [M]. 北京：中国纺织出版社有限公司，2019.

[5] 陈积银，杨玉华．智能推荐型视频广告研究 [M] //李本乾，吴舫．智能传播：机遇与挑战：第二辑．上海：上海交通大学出版社，2019.

[6] 陈培爱．广告学概论 [M]. 北京：高等教育出版社，2004.

[7] 陈绚．广告伦理与法规 [M]. 北京：中国人民大学出版社，2015.

[8] 崔保国，等．传媒蓝皮书：中国传媒产业发展报告（2020）[M]. 北京：社会科学文献出版社，2020.

[9] 陈韵博．程序化广告的道与术：数据技术时代的营销变革 [M]. 北京：社会科学文献出版社，2020.

[10] 陈正辉．广告伦理学 [M]. 上海：复旦大学出版社，2008.

[11] 段淳林．整合品牌传播：从 IMC 到 IBC 的理论构建 [M]. 广州：世界图书出版广东有限公司，2014.

[12] 段淳林，张庆园．计算广告 [M]. 北京：人民出版社，2019.

[13] 范慧君．网络广告实务 [M]. 合肥：合肥工业大学出版社，2015.

[14] 郭松克．市场营销学 [M]. 北京：北京大学出版社，2017.

[15] 侯玥．网络广告创意与设计 [M]. 北京：中国传媒大学出版社，2017.

[16] 贾丽军．智能营销：从 4P 时代到 4E 时代 [M]. 北京：中国市场出版社，2017.

[17] 金定海，郑欢．广告创意学 [M]. 北京：高等教育出版社，2008.

[18] 鞠宏磊．大数据时代的精准广告 [M]. 北京：人民日报出版社，2015.

[19] 李晶，等．广告效果理论与评价 [M]. 北京：社会科学文献出版社，2014.

[20] 李淑芳．广告伦理研究 [M]. 北京：中国传媒大学出版社，2009.

[21] 梁丽丽．程序化广告：个性化精准投放实用手册 [M]. 北京：人民邮电出版社，2017.

[22] 林升梁．网络广告原理与实务 [M]. 厦门：厦门大学出版社，2007.

[23] 林升梁．整合品牌传播学 [M]. 厦门：厦门大学出版社，2008.

[24] 刘军．公共关系学 [M]. 北京：机械工业出版社，2006.

[25] 刘鹏，王超．计算广告：互联网商业变现的市场与技术 [M]. 北京：人民邮电出版社，2015.

[26] 刘庆振，赵磊．计算广告学：智能媒体时代的广告研究新思维 [M]. 北京：人民日报出版社，2016.

[27] 刘鹏．云计算 [M]. 3 版．北京：电子工业出版社，2015.

[28] 江波，等．广告效果测评 [M]. 北京：中国广播电视出版社，2002.

[29] 刘友林．网络广告实务 [M]. 北京：中国广播电视出版社，2003.

[30] 罗丹，马明泽．信息流广告实战：今日头条、百度、腾讯三大平台全解析 [M]. 北京：电子工业出版社，2019.

[31] 马莉婷．客户关系管理基础与实践 [M]. 北京：北京理工大学出版社，2019.

[32] 巴拉巴西．爆发：大数据时代预见未来的新思维 [M]. 马慧，译．北京：中国人民大学出版社，2012.

[33] 科特勒，卡塔加雅，塞蒂亚万．营销革命 3.0：从产品顾客，再到人文精神 [M]. 毕崇毅，译．北京：机械工业出版社，2011.

[34] 乔治．信息技术与企业伦理 [M]. 李布，译．北京：北京大学出版社，2005.

[35] 奎因．互联网伦理：信息时代的道德重构 [M]. 王益民，译．北京：电子工业出版社，2016.

[36] 尼葛洛庞帝．数字化生存 [M]. 3 版．胡泳，范海燕，译．海口：海南出版社，1997.

[37] 贝尔齐 G E，贝尔齐 M A. 广告与促销：整合营销传播展望 [M]. 张红霞，李志宏，译．大连：东北财经大学出版社，2000.

[38] 阿伦斯．当代广告学 [M]. 丁俊杰，程坪，钟群，译．北京：人民邮电出版社，2005.

[39] 牛温佳，刘吉强，石川，等．用户网络行为画像 [M]. 北京：电子工业出版社，2016.

[40] 曲海佳．互联网 DSP 广告揭秘：精准投放与高效转化之道 [M]. 北京：人民邮电出版社，2016.

[41] 全国信息安全标准化技术委员会．信息安全技术 个人信息安全规范 [S]. 北京：中国标准出版社，2017.

[42] 全国信息安全标准化技术委员会．信息安全技术 公共及商用服务信息系统个人信息保护指南 [S]. 北京：中国标准出版社，2013.

[43] 戎文晋，张茜．互联网广告的市场设计 [M]. 北京：电子工业出版社，2015.

[44]《思想道德修养与法律基础》编写组．思想道德修养与法律基础 [M]. 8 版．北京：高等教育出版社，2018.

[45] 宋安．转化率：网络广告方法、流程和案例 [M]. 厦门：厦门大学出版社，2011.

[46] 苏高．大数据时代的营销与商业分析 [M]. 北京：中国铁道出版社，2014.

[47] 唐绪军，等．中国新媒体发展报告．No. 11，2020 [M]. 北京：社会科学文献出版社，2020.

[48] 王鹏．走近云计算 [M]. 北京：人民邮电出版社，2009.

[49] 王晓华．广告效果 [M]. 北京：高等教育出版社，2012.

[50] 王艺湘．广告策划与媒体创意 [M]. 北京：中国轻工业出版社，2017.

[51] 王煜全．暗趋势：藏在科技浪潮中的商业机会 [M]. 北京：中信出版社，2019.

[52] 卫军英．整合营销传播：观念与方法 [M]. 杭州：浙江大学出版社，2005.

[53] 文丹枫，朱海，等．IT 到 DT：大数据与精准营销 [M]. 沈阳：万卷出版公司，2015.

[54] 吴俊．程序化广告实战 [M]. 北京：机械工业出版社，2017.

[55] 杨旭，汤海京，丁刚毅．数据科学导论 [M]. 2 版．北京：北京理工大学出版社，2017.

[56] 杨志杰，李思达．数字化广告运营：智能营销时代的精准投放法则 [M]. 北京：人民邮电出版社，2018.

[57] 扎拉奇，斯图克．算法的陷阱：超级平台、算法垄断与场景欺骗 [M]. 余潇，译．北京：中信出版社，2018.

[58] 达格代尔，兰伯特．智慧营销：精准销售新策略 [M]. 陈青，等译．上海：格致出版社，2011.

[59] 巴纳特．你一定爱读的极简未来史 [M]. 侯永山，译．北京：北京联合出版公司，2019.

[60] 伊斯特，等．消费者行为：基于数据的营销决策（第 2 版）[M]. 钟科，译．上海：格致出版社，2018.

[61] 余仕麟．伦理学要义 [M]. 成都：巴蜀书社，2010.

[62] 张健．区块链：定义未来金融与经济新格局 [M]. 北京：机械工业出版社，2016.

[63] 张伦，王成军，许小可．计算传播学导论 [M]. 北京：北京师范大学出版社，2018.

[64] 张树庭．广告教育定位与品牌塑造 [M]. 北京：中国传媒大学出版社，2005.

[65] 张文显．法理学 [M]. 4 版．北京：高等教育出版社，2011.

[66] 张亚东．在线广告：互联网广告系统的架构及算法 [M]. 北京：清华大学出版社，2019.

[67] 赵国栋，等．大数据时代的历史机遇：产业变革与数据科学 [M]. 北京：清华大学出版社，2013.

[68] 彭小东，赵明辉．一本书读懂大数据营销 [M]. 重庆：重庆出版社，2015.

[69] 赵守香，唐胡鑫，熊海涛．大数据分析与应用 [M]. 北京：航空工业出版社，2015.

[70] 曾鸣．智能商业 [M]. 北京：中信出版社，2018.

[71] 钟书平，刘庆振．计算广告概论 [M]. 北京：中国传媒大学出版社，2021.

[72] 周辉．网络广告治理比较研究 [M]. 北京：中国社会科学出版社，2018.

[73] 周辉．中国网络广告发展与法治研究 [M]. 北京：中国社会科学出版社，2019.

[74] 周志华．机器学习 [M]. 北京：清华大学出版社，2016.

[75] ZEFF R，ARONSON B. Advertising on the internet [M]. New York：John Wiley & Sons，Inc.，1997：77.

网站

[1] 艾瑞咨询．2020 年中国网络广告市场年度洞察报告 [EB/OL].（2020 - 07 - 10）[2021 - 07 - 17]. https://www.sohu.com/a/406792460_445326.

[2] AlibabaDesign. 单日 2684 亿的背后：阿里智能产品鹿班的再次裂变 [EB/OL].（2019 - 11 - 27）[2021 - 07 - 17]. https://mp.weixin.qq.com/s/6R00bo6UYRK2VunUTeffIg.

[3] 阿里妈妈．阿里妈妈联合淘宝直播发布最新直播营销报告 [EB/OL].（2020 - 06 - 16）[2021 - 07 - 17]. https://www.alimama.com/index.htm#！/marketing-insight/article-detail?id=5ee8660831a1e30c701cb208&pk ey=insight&skey=ai.

[4] 安妮．京东物流战疫样本：智能供应链发力“新基建”布局引发超叠加效应 [EB/OL].（2020 - 03 - 18）[2021 - 07 - 17]. https://news.mydrivers.com/1/678/678460.htm.

[5] AppsFlyer 官网．Device ID 重置作弊：移动应用营销人员面临的新威胁 [EB/OL].（2021 - 01 - 28）[2021 - 07 - 17]. https://www.appsflyer.com/cn/resources/deviceid-reset-fraud-data-study/.

[6] 百度百科．区块链 [EB/OL].（2020 - 10 - 21）[2021 - 07 - 17]. https://baike.baidu.com/item/%E5%8C%BA%E5%9D%97%E9%93%BE/13465666?fr=aladdin.

[7] 板钉云．大数据时代下的客户关系管理 [EB/OL].（2021 - 03 - 07）[2021 - 07 - 17]. http://www.shjade.com.cn/page98?article_id=44.

[8] 北京华通明略信息咨询有限公司/北京秒针信息咨询有限公司．IAB 发布数字广告评估五大原则 iGRP 或成跨媒体标准 [EB/OL].（2011 - 07 - 11）[2021 - 07 - 17]. https://www.prnasia.com/story/48015-1.shtml.

[9] 北京市习近平新时代中国特色社会主义思想研究中心．经济时评：流量造假已成“毒瘤”，警惕五大危害 [EB/OL].（2019 - 10 - 28）[2021 - 07 - 17]. http://baijiahao.baidu.com/s?id=1648593815062560962&wfr=spider&for=pc.

[10] 璧合科技．这些程序化广告技术算法，你 get 到了吗？ [EB/OL].（2016 - 12 - 01）[2021 - 07 - 17]. http://blog.sina.com.cn/s/blog_b6a366490102wpfo.html.

[11] 不安奇亚籽．计算广告时代，广告人要了解的四个新趋势 [EB/OL].（2018 - 06 - 12）[2021 - 07 - 17]. https://www.jianshu.com/p/375e0b841a9d.

[12] 不领白不领的白领街．综艺节目的线下互动竟然可以这样玩，《姐姐好饿 2》AR 刚刚刷爆朋友圈 [EB/OL].（2017 - 07 - 07）[2021 - 07 - 17]. https://mp.weixin.qq.com/s/KL3EWfFEPrZTmnCZRo_FDQ.

[13] Campaign Asia-Pacific. 蒂芙尼中国的程序化直接购买（PDB）尝试 [EB/OL].（2016 - 10 - 11）[2021 - 07 - 17]. https://www.campaignchina.com/article/430405.

[14] 陈运红．区块链将如何重构广告业生态系统？[EB/OL].（2018 - 05 - 22）[2021 - 07 - 17]. https://36kr.com/p/1722533183489.

[15] 成功营销．宜家：家具难题，AR 来帮你 [EB/OL].（2018 - 04 - 09）[2021 - 07 - 17]. https://mp.weixin.qq.com/s/jefcoE9emQKQRggy-6monA.

[16] 创业邦．打造 AI 创意平台，「筷子科技」用技术驱动创意资产管理 [EB/OL].（2020 - 06 - 19）[2021 - 07 - 17]. https://www.cyzone.cn/article/590568.html.

[17] Clairliu. 如何构建用户画像来实现精准营销？[EB/OL].（2017 - 11 - 03）[2021 - 07 - 17]. https://blog.csdn.net/clairliu/article/details/78438335.

[18] Csdn0006. 计算广告笔记 06 -程序化交易广告 [EB/OL].（2020 - 07 - 14）[2021 - 07 - 17]. https://blog.csdn.net/csdn0006/article/details/107345023.

[19] Cserchen. 广告计算中的 AUC 和 ROC 曲线 [EB/OL].（2012 - 05 - 04）[2021 - 07 - 17]. https://blog.csdn.net/cserchen/article/details/7535182.

[20] 崔婧．阿里"玩"大数据：从"淘数据"起步 [EB/OL].（2013 - 04 - 27）[2021 - 07 - 17]. http://www.ebrun.com/20130427/72297.shtml.

[21] HAN D. 区块链是什么？如何简单易懂地介绍区块链？[EB/OL].（2016 - 09 - 29）[2021 - 07 - 17]. https://www.zhihu.com/question/37290469/answer/295007121?from=singlemessage.

[22] GA 小站．程序化广告生态圈（11）：需求方服务平台 [EB/OL].（2019 - 01 - 06）[2021 - 07 - 17]. https://www.ichdata.com/programmatic-advertising-ecosystem-demand-side-service-platform.html.

[23] LI G. 计算广告与推荐系统有哪些区别？[EB/OL].（2019 - 03 - 22）[2021 - 07 - 17]. https://www.zhihu.com/question/19662693/answer/629652939.

[24] Gg-123. 广告 ctr 预估中的几个问题 [EB/OL].（2019 - 05 - 10）[2021 - 07 - 17]. https://blog.csdn.net/u012762419/article/details/90084155.

[25] 光子 AR.《AR+广告行业趋势》变革已经开始 [EB/OL].（2019 - 06 - 24）[2021 - 07 - 17]. https://mp.weixin.qq.com/s/atSGTRlo_4367crdMYH5CA.

[26] 哈佛商业评论．沃尔玛：一切创新都将围绕个性化顾客体验 [EB/OL].（2019 - 01 - 15）[2021 - 07 - 17]. https://www.hbrchina.org/2019-01-25/7094.html.

[27] 行家说 Talk. 解码近期爆红的裸眼 3D LED 巨幕屏 [EB/OL].（2020 - 11 - 20）[2021 - 07 - 17]. https://mp.weixin.qq.com/s/7kOTmpag_aTMhIsdZNwHHQ.

[28] 黑晶科技．扛起颠覆性营销大旗，AR 究竟赢在哪里？（上）[EB/OL].（2019 - 04 - 01）

[2021-07-17]. https://mp. weixin. qq. com/s/JojH7HVITFEnDXbYZ-HSOg.

[29] 黑马营销. 从自动化走向智能化? 首先你要接入 Marketing API [EB/OL]. (2020-06-03) [2021-07-17]. https://www. sohu. com/a/399521335_151313.

[30] 侯德诚, 蒲仁伟, 周嘉, 等. 2020 年中国消费者调查报告: 中国消费者多样化"脸谱" [EB/OL]. (2019-12-20) [2021-07-17]. http://www. 199it. com/archives/983993. html.

[31] 黄业忠. ATD 程序化广告采购交易平台 [EB/OL]. (2019-02-28) [2021-07-17]. https://www. ichdata. com/agency-trading-desk. html.

[32] 黄业忠. 程序化创意领域里第二名就是最后一名 [EB/OL]. (2020-07-30) [2021-07-17]. https://www. ichdata. com/the-second-place-is-the-last-place-in-the-field-of-programmatic-creativity. html.

[33] IAB. IAB Programmatic Revenue Report 2014 Results [EB/OL]. (2015-02-20) [2021-07-17]. https://www. iab. com/wp-content/uploads/2015/07/PwC_IAB_Programmatic_Study. pdf

[34] 界面新闻. 成谷歌首批创意技术提供商后, 筷子科技完成数千万 A+轮融资 [EB/OL]. (2020-06-01) [2021-07-17]. https://baijiahao. baidu. com/s?id=1668298424264160987&wfr=spider&for=pc.

[35] JS 数据大视野. 实战: 2019 亚马逊 A9 算法高级 SEO 策略详解 [EB/OL]. (2019-01-17) [2021-07-17]. http://www. 100ec. cn/detail--6492027. html.

[36] 大数据百度百科 [EB/OL]. (2020-10-15) [2021-07-17]. https://baike. baidu. com/item/%E5%A4%A7%E6%95%B0%E6%8D%AE/1356941?fr=aladdin.

[37] 筷子科技. 2016 程序化创意行业指南 [EB/OL]. (2015-11-24) [2021-07-17]. http://img. kuaizi. co/static/v2. 0/file/LearnPCP. pdf.

[38] 筷子科技. 智能创意生产及协作 SaaS 平台 [EB/OL]. (2021-01-31) [2021-07-17]. https://kuaizi. ai/zh/pc/.

[39] 雷锋网. 解密阿里妈妈"AI 智能文案": 1 秒钟 20000 条背后的奥秘 [EB/OL]. (2018-06-21) [2021-07-17]. https://www. sohu. com/a/237039005_114877.

[40] 雷曼光电. 来北京路, 看雷曼光电 1200m² 8K 超高清裸眼 3D 曲面屏 [EB/OL]. (2020-09-27) [2021-07-17]. https://mp. weixin. qq. com/s/aIIre4Su7n9_S9Jw2jfWYw.

[41] 李岩, 王梦然. 记者卧底揭微信刷量"黑幕" 1800 元能买 10 万+ [EB/OL]. (2016-10-14) [2021-07-17]. https://henan. qq. com/a/20161014/005680. htm.

[42] 梁丽丽. 品牌程序化广告投放指南 [EB/OL]. (2017-03-03) [2021-07-17]. https://www. sunteng. com/downloadbrdpdf.

[43] 梁丽丽. 什么是 marketing API? [EB/OL]. (2019-09-30) [2021-07-17]. https://www. energypie. cn/question/87.

[44] 梁丽丽. Trading Desk 指南 (1): Trading Desk 能带来什么价值? [EB/OL]. (2018-08-04) [2021-07-17]. https://www. energypie. cn/article/1.

[45] 梁丽丽. 由浅入深地聊聊广告平台的 MKT API 和 RTA (中) [EB/OL]. (2020-07-14) [2021-07-17]. https://zhuanlan. zhihu. com/p/346259191.

[46] 刘自强．为何说大数据精准广告并不靠谱？[EB/OL].（2015－11－26）[2021－07－17]. https://tech.sina.com.cn/zl/post/detail/i/2015-11-26/pid_8497189.htm.

[47] 蚂蚁特工AR. 国潮×AR，看哈啤如何玩转创意跨界 [EB/OL].（2018－12－31）[2021－07－17]. https://mp.weixin.qq.com/s/LWbXGCs-TQC4lEAOCvQj6g.

[48] 蚂蚁特工AR. 论果汁瓶身的AR玩法，我只服味全每日C！[EB/OL].（2019－08－23）[2021－07－17]. https://mp.weixin.qq.com/s/8Lbhr5625BcEX1RyWHkMHg.

[49] 媒大媒小内容植入服务平台．VR入侵广告营销，新一轮商业蓝图正在开启 [EB/OL].（2016－04－05）[2021－07－17]. https://mp.weixin.qq.com/s/WNEgwWeD0qXAQBdiopR4gA.

[50] 梅鹏超，王鹏远，王淑红．网络“软色情”的4大危害和5大治理之策 [EB/OL].（2020－06－12）[2021－07－17]. https://baijiahao.baidu.com/s?id=1669253047965972887&wfr=spider&for=pc.

[51] COPELAND M. 一篇文章讲清楚人工智能、机器学习和深度学习的区别 [EB/OL].（2020－05－04）[2021－07－17]. 曲晓峰，译．https://my.oschina.net/u/4584682/blog/4589055.

[52] Morketing. 2015年全球63亿美元将浪费在广告作弊流量上 [EB/OL].（2015－08－11）[2021－07－17]. https://www.toutiao.com/i5337039750/.

[53] 聂晓梅．广告效果测定的多种方法汇总 [EB/OL].（2015－06－26）[2021－07－17]. http://www.360doc.com/content/15/0626/21/22301776_480911860.shtml.

[54] def14723675486. 什么是云计算？[EB/OL].（2018－05－09）[2021－07－17]. https://www.cosmoplat.com/pc/community/topicDetail?id=2305397.

[55] 抖音号传播力指数DCI（V1.0）[EB/OL].（2021－03－09）[2021－07－17]. http://www.gsdata.cn/site/usage-16.

[56] 微信传播指数WCI（V14.2）[EB/OL].（2021－03－09）[2021－07－17]. http://www.gsdata.cn/site/usage/.

[57] 罗莎莎．遏制广告骚扰 江苏打算这样做 [EB/OL].（2019－02－18）[2021－07－17]. http://qdsf.qingdao.gov.cn/n3707475/n3707883/n32209676/190218162008651656.html.

[58] 群脉科技．大数据应用有哪些商业营销价值 [EB/OL].（2018－01－11）[2021－07－17]. https://www.sohu.com/a/215938565_443710.

[59] 新记者．对话丨戎文晋：关于计算广告的那些事儿 [EB/OL].（2017－10－10）[2021－07－17]. http://www.sohu.com/a/197357375_652687.

[60] RTB China.《中国程序化广告技术生态图》2020年中更新版发布 [EB/OL].（2020－06－29）[2021－07－17]. https://www.rtbchina.com/china-programmatic-ad-tech-landscape-2020-mid-year.html.

[61] SLUIS S. P&G's Pritchard: We Don't Want To Waste Time And Money On A Crappy Media Supply Chain [EB/OL].（2017－01－30）[2021－07－17]. https://adexchanger.com/ad-exchange-news/pgs-pritchard-dont-want-waste-time-money-crappy-media-supply-chain/.

[62] 市场监管总局．国家市场监督管理总局公布2018年典型虚假违法互联网广告案件 [EB/OL].（2018－07－20）[2021－07－17]. http://www.gov.cn/xinwen/2018－07/20/content_5307983.htm.

[63] 数安时代 GDCA. 大数据安全面临哪些风险及如何防护 [EB/OL]. (2019-04-16) [2021-07-17]. https://www.sohu.com/a/308306675_604699.

[64] 数据管理驾驶舱是什么，如何搭建? [EB/OL]. (2019-04-02) [2021-07-17]. http://www.jingzhengli.cn/baogao/f20080602.html.

[65] 数说故事．洞察“变心”的消费者，备战“后疫情时代” [EB/OL]. (2020-02-20) [2021-07-17]. https://kuaibao.qq.com/s/20200220A0SRO600.

[66] SocialBeta. VR 这么火! 这 10 个品牌的案例你看过了吗? [EB/OL]. (2016-03-25) [2021-07-17]. https://mp.weixin.qq.com/s/g4ElIpz9_qGW-0y8tlhZvA.

[67] 宋一松．计算广告与推荐系统有哪些区别? [EB/OL]. (2015-08-24) [2021-07-17]. https://www.zhihu.com/question/19662693/answer/60506017.

[68] 首席品牌官．品牌由千人一面走向一人千面的“千面英雄”时代 [EB/OL]. (2018-08-09) [2021-07-17]. https://baijiahao.baidu.com/s?id=1608283619575022387&wfr=spider&for=pc.

[69] 舜飞科技．干货 | 如何区分 RTB 和 Header Bidding [EB/OL]. (2018-09-05) [2021-07-17]. https://zhuanlan.zhihu.com/p/43796513.

[70] TopMarketing. 程序化购买，谁能敲响流量作弊的丧钟? [EB/OL]. (2016-05-17) [2021-07-17]. http://blog.sina.com.cn/s/blog_d6d51b390102wfw2.html.

[71] Viking Wong Wayne Tai. 原生广告 (Native Advertising) 是什么? 与传统数字广告有何区别 [EB/OL]. (2017-08-08) [2021-07-17]. https://www.xueerxing.com/gg/toufang/5901.html.

[72] VR 小喇叭．VR 眼镜营销，你造吗 [EB/OL]. (2017-04-06) [2021-07-17]. https://mp.weixin.qq.com/s/LrokcjGBItVcxPXNCi22Jg.

[73] 王喆．计算广告与推荐系统有哪些区别? [EB/OL]. (2019-07-22) [2021-07-17]. https://www.zhihu.com/question/19662693/answer/757347092.

[74] 网经社．GMV 超 4 500 亿元《中国直播电商数据报告》发布 [EB/OL]. (2020-09-24) [2021-07-17]. https://www.sohu.com/a/420550216_120491808.

[75] 半吊子全栈工匠．基于 AWS 的广告服务应用架构 [EB/OL]. (2015-02-05) [2021-07-17]. https://blog.csdn.net/wireless_com/article/details/43523337.

[76] 我的极刻．欺骗你眼睛，裸眼 3D 背后的奥秘! [EB/OL]. (2020-09-24) [2021-07-17]. https://mp.weixin.qq.com/s/1aB2InW3PL6XgT7d2rzfAg.

[77] 吴俊．广告主使用自有数据人群包几种常见玩法? [EB/OL]. (2020-03-12) [2021-07-17]. https://zhuanlan.zhihu.com/p/112041887.

[78] 唔哩头条．云计算安全的三个层面：技术风险、管理风险和法律风险 [EB/OL]. (2018-08-31) [2021-07-17]. http://cloud.idcquan.com/yaq/150076.shtml.

[79] 西普德科技．汇总 | 大数据应用常见的 6 种商业模式 [EB/OL]. (2018-09-13) [2021-07-17]. https://www.sohu.com/a/253751022_769894.

[80] 肖明超．解秘中国数字营销 10 年进化与未来趋势 [EB/OL]. (2019-05-21) [2021-07-17]. https://www.163.com/dy/article/EFLGEJQ90518TCH6.html.

[81] 新京报官微．2万元弹窗100万次，广告强推有考虑用户感受吗？[EB/OL]．(2019-11-09)[2021-07-17]．https://www.sohu.com/a/352634336_391294.

[82] 新浪财经．利用大数据预测，先要避免"冷启动偏差"！|数据科普[EB/OL]．(2020-02-22)[2021-07-17]．https://baijiahao.baidu.com/s?id=1692398052431755734&wfr=spider&for=pc.

[83] 新浪VR．得物APP黑科技新上线，AR虚拟试穿带来网购全新体验[EB/OL]．(2020-04-27)[2021-07-17]．http://vr.sina.com.cn/news/hz/2020-04-27/doc-iircuyvi0129922.shtml.

[84] 新营销传播研究．[期刊速览]广告中的人工智能[EB/OL]．(2020-10-04)[2021-07-17]．https://mp.weixin.qq.com/s/YxvDFiZxoMhhNn2nkefBZw.

[85] 新营销传播研究．[期刊速览]广告中的人工智能（二）[EB/OL]．(2020-10-13)[2021-07-17]．https://mp.weixin.qq.com/s/Qyk9K4ITf-Yg7iQfop13Yw.

[86] 亚联大数据．大数据思维的十大核心原理[EB/OL]．(2016-12-29)[2021-07-17]．https://www.sohu.com/a/122884667_470097.

[87] 杨旭东．主流CTR预估模型的演化及对比[EB/OL]．(2018-04-09)[2021-07-17]．https://zhuanlan.zhihu.com/p/35465875.

[88] Illirois College of Media. Computer science + advertising [EB/OL]．(2020-02-20)[2021-07-17]．https://media.illinois.edu/degrees-programs/computer-science-advertising.

[89] 云计算世界．大数据"跑腿"，建设高效中国[EB/OL]．(2020-10-14)[2021-07-17]．https://dy.163.com/article/FOU2K4IT0511D338.html.

[90] 张琛．Cookie隐私第一案：法院判定个性化推荐不侵权[EB/OL]．(2015-06-12)[2021-07-17]．https://news.caijingmobile.com/article/detail/195491?source_id=40.

[91] 快到碧碧怀里来．大数据和云计算有什么区别和联系[EB/OL]．(2019-11-19)[2021-07-17]．https://zhuanlan.zhihu.com/p/92525638.

[92] 中国网．上半年全国查处互联网违法广告案件8104件 同比增长64.2%[EB/OL]．(2018-07-20)[2021-07-17]．http://k.sina.com.cn/article_3164957712_bca56c1002000fodl.html.

后　记

在中国经济高歌猛进的大背景下，网络的发展极其迅猛，网络广告发展更是一日千里。计算广告成为业界和学界均密切关注的前沿领域。

本书的写作得到暨南大学新闻与传播学院学生的大力支持，他们提供了丰富的素材资料，具体分工如下：许嘉颖（第一章）、叶立（第二章）、张慧（第三章）、朱紫璐（第四章）、路惠然（第五章）、陈语彤（第六章）、高佳鑫（第七章）、李倍源（第八章）等。特此感谢！

本书策划编辑翟江虹女士，给予我很大的帮助。在写作过程中，翟女士不断催促写作进度，使我过年期间也不敢懈怠，终于按时完成书稿。她为本书提出了大量细致的修改意见，使我深受感动。

在写作过程中，我的家人也给予了我莫大的支持和鼓励，使我能够静下心来专心于学术，本书也包含了他们的汗水。

本书容量巨大，虽然早有心理准备，但是整理素材与写作的艰辛仍然远超过预期。因此，本书虽然得到众多老师、同行、朋友的帮助，但是不足之处肯定还有很多，恳请读者多多批评指正，以便再版时进一步修订。

林升梁

2021 年 3 月

图书在版编目（CIP）数据

计算广告学/林升梁主编．-- 北京：中国人民大学出版社，2021.9
新编 21 世纪新闻传播学系列教材
ISBN 978-7-300-29946-4

Ⅰ.①计… Ⅱ.①林… Ⅲ.①广告学-高等学校-教材 Ⅳ.①F713.80

中国版本图书馆 CIP 数据核字（2021）第 195137 号

新编 21 世纪新闻传播学系列教材
计算广告学
林升梁　主编
Jisuan Guanggaoxue

出版发行	中国人民大学出版社		
社　　址	北京中关村大街 31 号	**邮政编码**	100080
电　　话	010－62511242（总编室）		010－62511770（质管部）
	010－82501766（邮购部）		010－62514148（门市部）
	010－62515195（发行公司）		010－62515275（盗版举报）
网　　址	http://www.crup.com.cn		
经　　销	新华书店		
印　　刷	北京密兴印刷有限公司		
规　　格	185 mm×260 mm　16 开本	**版　　次**	2021 年 9 月第 1 版
印　　张	21.75 插页 1	**印　　次**	2021 年 9 月第 1 次印刷
字　　数	407 000	**定　　价**	59.80 元

关联课程教材推荐

书号	书名	第一作者	定价（元）	出版时间
978-7-300-26441-7	新媒体广告	黄　河	49.80	2019 年 1 月
978-7-300-28093-6	广告效果测评	杨雪睿	39.90	2020 年 5 月
978-7-300-26519-3	数据新闻概论（第二版）	方　洁	49.80	2019 年 2 月
978-7-300-27153-8	算法新闻	塔　娜	49.80	2019 年 8 月
978-7-300-24588-1	网络传播概论（第四版）	彭　兰	59.80	2017 年 7 月

配套教学资源支持

尊敬的老师：

衷心感谢您选择人大版教材！相关的配套教学资源，请到中国人民大学出版社官网（www.crup.com.cn）下载。部分教学资源需要验证您的教师身份后，才可以下载。请您登录出版社官网后，点右上角“注册”，填写“会员中心”的“我的教师认证”项目，等待后台审核。我们将尽快为您开通下载权限。

如您急需教学资源或教材样书，也可以直接与我们的编辑联系。

联系人：龚洪训　　电话：010-62515637　　电子邮箱：6130616@qq.com

欢迎加入全国新闻教师 QQ 群（群号：259226416），开展学术讨论，交流教学心得。

全国新闻教师群

扫一扫二维码，加入群聊。

俯仰天地　心系人文

www.crup.com.cn

中国人民大学出版社

欢迎登录浏览，了解图书信息，下载教学资源